国家社科基金项目
"当代俄罗斯地缘政治思想演变及其对东转战略的影响研究"
项目号：23BGJ049

中俄北极区域合作研究

李天籽 徐博 编著

图书在版编目(CIP)数据

中俄北极区域合作研究/李天籽,徐博编著. —北京:商务印书馆,2023
(东北亚国别与区域研究)
ISBN 978-7-100-22083-5

Ⅰ.①中… Ⅱ.①李…②徐… Ⅲ.①中俄关系—国际合作—研究②北极—区域发展—研究 Ⅳ.①D822.351.2②P941.62

中国国家版本馆CIP数据核字(2023)第042580号

权利保留,侵权必究。

东北亚国别与区域研究
中俄北极区域合作研究
李天籽 徐 博 编著

商 务 印 书 馆 出 版
(北京王府井大街36号 邮政编码100710)
商 务 印 书 馆 发 行
北 京 冠 中 印 刷 厂 印 刷
ISBN 978-7-100-22083-5
审 图 号:GS京(2023)1199号

2023年12月第1版　　开本710×1000 1/16
2023年12月北京第1次印刷　印张24¾
定价:80.00元

前 言

随着全球气候变暖进程的加快,北极地区战略价值日益凸显,越来越多的国家开始关注北极问题。中国作为"近北极国家"和北极事务的重要利益攸关方,一直积极倡导认识北极、保护北极、开发利用北极以及参与治理北极,维护各国和国际社会在北极的共同利益,推动北极的可持续发展。因此北极研究对我国具有重大战略意义。俄罗斯作为北极地区的重要国家,先后制定了北极发展战略和开发政策。中俄两国在北极地区密切合作的意愿愈发强烈,如何进一步促进中俄北极区域合作已经成为两国的重要议题。2019年6月中国国家主席习近平和俄罗斯总统普京在莫斯科共同签署的《中华人民共和国和俄罗斯联邦关于发展新时代全面战略协作伙伴关系的联合声明》中提到:"将推动中俄北极可持续发展合作,在遵循沿岸国家权益基础上扩大北极航道开发利用以及北极地区基础设施、资源开发、旅游、生态环保等领域合作","支持继续开展极地科研合作,推动实施北极联合科考航次和北极联合研究项目"等。该声明不仅体现了双方政府强烈的合作意愿,也指明了两国北极事务合作的发展方向和愿景。2021年,《中俄睦邻友好合作条约》签署20周年,双方于2021年6月正式宣布《中俄睦邻友好合作条约》延期。双方将以此为契机提升中俄两国合作水平,特别是目前经济全球化遇到挑战,逆全球化趋势加强,探讨如何进一步推进中俄北极区域合作具有重要意义。

吉林大学北极研究所一直致力于从事北极问题研究,近年来举办的国际会议在国内外产生了广泛的影响,取得了丰硕的成果。2019年10月21日,由吉林大学北极研究所、东北亚研究中心主办,中俄区域合作研究中心、东北亚研究院和《东北亚论坛》协办的"中俄北极合作研讨会暨中俄海洋论坛"在吉林大学举行。来自俄罗斯军事科学院、俄罗斯北极科学研究院、吉林大学、武汉大学、中国海洋大学、大连海事大学等共50多位各领域专家学者参加了本次会议,俄罗斯《军事工业快报》也对这次国际会议进行了报道。

2021年5月24日，由吉林大学东北亚研究中心、吉林大学北极研究所、吉林大学东北亚学院·东北亚研究院、吉林大学—俄罗斯科学院远东所中俄区域合作研究中心，以及俄罗斯科学院远东所—吉林大学俄中区域合作研究中心联合主办的"中俄北极可持续发展合作与能源安全国际论坛"在吉林大学召开。来自俄罗斯科学院远东所、俄中友好协会、俄罗斯国立运输大学、俄罗斯国际交通研究院、环日本海经济研究所等国外机构，以及来自中国外交部、国家海洋局、中国社会科学院、中国科学院、中国中远海运特运公司、中国海洋大学、黑龙江大学、延边大学、吉林大学等单位的中方专家学者30余人，围绕"北极当前形势与相关国家北极政策"、"中俄北极合作"、"北极航线建设与区域开发合作"等议题进行讨论，本次国际论坛以多学科交叉、北极理论与开发实践相结合的国际化视野，明确了未来需要持续研讨的方向，推动了北极研究的进一步深入与细化，在提高中俄双边以及东北亚区域合作水平、为促进北极地区可持续发展提供政策与学术研究参考等方面发挥积极作用。

经过长期努力和富有成效的工作，吉林大学北极研究所积累了丰富的学术成果，为进一步提升北极研究打下了坚实的基础。在对前期研究成果进行提炼和总结的基础上，最终形成了本书稿。本书分四篇，共十九章：

第一篇：全球气候变暖背景下俄罗斯北极区域开发及影响。本篇共分四章，包括在气候变暖背景下从俄罗斯北极地区资源潜力与开发进展、俄罗斯北极航线开发及影响、北极地缘格局与中俄两国的地位、俄罗斯北极区域经济社会发展及问题等方面，对中俄北极合作基础进行全面系统的研究。

第二篇：中俄及相关国家北极政策。本篇共分五章，主要对俄罗斯、中国、日本、韩国等相关东北亚国家北极政策演变和国际合作进行分析，对其他重要的北极国家的北极政策进行比较研究，在此基础上综合评估各国北极政策实施效果，准确把握俄罗斯等相关国家对中国参与北极治理的政策取向和态度，并对未来北极政策变化趋势进行预测。

第三篇：中俄北极重点领域合作及北极多边国际合作。本篇共分七章，对中俄北极资源勘探开发合作、东北航线与基础设施建设合作、金融投资合作，以及包括生态环境保护、科学研究和旅游在内的北极可持续发展新合作方向进行深入研究，并把研究视野从双边合作扩展到东北亚北极区域合作、北极国际治理和区域多边合作组织框架等多边合作中，结合重点地区和企业案例对合作现状、合作模式和合作机制进行分析，对北极合作前景进行判断，并提出中国参与北极治理的路径和相应对策。

第四篇：滨海国际运输走廊建设与东北振兴。本篇共分三章，重点研究北极航线开发过程中的滨海国际运输走廊与相关基础设施建设，以及东北地区主要产业发展及物流，并以珲春海洋示范区为案例探索东北扩大对外合作和实现东北振兴的途径。

本书以国家重大战略需求为导向，通过对中俄北极可持续发展合作的基础、前景、重点领域和实现路径进行深入分析，对俄罗斯等相关国家北极政策进行系统性评估，解决中俄在敏感地区合作的难题，丰富现有关于北极问题、可持续发展、中俄区域合作等方面的研究成果，以期为我国制定相关政策提供综合决策依据和建议，为制定我国北极政策以及提升对俄北极合作提供参考。

本书由下列作者共同完成：李天籽（吉林大学东北亚研究中心教授，北极研究所主任）负责全书框架设计，撰写前言、第一、二、十、十二、十六、十七、十八章及全书统稿；徐博（吉林大学东北亚中心教授，北极研究所副主任）撰写第三、五、十四、十五章及统稿；张慧智（吉林大学东北亚中心教授、副主任）撰写第四章；赵杨（吉林大学东北亚中心教授）撰写第六章；崔健（吉林大学东北亚中心教授、东北亚学院副院长）撰写第七章；郭锐（吉林大学行政学院教授）撰写第八章；王箫轲（吉林大学东北亚中心副教授）撰写第九章、第十五章；李天籽和 A. T. 鲍列伊科（俄罗斯国际交通研究院智能运输技术研究中心主任）共同撰写第十一章；郭培清（中国海洋大学中国海洋发展研究中心教授）撰写第十三章。另外来自俄罗斯科学院中国与现代亚洲研究所（原俄罗斯科学院远东研究所）、俄中友好协会、俄罗斯交通大学等俄方专家，以及谷雨、徐曼、赵俊杰、杨熙琳、谭畅、丁慧文、张海涛、周昶同、杨靖康、邓天胜等也对本书做出贡献。

目 录

第一篇 全球气候变暖背景下俄罗斯北极区域开发及影响

第一章 俄罗斯北极地区资源潜力及开发进展 ……………… 3
    一、俄罗斯北极地区资源潜力 ……………………………… 3
    二、俄罗斯北极地区资源开发 ……………………………… 6
    三、经济制裁背景下俄罗斯北极资源开发面临的挑战 …… 8

第二章 俄罗斯北极航道开发及影响 ……………………………… 12
    一、东北航线开通与商业化运行 …………………………… 12
    二、东北航线开通对东北亚经贸格局的影响 ……………… 17
    三、东北航线开通对东北亚国家重点行业贸易的影响 …… 22

第三章 北极地缘格局与中俄两国的地位 ………………………… 27
    一、北极地缘格局 …………………………………………… 27
    二、大国合作与竞争下的北极 ……………………………… 29
    三、北极地缘格局中的中国 ………………………………… 34
    四、北极地缘格局中的俄罗斯 ……………………………… 38

第四章 俄罗斯北极区域开发与存在问题 ………………………… 43
    一、促进俄罗斯北极区域开发的经济和社会政策 ………… 43
    二、俄罗斯北极区域开发效果 ……………………………… 56
    三、俄罗斯北极区域开发存在的问题 ……………………… 71

第二篇 中俄及相关国家北极政策

第五章 俄罗斯的总体北极政策与国际合作 ……………………… 79
    一、俄罗斯的北极政策构想及行动 ………………………… 79

二、俄罗斯与东北亚国家北极合作的前景 …………………………… 84
　　三、中俄北极合作的基础与路径分析 …………………………… 85

第六章　中国北极政策与北极合作路径 …………………………… 89
　　一、中国参与北极事务合作路径的早期研究 …………………………… 89
　　二、中国北极事务参与进程的推进 …………………………… 98
　　三、各国对《中国的北极政策》白皮书的反响与评价 …………………………… 101
　　四、中国北极事务合作的政策路径选择 …………………………… 108

第七章　日本的北极行动与政策 …………………………… 116
　　一、日本的北极行动 …………………………… 116
　　二、日本的北极政策 …………………………… 126
　　三、日本北极政策的经济影响 …………………………… 132

第八章　韩国北极政策 …………………………… 142
　　一、韩国北极政策的沿革和诉求 …………………………… 142
　　二、韩国北极政策的推进与韩俄关系发展 …………………………… 155
　　三、韩国北极政策实施的现实课题与前景 …………………………… 163

第九章　主要国家和组织北极政策比较 …………………………… 169
　　一、主要北极参与者的三个梯队 …………………………… 169
　　二、美国的北极政策 …………………………… 172
　　三、加拿大的北极政策 …………………………… 178
　　四、北欧五国的北极政策 …………………………… 181
　　五、欧盟北极政策 …………………………… 192

第三篇　中俄北极重点领域合作及北极多边国际合作

第十章　中俄北极资源勘探开发合作 …………………………… 201
　　一、中俄北极资源勘探开发合作进展 …………………………… 201
　　二、中俄北极能源合作存在的挑战 …………………………… 208
　　三、中国的应对措施 …………………………… 211

第十一章　中俄东北航线开发与基础设施建设合作 …………………………… 214
　　一、中俄基础设施和航线等传统领域合作 …………………………… 214
　　二、中俄北极海洋通道数字化运输合作 …………………………… 219

第十二章　中俄北极金融投资合作 …………………………… 225

  一、经济制裁背景下俄罗斯北极开发面临的投融资困境 ………… 225
  二、中俄北极合作开发投融资项目的整体布局 ………………… 226
  三、中国参与北极开发投融资支持体系构建 …………………… 234

第十三章 中俄北极合作可持续发展新方向 ………………………… 241
  一、中俄有关北极"可持续发展"议题的合作现状 …………… 242
  二、俄罗斯在北极理事会主席国任期内双方合作的新契机 …… 251
  三、中俄北极合作新方向发展面临的难题 ……………………… 255

第十四章 新形势下中俄北极地区合作展望 ………………………… 261
  一、新形势下俄罗斯北极政策的最新发展趋势 ………………… 261
  二、俄罗斯北极政策转型的目标 ………………………………… 263
  三、俄罗斯北极政策转型背景下的中俄合作 …………………… 266
  四、中俄北极地区合作展望 ……………………………………… 268

第十五章 东北亚国家间的北极事务合作 ……………………………… 278
  一、东北亚国家参与北极事务的角色比较 ……………………… 278
  二、东北亚国家参与北极事务的历史 …………………………… 281
  三、当前东北亚国家间北极事务合作的路径 …………………… 284
  四、影响东北亚国家间北极事务合作前景的要素 ……………… 288

第十六章 北极国际治理和区域多边合作组织框架 …………………… 291
  一、北极国际治理的现状与困境 ………………………………… 291
  二、北极国际治理主体——从国家到多行为体 ………………… 297
  三、北极国际治理领域——从传统安全到非传统安全 ………… 302
  四、北极国际治理的"软法"机制 ……………………………… 307
  五、北极国际治理的多边合作框架机制 ………………………… 312

第四篇 滨海国际运输走廊建设与东北振兴

第十七章 北极航线开发背景下滨海国际运输走廊建设 …………… 325
  一、北极航线开发对东北地区经贸的影响 ……………………… 325
  二、滨海国际运输走廊及相关基础设施建设 …………………… 331
  三、滨海国际运输走廊距离和成本比较——以"滨海2号"为例 … 338

第十八章 北极航线开发下的东北主要产业及物流发展 …………… 352
  一、东北粮食和农副产品发展及物流 …………………………… 352

二、东北地区煤炭、钢材与矿石品发展及物流 …………………… 358
三、其他产业发展及物流 …………………………………………… 363
第十九章　北极航线开发背景下珲春海洋示范区建设 …………… 366
一、珲春海洋示范区建设基础 ……………………………………… 366
二、珲春海洋示范区建设存在的主要问题 ………………………… 372
三、新形势下珲春对外开放和海洋示范区建设的思路 …………… 375

第一篇　全球气候变暖背景下俄罗斯北极区域开发及影响

第一章　俄罗斯北极地区资源潜力及开发进展

俄罗斯是北极地区最大的国家，与其他国家相比，俄罗斯拥有最长的海岸线和北极圈外广阔的领土，俄罗斯北极地区矿产资源十分丰富，是俄罗斯能源战略储备基地，在维持俄罗斯超级能源大国地位上具有重要意义。

一、俄罗斯北极地区资源潜力

北极的矿产资源主要分为两类：作为主要资源的经济型矿物——油气资源（石油、天然气、凝析油）和包括可燃固体矿物资源在内的固体矿物。

（一）油气资源潜力

石油和天然气是俄罗斯北极地区最重要的矿产资源，不同部门都对俄罗斯北极油气资源潜力进行过评估和测算。

1. 全俄海洋地质与矿产资源研究所的评估

油气资源方面，根据俄罗斯全俄海洋地质与矿产资源研究所（VNIIO）2012年评估的最新结果表明，俄罗斯北极地区原始可采油气资源超过1000亿吨油当量，占俄罗斯整个大陆架原始可采油气资源的87%以上。油气资源在大陆架上的分布非常不均匀，大部分资源位于北极西部海域（伯朝拉海、巴伦支海和喀拉海），占88.2%。北极大陆架油气潜力的最重要的特征是天然气比重占绝对优势，天然气（游离气和溶解气）占原始可采油气资源的84%以上，石油和凝析油所占的比例只有15%多一点。值得关注的是，俄罗斯北极大陆架的原始可采油气资源中最低类别（D1和D2）的资源几乎占90%（D1和D2分别为27.2%和60%），这说明对北极大陆架油气可采资源潜力的现有评估可靠性较低[①]。

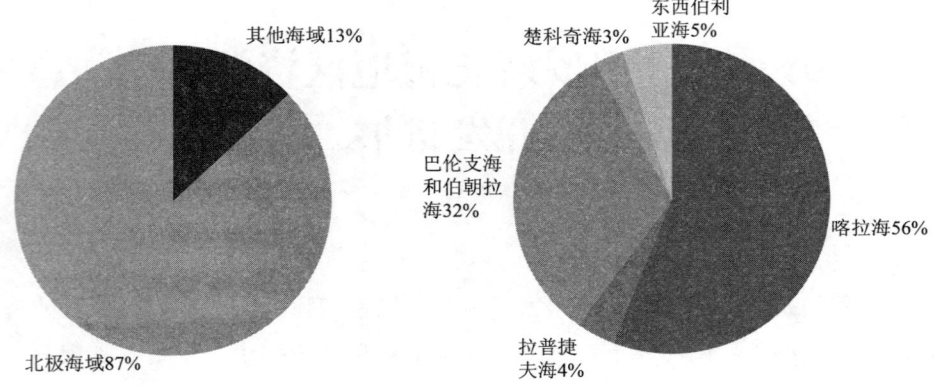

图1.1 俄罗斯北极大陆架地区原始可采油气资源总量
资料来源：全俄海洋地质与矿产资源研究所。

2. 俄罗斯自然资源和环境部的评估

根据俄罗斯自然资源和环境部的数据，俄罗斯北极大陆架的资源相当于830亿吨石油，其中80%位于巴伦支海和喀拉海。俄罗斯政府估计大部分已知储量位于俄罗斯200海里领海范围内[②]，在350海里海域内仍存在大量矿床。俄罗斯北极大陆架含有5%－9%碳氢化合物资源（其中至少2%是石油），以及高达12.5%的天然气资源[③]。北极地区还包含重要的陆上资源，亚马尔半岛的天然气资源量和储量分别为50.56万亿立方米和108.47亿立方米，石油资源量和储量为4.144亿吨和2.921亿吨[④]。俄罗斯已探明的油气资源绝大部分位于北极地区，蒂曼-伯朝拉盆地、西西伯利亚盆地等均是世界级的油气盆地。其中西西伯利亚盆地是俄罗斯联邦面积最大、油气储量最大和产量最高的含油气盆地，也是20世纪70年代以来世界上新开发的特大型

---

① В. Д. Каминский Минерально-сырьевые ресурсы арктической континентальной окраины России и перспективы их освоения, *Арктика：экология и экономика*，2014，3（15）.

② 1海里＝1.852千米。

③ Bogoyavlensky, V., Bogoyavlensky, I. and Budagova, T., Environmental safety and environmental management in the Arctic and world oceans, *Burenie I Neft*, 2013（12）：15 (in Russian).

④ Donskoy, S., The Development of Resource Potential and Ensuring Ecological Safety of the Arctic, *Pro-Arctic*, 2013-09-25, http://pro-arctic.ru/07/10/2013/resources/5082.

含油气盆地之一，其蕴藏的石油和天然气资源在世界石油市场占据举足轻重的地位，该盆地的石油产量约占全俄石油产量的 70%，天然气产量约占全俄天然气产量的 90%。另外俄罗斯远东地区、东西伯利亚地区以及东部北极大陆架地区油气资源勘察程度很低，具有较大的勘察潜力。

3. 美国地质调查局的评估

美国地质调查局（USGS）2008 年的估计结果表明，北冰洋沉积盆地油气资源中天然气占主导，俄罗斯北极地下估计拥有天然气资源储量包括 1.7 万亿立方米天然气和 440 亿桶液态天然气，占世界剩余天然气资源的 30% 以上。拥有石油资源超过 900 亿桶，占已知剩余石油资源的 13%[1]。另外，北极地区未被发现的石油储量的 60% 位于俄罗斯管辖区域，相当于 4120 亿桶石油，高达 90% 的碳氢化合物储量位于北极地区的西伯利亚大陆架，其中 67% 位于北极西部的巴伦支海和喀拉海。俄罗斯的北极油气资源占北极油气总资源的 88.3%，其中俄罗斯北极天然气所占份额达到 95% 以上，美国阿拉斯加发现的油气资源占北极油气资源总量的 9%，挪威和加拿大发现的油气资源占北极油气资源总量不到 3%。

（二）固体矿产资源潜力

固体矿产资源主要分为两类：岩生矿物和生物化学矿物。具体包括所有外源形成的有价值矿物的散落物，如金、锡、铂、铬、钻石、矿物钛、铁、锆、磨料和宝石等，以及松散的建筑材料矿物，如沙子、砾石和黏土（所谓的常见矿物）。

最近几十年，大陆架地区的铁锰结核的工业价值已经显现。在俄罗斯海洋的大陆架地区发现的还有磷灰岩、海绿石、贝壳灰岩、有机矿浆的矿床和大量矿藏，以及在北极东部海域的浅层大陆架堆积的独特猛犸象骨骸化石砂矿。在对大陆架地区的矿物原料潜力进行综合评估时，还包括边缘海域岛屿和群岛的矿石和可燃固体矿产，包括多金属、锰、金、硬煤和褐煤等[2]。

---

[1] 美国地质勘探局，2008 年数据。
[2] В. Д. Каминский Минерально-сырьевые ресурсы арктической континентальной окраины России и перспективы их освоения，*Арктика：экология и экономика* 2014，3 (15).

二、俄罗斯北极地区资源开发

虽然俄罗斯北极地区环境恶劣，但油气田的开发取得了一定的进展。北极地区的油气生产已经持续近半个世纪，从 1969 年到 2015 年的 46 年时间，俄罗斯、美国、加拿大和挪威的北极地区共开采出超过 200 亿吨油当量的油气资源，其中俄罗斯北极地区所占份额达到 86.4%，阿拉斯加所占份额为 13.1%。俄罗斯北极地区生产的油气资源中天然气占比最高（2014 年为 86.4%），石油和凝析油的占比从 1990 年的 8.8% 提高到 2014 年的 13.6%，有明显升高的趋势[①]。

由于俄罗斯拥有大量的陆上资源，海上项目在 20 世纪 90 年代和 21 世纪初期并不是其能源政策的优先事项，只是尝试开发一些包括北极资源在内的海上资源。在 21 世纪下半叶，世界对油气资源需求增加，国际石油和天然气价格居高不下，俄罗斯西西伯利亚传统生产区资源却持续减少。俄罗斯大部分油气资源位于西西伯利亚汉特曼西自治区，其占俄罗斯目前天然气产量的约 90%，总储量的 45%；占世界天然气产量的 20%。然而在 20 世纪 90 年代西西伯利亚主要石油和天然气田的产量急剧下降并逐步枯竭，未来俄罗斯能源产量和出口面临挑战[②]。因此，俄罗斯政府计划到 2030 年将北极变为"俄罗斯联邦优先的战略资源基地"，将能源开发、运输和基础设施作为北极战略的主要目标，以维持其资源大国的地位。随着北极能源开发和利用，预测 2030 年俄罗斯能源产量将达到 1 万亿立方米，比 2010 年产量翻一番，投资额将超 4000 亿美元[③]。

俄罗斯北极地区的天然气产量占全俄罗斯比重在 1995 年达到最高 90%，到 2014 年降到约 80%。2010 年之前俄罗斯北极地区的天然气 100% 都在亚

[①] Н. П. Лаверов 1，академик РАН Фундаментальные аспекты рациональногоосвоения ресурсов нефти и газа Арктики и шельфа России：стратегия，перспективы и проблемы *Арктика：экология и экономика*，2016，2 (22).

[②] International Energy Agency, Russia, http://www.eia.gov/countries/cab.cfm?fips=RS. 更多相关内容见 T. Gustafson, *Wheel of Fortune: the battle for oil and power in Russia*, Cambridge, MA: The Belknap Press of Harvard University Press, 2012: 449-479.

[③] Russia to Invest over $400bln in Gas sector by 2030, *RIA Novosti*, 2010-10-11, http://en.rian.ru/business/20101011/160915781.html.

马尔—涅涅茨自治区生产。2008 年俄罗斯天然气工业股份公司（Gazprom）启动了亚马尔大型项目，开发博瓦南科沃（Bovanenkovo）天然气田[①]，俄罗斯天然气工业股份公司计划建造超过 12000 千米的新管道和 27 个压缩机站，以及容量为 33 亿立方米的亚马尔至欧洲的天然气管道[②]。2014 年由于万科尔气田产出伴生气，亚马尔—涅涅茨自治区在北极天然气总产量中的份额下降到 98.7％。到 2014 年亚马尔—涅涅茨自治区的天然气产量是大陆架地区北海五个国家的 3.2 倍，是美国和墨西哥大陆架地区的天然气产量的 10 倍。2012 年之后，中东十国产量才超过亚马尔—涅涅茨自治区，2014 年中东主要国家伊朗和卡塔尔的天然气产量分别达到 172.6 亿立方米和 177.2 亿立方米，是亚马尔—涅涅茨自治区（5.322 亿立方米）的 3 倍。根据俄罗斯专家们一致评估，亚马尔—涅涅茨自治区和俄罗斯北极地区的天然气生产拥有进一步增长的基础。根据亚马尔—涅涅茨自治区自然资源管理部的官方数据，经科学证实该地区天然气储量有 147 万亿立方米，其中开采的只有 11.6％，目前 C1＋C2 类的储量是 44.5 万亿立方米，占亚马尔—涅涅茨自治区资源总量的 30.3％。

2003 年，由俄罗斯诺瓦泰克公司组织在塔兹半岛海岸开发的尤尔哈罗夫斯基凝析气田投产，目前天然气年产量 338.5 亿立方米，凝析油 213 万吨，凭借尤尔哈罗夫斯基油田生产的天然气和凝析油，自 2005 年以来俄罗斯一直是北极大陆架地区商品油气产量最大的国家，超过美国（9 个油田）和挪威（斯诺维特油田）的总和。俄罗斯位于亚北极地区扎波利亚尔油田（Zapolyarnoye）每年最大产能为 1300 亿立方米[③]。

2013 年俄罗斯天然气工业石油公司开始在伯朝拉海大陆架上开发普里拉兹洛姆内油田，2014 年至 2015 年生产并运输了 110 万吨石油（17 艘油轮）。在 2020 年之前达到该油田的最高石油产量（600 万—650 万吨），占全俄石油产量近 1.3％，世界总产量的近 0.15％。

随着北极航线开通，通过油轮运输液化天然气可以缓解俄罗斯陆上管道

[①] Gazprom, Bovanenkovo, http://www.gazprom.com/about/production/projects/deposits/bm/.
[②] Europol Gaz s. a., http://www.europolgaz.com.pl/english/gazociag_zakres.htm.
[③] Zapolyarnoye Becomes Most Productive Field in Russia-130 Billion Cubic Meters per Year, Gazprom, 2013-01-15, http://www.gazprom.com/press/news/2013/january/arti cle154079/.

系统的老化压力,并降低在解冻永久冻土层时建造新管道所面临的风险。

总体看,在俄罗斯大陆架发现了许多具有重要战略意义的凝析气田,这些气田主要生产天然气,无法显著改善未来石油产量下降的问题。至于石油储量,根据俄罗斯国内官方数据(不包括生产收益)统计,大部分石油(95.7%)位于陆地,而在大陆架只有4.3%,其中约2%位于北极水域[①]。

三、经济制裁背景下俄罗斯北极资源开发面临的挑战

(一)美欧对俄罗斯能源等相关领域的制裁措施

2014年3月17日,克里米亚公投宣布独立并加入俄罗斯联邦,同日美欧宣布对俄罗斯政府"破坏乌克兰主权"负有责任的俄罗斯官员实施制裁,在第一阶段,美欧主要针对与克里米亚和乌克兰危机相关的俄罗斯领导层的核心人物、普京总统"密友圈"及17家企业和一家银行,手段局限在冻结资产、限制入境等方面。第二阶段随着乌克兰政府军与东部地区民间武装组织的冲突不断升级(马航M17航班事件),美国商务部宣布对俄罗斯两家金融机构(俄罗斯天然气工业银行、俄罗斯国家开发银行)、两家能源公司(俄罗斯第二大天然气生产商诺瓦泰克(Novatek)、俄罗斯最大石油公司俄罗斯石油公司(Rosneft)和俄罗斯国防实体进行制裁,禁止美国公民向俄罗斯两家主要金融机构和两家能源企业提供新的融资。随后美国扩大对俄罗斯金融机构的制裁,包括俄罗斯外贸银行(VTB)、俄罗斯农业银行(Russian Agricultural Bank)、莫斯科银行,新的限制包括禁止美国公民与三家俄罗斯银行进行交易。同时欧盟宣布对俄实施进一步制裁,新制裁包括金融、债券和武器禁运,禁止向俄罗斯出口军民两用产品和技术,以及与能源有关的设备,用于深水石油勘探和生产、北极石油勘探或生产,以及俄罗斯的页岩油项目等方面的技术等。日本、加拿大也宣布对俄罗斯进行经济制裁,制裁领域包括与俄罗斯政府关系紧密的金融机构和能源企业。第三阶段乌克兰东部地区政府军与反对派双方互相指责对方违反停火协议,开启美欧对俄的新一轮制

---

① Богоявленский В. И. Арктика и Мировой океан: современное состояние, перспективы и проблемы освоения ресурсов углеводородов: *Монография.-М.*: *ВЭО*, 2014.-С. 11-175; Богоявленский В. И., Богоявленский И. В. "На пороге арктической эпопеи: Освоение морских месторождений нефти и газа в Арктике и других акваториях России", *Нефть России*. -2015. -№ 4. -С. 25-30.

裁。美欧制裁被视为"最严厉"的制裁，美欧加大了旨在打击俄经济命脉的一系列制裁措施，领域锁定为金融、能源及军事技术合作等方面。在金融领域，美国财政部已将俄罗斯最大的银行俄罗斯联邦储蓄银行（Sberbank）添加到禁止美国公民提供股权或某些长期债务融资的禁令中。此外，将六家俄罗斯银行发行的新债务的期限从90天减少到30天来收紧债务融资限制。这些银行包括莫斯科银行、俄罗斯天然气工业银行（Gazprombank OAO）、俄罗斯农业银行、俄罗斯联邦储蓄银行、俄罗斯国家开发银行（VEB）和俄罗斯外贸银行。美国同时还宣布冻结五家俄罗斯军工企业在美的资产，并禁止本国公民与其进行债务交易。在能源领域，美国加大力度封堵俄罗斯最大石油企业俄罗斯石油公司、俄罗斯石油管道运输公司、俄罗斯天然气工业股份公司等能源巨头通过欧美资本市场获取融资的渠道。在深水石油开发、北极石油勘探及俄罗斯页岩油项目上，禁止向俄罗斯能源企业提供钻探、试井、测井等相应的服务和技术。欧盟也对俄罗斯实行了新的制裁措施：禁止部分俄罗斯国有国防企业和能源企业在欧盟的融资活动，禁止欧盟成员国向五家俄罗斯银行（莫斯科银行、俄罗斯天然气工业银行、俄罗斯农业银行、俄罗斯联邦储蓄银行、VEB银行和VTB银行）提供资金，并实行融资限制。此后美欧对俄罗斯制裁的所有措施多次延长，并持续到今。

（二）美欧制裁对俄罗斯北极资源开发带来的影响

美欧对俄罗斯的制裁给俄罗斯的北极资源开发带来了许多挑战。俄罗斯北极资源开发在很大程度上取决于先进的技术、投资和市场。

从技术和开采成本方面看，开发北极油田在技术上具有挑战性，进行北极能源开发的主要是俄罗斯天然气工业股份公司和俄罗斯石油公司，但两家公司都缺乏海上勘探经验，并不具备在北极极端环境条件下勘探开发所需要的技术，需要从欧美等外国合作伙伴处获得特定设备和知识。同时北极地区恶劣的环境条件使其能源开采面临着较高的成本。国际能源机构（IEA）计算开采北极资源的成本在每桶40至100美元之间，而中东地区成本则在10至40.18美元之间。因此世界石油价格低于每桶120美元时，北极能源并不具有商业利用价值。乌克兰危机发生后，参与北极开发的俄罗斯石油公司董事长等人被列入制裁名单，西方企业被禁止在北极进行海上石油勘探和开发，西方企业被禁止与俄罗斯大型能源企业在北极开展项目合作，欧盟国家向俄罗斯石油部门提供新投资和关键技术及设备受限。

从投资方面看，俄罗斯开发北极需要大量融资。北极能源基础设施是苏联时期建设的，能源基础设施、运输系统、管道和加工生产等现代化的投资是巨大的。国际能源机构估计俄罗斯能源产业如果要保持目前的油气生产水平，需要在下个25年筹集9000亿美元的融资。制裁之后俄罗斯每年大约要损失40亿—50亿美元，2010年至2013年俄罗斯的GDP增长就开始不断下降，到2014年GDP增速仅为0.6%，投资同比下降2.6%，卢布更是贬值近50%，资本流出超过1200亿—1300亿美元，俄罗斯无法独立承担北极大陆架开发需要的金融投资，制裁措施也限制俄罗斯北极项目从欧盟市场上获得长期融资。

此外，北极能源开发还需考虑全球能源市场格局的变化。一是美国页岩气革命改变了全球能源市场格局，2013年以来，美国通过页岩气革命，实现了从能源进口国向能源出口国的转变，引发了全球范围内天然气价格下跌。这无疑削弱了俄罗斯对全球能源市场的控制，以及对俄罗斯北极能源开发利用的影响力。普京敦促俄罗斯天然气工业股份公司修改出口政策，原因在于一是页岩气革命和液化天然气的开发有可能严重损害本国的出口收入；二是新的压裂技术的发展也迅速改变北极石油和天然气的前景。传统的采油方法仅能开采出地面储量的约40%，采用新的压裂技术可以延长现有石油和天然气田的生产寿命；目前正在寻求开发的水力压裂技术能够继续开采西西伯利亚油田，这可能会推迟对北极能源的开发；三是俄罗斯的北极战略进展受到国际市场需求的影响，美国不再是俄罗斯能源的潜在进口国，2010年之后欧洲经济持续衰退使欧洲对俄罗斯需求不断下降，乌克兰危机爆发后，俄罗斯与欧盟开始了彼此之间的制裁与反制裁，双方贸易额和能源合作都深受影响，延缓了北极开发的进展。

从北极具体合作进展看，在乌克兰危机之前，2011年俄罗斯石油公司与埃克森美孚等国际合作伙伴签署了战略合作协议，以勘探喀拉海区域的资源。2012年与挪威国家石油公司（Statoil，在巴伦支海和鄂霍次克海域）和埃尼公司（位于巴伦支海）建立了合资企业共同开发北极；2013年初与埃克森美孚提升了战略合作伙伴关系，合作探勘区域在喀拉海基础上扩大至楚科奇海、拉普捷夫海等区域。根据协议，外国合作伙伴为初始投资和勘探成本提供资金，并获得33.33%的股份。例如，埃克森美孚将承担32亿美元的勘探成本，总投资额可能超过 5000 亿美元。该协议还确立了技术转让和建立北极海上开发研究和设计中心。俄罗斯天然气工业股份公司在与法国道达尔（Total）和挪威国家石油公司共同开发什托克曼气田的计划终止之后，2013年 4 月与荷兰皇家壳牌公司达成开发协议。总体看俄罗斯在确保本国国有企业开发北极的主要权利的前提下，重点吸引国际合作伙伴，以应对本国缺乏海上和北极钻井经验、技术以及资金的局面，降低北极勘探的风险。如果没有国际合作，俄罗斯在北极地区开发巨大的石油和天然气资源将十分困难。乌克兰危机之后，俄罗斯与埃克森美孚、法国道达尔等公司的合作因制裁而不得不停工，很多海上项目、北极勘探、东北航道基础设施和港口现代化等进展缓慢或推迟。

近年来，俄罗斯北极大陆架地区钻井量急剧减少，2011 年在喀拉海的哈拉萨韦斯基凝析气田的海上延伸区仅钻了一口井，而在 2012 年和 2013 年地质勘探 30 多年来首次一口钻井都没有。2014 年在伯朝拉海的多尔金斯基凝析气田和胜利凝析气田钻两口井后本以为钻井量会增加，但由于制裁的实施中止了与许多外国伙伴的合作，这一希望便化为了泡影，2015 年也没有进行任何钻探。

由于 2014 年在伯朝拉海的多尔金斯基油田钻井的负面结果（采的是气流，而不是油流）以及欧美国家实施制裁的影响，俄罗斯自然资源部将开发推迟到 2031 年，并对曾在 2013 年对石油和天然气生产做出的乐观预测进行了重大调整，认为该预测仅考虑已发现的油气田，未考虑到外部环境变化；多尔金斯基油田石油产量可能下降（通过储量的减少改变其结构模式）；梅登斯基和瓦兰杰伊油田的开发很可能会延迟等。因为世界和俄罗斯国内的经验都表明，通常情况下从发现到投入开发，平均至少需要 21 年，但不排除特殊情况，例如卡沙甘油田于 2013 年 9 月在北里海的亚北极条件下开始开发，由埃尼阿吉普、道达尔、壳牌、埃克森美孚和其他公司组成的联盟企业共同进行，由于产生了大量的油气泄漏，必须更换长 200 千米的管道，无法通过海底天然气和石油管道运输油气，使得这一项目暂停了相当长时间。另外由于多种原因，在基林斯基凝析气田的天然气生产并未实现满负荷生产。因此俄罗斯在 2015 年年底重新调整预测，预测表明，2025 年至 2035 年液态油气生产可能不超过 1200 万—1300 万吨，仅占俄罗斯当前总产量的 2.5%。

第二章　俄罗斯北极航道开发及影响

北极航线包括东北航线、西北航线以及中央航线。东北航线西起西北欧北部海域，东到符拉迪沃斯托克（海参崴），途经巴伦支海、喀拉海、拉普捷夫海、新西伯利亚海和白令海峡，是连接东北亚与西欧的最短海上航线。西北航线东起加拿大巴芬岛，西到美国阿拉斯加北面波弗特海，途经戴维斯海峡和巴芬湾，并穿过加拿大北极群岛水域，是连接东北亚与北美最短的海上航线。中央航线北出白令海峡向西前行，穿过北冰洋中心区域到达格陵兰海或挪威海。其中北极的东北航线主要由俄罗斯开发和管辖，其又称为"北方海航道"（Northern Sea Route，NSR）。随着全球气候变暖，北极航线迎来了空前的发展机遇。其中东北航线作为开发较快的新通道将对全球经贸格局带来深远的影响，体现出巨大的经济与战略价值。

一、东北航线开通与商业化运行

从原航运地理格局来看，亚欧之间的贸易运输需要取道苏伊士运河或途经好望角，线路迂回、绕航现象严重，而北极东北航线作为连接亚欧之间的最短航线一直由于海冰问题未被大规模商业化使用。近些年随着气候变暖和北极冰雪融化，北极航道的适航期逐步延长，目前这一航道每年大约已有五个月以上的适航期，随着全球气候持续变暖，2030年之前可能会实现全年通航。

（一）东北航线航运距离

东北航线是连接北欧、东欧、西欧地区与东亚的最短航道，被誉为"黄金水道"，气候变暖背景下东北航线的适航期不断延长。

东北航线的通航将会显著缩短东北亚与欧洲之间的航运距离。通过借鉴

Eddy Bekkers 的计算方法计算了从中国、日本以及韩国出发，通过苏伊士运河与东北航线到欧洲 19 个国家的距离。从表 2.1 可以看出，中国的大连港、日本的横滨港以及韩国的釜山港通过东北航线到达欧洲港口，相对于苏伊士运河航线大部分都具有航程优势，其中到北欧、西欧、波罗的海沿岸国家的航程优势更明显。纵向来看，除了海参崴之外，横滨港走东北航道的航程优势更为明显，釜山港次之，大连港的优势最小。横滨港、釜山港和大连港到欧洲 19 个国家的航程总共可分别缩短 103216 千米、65951 千米和 53541 千米，分别减少 26%、18% 和 14% 的航程。另外，从表 2.1 可以发现，东北亚国家的三大港口经东北航线到达西班牙、意大利、希腊以及斯洛文尼亚等纬度较低的南欧国家，要绕经直布罗陀海峡，所以经东北航线到这些国家不具有航程优势。

与苏伊士运河相比，北极航线使欧洲与亚洲之间的航程缩减 5000—10000 千米，而从摩尔曼斯克到远东的符拉迪沃斯托克，走北极航线比绕道苏伊士运河要近 13700 多千米，北极航线比传统的苏伊士运河航线减少了 9 天航程，大幅降低了低迷的航运企业燃油运营成本和时间成本，也避免了传统航路上的非传统安全的风险。

（二）东北航线的商业化运行

近些年随着气候变暖和北极冰雪融化，北极航道逐渐开启，自 2005 年东北航线首次出现了 45 天的通航期之后，东北航线大规模商业通航已经变得越来越现实，俄罗斯对维护东北航线主权的紧迫感日益增加，同时俄罗斯也致力于将东北航线建设成能够在服务、安全和质量方面与传统海上航线相竞争的国际运输动脉，以期通过为外国船只提供港口、破冰船等基础设施获得经济和安全等利益[1]。

1. 东北航线商业化运行进展

俄罗斯一直积极推动东北航线的开发和利用。俄罗斯自 2008 年以来发布的北极及相关政策文件强调了开发东北航线及相关基础设施的必要性。俄罗

---

[1] Куватов В И, Козьмовский Д В, Шаталова Н В. Потенциал Северного морского пути Арктической зоны России. Факторы и стратегия развития. *Интернет-журнал Науковедение*，2014，6 (25).

表 2.1 苏伊士运河与东北航线距离比较

港口	大连港 距离相差（千米）	大连港 百分比（%）	横滨港 距离相差（千米）	横滨港 百分比（%）	釜山港 距离相差（千米）	釜山港 百分比（%）	海参崴 距离相差（千米）	海参崴 百分比（%）
芬兰赫尔辛基	5248.85	23.20%	7863.88	34.11%	5902.61	26.43%	8516.23	35.34%
爱沙尼亚塔林	5248.85	23.24%	7863.88	34.16%	5902.61	26.48%	8516.23	35.39%
拉脱维亚文茨皮尔斯	5256.26	23.63%	7871.28	34.71%	5910.02	26.93%	8518.08	35.91%
立陶宛克莱佩达	5248.85	23.67%	7862.02	34.79%	5900.76	26.98%	8516.23	36.02%
波兰格但斯克	5359.97	24.26%	7975.00	35.41%	6013.73	27.59%	8518.08	36.14%
挪威奥斯陆	5248.85	24.46%	7863.88	35.93%	5902.61	27.89%	8516.23	37.14%
丹麦奥尔堡	5248.85	24.48%	7863.88	35.96%	5902.61	27.92%	8529.19	37.22%
瑞典哥德堡	5248.85	24.56%	7862.02	36.07%	5900.76	28.01%	8516.23	37.28%
冰岛雷克雅未克	4019.12	18.66%	6632.30	30.19%	4671.03	21.99%	8405.11	36.52%
德国汉堡	5248.85	24.99%	7862.02	36.69%	5900.76	28.50%	7892.10	35.12%
英国伦敦	5135.88	25.06%	7750.90	37.04%	5789.64	28.66%	7188.34	32.72%
荷兰鹿特丹	5459.98	26.68%	8075.00	38.65%	6113.74	30.31%	7214.27	32.88%
比利时安特卫普	5037.72	24.65%	7652.75	36.67%	5691.48	28.26%	7045.74	32.16%
葡萄牙里斯本	1254.09	6.80%	3867.26	20.51%	1905.99	10.51%	3423.23	17.20%
斯洛文尼亚科佩尔	-4181.53	-25.04%	-1566.51	-9.14%	-3527.78	-21.50%	-2010.54	-11.06%
西班牙巴塞罗那	-1436.87	-8.34%	1178.16	6.67%	-783.11	-4.63%	734.12	3.93%
法国马赛	-1785.04	-10.37%	829.98	4.71%	-1131.29	-6.69%	385.95	2.07%
意大利热那亚	-2223.97	-13.03%	391.06	2.24%	-1570.21	-9.36%	-52.98	-0.29%
希腊比雷埃夫斯	-5096.42	-33.15%	-2483.25	-15.72%	-4444.52	-29.49%	-2927.28	-17.38%

注：以上数据参考 Eddy Bekkers 的测距方法，使用 port to port 软件估算。鉴于俄罗斯横跨欧亚大陆，并没有分析俄罗斯对欧贸易，考虑到中国东北地区借港出海的可能性，加入了俄罗斯的港口作为备选。

斯重新制定了国内立法，2013年1月生效的《关于北方海航道水域商业航运的俄罗斯联邦特别法修正案》，包括在该修正案基础上制定的俄罗斯《北方海航道水域航行规则》，将该航线确定为国内航线以确保俄罗斯对该航线的主权，并规定任何进入东北航线的船只必须使用俄罗斯破冰船护航。2015年6月俄罗斯政府发布了《2015—2030年俄罗斯北方海航道的综合发展规划》，该规划强调东北航线安全对俄罗斯自然资源的海上运输和国家安全战略的重大意义，该规划还旨在提高东北航线对亚洲国家尤其是中国国际中转货物运输航道的作用。

2013年俄罗斯成立了东北航线管理局，负责进行破冰船队的更新和扩建。由于大多数破冰船都是苏联时期建造的，俄罗斯加大了破冰船的生产，目前有"西伯利亚"号和"乌拉尔"号等11艘破冰船正在生产中，未来将陆续投入使用，同时俄罗斯还正在扩建柴油—电动破冰船队。另外为了给过境东北航线的船舶提供足够的支持，俄罗斯还在该航道建立十个搜救中心，2014年初位于杜丁卡和纳里扬马尔的两个中心开始运作，2015年阿尔汉格尔斯克的中心完工，其他六个中心原计划于2020年完工。这些搜救中心与升级和更新机场，以及建立新的雷达站一样具有双重目的——同时服务于军事目的和非军事目的。

2009年7月德国布鲁格航运公司的两艘货船"友爱"号和"远见"号从韩国装货出发通过东北航线抵达荷兰鹿特丹港。2011年9月，挪威楚迪航运公司的抗冰货船从挪威的希尔克内斯港起程穿越东北航线将铁矿石运往中国。2013年，中远"永盛"轮从江苏太仓港出发通过东北航线到达鹿特丹，实现了中国商船北极航线的首航，此后"永盛"轮又分别于2015年和2016年完成了东北航线的双向通行。表2.2表明了中远海运特运公司2013—2020年东北航线航次。

表 2.2　2013—2020 年东北航线与常规航线比较

	航次数量	节省里程（海里）	节省船期（天）	节省燃料（吨）	减少排放（吨）
2013	1	2500	11.5		841
2015	2	7000	23		1683
2016	6	32100	108		12704

续表

	航次数量	节省里程（海里）	节省船期（天）	节省燃料（吨）	减少排放（吨）
2017	5	25300	81		6288
2018	8	26400	82		6366
2019	9	31500	90		7790
2020	11	38500	97		10586
总计	42	153300	492.5	14550	46258

资料来源：中远海运特运公司。

随着时间的推移，通过东北航线的船只数量在逐年增加，由2011年的41艘增加到2016年的297艘。东北航线运输总量从2011年不到200万吨增长到2016年的727万吨。此外，东北航线的通航时间也在不断增长，由1979年的3个月延长至目前的5个月（7月中旬至12月上旬）[1]。这充分证明了东北航线的大规模商业通航已经变得越来越现实。东北航线船舶2018年达到227艘，营运航次2022次；2019年为277艘，营运航次2694次；到2020年10月达到306艘，营运航次1949次。其中装卸港都在北极水域内，占84%—92%航次；装卸港有一港在北极水域内，占7%—9%航次；装卸港不在北极水域内或跨越北极水域，占0.8%—1.9%，其中中国约占三成。随着东北航线建设的投入，俄罗斯运输部预测2030年通过东北航线的航运吨位能达到8300万吨，同期国际货运量达500万吨。

2. 东北航线商业化运行存在的问题

一是东北航线的港口、港湾和其他海上运输基础设施不完善。目前北极航线周边城市配套基础设施建设十分落后，沿线补给能力有限，在促进东北航线商业化运行中，需加强物流网络和基础设施建设。

二是运输成本高，阻碍航运商业化运行。其中俄罗斯向船只提供破冰船援助是运输成本的重要组成部分，俄罗斯以货物量为基础向船只提供破冰船援助。一般来说，油轮在航季困难时间通行时，需要由2艘破冰船破冰开航。每吨货物的过境关税大约为20—30美元之间，而苏伊士运河的过境关税约为

---

[1] 俄罗斯北方海航道管理局网站。

每吨 5 美元，这使得东北航线运输成本不具优势。但目前俄罗斯采取降低破冰费用等一系列措施，力争减少东北航线与传统航线费用的差距。

三是东北航线通航期较短。东北航线目前只能航行 4—6 个月，而且航道很浅，不适合新一代超大型集装箱船通航，无法在航运中实现有效和规模经济，其过境率仅为苏伊士运河的 0.2%—0.3%。东北航线过境船只中大部分航程主要往返于两个俄罗斯港口之间，只有少部分船只以非俄罗斯港口作为其出发地或目的地。

另外还有北极管辖权归属、恶劣环境和气候变化的不确定性因素也对北极航线商业化运行形成挑战。

二、东北航线开通对东北亚经贸格局的影响

（一）对东北亚国家贸易的总体影响

总体来说，相比苏伊士运河，东北航线的通航将会显著缩短东北亚与欧洲之间的航运距离。首先，从运输成本上看，航运距离的缩短会降低燃料费。由于燃料费占航运成本 70% 以上，所以即使考虑可能发生的破冰费、保险、人工等费用，东北航线巨大的航程优势仍会对东北亚国家对欧贸易产生极大影响；其次，考虑东北航道复杂的国际政治、自然气候、基础设施等条件，即使航运距离的缩短并不必然意味着相对应成本的降低，但从航运时间上看，能够从原来的 26 天缩短到 18 天左右，会给东北亚国家的对欧贸易带来促进作用；第三，目前东北亚国家港口和中国东北地区港口发展受到贸易流量等限制，导致货物单位运输成本较高，东北航线日益成熟和商业化会刺激东北亚国家对欧贸易的增加，促使全球贸易格局向东北亚国家转移，形成贸易流量增加与贸易成本降低的良性循环；第四，东北航线距离的缩短不仅能降低海运成本，有效缩短航运时间，还可以有效减少马六甲海峡和苏伊士运河的拥堵，能避开海峡困境、海盗袭扰等问题，提供了传统海运航线的替代选择。东北航线的开通无疑具有巨大的商业与战略价值，必将深刻地影响到东北亚贸易格局。具体看东北航线的开通主要会从以下几方面影响东北亚国家的贸易格局：

1. 提高东北亚与欧洲国家贸易规模

东北航线沿线国家是东北亚国家重要的贸易伙伴。近年来，中日韩与东北航线沿线的欧洲国家之间贸易规模稳步上升（图 2.1），2016 年，中日韩同欧洲 19 国双边贸易规模分别达 5012.52 亿美元、1345.86 亿美元和 896.74 亿美元，分别占中日韩当年对外贸易总额的 14％、11％和 10％。东北航线的开通能进一步促进东北亚与欧洲国家的贸易往来，加深东北亚与欧洲国家的贸易合作。一方面，东北航线的开通打破了传统航道沿线国家（如马六甲和苏伊士运河周边国家）的垄断性，降低了传统航道给企业带来的路径依赖，提高了东北亚国家和欧洲国家的区域通达性，优化了东北亚国家与欧洲国家之间的交通网络，减少其对贸易活动的阻碍；另一方面，东北航线的开通能缩短东北亚国家和欧洲国家之间航运距离，进而从广度和数量两方面影响东北亚国家对欧贸易。根据新新贸易理论，企业是否出口取决于企业是否能获得出口利润，出口利润又取决于企业生产效率和贸易成本。东北航线开通所带来的东北亚国家与欧洲国家之间时空距离的缩短，将使运输成本和信息成本大幅下降，贸易成本下降导致出口利润增加。在企业生产率不变的情况下，企业会扩大出口，出口利润增加会吸引新的企业进行出口贸易，这会增加贸

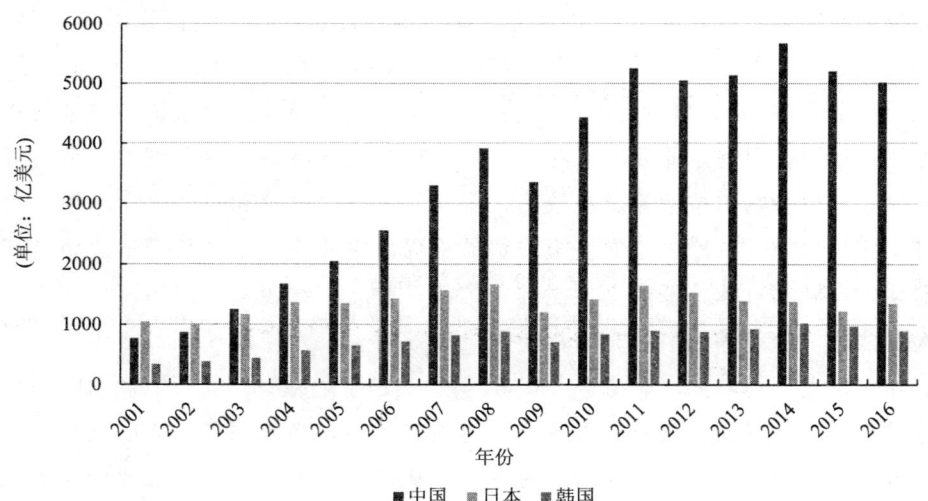

图 2.1　中日韩三国与欧洲 19 国贸易进出口总额

资料来源：联合国 COMTRADE 数据库。

易产品种类和贸易伙伴数量。因此，东北航线开通所带来的距离缩短会增加出口企业数目、出口产品种类和贸易对象规模，即扩大贸易广度。在不考虑广度和价格的前提下，贸易成本会通过数量途径影响贸易总量，因此，东北航线开通所带来的贸易成本降低会导致贸易数量增加，从而增加东北亚国家对欧贸易总量。

2. 促进贸易中心转移

东北航线缩短了亚洲东北部和欧洲西北部之间的距离，有利于两区域之间贸易成本降低、贸易效率提高以及贸易额增加，进而促进新的贸易中心形成。

欧洲地区比利时、芬兰、丹麦、冰岛、荷兰、瑞士等国临近东北航线，地缘优势明显，进出口贸易竞争力加强。欧洲南部西班牙、意大利、希腊等距离东北航线较远，进出口贸易依然需要依靠原苏伊士运河航道，贸易成本下降空间小，竞争力逐渐减弱。北极地区的能源资源丰富，开发东北航线的技术含量高，贸易量的增加主要体现在能源、石油化学产品、金属产品、机械产品、电子产品等方面。因而亚欧通过东北航线的贸易，不仅是数量的增加，同时也是贸易结构的优化。在贸易量和贸易结构同时改变的情况下，欧洲贸易中心将逐渐从欧洲南部向欧洲西北部转移。

同时亚洲南部新加坡、马来西亚、印度、越南等国家的贸易量也将受到东北航线开通的冲击，亚洲的贸易中心逐渐向俄罗斯、中国、日本、韩国等东北亚地区转移。另外北极地区丰富的石油、天然气等自然资源会对全球的油气供给结构产生影响，对中东、非洲以及南美等原有的供给国家产生冲击，在一定程度上挤占这些国家的出口贸易，削弱这些国家的贸易地位，提升北极国家的贸易地位，进而改变全球的贸易结构。

总体而言，东北航线的通航将改变全球贸易格局，近北极国家与东北亚国家在国际贸易格局中的地位出现上升，传统航线经过的国家和地区的地位则受到不同程度的削弱，全球贸易中心会逐渐转移到东北航道两端的欧洲西北部和亚洲东北部。

3. 东北亚国家将获得更多的经济效益

欧洲是东北航线连接经济体最多的海运端点，但从经济增长角度而言，东北亚国家将从中得到更多的经济效益。这主要是因为：一是从贸易结构来看，东亚三国处于贸易出超地位，按照支出法来计算，净出口对GDP有较大贡献，而欧洲国家大部分处于低顺差或贸易入超地位，净出口对GDP的贡献较低甚至为负，因此东北航线的开通将有利于对外贸易依存度较高的东北亚国家；二是东北亚国家与欧洲国家之间的贸易往来主要是欧洲国家向东北亚国家出口深加工、技术含量较高、附加值较高的电子产品，以及工业制成品等高级产品，而东北亚国家向欧洲国家出口食品、纺织品、电子元件等初级和中级加工产品。这种贸易模式决定了东北航线开通之后，东北亚国家相比欧洲国家所获得的贸易效益和技术含量更高；三是在世界产业转移的浪潮下，利用东北航线便利的海运优势，东北亚国家将更多承接由欧洲发达国家向发展中国家转移的产业，出口加工产品在质量和数量上都将登上一个新台阶。

（二）东北航线开通后东北亚国家对欧贸易的测算

进一步运用贸易引力模型分析东北航线开通对东北亚国家对欧贸易的影响，具体的回归模型如下所示：

$$\ln TT_{ijt} = \beta_0 + \beta_1 GDP_{it} + \beta_2 GDP_{jt} + \beta_3 \ln D_{ij} + \beta_4 \ln POP_{jt} \\ + \beta_5 \ln ef_{jt} + \beta_6 euz_{jt} + \beta_7 loc + \varepsilon_{ijt} \quad (2.1)$$

其中被解释变量 TT_{ijt} 表示东北亚 i 国家（行业、区域）对欧洲 j 国家（行业）t 年的进出口贸易额；GDP_{it} 与 GDP_{jt} 分别表示东北亚 i 国（区域）与欧洲 j 国 t 年的国内生产总值；D_{ij} 表示 i 国代表性港口与 j 国最重要港口的苏伊士航道距离；POP_{jt} 表示 j 国 t 年的人口总量；ef_{jt} 代表 j 国 t 年的经济自由度；euz_{jt} 代表是否加入欧元区，欧洲国家加入欧元区以前的年份设定为 0，加入当年及之后年份设为 1；loc 代表 j 国的地理区位，欧洲国家的地理区位分为北欧、南欧、西欧、中欧以及东欧。

采用普通最小二乘法（OLS）对贸易引力模型进行回归[1]，为了避免数据的异方差问题，又选择了广义最小二乘法（GLS）和泊松伪极大似然估计

---

[1] 选取 2001 年至 2016 年欧洲 19 个国家分别与东北亚国家、行业以及中国东北的双边贸易数据进行实证分析。东北亚国家与欧洲国家的双边贸易额数据来源于联合国 COMTRADE 数据库；各国的 GDP、人口数据来自于世界银行数据库；行业的选取采用联合国 HS 分类，数据来源于联合国 COMTRADE 数据库；距离参考 Eddy Bekkers 的测距方法，并使用 AtoBviaC 提供的 port to port 软件估算出来；经济自由度来源于美国传统基金会；东北三省与欧洲国家的双边贸易额和国内生产总值数据来源于各省统计年鉴。

法（PPML）进行稳健性分析。中日韩对欧贸易中，航运距离的系数均显著为负，其中中国三种方法的距离系数分别为－1.920、－1.686、－0.157，日本为－1.193、－0.774、－0.0997，韩国为－1.126、－1.023、－0.105。模型中距离系数均为负说明在其他条件既定的情况下，航运距离越远，运输成本越高，开展贸易的规模越小。在中日韩各自的三个模型中，中国的距离系数相比日本、韩国的系数较小，说明航运距离对中国的影响更大。可能是因为与日本、韩国相比，中国是发展中国家，向欧洲出口的多为劳动密集型产品，而劳动密集型产品相比资本技术类产品对距离参数更加敏感。

表 2.3　东北航线开通对东北亚国家对欧贸易的影响

国家	中国 贸易增加额（亿美元）	中国 贸易增幅（%）	日本 贸易增加额（亿美元）	日本 贸易增幅（%）	韩国 贸易增加额（亿美元）	韩国 贸易增幅（%）
芬兰	113.47	56.05%	143.79	38.11%	61.66	36.90%
爱沙尼亚	24.03	56.18%	16.79	38.20%	5.69	36.98%
拉脱维亚	26.58	57.54%	15.02	39.10%	6.98	37.84%
立陶宛	44.00	57.69%	26.70	39.22%	11.86	37.94%
波兰	340.85	59.76%	120.39	40.26%	145.22	39.14%
挪威	197.77	60.48%	180.64	41.14%	94.57	39.73%
丹麦	171.91	60.55%	154.88	41.19%	77.56	39.78%
瑞典	273.25	60.84%	225.08	41.38%	139.87	39.96%
冰岛	8.16	41.64%	9.58	32.06%	2.40	28.92%
德国	3334.49	62.40%	2440.54	42.45%	2004.78	40.95%
英国	2187.74	62.63%	1241.60	43.06%	1162.86	41.27%
荷兰	759.54	68.75%	666.74	45.95%	373.77	44.70%
比利时	376.37	61.15%	312.21	42.42%	184.00	40.46%
葡萄牙	31.32	12.62%	46.26	19.44%	21.64	12.03%
斯洛文尼亚	－19.69	－31.39%	－3.60	－6.55%	－6.10	－18.07%
西班牙	－216.50	－12.64%	89.40	5.49%	－70.33	－4.52%
法国	－569.51	－15.33%	113.98	3.80%	－229.94	－6.41%
意大利	－434.71	－18.66%	34.85	1.77%	－212.48	－8.75%
希腊	－98.41	－38.29%	－16.89	－10.68%	－44.28	－23.23%

运用 GLS 方法所估计出的系数以及前面所测算的东北航线距离，计算东北航线开通后对各国双边贸易带来的影响。从表 2.3 可以看出，总体而言，假如东北航线开通，东北亚国家与欧洲国家的双边贸易量大部分都有所增加，这表明东北航线开通所带来的距离缩短有利于东北亚国家与欧洲国家的贸易往来。从具体国家来看，东北航线开通后，中、日、韩三国的贸易额分别增加 345 亿美元、306 亿美元和 196 亿美元，其中中国的贸易增幅最大，平均增幅为 31%，其次是日本和韩国，平均增幅分别为 29% 和 20%，说明航运距离对中国的影响更大。从贸易对象来看，中、日、韩与欧洲国家的贸易增幅与欧洲国家的地理位置有关。荷兰、英国、德国、比利时、瑞典、波兰等北欧、西欧、波罗的海沿岸国家的纬度较高，东北航线开通使中日韩对这些国家的双边贸易量增幅靠前，其中荷兰增幅最大；中、日、韩与斯洛文尼亚、希腊等纬度较低的南欧国家的贸易并没有因为东北航线的开通增加，这是因为东北航道缩短了东北亚国家到欧洲纬度较高国家的航运距离，而对于纬度较低的南欧国家需要绕经直布罗陀海峡，相比传统航道，在航程距离上没有优势。虽然目前相对于欧洲其他国家，北欧、西欧国家与东北亚国家的贸易量并不大，但是随着东北航线的通航，这些国家与东北亚国家的贸易联系会进一步密切，贸易双边伙伴关系会更加紧密。

三、东北航线开通对东北亚国家重点行业贸易的影响

从具体行业看，东北航线的通航将会对东北亚国家、对欧洲不同行业贸易产生不同影响。

（一）对重点行业影响的初步分析

1. 有利于初级和中级加工产品的贸易往来

东北航线主要连接欧洲和亚洲高纬度地区，这些地区间的贸易往来主要是亚洲发展中国家向欧洲国家出口初级和中级加工产品，包括食品、纺织品、电子元件、机械部件等。相比附加值较高的电子产品、工业制成品等高级产品，初级和中级加工产品对距离更加敏感。因此，东北航线的开通所带来的距离缩短将有利于初级和中级加工产品贸易的往来。东北亚国家作为世界商品加工中

心以及欧洲国家的主要贸易伙伴,又处在东北航道的延长线上,将有机会利用东北航线这一新的便捷海上走廊,进一步发展初级和中级产品的加工贸易。

2. 有利于缓解东北亚国家特别是中国的产能过剩

一方面,受乌克兰事件影响,俄罗斯受到美欧的经济制裁,俄罗斯在开发东北航线上需要与中日韩等东北亚国家合作。东北航线的商业化运营和建设需要大量的基础设施建设投资,包括船舶建造、海洋平台搭建、港湾设施以及船舶修理。开发东北航线能直接缓解中日韩等东北亚国家钢铁、水泥、船舶业的产能过剩,促进东北亚国家相关产业的产业转型与结构调整。

另一方面东北航线通航所带来的距离缩短有利于促进东北亚国家的企业出口和对外直接投资。出口的"销售效应"能直接缓解企业的产能过剩,出口的"学习效应"可以提升企业对前沿技术的利用水平,改善企业的产能利用率。对外直接投资会通过"产业转移"、"投资替代效应"、"逆向技术溢出效应"、"竞争加剧效应"缓解产能过剩。

3. 有利于东北亚国家获取北极资源和发展资源密集型产业

北极地区拥有丰富的自然资源,其中石油和天然气储藏量尤为巨大。根据 HIS Energy 公司调查数据显示,北极地区已发现石油储量约 600 亿桶、凝析油储量 80 亿桶和天然气储量 32 万亿立方米、总油气当量 2570 亿桶。北极油气储备约占世界已探明石油储量的 25%。中日韩都是能源消耗量大、能源进口依赖度高的国家。2016 年,中国、日本和韩国的石油消费量分别为 579 百万吨、184 百万吨和 122 百万吨,分别占世界总消费量的 13.1%、4.2% 和 2.8%[①]。对于中日韩等能源消费大国来说,东北航线使它们增加了一条更为便捷、稳定的运输通道,不仅可以减少海上运输成本、缩短运输时间、降低和分担途经高政治敏感区所带来的风险,还有利于其开辟新的海外能源来源地,实现能源来源结构多样化,解决资源密集型产业的发展瓶颈。

(二)东北航线开通后对具体行业影响的测算

中日韩三国途经东北航线对欧洲 19 个国家的 22 个行业贸易的影响测算

---

① 《2017 年 BP 世界能源统计年鉴》。

结果显示[1]，从行业数量来看，中国与欧洲国家的双边贸易受距离影响最大，共有 7 个行业受航运距离的负向影响，其次为日本和韩国，分别有 5 个和 3 个行业受航运距离的负向影响。从行业的增幅来看，日本的行业贸易增幅远大于中国与韩国的行业贸易增幅。这主要是受两方面的原因影响，一是日本行业层面航运距离系数的绝对值明显大于中国、韩国，这使得日本行业层面对欧洲进出口的距离效应大于中国和韩国行业层面对欧洲进出口的距离效应；二是相比中国与韩国，日本走东北航线时航运距离的缩短最为明显。从贸易对象来看，在行业层面中，中日韩与英国、荷兰、比利时等高纬度国家的贸易增幅较大，与斯洛文尼亚、希腊等低纬度国家的贸易并没有增加。

从具体行业来看[2]，随着东北航道开通，中国与欧洲双边贸易中第 15 类、10 类、9 类、18 类、8 类、16 类、11 类产品将分别增加 149％、113％、72％、31％、23％、12％、9％的贸易额。日本与欧洲双边贸易中第 9 类、1 类、11 类、5 类、10 类将分别增加 1126％、640％、567％、159％、72％的贸易额。韩国与欧洲双边贸易中第 10 类、16 类、11 类将分别增加 183％、13％、9％的贸易额。从具体行业可以看出，东北航线开通后，中日韩的自然资源类产品、劳动密集型产品和低附加值的资本技术密集型产品的贸易往来将显著提高。相比科技含量较高的设备制造和电子科技产业、矿产品、贱金属及其制品等自然资源类产品、纺织原料及纺织制品等劳动密集型产品，以及机电、音像设备及其零件、附件等低附加值的资本技术密集型产品增长较快。这些产品的后期附加价值较低，其成本主

---

[1] 在行业层面，我们也同样采用 OLS、GLS、PPML 对引力模型进行回归，之后运用距离系数计算行业层面东北航道开通对东北亚国家对欧贸易的影响。在分行业引力模型中，每个行业的 GDP 数据较难获得，因此本文借鉴 Chaney（2008）、Nordström（2006）的做法，分行业引力方程仍采用国家层面的 GDP 作为回归变量。

[2] 行业具体分类如下。第 1 类：活动物，动物产品；第 2 类：植物产品；第 3 类：动植物油、脂、蜡，精制食用油脂；第 4 类：食品，饮料，酒及醋，烟草及烟草制品；第 5 类：矿产品；第 6 类：化学工业及其相关工业的产品；第 7 类：塑料及其制品、橡胶及其制品；第 8 类：革、毛皮及制品、箱包、肠线制品；第 9 类：木及木制品、木炭、软木及软木制品；第 10 类：木浆等、废纸、纸、纸板及纸制品；第 11 类：纺织原料及纺织制品；第 12 类：鞋帽伞等、已加工的羽毛及其制品、人造花、人发制品；第 13 类：矿物材料制品、陶瓷品、玻璃及制品；第 14 类：珠宝、贵金属及制品、仿首饰、硬币；第 15 类：贱金属及其制品；第 16 类：机电、音像设备及其零件、附件；第 17 类：车辆、航空器、船舶及运输设备；第 18 类：光学、医疗等仪器、钟表、乐器；第 19 类：武器、弹药及其零件、附件；第 20 类：杂项制品；第 21 类：艺术品、收藏品及古物；第 22 类：特殊交易品及未分类商品。

要包括生产或开采成本及运输成本。长途运输的运输费是其产品成本、价格的重要组成部分,因此距离成为上述行业贸易往来的重要阻碍因素。随着东北航线的开通,东北亚国家与欧洲国家的航运距离相应缩短,有利于上述行业的贸易往来。

表 2.4 中日韩对欧贸易增幅较大的行业

行业	中国 距离的系数	中国 贸易增幅(%)	日本 距离的系数	日本 贸易增幅(%)	韩国 距离的系数	韩国 贸易增幅(%)
第1类			-5.274	640.05		
第5类			-2.764	159.49		
第8类	-1.221	23.09				
第9类	-2.812	71.73%	-6.432	1126.25%		
第10类	-1.122	113.34%	-3.062	71.69%	-3.741	183.04%
第11类	-0.483	8.91%	-5.034	567.37%	-0.538	9.09%
第15类	-4.253	149.04%				
第16类	-0.69	11.77%			-0.69	13.21%
第18类	-1.532	30.75%				

注:对中日韩22个行业对欧贸易进行了估计,上表只列出了各国受航运距离负向影响的行业。

表 2.5 中国与欧洲各国主要行业贸易增长　　　　(单位:%)

	第8类	第9类	第10类	第11类	第15类	第16类	第18类
芬兰	38.03	110.05	168.42	15.26	217.31	19.98	49.83
爱沙尼亚	38.11	110.35	168.93	15.29	218.01	20.02	49.95
拉脱维亚	38.98	113.42	174.15	15.61	225.26	20.44	51.14
立陶宛	39.08	113.76	174.74	15.64	226.07	20.49	51.27
波兰	40.40	118.46	182.80	16.13	237.29	21.14	53.07
挪威	40.85	120.09	185.62	16.29	241.21	21.36	53.69
丹麦	40.90	120.27	185.92	16.31	241.64	21.38	53.76
瑞典	41.08	120.93	187.06	16.38	243.24	21.47	54.01
冰岛	28.67	78.71	116.50	11.75	146.78	15.31	37.21
德国	42.07	124.49	193.24	16.73	251.89	21.95	55.36
英国	42.22	125.04	194.20	16.79	253.23	22.02	55.57
荷兰	46.07	139.32	219.29	18.17	288.72	23.88	60.87

续表

	第8类	第9类	第10类	第11类	第15类	第16类	第18类
比利时	41.28	121.63	188.28	16.45	244.94	21.57	54.28
葡萄牙	8.98	21.91	30.16	3.86	36.11	4.98	11.40
斯洛文尼亚	-23.88	-46.65	-56.65	-11.33	-62.38	-14.29	-28.99
西班牙	-9.32	-20.17	-25.90	-4.22	-29.57	-5.38	-11.55
法国	-11.35	-24.23	-30.87	-5.17	-35.07	-6.58	-14.03
意大利	-13.89	-29.14	-36.76	-6.38	-41.49	-8.11	-17.11
希腊	-29.51	-55.30	-65.74	-14.28	-71.43	-17.93	-35.51

表2.6　日韩与欧洲各国主要行业贸易增长　　（单位：%）

	日本					韩国		
	第1类	第5类	第9类	第10类	第11类	第10类	第11类	第16类
芬兰	870.00	299.87	1534.28	263.00	756.00	215.32	20.45	26.01
爱沙尼亚	814.23	218.91	1386.19	261.39	726.65	258.42	20.15	26.55
拉脱维亚	926.17	238.81	1611.01	286.46	823.01	286.42	21.46	28.32
立陶宛	869.85	228.94	1497.19	274.00	774.59	270.81	20.74	27.34
波兰	921.08	237.93	1600.67	285.34	818.63	283.14	21.31	28.11
挪威	1116.83	270.47	2006.27	326.65	986.04	329.15	23.30	30.82
丹麦	953.68	243.54	1667.11	292.44	846.61	287.35	21.50	28.37
瑞典	977.26	247.55	1715.44	297.51	866.81	292.87	21.75	28.71
冰岛	537.68	164.04	857.78	193.18	486.12	178.54	15.87	20.80
德国	1171.24	279.06	2121.67	337.62	1032.34	338.23	23.68	31.33
英国	1200.75	283.64	2184.73	343.49	1057.42	341.30	23.80	31.50
荷兰	1225.62	287.47	2238.11	348.39	1078.53	343.28	23.88	31.61
比利时	1020.75	254.84	1805.23	306.75	904.04	297.43	21.95	28.98
葡萄牙	471.93	149.41	738.75	175.23	428.30	156.18	14.49	18.95
斯洛文尼亚	-4.64	-2.41	-5.69	-2.67	-4.43	-18.71	-2.94	-3.75
西班牙	22.79	11.36	28.45	12.66	21.64	-11.73	-1.78	-2.28
法国	29.50	14.51	37.07	16.20	27.99	-7.86	-1.17	-1.50
意大利	17.72	8.93	22.02	9.94	16.85	-13.51	-2.07	-2.64
希腊	-20.75	-11.47	-24.70	-12.63	-19.91	-33.60	-5.72	-7.28

第三章　北极地缘格局与中俄两国的地位

受全球气候变暖因素的影响,极地冰雪融化加速,北极地区的资源、航道、军事等价值日益凸显,北极地区的国际地位不断提升,北极地区开始逐渐被北极圈域内、域外国家予以高度的重视。其中,中美俄作为世界大国均在北极地区有着重要的国家利益。国际局势的复杂多变、大国竞争的日益激烈使得北极问题变得越来越重要,因此分析北极的地缘格局对于理解北极问题有着重要的影响作用。而中俄两国作为世界大国,其对北极区域的影响不容忽视。

一、北极地缘格局

北极地缘格局对于指导各国在北极地区的竞争与合作有着重要的影响,分析北极地缘格局有助于理解北极圈域内外各国的北极政策以及各国在北极地区的利益诉求。由于极地冰雪气候融化使得北极地区的经济、军事、航道等价值日益凸显,北极地区的政治格局、经济格局等形势也发生了变化,因此分析北极地区的政治格局和经济格局有利于认清北极地区的地缘关系发展趋势。

(一) 地缘政治格局

地缘政治格局是各国在维护国家利益、安全、军事等方面的过程中,逐渐形成的地缘政治关系。地缘政治格局对于分析国家之间复杂关系,了解国际形势具有重要的指导意义。现如今,随着北极地区战略价值的不断提高,北极地区的竞争日益激烈,分析北极地区的地缘政治格局,有助于各北极利益攸关国更好地维护其在北极地区的国家利益,也有助于各国了解北极地区的形势与变化,以便各国更好地应对北极地区的发展变化,以及对未来国际形势的发展趋势做出更准确的预判。

从地缘角度看,国家领土位于北极地区的国家有八个,分别是加拿大、丹麦、芬兰、冰岛、挪威、瑞典、俄罗斯和美国。因地理位置上存在差异,北极国家与近北极国家在北极地区的地缘政治利益有所不同。对北极国家而言,因国家部分领土位于北极圈内,北极地区气候变化、能源、航道开发等都与其国家利益有着直接的联系。对近北极国家而言,虽然从地理位置的角度看并不位于北极圈内,只是位置相较于其他国家距离北极较近,北极如何开发利用以及北极气候变化等因素也会对这些近北极国家带来一定的影响,如北极气候的变化会影响农业、工业等行业的生产。因此,从地缘政治的角度看,北极国家和近北极国家在北极地区有着不同的国家利益,由此产生两个不同的利益阵营。

北极地缘政治格局除从地理位置距离北极的远近的角度进行划分外,还可以以领土为尺度进行划分。根据各国领土的位置可以划分北极国家和近北极国家,或者北极圈域内国家和北极圈域外国家。阿拉斯加州是美国唯一一个位于北极地区的州,但根据领土的划分,美国属于北极国家;俄罗斯因大范围领土位于北极圈内,因此也属于北极国家;中国虽是北极利益攸关国,地理位置也较接近北极,但因没有领土位于北极范围内,因此中国属于近北极国家。

北极国家的部分领土位于北极地区,因此北极关系到部分国家的国家安全问题。除此之外,一些国家的军事力量部署也位于北极地区内,如美俄不断加强其在北极地区的军事部署,加强了北极地区的军事化程度,因此北极安全问题也关乎国家安全问题。

就美国而言,美国的阿拉斯加州位于北极地区,而阿拉斯加州不仅蕴藏着丰富的能源资源,阿拉斯加州还部署着美国重要的军事力量。北极地区关系到美国的国家军事安全、国家利益安全;俄罗斯位于北极地区的领土也部署着重要的军事力量和国防工业企业,北极地区也是俄罗斯的边界地区,因此北极地区在俄罗斯的国家安全、军事安全中占据重要地位;除此之外,一些国家的公民还生活在北极地区,保护人民群众的生活和安全也是国家职责和国家利益所在。

总体而言,受北极地缘政治行为体的多元化影响,以及各方在能源资源、经济、航运、领土、安全等领域利益的不统一与不平等等多种因素的影响,当今北极地区的地缘政治格局呈现出多层次和多元化的复合式结构。

(二) 地缘经济格局

地缘经济格局是各国在经济竞争与合作的过程中逐渐形成的地缘经济关系。随着全球气候变暖，北极地区的资源、航道等价值使得相关国家在北极地区经济领域展开了激烈的竞争。

首先，北极地区蕴藏着丰富的自然资源，如能源资源、矿场资源、生物资源等种类繁多且储量丰富。根据相关专业估算，北极地区现已探明的石油和天然气储备量分别占世界总量的5%和25%；已探明的煤炭储量约占全球储量的25%；已探明的原油储量为2150亿桶。美国科学家预测北极总体石油和天然气储备资源达4121亿桶石油当量，其中78%是天然气或天然气水合物。北极地区所拥有的石油和天然气总量，约占世界全部未开发石油和天然气总量的22%，其中天然气约占30%，石油约占13%，天然气水合物约占20%。除此之外，北极地区仍有部分能源资源尚未探明。现阶段，全球经济、军事等实力快速发展，各国对能源资源的需求不断扩大，面对国际能源资源短缺的现状，北极地区巨大的能源资源储量引得北极圈域内、域外国家积极投身北极事务，也由此加剧了北极地区竞争态势，成为大国竞争的新领域。

其次，随着全球气候变暖现象的出现，极地冰雪融化速度的不断加快，北极航道的通航时间不断变长，北极航道巨大的商业价值不断凸显出来，北极航线全年通航指日可待，北极航线开通后将会使东亚与西欧之间的海上距离缩短5000—9000海里，还可以摆脱通航的吨位限制问题。因此，北极航线一旦全部投入运行，将带来巨大的商业价值，甚至可能改变整个世界贸易体系。

综上，北极地区的能源价值、航道价值、经济价值等多元化价值使得北极地区的地缘经济格局逐步形成了以中美俄三国为主的经济格局，在北极地区展开了激烈的经济能源等方面的竞争。

二、大国合作与竞争下的北极

北极问题由来已久，但相较于其他国际热点问题而言，北极问题并不突出。近些年随着极地冰雪的融化，北极地区的航道价值、经济价值等才越发凸显，北极问题愈演愈烈。由于中俄两国一直对北极问题予以高度的重视，在过去的十年里中俄两国致力于北极的经济、科考、军事政策等方面的研究并取得了一定的成果。然而，在中俄两国积极投身北极问题时，美国却对北极问题不十分重视，虽出台相应的北极政策，但在政策的具体落实问题上举步维艰。面对中俄在北极问题上取得优异成果的现状，美国意识到其在北极问题上的措施落后、政策滞后的问题，为此美国提高对北极问题的重视度，不断加强美国在北极地区的影响力。面对诱人的北极价值，一些北极域外国家也纷纷介入北极问题，这使得北极问题愈发引人关注。

(一) 俄美加强在北极地区的军事部署

由于俄罗斯部分领土位于北极地区，俄罗斯在北极地区的利益与其国家利益密切相关，这也是俄罗斯不断加强北极地区军事力量的重要原因之一。近年来，俄罗斯军方宣布将增加其在北极地区的 S-400 导弹防御部队的数量，这与其最近部署的更先进的装备相呼应，这些装备旨在保护其海上和空中领域。另一方面，俄罗斯正在打造世界上最强大的破冰船舰队。俄罗斯总统普京表示，目前该国正在建造"世界上最强大的破冰船舰队"。全球气候变暖使得北极航道价值日益凸显，新的北极航道一旦投入使用可为俄罗斯带来可观的收益。普京表示俄罗斯现已向东北航道投入了大量的资源，并且正在积极打造新的破冰船，以便将来更好地进行海上作业。俄罗斯是世界上唯一一个建造和部署核动力破冰船的国家。2020 年 7 月，俄罗斯开始在其远东地区的红星造船厂建造其计划中的三艘领导级核动力破冰船中的第一艘，命名为"俄罗斯"号，预计将于 2027 年投入使用。该破冰船长 209 米，最宽处达 47.7 米，将配备 120 兆瓦的发电能力，最高时速可达 22 海里/小时，排水量约为 70000 吨，能够穿过厚达 4 米的冰层。

就国家安全而言，美国在俄罗斯部署的北极弹道导弹防御系统的射程范围内，这让美国感到其国家安全受到威胁；就国家利益而言，美国破冰船的数量及海上作业能力有限，短时间内无法建造出可与俄罗斯相匹敌的破冰船，因此俄罗斯打造世界上最强大的破冰船无疑抢占了在北极领域海上航行、海上作业的主导权，北方航道一旦投入使用可为俄罗斯带来巨大的经济收益，因此，面对俄罗斯在北极地区的不断强大，美国开始加大其在北极地区的投入，美俄两国对北极地区的高度关注使得北极问题愈演愈烈，且未来这一问题的热度将会持续升温。

(二) 中俄北极合作不断加强

中国虽然是北极圈域外国家，但却是北极利益攸关国，对北极问题一直十分重视，不仅大力扶持科考团队，还出台相关的北极政策，积极参与北极的开发和治理。俄罗斯几乎控制着整个北方海航道沿岸和近半个北冰洋，这使得中国在北极发展和开发上与其合作成为必然。中俄北极地区的合作是中俄全面战略伙伴关系的组成部分[1]。中俄两国经济和政治上的相交融，使得两国在北极问题上的合作也成为必然。而中国"一带一路"倡议的提出，使中俄两国的关系越发紧密。

中俄两国在北极地区都有其各自的国家利益。利益的驱动使中俄两大国在北极地区展开合作。

首先，俄罗斯与绝大多数西方北极国家（美国、加拿大、北欧国家）存在竞争与对抗，面对被西方国家制裁的困境，俄罗斯将北极地区发展作为战略重点，希望通过与中国的合作实现其北极地区发展的目标，中国可以为其提供必要的地缘政治、经济和技术支持，这为中国参与俄罗斯的北极合作提供了非常合适的契机。

其次，由于北极气候条件恶劣，中国若使用北极航线缺乏极地专业人才和北极研究经验，急需与俄罗斯合作解决此类问题[2]。

再次，俄罗斯每年开采大量的石油，但资源的开发前期需要投入大量的资金，北极地区的资源开发需要投入的资金更大，俄罗斯希望中国在北极资源开发方面进行投资，同时也邀请中国共同进行资源开发合作，以实现两国互利共赢[3]。

最后，中国"一带一路"倡议的提出，使得中俄两国经济紧密相连，同时也与俄罗斯的北极航道和资源开发需要相对接。一方面俄罗斯需要利用中国的资本以及开拓中方市场，另一方面中国需要与俄方欧亚经济联盟战略对

---

[1] Иванвов И. С. Азиатские игроки в Арктике: интересы, возможности, перспективы, Москва: Российский совет по международным делам, 2016.
[2] 高天明：《中俄北极"冰上丝绸之路"合作报告》，北京：时事出版社，2018年，第82页。
[3] 同上，第84页。

接，学习俄罗斯北极开发技术①。面对当前复杂的国际形势，中俄在北极地区积极展开合作，有利于两国在北极问题上的经济、军事、安全多方面实现共赢，符合中俄两国的战略需求。同时，北极地区中俄两大国积极展开合作也有助于维系北极地区的稳定。

（三）北极圈域外国家积极参与北极治理

面对全球能源资源紧张的问题，北极地区丰富的能源资源及重要的航道价值和军事价值引得世界各国对北极地区十分关注，不只是北极圈域内各国关注其在北极地区的国家利益，一些北极圈域外国家如日本、韩国等也对北极问题十分关注。一些北极圈域外国家还纷纷出台了相应的北极政策，积极参与北极开发和治理，希望可以在北极地区获得一定的利益。

日本是最早对北极地区感兴趣的北极圈域外国家之一，其原因主要有以下两点：一是日本是一个岛屿国家，也是世界上最大的贸易国之一，北极航线可以使日本进出口货物节省大量的运行时间和运行费用；二是由于日本自然资源匮乏，除少量资源外其他多数能源均需依靠进口，北极航线及丰富的自然资源引起了日本对北极的兴趣。此外，日本认为其作为国际社会中的一员，有责任参与该地区的治理，也采取了一些相关的北极政策。如2013年的《海洋基本计划》明确了日本北极研究政策的指导原则，即观测北极、研究北极、北极合作、研究开发北极航道。2015年日本又发布了《日本的北极政策》，明确了日本北极开发的主要任务②。除此之外，日本还申请成为北极理事会的观察员，以便更好地参与北极事务。日本虽积极投身北极开发和治理，但对于其在北极地区取得的成绩及其在北极事务中的话语权并不满意。日本希望与其他国家在北极地区展开合作，更好地参与北极事务，获取航道价值以及丰富的能源资源。

韩国对于北极地区的利益诉求与日本有一定的相似性，都因本国资源匮乏，依靠进出口来满足本国的能源资源诉求。也正因韩国高度依靠进出口贸易，北极航道、能源价值等对韩国有着巨大的吸引力。然而，韩国投

---

① 王淑玲，姜重昕，金玺："北极的战略意义及油气资源开发"，《中国矿业》，2018年第1期，第20—26，39页。

② Japan's Arctic Policy. 2015-10-16，http://www.kantei.go.jp/jp/singi/kaiyou/arcticpolicy/Japans_Arctic_PolicyENG.pdf.

身北极地区开发与治理的时间并不长，直到李明博政府时期韩国才开始真正重视北极问题，积极投身北极事务。韩国出台了相关的北极政策，明确本国在北极地区的目标与方向，即加强北极合作、积极推动北极地区科学研究活动、积极开展北极地区新产业、设立专门的北极事务部门、加强北极活动的立法规范等[①]。除此之外，韩国还积极申请加入北极事务的国际组织，与日本一样，韩国也申请成为北极理事会的观察员，以便更好地参与北极事务，维护韩国在北极地区的国家利益。但由于韩国的北极行动力受国家综合实力等限制，韩国希望在北极事务中与他国展开合作，增强其在北极地区的话语权。

除北极圈域内、域外国家积极投身北极事务外，欧盟等一些特殊行为体也积极投身于北极事务中。无论从地理位置上还是身份上，欧盟都与北极有着密不可分的联系。就地理位置而言，欧盟成员国丹麦、芬兰、瑞典均属于环北极国家；就身份而言，欧盟成员国丹麦、瑞典、芬兰是北极理事会成员国之一，欧盟成员国内部的让渡使得欧盟参与北极事务具有一定的合法性。欧盟在北极地区的发展与其内部成员国在北极地区的国家利益紧密相连。因此，欧盟积极投身北极事务，并为此出台了相关的北极措施，如欧盟委员会在 2007 年 10 月通过了《综合性海洋政策》，明确了欧盟在北极的战略利益；2008 年 3 月，欧盟委员会与外交事务高级代表联合发布了《气候变化与安全》战略文件；同年 11 月，又发布了首份北极政策报告《欧盟与北极地区》，强调欧盟与北极的密切关系；2012 年 7 月，欧盟委员会发表了《发展中的欧盟北极政策：2008 年以来的进展和未来的行动步骤》战略文件[②]。欧盟积极投身北极事务，参与北极治理，在气候治理、海洋治理等方面都做出了一定的贡献。欧盟在北极地区取得的成绩，使得欧盟在北极事务中的话语权和影响力越来越重要，这也促使欧盟越来越积极地投身于北极事务中。

[①] 孙雪岩，王作成："朴槿惠政府北极政策的解读与展望"，《韩国研究论丛》（第二十七辑），第 2014 年第 1 期，第 15—27 页。

[②] 程保志："欧盟的北极政策和与中国合作的可能性"，《和平与发展》，2013 年第 3 期，第 51—52 页。

三、北极地缘格局中的中国

（一）中国在北极地区的国家利益

中国作为近北极国家，是北极事务的利益攸关国。就地理位置而言，中国是陆地上最接近北极圈的国家之一，是北极理事会的观察员之一，北极地区的利益与中国的国家利益紧密相连。总体上，中国在北极地区的国家利益主要有以下三点：

1. 中国受到北极气候变化的影响

全球气候变暖使得极地冰雪气候融化，作为近北极的中国必然会受到北极气候变化的影响。中国是农业生产大国，气候的变化对农业生产的影响巨大，如雨水、光照、气温等因素影响着农作物的生长，关系到百姓的收入，也关系到国家经济发展。林业、渔业、工业等也都不同程度受到北极气候变化的影响，与人民的生活密切相关，因此北极气候变化对中国人民生活和国家经济利益造成影响。除此之外，关注北极气候变化有助于中国加强灾害天气的预测，提前做好减灾防灾的准备工作，减少国家和人民的损失[1]。因此无论从地理位置还是国家经济发展的角度，北极地区与中国的国家利益有着密不可分的联系。正因如此，中国高度重视北极问题，积极参与北极治理。

2. 北极资源能够实现中国能源多元化目标

在国际资源短缺的情况下，北极地区丰富的能源资源为北极地区相关国家所关注。充足的能源储备不仅有利于国家的发展，还有利于维护国家能源安全和在国际上的地位。对于目前仍处于发展中的中国而言，北极地区丰富的能源和资源正是中国发展所需要的，与中国的国家利益有着重要的联系。一方面，中国是世界上第一大工业国和世界上最大的发展中国家，中国也是世界上最大的石油和天然气进口国。随着中国经济的增长，对能源资源的需求，特别是对石油和天然气的需求也在不断增加。北极地区蕴藏的丰富的能源资源不仅能够满足中国未来发展的能源资源需求，还能实现中国能源资

---

[1] 唐国强："北极问题与中国的政策"，《国际问题研究》，2013年第1期，第23页。

源多元化的目标[①]。

3. 北极航道对中国意义重大

受全球气候变暖因素的影响，北极地区冰层融化速度不断提高，北极航线的通航时间有所延长，北极航道巨大的商业价值引得北极圈域内、域外国家高度关注北极开发问题。中国作为北极利益攸关国，北极航线的开发与中国的国家利益有着密切的关系，特别是中国提出"一带一路"倡议后，北极航线的开通对中国经济发展意义越发重大。一方面，中国是全球海运货物的最大出口国，也是世界第二大进口国，90%的国际贸易都是依靠海运，北极航线为我国提供了更便捷的远洋航线，不仅降低了航行运输成本和运输风险，还有利于中国开辟新的海外资源能源采购地；另一方面，北极航道缩短了中国到北极的距离和时间，更有利于中国参与北极地区的开发和治理，特别是对北极航道的开发和利用。

（二）北极地缘格局下中国参与北极治理的目标

2018年中国发布了《中国的北极政策》白皮书，对中国与北极的关系、中国北极政策的目标和基本原则以及中国参与北极事务的政策主张都做出了明确的说明。中国北极政策的目标是：认识北极、保护北极、利用北极和参与治理北极，维护各国和国际社会在北极的共同利益，推动北极的可持续发展[②]。

1. 中国参与北极治理的原因

根据《联合国海洋法公约》、《斯匹次卑尔根群岛条约》等国际条约和相关国际法规定，中国在北极特定领域享有科研、航行、飞越、捕鱼、铺设海底电缆和管道、资源勘探与开发等自由或权利。中国是联合国安理会常任理事国，肩负着共同维护北极和平与安全的重要使命。北极与中国的国家利益密切相关，对中国的农业、工业等都有着重要的影响。参与治理北极是中国

[①] Kai Sun，China and the Arctic：China's interests and participation in the region. CIGI. Paper，2013，11（2）.

[②] 中华人民共和国国务院新闻办公室，中国的北极政策，2018-01-26，http://www.gov.cn/zhengce/2018-01/26/content_5260891.htm.

北极政策的目标之一。

2. 中国参与北极治理的目标

根据国际规则和机制，中国参与治理北极的目标主要分为两个层次：就国际层次而言，中国坚持依据包括《联合国宪章》、《联合国海洋法公约》和气候变化、环境等领域的国际条约，以及国际海事组织有关规则在内的现有国际法框架，通过全球、区域、多边和双边机制应对各类传统与非传统安全挑战，构建和维护公正、合理、有序的北极治理体系；就国内层次而言，中国坚持依法规范和管理国内北极事务和活动，稳步增强认识、保护和利用北极的能力，积极参与北极事务国际合作[①]。

中国参与北极治理的目标是坚持科研先导，强调保护环境、主张合理利用、倡导依法治理和国际合作，并致力于维护和平、安全、稳定的北极秩序。

中国积极主张对北极地区实现环境保护。中国对北极科研考察予以高度的政策支持，并积极开展北极地质、地理、冰雪、水文、气象、海冰、生物、生态、地球物理、海洋化学等领域的科学考察。此外，由于全球气候变暖对北极气候变化等方面产生的巨大影响，中国还积极参与北极气候与环境变化的监测和评估，通过建立北极多要素协同观测体系，合作建设科学考察或观测站，建设和参与北极观测网络，对大气、海洋、海冰、冰川、土壤、生物生态、环境质量等要素进行多层次和多领域的连续观测。中国还支持和鼓励北极科研活动，不断加大北极科研投入力度，致力于提高北极科学考察和研究的能力建设，支持构建现代化的北极科研平台。北极地理位置和气候条件的特殊性导致北极的生态系统也有特殊性。中国倡导可持续发展的理念，在保护生态系统和生物资源上主张采取三点措施：一是重视北极可持续发展和生物多样性保护，开展全球变化与人类活动对北极生态系统影响的科学评估；二是加强对北极候鸟及其栖息地的保护，开展北极候鸟迁徙规律研究；三是提升北极生态系统的适应能力和自我恢复能力，推进在北极物种保护方面的国际合作。

中国主张合理利用北极地区的资源。北极地区能源、资源丰富，还拥有

[①] 中华人民共和国国务院新闻办公室，中国的北极政策，2018-01-26，http://www.gov.cn/zhengce/2018-01/26/content_5260891.htm。

极具商业价值的北极航线,吸引北极圈域内、域外国家纷纷介入北极事务,参与北极治理。中国倡导走可持续发展路线,对于开发利用北极的活动中国认为各国应遵循《联合国海洋法公约》、《斯匹次卑尔根群岛条约》等国际条约和一般国际法,尊重北极国家的相关法律,并在保护北极生态环境、尊重北极土著人的利益和关切的前提下,以可持续的方式进行。中国尊重北极国家根据国际法对其国家管辖范围内油气和矿产资源享有的主权权利,尊重北极地区居民的利益和关切,要求企业遵守相关国家的法律并开展资源开发风险评估,支持企业通过各种合作形式,在保护北极生态环境的前提下参与北极油气和矿产资源开发。此外,中国还致力于加强与北极国家清洁能源方面的合作,推动与北极国家在清洁能源开发的技术、人才和经验方面开展交流,探索清洁能源的供应和替代利用,实现低碳发展。

气候变化对北极地区的鱼类也造成一定的影响。面对当前的北极渔业现状,中国主张科学养护、合理利用、保护北极生物多样性,主张各国依法享有在北冰洋公海从事渔业资源研究和开发利用活动的权利,同时承担养护渔业资源和保护生态系统的义务。对相关部门制定的国际协定及制度安排中国予以大力的支持。中国致力于加强对北冰洋公海渔业资源的调查与研究,适时开展探捕活动,建设性地参与北冰洋公海渔业治理。中国也希望北冰洋沿岸国家可以共同参与渔业等生物资源的养护和利用,透明合理地勘探和使用北极遗传资源,公平公正地分享和利用遗传资源产生的惠益。

中国希望参与北极航道的开发和利用。全球气候变暖使得北极航道的商业价值越发突出,北极航线因运输距离短、航线安全等特点有望在未来成为重要的运输干线。中国主张依托北极航道的开发利用,与各方共建"冰上丝绸之路"。为此,中国鼓励企业参与北极航道基础设施建设;重视北极航道的航行安全,积极开展北极航道研究,不断加强航运水文调查,提高北极航行、安全和后勤保障能力;在北极航道基础设施建设和运营方面中国主张加强国际合作。因北极事务涉及多个国家的国家利益,中国尊重北极国家依法对其国家管辖范围内海域行使相应权利,对于北极航道的争议问题中国希望可以依据相关国际法来解决。

总之,中国以《联合国宪章》和《联合国海洋法公约》为根据,积极参与北极事务,努力在北极事务中发挥积极作用,维护各国和国际社会的共同利益。中国认为解决北极问题最好的办法是合作。中国愿与各方以北极为纽带，加强共建"一带一路"倡议框架下关于北极领域的国际合作，与各国增进共同福祉、发展共同利益。

在全球层面，中国积极参与全球环境、气候变化、国际海事、公海渔业管理等领域的规则制定，依法全面履行相关国际义务。中国鼓励各国和国家环保组织进行环保合作，推动发达国家履行在《联合国气候变化框架公约》、《京都议定书》、《巴黎协定》中做出的承诺，为发展中国家应对气候变化提供支持。在区域层面，中国积极参与政府间北极区域性机制。中国是北极理事会的观察员之一，积极参与北极事务并在其中发挥着积极的作用。中国认可北极理事会是关于北极环境与可持续发展等问题的主要政府间论坛，中国严格遵守各项规定，参与各项活动、履行相关承诺，全力以赴支持北极理事会工作。中国支持通过北极科技部长会议等平台开展国际合作。在多边和双边层面，中国致力于推动北极各领域的务实合作，特别是大力开展在气候变化、科考、环保、生态、航道和资源开发等领域的沟通与合作。中国一直倡导北极合作，主张在北极国家与域外国家之间建立合作伙伴关系，与所有北极国家开展北极事务双边磋商。

四、北极地缘格局中的俄罗斯

就地理位置而言，俄罗斯有领土位于北极地区内，是北极地区最大的国家；就航道价值而言，北极航道中的东北航道途经俄罗斯内部，关系到俄罗斯的经济利益；就国家安全而言，俄罗斯在北极地区部署军事力量保卫边界领土，俄罗斯的一些军工企业也位于北极地区内部，因此，北极地区对俄罗斯有着重要的战略意义。早在沙皇彼得时期，俄罗斯就开始关注北极并与北极建立了紧密的联系。进入21世纪以来，俄罗斯不断强化其在北极地区的政治、经济、军事战略，力图掌握北极地区开发事务的主导权。

（一）俄罗斯的北极国家利益

俄罗斯作为北极地区最大的北极国家，在北极地区存在着多方面的国家利益。纵观历史，俄罗斯北极问题由来已久，相关政府部门也发布了相关的北极文件，如《2020年前俄罗斯联邦北极地区国家政策原则及远景规划》等。根据现有文件及俄罗斯采取的相应措施来看，俄罗斯的北极国家利益主要有以下三点：

1. 领土问题

划界问题是北极地区的主要争议之一。俄罗斯作为北极圈内最大的国家，在北极地区占有相当大的领土比例，北极界限的划分关系到俄罗斯的国家领土问题，为保障国家领土主权，俄罗斯不断提出领土主权申请。俄罗斯认为罗蒙诺索夫海岭所延伸的部分地区，即以科拉半岛俄罗斯最西北端，楚科奇自治区俄罗斯最东北端，临白令海峡以及北极为基准点确定的领土面积为120万平方千米的三角形区域属于俄罗斯[①]。为维护国家领土，俄罗斯不断向联合国大陆架界限委员会提起申诉，一方面，俄罗斯积极与其他国家就领土纠纷问题展开调节；另一方面，俄罗斯坚持维护国家领土，认为将门捷列夫海岭、罗蒙诺索夫海岭作为俄大陆边缘的自然组成部分。除此之外，俄罗斯与美国、挪威等国也存在领土争端问题。

2. 国家安全

俄罗斯认为，北极地区国家海洋空间法律划界的不充分使得其维护北极国家安全具有一定的挑战性。首先，俄罗斯的北部领土位于北极地区内即俄罗斯的边界线位于北极地区内，多国参与北极治理使得各国在北极地区都有一定的军事力量存在，特别是美国，这对俄罗斯的国家安全造成了巨大的威胁。为维护国家利益，俄罗斯不断加强北极地区的军事部署。其次，俄罗斯的战略核设施及军工企业位于俄罗斯北部，即北极地区内，北极地区得天独厚的地理位置和冰层特点，使得该地区成为导弹发射基地的最优位置，也有利于俄方隐藏军事部署，威慑他国。最后，有部分俄罗斯民众生活在俄罗斯北部，保障人民的安全也是保障国家的安全。当前北极地区大国竞争不断加剧，美国加大对北极地区的军事部署，加拿大、挪威、北约等不断在北极地区进行军事演习，北极地区军事化程度加深，这对于地理位置、国家利益与北极地区紧密相连的俄罗斯而言具有极大的军事威胁性，因此俄罗斯不断加强在北极地区部署新的导弹、鱼雷等措施，派遣快速反应部队到北极地区，启动原来苏联军事基地等行为来确保俄罗斯的国家安全。

[①] 程群："浅析俄罗斯的北极战略及其影响"，《俄罗斯中亚东欧研究》，2010年第1期，第78页。

3. 经济利益

俄罗斯地处北极圈域内，大部分的能源资源储备都集中在北极地区，因此俄罗斯在北极地区有着巨大的经济利益。首先，俄罗斯是世界能源大国，俄罗斯希望以地理位置为优势对北极地区的能源资源进行开发，并以此增加其在能源、资源市场的国际影响力；其次，俄罗斯希望通过能源资源开发，打开更大的国际市场，拉动自身经济发展；最后，北极航线中的东北航线途经俄罗斯境内，这为俄罗斯进出口贸易节省了巨大的运输时间及运输成本，掌握好东北航线的主导权，对于俄罗斯而言有着巨大的经济利益。

（二）北极地缘格局下俄罗斯在北极的政策诉求

为了更好地维护俄罗斯在北极地区的各项利益，确保采取适当的北极行动，俄罗斯出台了一系列北极政策，明确俄罗斯在北极地区的国家政策目标、政策实施领域等内容，根据相关北极文件及当前北极局势，俄罗斯在北极地区的目标主要有以下三点：

1. 维护领土主权

北极地区一直存在领土主权纠纷问题。俄罗斯作为北极圈内领土面积最大的国家，与北极有着紧密的关联性。随着北极地区战略价值和经济价值等重要性的不断加强，越来越多的国家介入到北极事务中，并在北极地区投入军事力量、开展军事演习，这使得北极地区的安全空间不断被压缩，作为领土上与北极地区相嵌的俄罗斯而言，他国在北极地区军事力量的部署，威胁了其国家安全，为保障安全空间及保护国家利益，俄罗斯加强其在北极地区的领土申诉，维护国家领土主权，这是俄罗斯北极政策的重要目标。

2. 保护国家安全

全球气候变暖使得北极地区的能源资源、航道价值突出，北极地区巨大的经济利益引起了各国对北极地区的高度关注，域内外相关国家纷纷介入北极事务，参与北极治理，加强其在北极地区的军事部署，这对地理位置上与北极地区紧密连接的俄罗斯而言，他国在北极军事力量的增强，对俄罗斯国家安全造成了威胁。如北约的作战和训练活动强度不断增加，且在其部队作战和训练活动的过程中活动范围不断向俄罗斯的边界靠近，这对俄罗斯的国家安全，特别是俄罗斯北部的边界安全造成了一定的威胁；美国不断加强其在北极地区的军事化程度也对俄罗斯国家安全造成了威胁，一方面美军潜艇和舰艇在巴伦支海和挪威海停留的时间有所增加，另一方面美国空军战略轰炸机更加频繁地在北极地区上空飞行，美国的一系列行为不仅挑衅了俄罗斯的军事力量，还威胁了其国家安全。在北极地区军事竞争不断加剧的形势下，面对他国的挑衅，保护俄罗斯国家安全是俄罗斯北极政策的重要目标之一。

3. 促进经济发展

根据俄罗斯联邦水文气象局与环境检测局对俄罗斯的气候检测记录发现，俄罗斯变暖趋势十年间增加了 0.51℃，远高于全球平均水平，而 2020 年夏天俄罗斯北部地区的温度非常高，这意味着北极地区的永久冻土、北极海冰等在不断减少[①]。2021 年 4 月，俄罗斯总统普京宣布近年内北方海路可实现全年通航，俄远东和北极发展部表示北方海路运货不仅碳排放量低，与其他航线相比运送相同数量的货物，走北方海路可为托运人每年节省多达 5 亿欧元，这将为俄罗斯节省运输时间的同时带来巨大的经济收益。因此保护俄罗斯的北方航线有利于维护俄罗斯的经济发展[②]。此外，面对当前全球能源资源紧张的局面，北极地区丰富的资源种类及储量引得相关国家高度关注北极问题，因此，关注北极问题，维护俄罗斯在北极地区的能源资源，合理开发、合理利用，有助于维护国家利益，推动国家经济发展，这是俄罗斯北极政策的长远目标之一。

随着北极问题的升温，北极地区的治理已经不仅仅事关北极国家的利益，也关乎到近北极国家的利益，北极问题的国际合作势在必行。近年来北极地区的地缘政治和地缘经济格局也体现出大国竞争与合作交替出现的局面。

面对这样的北极局势，俄罗斯力图维护好其在北极地区的国家经济、国际地位等各项利益：俄罗斯对内提出加强军队建设、军事部署、积极打造破冰船等；对外则开始与其他国家积极展开合作，共同应对北极问题。而对于

[①] 俄联邦水文气象与环境监测局记录到俄罗斯升温速度加快，俄罗斯卫星通讯社，2021-04-13，http://sputniknews.cn/society/202104131033467704/.

[②] 俄罗斯将部署新型雷达保障北方海路通航，俄罗斯卫星通讯社，2021-04-18，http://sputniknews.cn/military/202104181033508239/.

中国而言，北极地区的气候变化等因素对中国的工业、经济等方面的影响也不容小觑，为了维护中国在北极地区各项权益，对内不断加强科研水平和能力；对外与相关北极国家积极展开合作，共同应对北极问题。中俄两国在北极地区都有着至关重要的利益。面对北极问题，中俄两国互帮互助，积极参与、积极应对，维护好两国在北极的各项权益，努力实现互利共赢的局面。

第四章 俄罗斯北极区域开发与存在问题[①]

俄罗斯北极区域开发的核心实质上是安全与发展两大主题，两者之间相互关联、相辅相成。俄罗斯北极地区北极大陆架划分的领土安全、北方航道通行控制的航道安全、地区居民生活水平的社会安全、核战略威慑的军事安全，以及气候环境保护的生态安全，都与区域发展有着不可分割的关系。俄罗斯北极区域开发效果取决于北极区域开发相关的经济和社会政策的具体实施，并有针对性地解决目前存在的问题。

一、促进俄罗斯北极区域开发的经济和社会政策

北极地区是俄罗斯西伯利亚大陆不可分割的重要组成部分，俄罗斯拥有17500千米北极海岸线，占北极海岸线的一半，占北极圈以外40%的土地面积和3/4的北极人口，俄罗斯国内生产总值和出口的20%来自于北极地区。俄罗斯北极地区利益的实现与区域社会经济发展密切相关。为促进北极地区社会经济发展，俄罗斯当局采取了一系列政策措施旨在完善各领域开发中的不足。

（一）促进俄罗斯北极地区开发的经济政策

俄罗斯非常重视北极地区经济、城市和社会发展。苏联解体对北极和西伯利亚的经济发展产生了巨大影响。1987年到2000年，萨哈共和国（雅库特）和楚科奇自治区的产出下降了五分之四，一些采矿中心和工业定居点完全被废弃，几个军事基地被关闭，失业率攀升，供暖、燃气和电力长期短缺，商品价格居高不下，基础设施薄弱，由于与俄罗斯其他地区交通和经济联系

[①] 本文为国家基金项目（19BGJ048）的阶段性成果。

并不紧密导致数百万人口迁出该地区。1993年至2009年期间,北极地区人口下降了15.3%,其中净迁出导致人口下降了17.1%,出生率超过死亡率导致人口增加1.8%。经济落后和人口危机直接威胁到北极地区的未来,因此俄罗斯迫切需要恢复北极地区经济和人口,大规模投资北极地区基础设施等,将偏远的北极地区纳入国家整体发展中,防止领土分裂,希望在国际社会创造新的地区发展模式。普京也强调将继续大力投资北极地区,以解决涉及该地区的社会经济问题。

1. 招商引资政策

俄罗斯北极地区的招商引资政策同国家整体投融资政策密切相关,在世界银行"营商环境报"排名中,俄罗斯在193个国家中排名第120位。对俄罗斯投资环境评级过低主要是由于该国缺乏支持和吸引投资活动的机构,金融服务市场发展不完善以及缺乏竞争优势[1]。对于外国投资者而言,由于对俄投资风险较大,许多外国投资者并不准备进行长期项目的融资。因此,在北极区域开发过程中建立良好的营商环境以吸引更多外国投资、开发地区经济至关重要。为此,俄罗斯联邦政府通过制定"国家商业倡议书"、提高区域投资标准以及出台"北极一公顷"项目来优化北极地区的投资经商环境,促进地区经济发展。

2012—2016年,俄联邦政府通过了"国家商业倡议书",批准12份法令法规,包括改善和优化法人实体和财产权的注册、建筑、海关监管、国有公司采购准入等内容,具体如表4.1所示。这些法令法规的实施有助于俄罗斯提高国内投资环境,提升评级标准。目前,北极已有部分地区加入政府制定的倡议中,并取得了效果。例如,2017年摩尔曼斯克根据该地区政府法令,批准了8个简化业务程序和增加投资吸引力的目标,分别是土地和房地产所有权登记、土地和房地产的地籍登记、与电网的技术连接、与供热和供水及卫生系统的技术连接、获得建筑许可和空间规划、支持中小企业、改进和实施区域投资标准的规定、在摩尔曼斯克地区实施控制和监督活动等。

---

[1] Серова Н. А. Конкурентоспособность России в мировой экономике(результаты международных рейтингов). *Национальные интересы: приоритеты и безопасность*, 2015 (45): 34-44.

表 4.1　俄罗斯联邦批准 12 份改善投资环境的法令法规

时间法令	路线图	内容
2012.5.29 No. 1125-p	改善海关管理	简化海关程序
2012.5.29 No. 1128-p	支持进入国外市场以及出口支持	打造一大批具有竞争力的出口商，包括中小企业
2012.6.30 No. 1144-p	改善能源基础设施的可用性	减少与电网连接的时间、数量和成本
2012.12.1 No. 2236-p	优化财产登记程序	减少财产登记的程序和时间
2012.12.1 No. 2236-p	竞争发展	减少公共部门在经济中的份额，促进某些经济部门的竞争
2013.3.3 No. 317-p	优化商业登记程序	缩短公司注册程序和时间
2013.5.29 No. 867-p	加强对国有企业采购的准入	减少中小企业的行政壁垒
2013.6.1 No. 953-p	提高企业监管环境的质量	提高控制和监督活动的有效性
2013.6.11 No. 1336-p	改善城市发展的法律规范	减少建设项目实施的时间、程序和成本
2013.9.26 No. 1744-p	改进评估活动	提高评估者的责任和服务质量
2014.2.10 No. 162-p	改善税收管理	优化纳税人与税务机关的相互协调
2016.6.25 No. 1315-p	改善公司治理	确保股东的权利和合法权益

资料来源：Баранов С. В., Биев А. А., Емельянова Е. Е. и др. Регионы Севера и Арктики Российской Федерации: современные тенденции и перспективы развития, *Апатиты*, 2017。

俄罗斯政府除了采取商业倡议书及制定相关法令法规的形式改善投资和商业环境外，还在区域层面通过制定"区域投资标准"来提高投资吸引力，该投资标准是基于 15 种最佳投资实践原则制定的。区域投资标准最早于 2012 年在 11 个试点地区进行，其中大部分位于欧洲。随后根据 2013 年 1 月 31 日俄罗斯总统第 Пр-144ГС 号指令清单，俄罗斯联邦所有主体（包括北极地区）都强制实施区域投资标准，标准本身用于评估区域执行机构的绩效。目前，摩尔曼斯克、科米共和国、亚马尔—涅涅茨、汉特—曼西自治区等地区在 2014 年年底已完全引入该评价标准，其他地区在 2015—2016 年完成，但萨哈林部分项目仍在进行中（目前已引入 13 个标准）（图 4.1）。

以上两个措施都是为改善俄罗斯整体投资环境而制定的，逐渐适用并延伸到北极地区，对改善俄罗斯北极区域投资环境具有促进作用。同时，俄罗斯远东和北极发展部借鉴了此前实施的"远东一公顷"项目，计划在北极地区启动免费"北极一公顷"优惠政策用以应对北极地区人口流失，改善营商环境。在该计划框架内，俄罗斯公民可在北极地区免费获得为期五年的一公

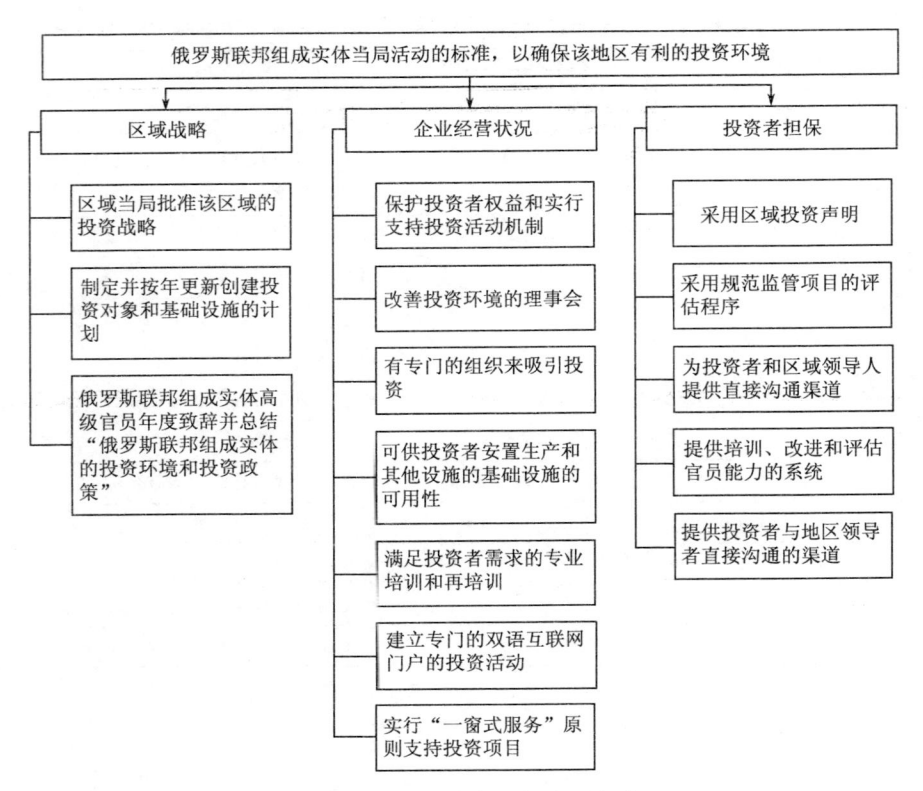

```
                    ┌─────────────────────────────────────────────┐
                    │ 俄罗斯联邦组成实体当局活动的标准,以确保该地区有利的投资环境 │
                    └─────────────────────────────────────────────┘
                          ↓                ↓                ↓
                    ┌──────────┐      ┌──────────┐      ┌──────────┐
                    │ 区域战略  │      │企业经营状况│      │投资者担保 │
                    └──────────┘      └──────────┘      └──────────┘
```

┌──────────────────┐ ┌──────────────────┐ ┌──────────────────┐
│区域当局批准该区域的│ │保护投资者权益和实行│ │采用区域投资声明   │
│投资战略   │ │支持投资活动机制   │ │   │
└──────────────────┘ └──────────────────┘ └──────────────────┘

┌──────────────────┐ ┌──────────────────┐ ┌──────────────────┐
│制定并按年更新创建投│ │改善投资环境的理事会│ │采用规范监管项目的评│
│资对象和基础设施的计│ │   │ │估程序   │
│划   │ └──────────────────┘ └──────────────────┘
└──────────────────┘
                      ┌──────────────────┐ ┌──────────────────┐
┌──────────────────┐ │有专门的组织来吸引投│ │为投资者和区域领导人│
│俄罗斯联邦组成实体高│ │资   │ │提供直接沟通渠道   │
│级官员年度致辞并总结│ └──────────────────┘ └──────────────────┘
│"俄罗斯联邦组成实体 │
│的投资环境和投资政 │ ┌──────────────────┐ ┌──────────────────┐
│策"   │ │可供投资者安置生产和│ │提供培训、改进和评估│
└──────────────────┘ │其他设施的基础设施的│ │官员能力的系统   │
                      │可用性   │ └──────────────────┘
                      └──────────────────┘
                                            ┌──────────────────┐
                      ┌──────────────────┐ │提供投资者与地区领导│
                      │满足投资者需求的专业│ │者直接沟通的渠道   │
                      │培训和再培训   │ └──────────────────┘
                      └──────────────────┘

                      ┌──────────────────┐
                      │建立专门的双语互联网│
                      │门户的投资活动   │
                      └──────────────────┘

                      ┌──────────────────┐
                      │实行"一窗式服务"原 │
                      │则支持投资项目   │
                      └──────────────────┘

图 4.1 区域投资标准的主要规定

资料来源:составлено по данным Агентства стратегических инициатив. http://www.asi.ru。

顷土地,也可在土地期限届满后注册为拥有所有权或长期租赁的土地,获得的土地可以用于建造住宅或从事农业和各种类型的商业活动,而土地的性质将由该地区的州长和市长决定[①]。为了不重新制定新的法律,俄罗斯联邦决定修改第 119 号关于"远东一公顷"的条例,但远东地区和北极地区存在较大差异。例如,与远东分配的土地不同,北极地区获得的土地不仅可以在乡村,也可以在城市,还需要区分北极地区土地分配的边界。由于雅库特和楚克奇的北方地区已经实施"远东一公顷"计划,因此,"北极一公顷"计划不

---

① 提供给俄国人免费的北极每公顷土地,俄罗斯不动产网站,2020-10-06,https://realty.rbc.ru/news/5f7c29379a79475a58dc501c。

包含以上两个地区①。

目前，"北极一公顷"法律草案尚未通过，但对比"远东一公顷"法案的具体实施过程，远东和北极发展部也制定了有关政策。俄罗斯居民在申请北极一公顷土地的先后顺序方面，计划在法律修正案生效的六个月内给予北极地区居民选择土地的优先权，六个月之后居住在任何地方的俄罗斯公民都能够申请"北极一公顷"项目，以吸引居住在国外的人自愿返回俄罗斯；在如何获得北极一公顷的步骤方面，遵守授权—地点选择—提交申请—签署合同的步骤。对比"远东一公顷"项目实施效果，可以预见"北极一公顷"项目不仅可以促进投资者和企业家积极参与区域开发，还可以为在该地区进行旅游、农业、服务业以及制造业等领域的中小企业提供便利。但由于该计划从制定到现在还并不成熟，因此不能确保立即大规模的在北极地区展开。

2. 财政税收政策

财政政策作为俄罗斯联邦宏观政策的重要组成部分，对促进北极地区开发战略的实施，缩小东西部地区的差距，以及实现北极地区社会经济的可持续发展具有重要作用。为了更好地完成国家对北极地区开发的委托，俄罗斯对在北极地区开发项目投资的企业采取了税收优惠政策。

俄总统普京2020年7月13日签署了由俄罗斯远东和北极发展部草拟的一系列法案，其中包括《俄联邦北极地区商业活动国家支持法》，以及对《俄联邦税法》的第二部分进行修订的法案和部分其他单独法案等。这些优惠政策法案的通过使面积近500万平方千米的北极地区成为俄罗斯国内享有统一优惠政策的最大经济区，其优惠条件远胜于俄罗斯欧洲地区和亚太地区。

俄罗斯联邦政府在充分考虑各行业的发展规模和前景的基础上设立了各种税费优惠政策。在北极地区入驻企业方面，从事各种经营活动（除矿产采掘业外）的入驻企业在获得首笔利润起的十年之内，企业财产税税率降至为零（上交至联邦预算的部分），计划将地方税中的土地税、个人财产税降低至零税率，并实行1%的行业税率。

在保险费率方面，将为各行业企业（除矿产采掘外）向国家预算外资金

---

① "极地一公顷"：俄罗斯人将能够免费获得北极地区的土地，俄罗斯国际通讯社，2020-07-16，https://ria.ru/20200716/1574397834.html。

缴纳的养老、社会和医疗"三险"费用提供补贴，实际费率降至7.6%（正常费率为30%，部分行业实行14%—20%，目前克里米亚、塞瓦斯托波尔、社会经济超前发展区和符拉迪沃斯托克自由港实行的是7.6%）；在矿产资源开采税方面，自2021年至2032年间，在北极地区地下新区块开采油页岩、泥煤、矿石、非金属原料和钻石等矿物可享受矿产资源开采税优惠，但煤炭和碳氢化合物不在优惠之列（2021年1月1日，矿产储量采出程度小于或等于0.1%）；在航道运行方面，企业为出口货物而使用破冰船队及其他海运服务，可免缴相关服务的增值税。

在俄罗斯北极地区的发展过程中，大型国有企业虽处于主导地位，但其主要靠中小型企业提供更加完善的服务，中小企业为北极地区的每个定居点经济发展做出了巨大贡献。因此，需要针对北极地区土著少数民族的传统经济部门和生活方式的中小企业实行特殊的优惠政策。但在实际运行过程中，以全部位于北极四个地区的中小型企业数量变化来看，近几年企业数量变化很小并呈下降趋势。造成北极地区中小型企业活力不足或难以参与大型项目的原因在于，中小型企业在参与大型项目竞标时不具备竞争优势，对接收有关招标、政府命令以及与客户与承包商之间的互动等方面信息滞后，政府缺乏对其立法援助等，因此，俄罗斯政府为促进北极地区中小企业的发展制定了相关方案，包括扩大旅游业的种类，发展北方土著少数民族的民间手工艺品，在深化与北极国家跨境合作时加强对土著居民的援助以及创建创业园等。另外政府还积极促使中小企业参与环境保护项目，例如完善使用绿色技术和材料的相关基础设施、进行废物处理、使用可再生能源和二氧化碳排放量低的能源等（表4.2）。

表4.2 国家对北极地区中小企业的支持措施

支持方向	支持措施	法律法规文件
减轻税收负担	延长纳税期限	俄罗斯联邦政府2020年4月2日，No. 409决议
	降低保险费的关税	联邦法2020年3月31日，No. 102-ФЗ
直接财政支持	补贴部分成本	俄罗斯联邦政府2020年4月24日，No. 576决议
信贷和贷款	延期贷款	联邦法2020年3月4日，No. 106-ФЗ 俄罗斯联邦政府2020年3月4日，No. 435法令
	薪金无息贷款	俄罗斯联邦政府2020年4月2日，No. 422决议
	回收贷款	俄罗斯联邦政府2020年5月16日，No. 696决议
	优惠贷款	俄罗斯联邦政府2020年3月31日，No. 372决议

续表

支持方向	支持措施	法律法规文件
财产支持	延期支付租金	联邦法 2020 年 4 月 1 日，No. 98-ФЗ 俄罗斯联邦政府 2020 年 4 月 3 日，No. 439 决议
	免交租金	俄罗斯联邦政府 2020 年 3 月 19 日，No. 670-P 命令
行政措施	许可证更新和暂停检查	俄罗斯联邦政府 2020 年 4 月 2 日，No. 409 决议
	俄罗斯联邦税务局暂停实施制裁	俄罗斯联邦政府 2020 年 3 月 4 日，No. 440 决议
	延长报表期限	俄罗斯联邦 2020 年 4 月 2 日，No. 409 决议
	暂停破产	俄罗斯联邦 2020 年 3 月 4 日，No. 428 法令
	减少获得市政和州企业合同的要求	俄罗斯联邦法 2020 年 3 月 31 日，No. 98ФЗ

资料来源：Колпакиди Дмитрий Викторович. Особенности развития малого и среднего предпринимальства в Арктической зоны, *Петербурский экономический журнал*，2020（3）：76-89。

3. 亚马尔—涅涅茨自治区的财政政策

除了联邦层面实施的优惠政策，作为北极地区参与开发项目最全面的亚马尔—涅涅茨地区也提出了一揽子财政支持政策，有效地帮助了 7000 多个中小型企业和 20000 多名员工（表 4.3）。为应对新冠疫情的冲击，摩尔曼斯克州政府于 2020 年 6 月 30 日发布的 No. 464 法令主要支持中小企业的就业，该法令规定摩尔曼斯克地区所有个体经营者和个体企业家将获得最低工资标准为 1（1＝27800 卢布）的财务支持，但每个中小企业不得超过 5 个最低工资标准[1]。针对中小企业的增值税率从 6％降低到 1％，所得税从 15％降至 5％，有效期为三年[2]。目前，该地区已有约 6700 家中小型企业得到区域政策的支持。

---

[1] 俄罗斯联邦税务局，科拉边疆区受疫情影响的中小企业可同时申请联邦和地区补贴，2020-05-19，https://www.nalog.ru/rn51/ifns/imns51_90/info/9787855/。

[2] 摩尔曼斯克州政府网站，https://gov-murman.ru/about/business_ombudsman/news/368559/。

表 4.3　亚马尔—涅涅茨自治区中小企业的财政政策

支持方向	支持措施	法律法规文件
减轻税收负担	将税率从 5% 降低到 1%	亚马尔—涅涅茨自治区 2017 年 9 月 28 日 No. 66-3AO 法律
	对统一推算收入税率从 15% 降低到 7.5%	市政规范行为
	免征企业财产税	亚马尔—涅涅茨自治区 2003 年 11 月 27 日 No. 56-3AO 条例
	免交通运输税	亚马尔—涅涅茨自治区 2002 年 11 月 25 日 No. 61-3AO 条例
	延期企业纳税	亚马尔—涅涅茨自治区政府 2020 年 4 月 20 日 No. 454-П 决议
	推迟支付交通运输税	亚马尔—涅涅茨自治区政府 2020 年 4 月 20 日 No. 454-П 决议
	延期简易征税制度下的付款	亚马尔—涅涅茨自治区政府 2020 年 4 月 20 日 No. 454-П 决议
	取消的士许可证费用	亚马尔—涅涅茨自治区政府 2020 年 4 月 17 日 No. 448-П 决议
财政支持	直接财政支持（包括：当前活动的费用补偿）；对于突出的行业活动：1 名雇员（包括个人企业家 30000 卢布，最大额为 200000 卢布。为旅游代理商和旅游公司提供直接财务支持（旅游代理商最高 100000 卢布，旅游公司最高 200000 卢布），免息贷款	亚马尔—涅涅茨自治区政府 2020 年 4 月 26 日 No. 498-П 决议
减少商业贷款成本	延长还贷款期限，亚马尔—涅涅茨自治区中小企业金融支持基金中的贷款	考虑到延期更改付款时间表（在合同框架内）
财产支持	降低租金	

资料来源：同表 4.2。

另外，涅涅茨自治区针对中小企业也制定了一系列优惠措施，重点包括：重组当前的小额贷款（最多延长6个月，修改债务还款时间表）；对受新冠疫情打击严重的商业部门的小额贷款利率降低至3%；租赁付款延迟至2020年4月至5月，按比例偿还债务直至租赁期结束；对于列入《社会企业家登记册》的中小企业，房舍租金补贴已增加到30万卢布；提供补贴以偿还在优先领域开展业务的中小型企业活动时的相关费用等[1]。

(二) 俄罗斯北极地区的社会保障政策

2020年10月26日，俄罗斯总统普京签署并批准了《2035年前俄罗斯联邦北极地区发展和保障国家安全战略》文件，该文件总体上更加强调北极地区发展的主要目标是改善居民的生活质量，提高对居民的社会和文化服务水平，以及保障人口和社会生产活动的必要条件。因此，从北极开发至今，俄罗斯政府从卫生保健、教育和住房领域制定了有关社会保障的一系列政策措施。

1. 建立特殊的北极医疗保健模式

对俄罗斯北极地区来说，医疗卫生保障问题极为紧急。在衡量俄罗斯北极地区卫生保障发展程度并评估现有医疗的不平衡状况时，俄罗斯学者确定了三个大类的12项指标，作为描述卫生保健发展和向民众提供优质医疗服务的评判标准（表4.4）。

表 4.4 俄罗斯北极地区卫生保健的评判标准

第1部分	医疗保健发展潜力	1. 每万人口配备医生
		2. 每万人口的门诊量
		3. 每万人提供病床数量
		4. 基础设施处于紧急状态或需要大修的医疗机构的比例
		5. 能在20分钟内到达地点的救护车比例
		6. 从事卫生保健工作者的月平均工资

---

[1] Колпакиди Дмитрий Викторович, Особенности развития малого и среднего предпринимальства в Арктической зоны, *Петербургский экономический журнал*, 2020 (3): 76-89.

续表

第2部分	卫生保健费用	7. 俄罗斯联邦组成实体实施向每位居民提供免费医疗服务的综合预算支出
		8. 俄联邦实体在北极地区人均卫生保健方面的综合预算支出
第3部分	卫生系统绩效	9. 出生时的预期寿命
		10. 婴儿死亡率
		11. 循环系统疾病造成的人口死亡率
		12. 肿瘤人群的死亡率

资料来源：Типология Арктических регионов по уровню развития здравоохранения: к вопросу о направлениях социальной политики, *Фундаментальные исследования*, 2014, 11 (8): 1765-1770.

俄罗斯北极地区的医疗水平较差，居民生病频率高，与俄罗斯其他地区水平相比，发病率高 12%，预期寿命低 6—8 岁，而死亡率更是高达 9 倍。造成上述原因不仅是由于极端的气候条件，还与北极地区定居点的交通不便和偏远位置有关。针对以上的问题，俄罗斯联邦和各地区政府采取措施来保障医疗卫生的发展。

一是在人口密度低的条件下发展远程会诊技术。在过去 20 年中，俄罗斯利用现代信息技术增加高质量的医疗服务，在线进行远程医疗咨询和线上会诊，在远程医疗领域积累了独特的经验。未来在远程医疗领域，将为医生通过视频甚至触觉传输会诊、标准化数据储存、信息交换和视频交流平台咨询，以及医患的法律咨询等方面提供便利条件，有效通过物联网系统开通"家庭医院"，解决交通不便和医疗服务水平差的问题[1]。目前，北极已有部分地区适时引入远程医疗并接受了紧急医疗救助，在发展远程医疗的同时，进一步完善卫星和互联网等基础设施项目的建设。

二是发展卫生航空医疗，引入医疗信息系统。在北极极端气候条件下，患者就医运送非常困难，需要加强医疗中心与卫生航空、救护车和救援服务的相互作用。自 2019 年 1 月 1 日起，俄罗斯联邦在"发展基础卫生保健系统"的重点框架项目内提供医疗航空服务。目前，北极地区除亚马尔—涅涅

---

[1] "北极——对话的领土"，北极地区的医疗保健必须全面，阿尔汉格尔斯克州政府网站，2017-03-09，http://dvinanews.ru/-ortj7m70.

茨自治区以外的所有主体都已参与其中①。

2. 发展适合北极地区的教育体系

俄罗斯有巨大的完成北极地区经济开发和国防等任务的科学潜力，其中基础科学研究和应用科学研究对北极地区的可持续发展具有重要作用。因此，俄罗斯当局提升了该地区的优质教育，并灵活应对教育领域出现的问题。

第一，北极地区的教育系统致力于地区的创新发展、经济和社会领域的现代化。对于气候条件恶劣、劳动力资源匮乏的北极地区来说，发展的优先方向是在教育过程中提高应用教育技术的创新性（创建媒体库、引入多媒体、电子书、参考书等），将教育过程信息化，利用全球信息资源发展远程教育，重视教学和管理人员的专业发展，成人再培训方面的援助以及职业教育机构的整合等，从科学和应用角度最大限度地使教育体系与劳动力人才市场的需求相对应，形成有效的教育与经济互联的关系。创新技术的发展主要表现在以高校为代表的高等教育以及以初级和中等职业教育机构为主体的网络结构式教育。保障对在北方和北极地区条件下工作的专家进行中高专业教育系统的培训、再培训和提高专业技能。考虑到现有的北极开发进程和阶段，将北极大型项目的相关专业技术对接大学课程，开发新的专业以适应不断变化的北极经济专业化。在没有高等教育的北极地区，俄罗斯采取联邦和地区预算共同资助的形式在北极地区设立高等专业院校，力图为该地区提供受教育的机会。另外，还在该地成立初级和中等职业教育机构，并开展多种类型的经济活动，该教育机构不仅负责青少年的职业教育，还负责该地区居民的培训和再培训。

第二，将完善北极地区小学、提高游牧儿童的受教育程度作为北极教育的重点。一方面为了保障北极地区小学和中学教育的最佳实施方案，俄联邦计划对普通教育机构的规章范本进行更改，以此来明确对这类教育机构的立法批准。另一方面，除了信息和通信技术的新型教育形式外，还继续保留了向北部偏远小村庄提供教育的特定形式，特别是为父母从事传统手工艺的儿童提供寄宿学校或游牧学校。

---

① 议员提议建立北极医疗模式，《萨哈雅库特日报》，2019-03-24，https://ysia.ru/parlamentarii-predlozhili-sozdat-arkticheskuyu-model-zdravoohraneniya/。

3. 解决北极地区的住房安置问题

俄罗斯北极地区的房屋建筑数量落后于俄罗斯平均水平 1.5 倍甚至更多，意味着北极地区住房存量的更新速度较慢，房地产市场多以二手房为主。为缓解北极地区困难的居住环境，俄罗斯联邦和地区政府采取了相关措施力图改善北极地区的住房条件，提高居民的生活质量。

一是处理紧急房屋的安置问题。北极地区的住宅计划是在俄联邦建设部设立的"住房与城市环境"项目的整体框架下进行的，该项目规定，到 2024 年年底将重新安置 954 万平方米的破旧住房和超过 53 万居民，其中北极地区占较大比重。为此俄罗斯建设部已经制定并提出了从残旧房屋中重新安置的新机制，根据该机制，房主除可以获得紧急住房的赎回价值外，还将获得补贴。

二是计划在北极地区实施"远东抵押贷款"政策。随着 2004 年俄罗斯国内整体贷款利率的下降，抵押贷款购房对象由此前的高收入群体转为大众人群，贷款规模持续上升。由于北极地区的住房条件与远东地区相似，甚至更加恶劣，相关部门在制定政府法令后根据远东地区的成功经验，将新的住宅机制扩展到北极地区，以达到保障北极居民生活居住水平的目的。整体来看，俄罗斯关于对北极地区的住房基金和住宅公共事业的改造并不完善，目前只有针对北极不同地区的住房方案，对于北极地区盈利能力本就低的建筑业来说，在卢布汇率动荡、开发商通过优惠抵押贷款和消费者投资可靠资产来维持需求的情况下，要解决房屋安置问题相对困难。因此，俄罗斯的住房和城市环境项目可能要重新考虑，所有新项目都需通过项目融资机制实施，使"住房与城市环境"国家项目中的抵押、普通住房、不合适住房的重新安置以及舒适的城市环境四个项目可以有序运行。

（三）俄罗斯北极区域规划政策

为保障俄罗斯北极区域开发进程，俄罗斯在 2016 年 4 月的《俄联邦北极地区发展联邦法草案》首次提出将建设"北方发展支撑区"，并在 2017 年 8 月批准的《俄联邦北极地区经济社会发展国家规划》中正式确定了具体开发的八个支撑区。"支撑区"是根据俄属北极沿线不同的地理位置、优势产业、经济发展水平以及未来发展的重点方向而划分的，是俄罗斯北极地区综合开发的新平台和实施北极战略的关键区。支撑区与传统北极地区的不同在于它更侧重于解决普遍存在的产业规划缺陷问题，实际上是俄罗斯为推进北方海航道建设和北极能源资源开发的战略目标而进一步推出的重点建设区域。

"北极发展支撑区"概念的出台是俄联邦政府规划支撑区的基础，不仅意在通过各区域完善北极物流、交通运输等基础设施，推动航道长期运行，实现能源资源的可持续开采，也希望借空间效应落实地区亟需开发的项目，打造区域开发增长极。因此，俄联邦政府又根据各个地区的资源禀赋优势、地理区位以及优先规划领域赋予八个支撑区重点建设目标（表4.5）。

表 4.5 俄罗斯北极地区八个支撑区的目标

	名称	目标任务
1	科拉支撑区	打造北极开发重要的战略指挥中心
2	阿尔汉格尔斯克支撑区	建立北极大型运输物流枢纽
3	涅涅茨支撑区	开发北极陆上和大陆架的支柱项目
4	沃尔库塔支撑区	建设高品质的煤炭工业中心
5	亚马尔—涅涅茨支撑区	开采亚马尔半岛和格达半岛的油气资源
6	泰梅尔—图鲁汉斯克支撑区	开发地区矿产资源
7	北雅库茨克支撑区	构建"河运—海运"运输框架
8	楚克奇支撑区	加强北极东部地区港口的运载能力

除此之外，在俄罗斯政府设立"北极发展支撑区"的背景下，根据经济地理学中的经济活动区位、空间组织以及与地理环境的关系，选择北极地区的重点开发项目。在此过程中，以油气矿产资源为代表的项目对北极发展更具意义。因此，在俄罗斯北极地区的支撑区建设中需要结合本地化效应、区域效应以及公司效应[①]，来分析开发的重点项目。

第一，探索"增长极"的本地化效应。通过组织新的基础设施等开发项目和平台拉动本地经济。例如，在涅涅茨自治区的瓦兰杰伊码头、萨别塔港口、普利拉兹洛姆的油田平台，以及喀拉海的人工岛上建造用于液化天然气储存、运输、维修和保养海洋设备的综合设施。这些项目力图将生产要素集中在本地区相对狭小的空间上，在此区域上进行项目的密切交流和相关生产

[①] Пилясов А. Н.，Путилова Е. С. Новые проекты освоения российской Арктики: пространство значимо，*Арктика и Север*，2020 (38)：21-43.

力的融合，从而发挥主要的生产效果。

第二，寻求新工业项目的集聚效应。北极运营的大型公司都在努力开拓能源资源领域，利用劳动力市场、知识流动、技术和能力等因素创建相互协同的部门，这些集中在一起的厂商比单个独立的厂商更有效率，能够促进专业化供应队伍的形成，这恰好符合马歇尔提出的工业区概念。俄罗斯天然气公司希望实现区域效应，以使"Novoportovskoye 油田"与亚马尔半岛的其他公司油田共同形成一个油气开发集群，在亚马尔半岛上建立用于公司间运输天然气的基础设施。俄罗斯石油公司计划在生产测试先进技术、公司组织和基础架构方面将各油田合并为一个集群，将万科尔集群复制到其他项目中。

第三，加强开采能源资源项目的企业间合作效应。企业间效应更加侧重于几家公司在资源领域方面的合作，由于各公司并不能完全在责任分配、权力分配以及相互影响下达成一致，因此，多家公司在项目运营过程中会不可避免的资源浪费。例如，卢克石油公司和俄罗斯石油公司在使用瓦兰杰伊港口时有分歧，俄罗斯石油公司创建了自己的替代物流，导致瓦兰杰伊港口运输量处于低负荷状态；俄天然气工业股份公司与俄罗斯诺瓦泰克公司未能在共同使用海上开发基地、码头和冬季道路达成协议。因此，北极项目的开发与各大型企业间的合作至关重要。

二、俄罗斯北极区域开发效果

自 2008 年出台俄罗斯北极政策规划以来，俄罗斯从经济、社会、安全、生态等多维度制定了北极发展目标和计划，但从具体落实情况来看，社会层面的规划远落后于其他领域，其他领域的开发效果因国家对北极项目的侧重不同而有所区别，各地区发展水平差距较大。

（一）北极地区交通运输整体发展滞后

东北航线大规模的商业通航变得越来越现实，而俄罗斯在增加维护东北航线主权紧迫感的同时，也致力于将该航线打造成为与国内现有运输网络相连的交通运输系统。由于东北航线是贯穿俄罗斯整个北极开发政策的主线，引向该航线的陆地和航空基础设施建设也是决定航线通行效率的关键，只有基础设施间相互联通、相互促进，才能更好地建立一个完整的北极地区运输系统，盘活整个北极地区。

1. 海路运输稳步上升

俄联邦政府通过完善航线运行的管理架构、法律制度和运行建设，充分利用东北航线，从东北航道运行至今，在货物总运输量方面取得了较明显效果，近几年有加快增长的趋势（图4.2）。苏联时期，先后经历货物运输繁荣和萧条阶段，后因国民经济下滑，船只停止运营，运输量迅速下降，到1990年末共计125万吨。苏联解体后的近20年里，国民经济处于恢复阶段，俄联邦虽批准了《北方海航道通航规则》，加大力度促成国际运输航线的运行，但因基础设施落后，货物运输量并未有所提高，直到21世纪初才逐渐恢复。自2008年至今，俄联邦出台了重点开发政策，相关部门制定了一系列航线的运行决策，使该航线真正实现了通航和运营能力。尤其是在2015年后运输增长加速，货物运输量超过了苏联时期的最高水平，2019年货物运输总量增长了近5倍，达到了3150万吨。同时，借鉴近几年东北航线货物运输的增长态势，俄罗斯政府及相关部门给予一定的预测，认为2024年达到8000万吨，2035年达到16000万吨。

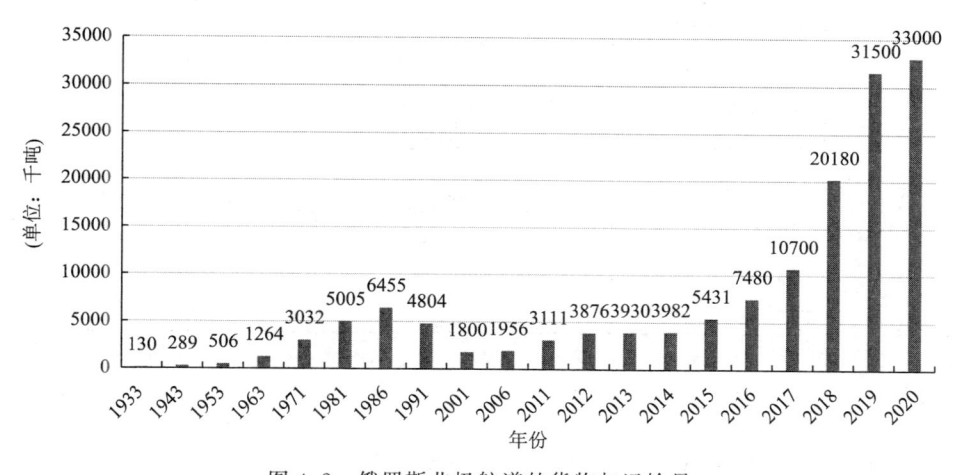

图4.2 俄罗斯北极航道的货物与运输量

资料来源：根据ФГБУ Администрация Северный морской путь 官网以及资料计算整理。

虽然总运输量增长迅速，但大多集中在北部各地区港口之间的运输和转运，在俄罗斯对所有国家船只采取无歧视原则并放宽对航行诸多限制的背景下,过境货物运输量占整个货物运输量非常少,仅有2%—3%左右。从目前态势来看,短时间过境运输量大幅增加还比较困难。

2. 铁路运输成效不显著

2018年俄罗斯北极铁路的运营长度为9600千米,占全国铁路网总长度的11.1%,其中有14%(约1350千米)完全位于北极地区[①]。2000—2018年期间铁路发展动态显示,仅有萨哈共和国和卡累利阿共和国的铁路运营长度略有增加,而摩尔曼斯克州、科米共和国和亚马尔地区由于部分铁路的封闭,铁路网的长度反而减少(表4.6)。

表 4.6 俄罗斯北极地区铁路网的运营长度 (单位:千米)

年份		2000	2005	2010	2015	2016	2018	变化
北极地区		9180	9275	9625	9637	9637	9637	+457
全部位于北极地区	涅涅茨自治区	—	—	—	—	—	—	
	摩尔曼斯克州	891	870	870	870	870	870	−20.7
	亚马尔—涅涅茨自治区	495	496	481	481	481	481	−14.1
	楚克奇自治区							
部分位于北极地区	卡累利阿共和国	2105	2226	2226	2226	2226	2226	+120.6
	科米共和国	1692	1671	1690	1690	1690	1690	−1.7
	阿尔汉格尔斯克州	1764	1781	1767	1767	1767	1767	+2.7
	克拉斯诺亚尔斯克边疆区	2068	2066	2067	2067	2079	2079	+10.7
	萨哈(雅库特)共和国	165	165	525	525	525	525	+359.5

资料来源:Серова Н. А., Серова В. А., Основные тенденции развития транспортной инфраструктур российской Арктики, *Арктика и Север*, 2019 (36): 42-56.

在北极地区铁路运输过程中,货物运输占据了主导地位,除2013—2014年因国民经济放缓货运量有所下降外,北极各地区的货运量总体稍有增加(图4.3)。出现这一现象主要原因在于,北极地区已经形成了工业货物为主

---

① Серова Н. А., Серова В. А., Основные тенденции развития транспортной инфраструктур российской, *Арктики. Арктика и Север*, 2019 (36): 42-56.

的运输结构，与需求下降的消费品相比，货物运输量相对稳定，而私家车的广泛使用使得该地区的客运量逐步下降①。

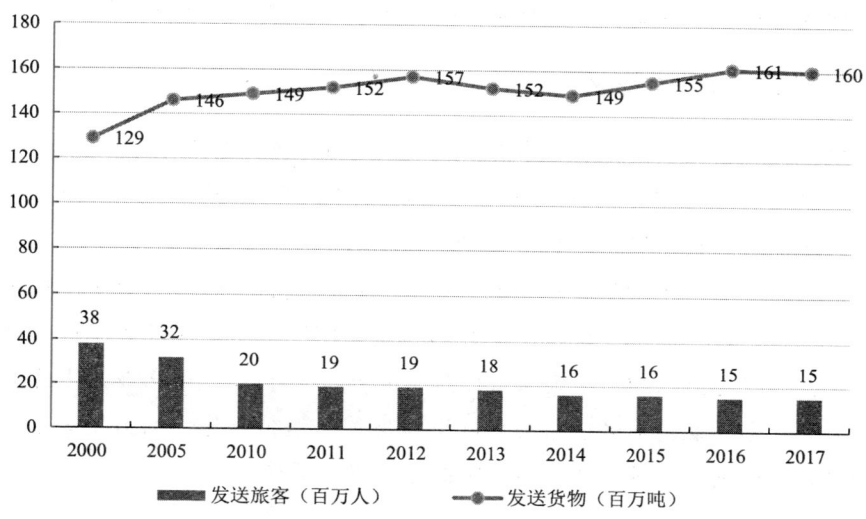

图 4.3 俄罗斯北极主要铁路运输网络上的交通量动态

资料来源：北极各地区的统计年鉴。

为保障北极地区的铁路运输与东北航线联通，俄罗斯围绕着重点能源资源项目修建了北极铁路，其中有三条重要线路。"北纬通道"铁路是目前世界上最大的铁路项目，该项目将修建一条从新乌连戈伊到萨列哈尔德再到拉贝特南吉，连接乌拉尔和亚马尔工业区的铁路（奥布斯卡亚—萨列哈尔德—纳德姆—霍列伊—潘戈德—新乌连戈伊—科罗特恰耶沃）。2018 年，俄罗斯天然气工业股份公司和俄罗斯铁路集团签署了合建一条从"北纬通道铁路"西部到亚马尔半岛北部萨别塔新港口的协议（博瓦年科沃—萨别塔铁路），该项目将使亚马尔半岛的整个铁路与东北航线连接起来。从长远来看，"北纬通道"铁路计划继续向东延伸至克拉斯诺亚尔斯克边疆区，这将为陆路通向北方海航道沿线的杜金卡和伊加尔卡港口提供可能性，会大大提高航道的利用

---

① Ксенофонтов М. Ю., Милякин С. Р. Процесс автомобилизации и определяющие его факторы в ретроспективе, настоящем и будущем, *Проблемы прогнозирования*, 2018（4）：92-105.

效率[①]。另外，白海—科米—乌拉尔铁路的铺设是俄罗斯北极地区的重要基建项目，铁路全长 1252 千米，预计总投资达 7000 亿卢布，具有重要战略意义，建成后将使东北航线与俄罗斯西西伯利亚的运输联系更加紧密。

3. 公路运输发展缓慢

俄罗斯北极地区的公路道路长度为 10.89 万千米，其中 67.3%（7.33 万千米）已铺砌，而 38.4%（4.18 万千米）正在修建改进中。同时，全部位于北极区域的公路长度仅为 0.85 万千米，其中 79.5%（0.68 万千米）已铺砌。2000 年至 2018 年间，整个俄罗斯北极地区的公路长度从 4.97 万千米增加到 10.89 万千米，扩大了一倍多（表 4.7）。主要原因在于，在仅属于俄罗斯北极区域修建了道路，增长幅度最大的地区是雅库特和克拉斯诺亚尔斯克边疆区。尽管俄罗斯北极地区道路总长度有所增加，但公路建设的力度远不及其他地区，北极地区在俄罗斯公路网中的比例仍在下降。

表 4.7 俄罗斯北极地区的铺砌道路长度　（单位：万千米）

年份		2000	2005	2010	2015	2016	2018	变化
北极地区		4.37	4.45	5.13	7.28	7.28	7.33	+2.96
全部位于北极地区	涅涅茨自治区	0.02	0.02	0.02	0.02	0.02	0.02	+0.01
	摩尔曼斯克州	0.25	0.25	0.27	0.33	0.34	0.34	+0.09
	亚马尔—涅涅茨自治区	0.08	0.11	0.13	0.22	0.23	0.23	+0.15
	楚克奇自治区	0.13	0.06	0.06	0.07	0.07	0.09	−0.04
部分位于北极地区	卡累利阿共和国	0.66	0.66	0.67	0.85	0.86	0.86	+0.21
	科米共和国	0.53	0.55	0.58	0.65	0.65	0.65	+0.12
	阿尔汉格尔斯克州	0.70	0.74	1.06	1.22	1.21	1.19	+0.50
	克拉斯诺亚尔斯克边疆区	1.28	1.30	1.51	2.75	2.69	2.75	+1.47
	萨哈（雅库特）共和国	0.73	0.76	0.83	1.17	1.18	1.19	+0.46

资料来源：Серова Н. А., Серова В. А., Основные тенденции развития транспортной инфраструктур российской Арктики, *Арктика и Север*, 2019（36）: 42-56.

[①] Грузинов В. М., Зворыкина Ю. В., Иванов Г. В., Сычев Ю. Ф., Тарасова О. В., Филин Б. Н. Арктические транспортные магистрали на суше, акваториях и в воздушном пространстве, *Арктика: экология и экономика*, 2019, 1（33）: 6-20.

俄罗斯北极地区的公路主要为汽车运输服务，其中多以客运为主，汽车运输总量所占份额超过 70%。2000—2018 年期间，客运量和货运量都呈下降趋势[①]，仅涅涅茨自治区和楚克奇自治区的货运量和客运量有所增长，卡累利阿共和国和摩尔曼斯克地区下降幅度最大。造成俄罗斯北极公路运输水平下降有诸多因素：私家车数量大幅增加降低了公共交通工具的使用频率；公共交通车辆多已接近报废状态，超过六成的公交车已超过标准使用寿命[②]；北极地区工业运输慢慢倾向于铁路，汽车的租赁业务量不断减少；北极地区人口的不断减少也造成了客运量下降。

4. 航空运输运行平稳

自 20 世纪以来，北极的航空运输发展非常迅速，苏联解体导致整个航空运输系统被破坏，小型飞机飞行强度下降，飞机机队减少，甚至北极地区的航空工作量也大大减少，几乎停止了相关人员培训，90% 以上都是在 20 世纪 90 年代关闭的。航空基础设施建设和运营成本高，使其在北极地区的旅客运输几乎没有竞争力。同时，因缺乏重建资金，许多飞机场无法使用，多趟航班被迫停飞。目前，在北极地区运营的 272 个机场和起飞区中，只有 148 个是机场可以完成旅客和货物运输，其中机场和起飞区数量最多的是雅库特（48）、阿尔汉格尔斯克州（21）、楚克奇（20）、涅涅茨自治区（19），这些航空运输对居民点之间的旅客运输起着关键作用。

由于俄罗斯北极地区航班的飞行强度较低，在联邦预算的资助下创建了 7 个联邦国有企业，其中 4 个直接在北极经营——萨哈共和国"北方机场国有公司"（14 个机场）、楚克奇自治区"楚克奇机场国有公司"（11 个机场）、涅涅茨自治区"阿姆杰尔马机场国有公司"（1 个机场）、克拉斯诺亚尔斯克边疆区"克拉斯诺亚尔斯克机场国有公司"（3 个机场）。2019 年，为了发展区域间的航空运输，也为了联通海路和陆路通道，俄罗斯决定在涅涅茨自治区和阿尔汉格尔斯克州的基础上建立新的区域间航空公司——"北极"。近几年，北极地区大部分机场运输都出现了大幅下降，少数重要机场的高流量确保了

---

① Серова Н. А., Серова В. А., Основные тенденции развития транспортной инфраструктур российской, Арктики. Арктика и Север, 2019 (36)：42-56.
② Ушакова М. А., Свиридов Д. А. Проблемы эксплуатации устаревших транспортных средств на городском пассажирском транспорте, Символ науки, 2017, 2 (3)：123-125.

整个北极地区的客运和货运总量（图 4.4）。高额的费用使航空运输服务无法为北极大多数居民提供，但航空运输系统仍在继续运行中。

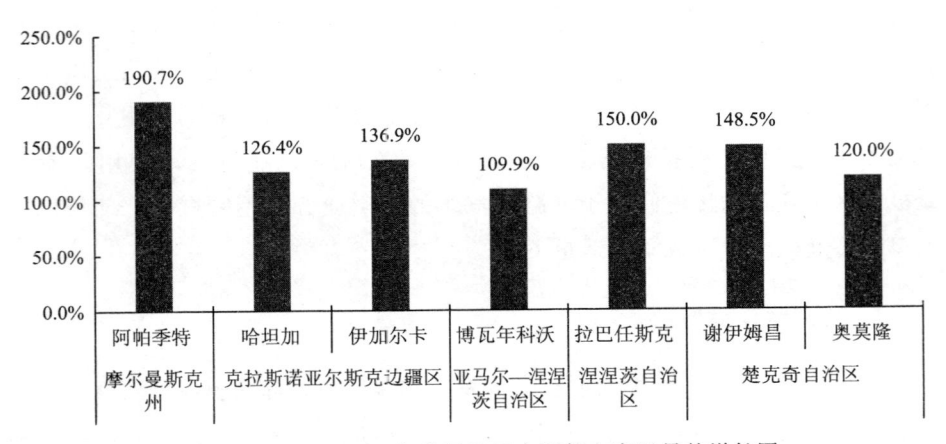

图 4.4　2014—2017 年北极地区主要航空客运量的增长图

资料来源：Серова Н. А.，Серова В. А.，Основные тенденции развития транспортной инфраструктур российской Арктики，*Арктика и Север*，2019（36）：42-56。

总体而言，尽管俄罗斯各类的运输业务都保持着良好的运行态势，但仍暴露出运输网络欠发达、技术水平低、车辆耗损高和设施陈旧老化等问题。在这种情况下，北极地区如果要实现全年通航，则需要更新基础设施相关的技术设备，重建并巩固整个北极地区的运输系统。

（二）北极地区经济发展水平差距大

经济发展水平高低是衡量俄罗斯北极地区发展程度的重要因素，对北极各地区生产总值和固定资产投资的分析可为主要区域经济发展状况提供评价依据。从两个指标来看，俄罗斯北极地区的经济活动主要集中在有大型项目启动并落实的地区，各地区发展程度差距较大。

1. 北极各地区生产总值差距较大

地区生产总值是核算俄罗斯北极经济体系中的一个重要综合性统计指标，可以在一定程度上反映所在地区的经济实力和市场规模。从 2008—2018 年间

表 4.8 2008—2018 年俄罗斯北极地区 GDP

(单位：百万卢布)

	摩尔曼斯克州	涅涅茨自治区	亚马尔—涅涅茨自治区	楚克奇自治区	卡累利阿共和国	阿尔汉格尔斯克州	科米共和国	克拉斯诺亚尔斯克边疆区	萨哈(雅库特)共和国
2008	213733.5	91476.4	719397.0	30558.7	115208.2	198279.5	291812.1	737950.5	309518.3
2009	202235.5	130177.7	649640.0	45067.6	105924.1	193429.1	302629.2	749194.8	328201.7
2010	233438.9	145928.3	782214.9	38978.1	120511.3	226876.5	353853.0	1055525.0	386825.1
2011	263811.7	165431.3	966110.4	44757.6	154853.7	273685.5	435959.3	1170827.3	486830.9
2012	283846.2	157067.1	1191271.9	45633.9	160841.5	315403.8	479051.3	1183228.0	541306.8
2013	306578.7	173170.2	1375878.8	44466.9	178636.2	326924.9	482329.9	1256934.1	570284.7
2014	328291.8	187009.8	1633382.2	57751.3	191192.1	355685.5	484166.5	1410719.9	658140.4
2015	401582.7	227193.5	1791825.6	61735.5	212049.5	400504.6	528403.4	1667041.1	747601.7
2016	432362.8	254851.6	2025508.1	67704.8	231437.5	425630.7	547665.4	1745743.2	862694.6
2017	445795.1	274685.1	2461442.8	68729.0	252717.4	467077.7	574376.7	1882315.9	916578.6
2018	482547.9	305213.6	3083544.5	78143.4	280012.4	514033.4	665735.7	2280025.9	1084556.2

资料来源：俄罗斯统计局网站。

表 4.9　2008-2018 年俄罗斯北极地区人均 GDP

（单位：卢布）

	摩尔曼斯克州	涅涅茨自治区	亚马尔—涅涅茨自治区	楚克奇自治区	卡累利阿共和国	阿尔汉格尔斯克州	科米共和国	克拉斯诺亚尔斯克边疆区	萨哈（雅库特）共和国
2008	263755.5	2184301.8	1374235.3	582270.4	175465.8	—	314241.6	260318.2	322922.2
2009	251956.9	3100503.1	1240827.1	872422.0	162649.3	—	329967.4	264478.7	342520.1
2010	292926.1	3465406.9	1491259.7	767845.6	186651.2	—	390740.4	372848.1	403658.5
2011	333511.6	3913588.7	1820301.3	883368.7	241688.0	232540.7	487363.5	413172.4	508674.4
2012	361968.4	3685897.1	2209803.4	896822.1	251981.4	270662.9	541155.3	416272.7	566387.0
2013	395213.7	4035943.2	2544898.0	877612.8	281021.6	283264.5	550386.2	441084.9	597037.4
2014	427090.7	4329031.1	3025745.6	1142504.1	301818.1	310817.3	557641.3	493985.7	688540.1
2015	525475.7	5210143.9	3336453.4	1226152.0	335944.5	352837.9	613975.0	582345.8	780139.8
2016	568975.6	5806862.4	3785451.6	1354367.7	368250.2	377993.7	641525.0	608083.3	897460.4
2017	589996.9	6288467.9	4581150.1	1386085.3	404487.6	418370.2	679162.6	654513.9	951220.1
2018	642705.6	6950415.5	5710130.2	1578496.1	451436.4	464910.5	796759.7	792980.5	1123113.8

资料来源：同表 4.8。

俄罗斯北极地区 GDP 和人均 GDP 数据可以看出，俄罗斯北极各地区经济发展指标都有一定幅度的提升。从地区 GDP 发展水平看，由于亚马尔—涅涅茨、克拉斯诺亚尔斯克等地区进行了天然气和能源矿产资源的开采项目，这些地区经济增速快，而靠近北极东部的楚克奇自治区发展最为缓慢。从人均 GDP 也得出相似的结论，亚马尔—涅涅茨自治区、克拉斯诺亚尔斯克边疆区和摩尔曼斯克州人均 GDP 较高，而楚克奇自治区是发展最差的地区（表 4.8，表 4.9，图 4.5）。

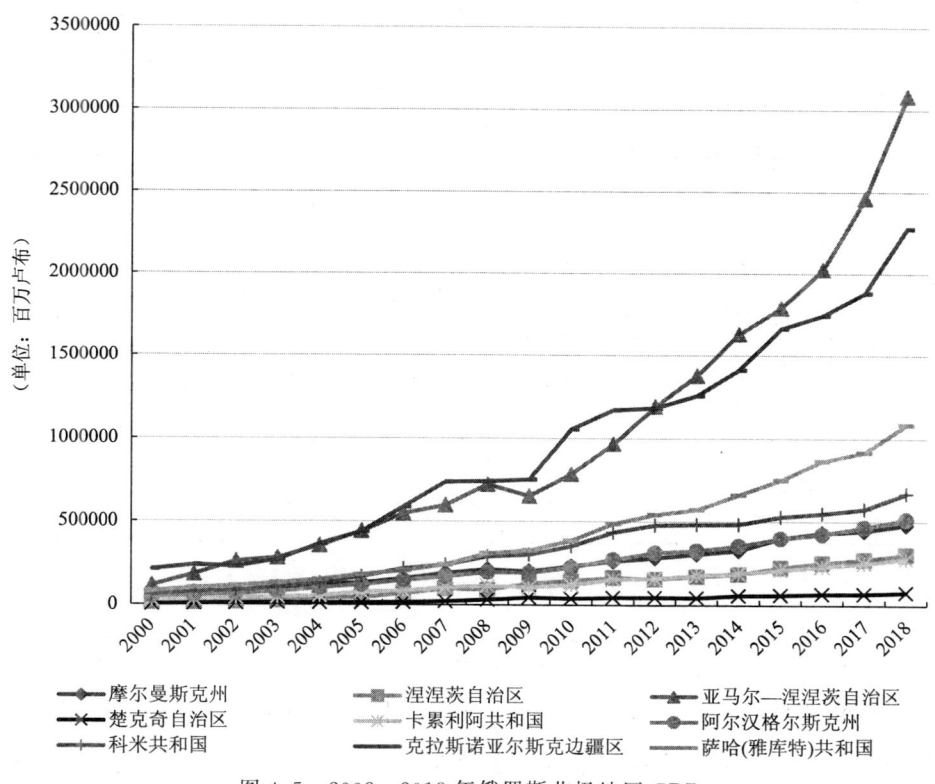

图 4.5 2008—2018 年俄罗斯北极地区 GDP

2. 北极各地区固定资产投资呈现不平衡发展趋势

近十年以来，俄罗斯北极地区投资额总体呈增长趋势，但地区之间投资不平衡，表现在俄罗斯国内和国外大量的投资通常会集中在资源和经济发达的工业区[①]。目前俄罗斯北极地区的主要投资区域是油气资源非常丰富的亚马尔—涅涅茨自治区，占俄罗斯整个北极地区投资三分之一以上（表 4.10）。

表 4.10　北极地区投资占俄罗斯总投资的比例　　（单位：%）

年份		2008	2009	2010	2011	2012	2013	2014	2015	2016	2017	2018
北极地区		12.19	13.1	11.64	12.77	13.41	12.24	12.85	13.42	15.59	14.94	13.45
全部位于北极地区	摩尔曼斯克州	0.53	0.52	0.42	0.51	0.58	0.52	0.62	0.72	0.58	0.71	0.82
	涅涅茨自治区	0.99	0.46	0.47	0.4	0.47	0.46	0.57	0.82	0.58	0.66	0.52
	亚马尔—涅涅茨自治区	4.55	4.32	4.24	4.32	4.62	4.48	5.42	5.61	7.41	6.67	5.82
	楚克奇自治区	0.09	0.19	0.06	0.08	0.14	0.1	0.06	0.11	0.09	0.08	0.09
部分位于北极地区	卡累利阿共和国	0.3	0.23	0.25	0.27	0.27	0.25	0.24	0.24	0.24	0.26	0.23
	阿尔汉格尔斯克州	0.67	0.48	0.62	0.82	0.82	0.71	0.57	0.42	0.57	0.68	0.57
	科米共和国	0.95	1.37	1.23	1.84	1.85	1.48	1.45	1.22	1.36	0.84	0.72
	克拉斯诺亚尔斯克边疆区	2.32	3.11	2.92	2.8	3.03	2.8	2.62	2.86	2.89	2.63	2.39
	萨哈（雅库特）共和国	1.79	2.42	1.43	1.73	1.63	1.44	1.3	1.42	1.87	2.41	2.29

资料来源：统计年鉴。

根据 2000—2018 年俄罗斯北极区域的固定资产投资额，可看出各区域的投资额相差悬殊，除亚马尔—涅涅茨自治区上升态势明显外，克拉斯诺亚尔斯克边疆区、萨哈以及科米共和国部分地区的固定资产投资金额相对靠前，楚克奇自治区和卡累利阿共和国的部分地区投资额增幅非常小（图 4.6）。

从上图可以看出，2000—2018 年俄罗斯北极各地区固定资产投资并不稳定，大致可分为五个阶段。第一阶段（2000—2007）酝酿阶段：得益于国际市场高涨的原材料和能源价格，俄罗斯 GDP 总量增长了 72%，但在此期间，

---

① Башмакова Е. П.，Васильев В. В.，Денисов В. В.，Экономическая безопасность и снижение неравномерности пространственного развития российского Севера и Арктики，*Апатиты*，2012.

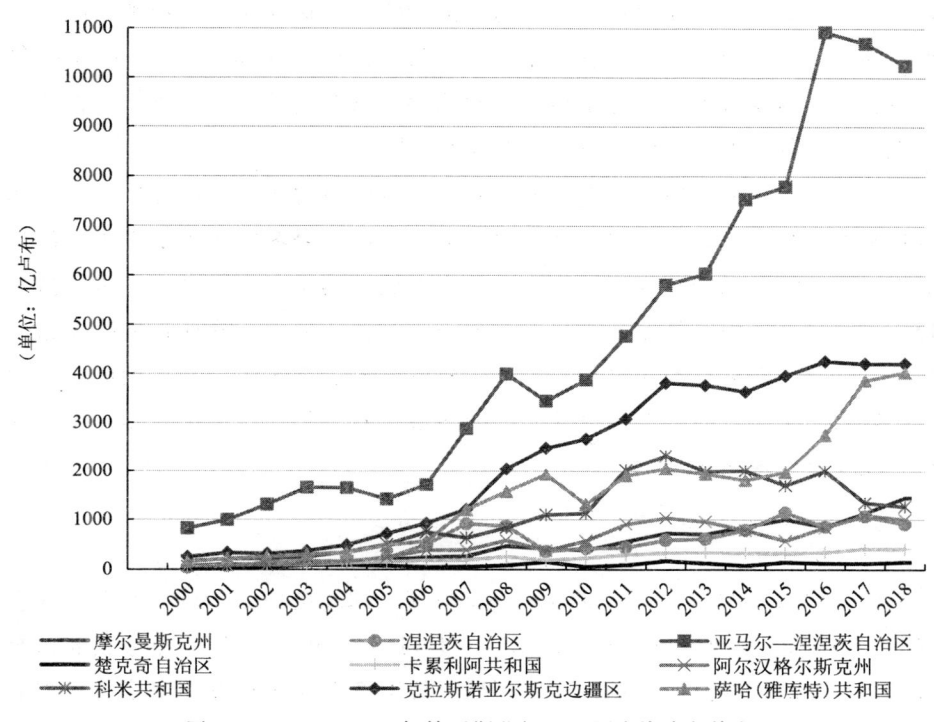

图 4.6　2000—2018 年俄罗斯北极地区固定资产投资额

俄罗斯并未加大对北极地区的开发力度，北极地区的固定资产投资额较少。第二阶段（2008—2010）投资下降阶段：全球经济危机和世界能源价格急剧下降，俄罗斯北极地区和整个国家投资进程呈下降趋势，其中阿尔汉格尔斯克、涅涅茨和楚科奇地区下降最明显。由于克拉斯诺亚尔斯克边疆区和萨哈（雅库特）共和国正进行大型项目，这两个地区的投资额显著增加。雅库特地区建设了东西伯利亚—太平洋石油管道项目（ESPO），旨在将西伯利亚石油运输到亚太地区，克拉斯诺亚尔斯克边疆区建设万科尔油田项目，建造 200 千米的石油和天然气管道以及 700 千米的输电线等。第三阶段（2011—2012）经济复苏和投资增长阶段：油价上升和油气产品出口使得俄罗斯北极地区投资迅速增加，这一时期增长率最高的地区是亚马尔—涅涅茨自治区、克拉斯诺亚尔斯克边疆区以及科米共和国。第四阶段（2013—2014）投资停滞阶段：投资无法支撑北极地区大型项目，已经完成项目的地区并未开拓其他投资项目，影响了随后几年的投资增长率。摩尔曼斯克地区的交通运输综合体海上枢纽项目，亚马尔—涅涅茨自治区的石油货物、转运煤炭、矿物肥料中心和铁路通道等项目成为了投资新的增长点。第五阶段（2015—2018）投资恢复阶段：虽然地缘政治局势恶化和西方制裁导致俄罗斯整体投资下降，但在北极地区实施的大型投资项目使其投资呈现增长趋势。

尽管俄罗斯北极地区投资时常受外部因素的负面影响，但总体上具有相对积极的趋势。尤其在两次危机期间，由于北极部分地区实施了大规模的投资项目，使该地区的投资额下降幅度低于全国平均水平，并且在危机后恢复投资也较迅速。但不足之处在于，一方面，目前北极地区的项目实际实施的较少，多集中在某几个地区，其他地区投资和发展严重滞后，各地区间发展差距较大；另一方面，大型项目的规划和落实效果与北极地区总体开发进程有直接关系，区域层面能发挥的作用有限。

（三）项目实际落实较少，前景有待观察

2017年8月俄罗斯政府批准的《俄罗斯联邦北极地区经济社会发展国家规划》第1064号决议（简称"决议"）是对2014年4月21日俄罗斯联邦政府第366号决议的修改，对于北极区域，特别是支撑区建设和实施有着指向作用。从实施效果来看，北极地区主要项目虽有良好趋势，但时间较短，目前看成果并不明显。

第一，从地区总体规划阶段和具体项目实施进展来看，绝大多数处于计划或建设中。按照决议文件，第一阶段（2015—2017）设立"北极发展支撑区"，在这些地区内实施国家制定的关键项目、财政计划和经济规划已经基本落实成功。但第二阶段（2018—2020）实施的试点项目难度较大，有些项目已经展开实施，而有些还处于寻找合作伙伴和商讨的过程中。从长远来看，北极地区支撑区项目建设需要更长时间（表4.11）。

第二，从北极地区重点建设的矿产资源中心项目看，大部分停留在地质勘探阶段，实际运行的较少。经济发展部列出了正在北极主要实施的145个优先项目清单，其中56个项目（占39%）是关于矿产资源提取和加工。由于北极地区存在恶劣的气候条件，工作的季节性限制、地质勘探程度低、投资和技术水平差，自然资源开采难度较大等问题，建立相互关联的资本密集型项目可以在矿产资源中心中集中整合，将有助于为项目开发带来最大的协

表 4.11 俄罗斯北极发展支撑区的发展及建设情况

支撑区	优先发展项目	合作（潜在伙伴）及项目实施方式	实施程度（效果）
科拉支撑区	摩尔曼斯克交通枢纽综合体	该项目是俄联邦国营企业运输系统发展的组成部分。采用公私伙伴关系，其中大部分来自预算外资金，中国为主要合作国。	完成
	在科拉海西岸建设天然气转载码头	潜在伙伴国为日本，计划两国企业共同出资	计划中
	对阿帕季特机场进行现代化改造（所有工作计划完工日期为2027年）	由联邦航空运输局、Novaport控股公司以及阿帕季特股份公司共同参与	建设中
阿尔汉格尔斯克支撑区	阿尔汉格尔斯克海深水区建设	合作伙伴为中国，采用ppp模式	建设中
	白海—科米—乌拉尔铁路项目	中国铁建可能成为项目的投资商和承包商（提供资金及项目模型）	准备签署保密协议
	建设"北德文斯克船舶创新集群"		计划中
	建立旅游和休闲产业集群	合作伙伴为中国	计划中
	木材工业的现代化建设		建设中
涅涅茨支撑区	建设因迪加深海港口（计划于2023年开建）		设计评估中，计划于2028年启用
	阿姆杰尔玛机场（计划2022年完成）和纳里扬—马尔机场（推迟于2025年完成）综合体的重建	俄联邦预算提供资金，俄联邦航空运输局参与	建设中
	普里拉兹洛姆内抗冰钻井平台		运行中

续表（效果）

支撑区	优先发展项目	合作（潜在伙伴）及项目实施方式	实施程度（效果）
沃尔库塔支撑区	建设沃尔库塔到乌斯特—科拉特—伯朝拉到沃尔库塔的高速公路		计划协商中
	建设萨别塔海港	采用ppp模式，联邦资金占主要份额	运行中
亚马尔—涅涅茨支撑区	建设实施亚马尔LNG项目	中国、日本、法国、英国、沙特阿拉伯等参与，采用ppp模式	运行中
	建设"北纬通道"铁路干线（计划2018—2022年实施）	按照特许经营模式进行，为期30年，是俄罗斯铁路实践中的第一次	建设中
	建设北极LNG 2项目（首条生产线将于2023年前投产）	中石油、中海油已签署项目，日本、法国和印度有意向参与	前期筹划中
	铺设亚马尔—乌赫塔—欧洲的天然气管道	波兰参与竞拍	计划中
泰梅尔—图鲁汉斯克支撑区	重建诺里尔斯克机场综合体（计划在2024年前全面实施现代化并扩大主要基础设施）		建设中
	扩大矿石生产基地和加强诺里尔斯克镍业公司的现代化建设	中国与印尼参与	运行中
	万科尔油气田	印度参与持股	运行中
北雅库茨克支撑区	重建季克西港口周围的基础设施（计划在2022—2025年完成）		计划中
	创建扎泰（Жатайский）造船厂		启动中
楚科奇支撑区	佩韦克海港重建和浮动核电站建设和改造电力线和变电站		计划中
	在资源开发最有前景的地区建设和改造电力线和变电站		计划中

同效应[①]。

由于俄罗斯 2010 年通过的《至 2030 年前的地质部门的发展战略》中提出组建矿产资源中心作为实施规划的有效建议。根据该文件，矿产资源中心应以不同发展阶段的矿床为基础，这些矿床可以与基础设施系统和原料运输点相互连接[②]。北极支撑区可以保障矿产资源中心的建立，反过来，矿产资源中心的集群方法更侧重于地区发展的微观经济和社会经济的发展，这种方法旨在为区域内企业发展提高竞争力，提升生活水平，可以增加各级预算收入，对其他领域都产生了积极影响，成为支撑区开发的核心力量。目前，俄政府在建立支撑区的过程中采用区域集聚效应的方式进行矿产资源中心的地质选取。从北极地区地质开发的角度来看，最具前景的是亚马尔—涅涅茨自治区的矿床资源中心，在北极地区的 56 个北极矿产资源开发项目中，有 36 个位于该地区，它的建设程度决定了北极资源开发的效果。但应当指出，除了现有正在运行的项目外，许多矿产资源中心仅处于地质勘探阶段，实现大规模的建设仍需较长时间。

三、俄罗斯北极区域开发存在的问题

俄罗斯北极开发政策实施至今，除在航道、能源资源等领域取得部分进展外，整体来看北极开发成效并不明显，主要是由于俄罗斯面临着国内外复杂因素的制约，国际环境、投资环境、社会环境和生态环境等方面存在障碍，与其北极开发目标相差甚远。

（一）西方制裁延续阻碍北极开发进度

俄罗斯北极开发过程中，能源资源勘探开采、北方海航道建设通航、地区居民生活水平提高等都需要依赖本国经济实力，而西方国家实施的经济制裁直接或间接给俄罗斯经济带来了负面冲击。首先，西方对俄罗斯银行和一些国有企业实施的金融限制打击了俄罗斯投资信贷，导致俄企融资受限且融

---

① Липина С. А., Череповицын А. Е., Бочарова Л. К. Предпосылки формирования минерально-сырьевых центров в опорных зонах развития в Арктической зоне Российской Федерации, *Арктика и Север*, 2018 (33): 29-39.

② Стратегия развития геологической отрасли до 2030 года: утв. распоряжением Правительства РФ от 21.06.2010 г. №1069-р, http://www.mnr.gov.ru/regulatory/list.php? part=1323.

资成本增加，给能源和航道等项目投资和生产带来破坏性影响；其次，西方通过禁运设备和技术、取消或停滞合作项目等方式阻断俄罗斯获取技术的通道，尤其限制与油气勘探和生产相关的技术和设备；再次，西方和俄罗斯的制裁与反制裁对居民生活、消费、金融稳定等经济活动造成消极影响；最后，俄罗斯与西方国家关系紧张加大了国内政策与经济的不稳定。

以上四个方面对俄罗斯北极开发最严重的危害主要体现在设备供应和项目投融资方面。从设备供应来看，制裁导致俄罗斯大陆架开发中90%的设备进口受阻，尤其是与海上钻井平台相关的设备，虽然俄罗斯通过进口替代战略实现了北极开发部分技术和设备的国产化，但若要达到北极油气项目勘探开采的设备标准还有很大差距。从项目投资来看，西方制裁限制了俄油、俄气、诺瓦泰克公司等油企在西方金融市场上的融资渠道，造成了能源基础设施、运输系统、管道铺设和加工生产等现代化投资远不及预期。俄政府和企业为解决融资问题，在增加项目贷款援助的同时，也积极吸引外国企业入股北极油气项目来换取资金支持，但实施难度也较大。

（二）投资环境差影响北极项目实施力度

俄罗斯北极开发大多伴随着大型项目的运行，这些项目旨在实现俄罗斯北极战略利益和国家安全。因俄联邦预算投资占比较少，所以将国家—私人伙伴关系原则作为项目开发的主要手段，而国内外国有大型企业和私营企业在参与项目时也受俄罗斯北极地区营商环境较差的制约，导致俄罗斯北极地区落实具体项目非常困难。

分析俄罗斯北极地区的投资环境可运用俄罗斯信用评级机构 Эксперт PA 历年出具的《俄罗斯各地区投资吸引力评级》年度报告作为评价标准，该报告采用统计方法和问卷调查方法，通过投资潜力和投资风险两项评定加综合配比法得出[1]。其中，调查对象包括了俄罗斯投资者、外国投资者、商会和企业、银行以及其他民间独立研究机构的专家等。报告结果显示北极九个地区的开发潜力大多处在中等或低等潜力且伴随中高度风险评级中，外国企业进入该地区有诸多顾及。仅有亚马尔—涅涅茨和克拉斯诺亚尔斯克边疆区投

---

[1] 地区投资潜力设有九个单项潜力指标：劳动力潜力、消费潜力、生产潜力、财政潜力、制度潜力、创新潜力、基础设施潜力、资源潜力以及旅游潜力；地区投资风险评定七个单项风险指标：法律风险、政治风险、经济风险、财政风险、社会风险、治安风险、生态风险。

资评价较好，而楚克奇和卡累利阿等地区投资评级最差，是投资风险最高的地区。同时，针对报告中的投资潜力和投资风险两大子指标分析北极投资情况，可以看出北极各地区投资潜力分布不均，投资风险大。

导致北极各地区投资评级波动大，投资环境较差的原因主要在于：第一，俄联邦投资环境普遍较差，投资优越的地区大多靠近欧洲部分，北极地区恶劣的气候条件是阻碍各国前来投资的关键；第二，北极项目投资额巨大，实施周期长，各国对项目收益和风险无法准确预估，造成有些项目"半路夭折"；第三，北极地区的劳动力素质、合作方经营水平、市场成熟度、法律法规完善程度、国家和地区的政策导向，以及土著居民的公众舆论等都具有很大不确定性，使北极地区投资环境复杂。

（三）劳动力不足难以支撑北极开发强度

俄罗斯北极地区的劳动力潜力是经济发展的主要社会性因素，决定了北极可持续发展的水平。但北极地区自然条件恶劣导致劳动力发展潜力不足，居民疾病频发，定居点数量小而分散，交通可及性低，这些原因造成了北极地区劳动力市场供给的不足，影响俄罗斯北极地区各领域的发展。

第一，北极地区居民的残疾、高发病率和高死亡率导致人口严重外流。2000—2018年，除亚马尔—涅涅茨地区人口逐渐流入外，其他北极地区人口呈流出状态。另外，因工业生产排放的二氧化硫、甲醛、苯以及放射性物质等污染物引起的生活环境恶化，导致该地区患呼吸系统、消化系统、恶性肿瘤等疾病的人数和概率远高于俄罗斯平均水平。

第二，人口生活水平低阻碍北极地区居民劳动力增加和生活活力的提高。俄罗斯北极地区人口10%以上处于贫困水平，近几年贫困水平比例有所减缓。但从人均货币收入平均数和中位数角度分析，实际贫困人口比例达60%[1]。居民食品支出占地区消费整体支出比例较高和儿童贫困严重造成了生活水平差，影响了俄罗斯北极地区的可持续发展。

第三，北极地区社会基础设施不完善影响了劳动力潜能的发挥。社会基础设施是服务于居民基本需求的组织和机构，教育、住房、医疗支持、文体

---

[1] К. Е. Анатольевна, Роль трудового потенциала в устойчивом развитии Арктической зоны России, *Арктика и Север*, 2019（36）.

休闲以及交通便利性是构成北极地区劳动力潜力的关键[①]。实际上,俄罗斯北极各地区在学前教育、儿童和青少年教育服务水平、住房公共设施、生活服务条件等方面都十分欠缺,这些不足短时间难以扭转,大大阻碍了劳动力发展,使得北极地区开发困难。

(四) 生态环境脆弱增加可持续发展难度

一直以来,保护北极地区生态系统,防止经济活动日益活跃和全球气候变化条件下北极环境恶化,是俄联邦在俄属北极地区的国家利益。目前,俄罗斯在开发北极地区的环保要求是开发自然资源不能以牺牲环境为代价,在实施开发项目的同时要尽可能解决以往环境污染,对有毒的工业废料进行再处理和利用,保障化学安全等。俄罗斯强调经济发展以生态保护为前提的要求是现实并合理的,但达到北极可持续发展的目标与现实条件之间存在差距,在一定程度上也加大了北极各项目的实施难度。

首先,气候变化和冰川消融对北极生态造成威胁。北极气候变化导致极热天气频率增加,心血管和呼吸道疾病的死亡率增高,尤其是老人和儿童;高山冰川和陆地冰层融化,河流流量发生变化,海洋水位升高,北极地区海洋循环发生改变,这些域内水流量的增加影响北冰洋流入量,从而影响全球洋流体系;气候变化导致的多年冻土融化问题对在冻土上兴建基础设施产生了负面影响,也会影响温室气体的排放;淡水水体河流流量和流冰状况、季节性和多年水平衡及温度指标等预期发生变化,改变生物多样性和淡水系统的产出率,种群密度和鱼类等水生生物的地理分布也发生明显变化。

其次,油气排放废水及海上运输污染北极海域。海运和河运船队的船只、大陆径流、大陆架矿产开采、污染物的大气流动转移、污染物远距离的海流转移以及放射性废弃物和核反应堆的深埋是北极地区主要的污染源。其中,最危险的污染物是重金属、石油烃化物、去污剂以及放射性核素等。另外,各种污染和生态环境恶化集中在某些区域。摩尔曼斯克地区存留的美苏对抗时期的核设施与核废料,涅涅茨和亚马尔—涅涅茨地区实施工业基础设施群和能源开发计划对原住民传统生活习惯和生活方式构成威胁,以及泰梅尔—

[①] Иванова М. В., Клюкина Э. С. Современные предпосылки будущего арктических трудовых ресурсов, *Мониторинг общественного мнения: экономические и социальные перемены*, 2017, 6 (142): 180-198.

图鲁汉斯克和楚克奇的矿产工业污染对环境破坏严重，都是俄罗斯实现可持续开发亟需解决的问题。

最后，物种群减少改变了北极地区的栖息环境。气候变化影响了北极生物多样性、生物繁殖率和植被的区域划分。俄罗斯北极地区的生物对温度升高、雪盖变化以及冬眠和融化的周期性变化较为敏感，这些影响着关键物种获取资源的途径，导致大型动物的食物来源消失等连锁反应；结冰率低严重影响了海洋哺乳动物的种群；喜温动物在向北极地区迁徙途中受制于气温变化和繁殖周期，如果外部环境发生变化，许多新到来的物种就会占得竞争优势或开始攻击北极水体栖息的物种，造成生态环境不平衡。

2008年至今，俄罗斯先后颁布了一系列关于北极开发的系统性文件，并根据国内外环境和地缘政治的变化对北极政策文件进行了补充和完善，不仅使北极战略更加符合本国的发展诉求，也更加凸显了对区域开发的重视。实际上，俄罗斯北极区域开发进展是俄罗斯整个北极战略的缩影，也是评判开发效果是否显著的试金石。

俄罗斯北极区域开发政策主要集中在经济、社会和区域规划层面，这些政策虽然为北极区域开发提供了诸多优惠，但由于文件颁布时间短，对于较为复杂的医疗、教育、住房等社会保障并没有有效解决。从区域整体经济开发情况来看，国家大力号召和重点开发的行业（海路运输）和地区（亚马尔—涅涅茨自治区）经济发展程度远领先于北极其他地区，导致经济发展水平差距很大。另外，俄罗斯北极地区经济结构单一，主要靠国家层面主导以及该地区大型能源资源项目推动的模式，这也使得北极区域开发缺乏灵活性。

从长远来看，俄罗斯北极区域开发将在一段时期内持续面临国内外环境压力、开发实际进展与目标难以调和的问题，这也是经济开发效果不显著的主要原因。第一，西方对俄罗斯制裁使俄罗斯在开发北极油气资源方面举步维艰；第二，俄罗斯虽将国家—私人伙伴关系作为与其他国家合作的主要手段，但投资环境恶劣、法律制度不完善等原因使得各国参与北极项目合作时顾虑重重；第三，俄罗斯本国希望推动北极地区的可持续发展，但可持续发展中的人口、环境和资源三大要素都存在不足——劳动力不断流失、生态环境脆弱、资源丰富但开发难度大，这些使得俄罗斯开发单靠本国力量是无法实施的。因此，俄罗斯只有加强同其他国家在相关领域的合作，才能在最大程度上执行北极开发战略。

第二篇　中俄及相关国家北极政策

第五章　俄罗斯的总体北极政策与国际合作

随着全球气候变暖进程的加快，北极地区在军事、能源、航道等领域的价值日益凸显。俄罗斯是北极地区最大的国家，北极对于俄罗斯具有极端重要的战略意义。为更好地参与北极事务，维护俄罗斯的北极利益与国家安全，俄罗斯明确了其在北极地区的国家利益和目标，并实施了相应北极政策。但随着北极地区治理进程国际化的不断发展，地处近北极地区的中、日、韩等东北亚地区大国不断介入北极地区事务，使得北极正在发展为东北亚国家进行区域合作的新舞台。而俄罗斯既是东北亚国家，又是北极国家的地缘政治身份使其北极战略成为影响未来东北亚国家开展北极合作的关键因素。

一、俄罗斯的北极政策构想及行动

近年来俄罗斯不断加强自身在北极地区的存在，推出一系列政府官方文件指导俄罗斯北极战略，力图在北极地区事务上掌握主导权。2009年3月俄罗斯政府通过了《2020年前俄罗斯联邦北极地区国家政策及远景规划》，2013年2月普京总统又签署了《2020年前俄罗斯联邦北极地区发展与国家安全保障战略》。2020年俄罗斯又推出了《2035年前俄罗斯联邦北极地区发展和国家安全保障战略》。其战略构想主要包括以下几个方面：

（一）加快北极地区考察与划界工作

根据俄罗斯北极战略规划，完成对北极地区的地理勘探，以获得可以证明北冰洋海底部分区域是俄大陆架延伸的足够证据，划定北极地区的南部边界是俄罗斯北极战略的关键方向。由于北极地区的大量油气资源分布在大陆架区域，因此俄罗斯希望通过加快对于大陆架，尤其是罗蒙诺索夫海岭和门捷列夫隆起的考察，寻找将其划入俄罗斯领土的有力证据，从而在未来该地区的能源开采中占得先机。2005年和2007年俄罗斯的科考人员对于北极地区大陆架进行了两次大规模考察，根据考察结果俄罗斯在2009年5月向联合国大陆架界限委员会提交了领土要求，要求将北极地区120万平方千米的领土划为其专属经济区。在该申请被驳回之后，2014年俄罗斯又组织了新一轮的对北极地区的科研考察，寻求补充证据来申明俄罗斯对于北极大陆架的归属权。在2014年10月俄罗斯自然资源与环境部长顿茨科伊向普京总统汇报时提出科考队的工作成果"超出预期"，进行了地震测深等研究工作，北极海域归属俄罗斯大陆架的证据得到了扩充，建议俄罗斯政府于2015年第一季度重新向联合国提出对于北极大陆架的主权申请。而在2014年12月10日，顿茨科伊又宣布俄罗斯将于2015年投入3亿卢布恢复北极浮冰漂流站考察工作，搜集北极地区的海洋、自然和气象信息。此外，俄罗斯还与美国、挪威、丹麦等国就北极地区海域划分进行积极协商，重新审议《海域划界协定》，争取其在白令海峡和巴伦支海等地区的权益。乌克兰危机发生后，俄罗斯又加快了北极地区的考察建设，包括加快破冰船的建设，力图掌握北极地区的主导权。经过多年来不断对该地区的考察和探测，2019年7月俄北冰洋大陆架划界案在联合国大陆架界限委员会第50届会议部分通过，取得了阶段性胜利，这一成功更加鼓励了俄罗斯积极维护国家领土。

（二）加强北极地区的军事部署

鉴于北极问题越来越引发国际关注，为了巩固俄罗斯北方边界的安全，俄罗斯将加强北极地区的军事力量部署视为保障其北部安全的最有效手段。2013年9月初，俄罗斯派出由"彼得大帝"号重型核动力导弹巡洋舰作为旗舰，大型登陆舰和核动力破冰船组成的大规模海军舰艇编队巡航北极。2013年9月16日，普京在与国防部举行的视频会议上宣布，俄罗斯将重建在新西伯利亚群岛上的军事基地。而在普京总统签署的《2020年前俄罗斯联邦北极地区发展与国家安全保障战略》中明确提出俄罗斯要扩大在北极地区的军事部署，以军事存在捍卫俄罗斯的北极主权[①]。2015年1月，俄罗斯北极战略司令部正式开始运作，这标志着俄罗斯北极军事部署已经取得了初步成果，俄罗斯北极战略司令部归俄国防部国家指挥中心管辖，成为与俄罗斯中央、

---

① 那传林："俄罗斯重新开始北极军事存在"，《世界知识》，2014年第1期，第50—51页。

西部、南部、东部军区并列的第五大军区。此外，北极战略司令部还将组建两支针对北极地貌特点的陆上作战部队。第一支陆上作战部队将部署在摩尔曼斯克州的阿拉库尔季居民点，于 2015 年部署完毕；第二支陆上作战部队 2016 年部署在亚马尔—涅涅茨自治区。随着北极冰川融化速度的加快，俄罗斯北极地区的地缘政治态势正在发生剧烈变化，俄罗斯组建北极部队的目的就是要在新的背景下重新巩固俄罗斯的北极军事存在，以强大军事力量巩固北方边境安全，控制北极航道，从而达到威慑北极周边国家，维护俄罗斯北极利益的目的。2019 年之后，随着北极地区的局势不断升温，俄罗斯进一步加快了在北极地区的军事部署，包括将北方舰队提升为"军区"级别，使其对于北极地区的行动具有更大的权力和影响力。此外，俄罗斯陆续将"波塞冬"鱼雷等最新式的武器部署到北极地区，进一步巩固了在北极地区的战略威慑能力。

可以预计的是，未来俄罗斯将继续加强在北极地区的军事部署，其主要针对对象是美国以及地处北极地区的北约盟国。包括俄联邦委员会国防与安全委员克林茨维奇、俄罗斯导弹与火炮学研究院副院长西夫科夫、全俄舰队支持运动前主席涅那舍夫等多个俄罗斯北极问题专家表示，美国正在研究通过北极地区打击俄罗斯政治、经济中心的可能性。为此，北方舰队将在 2021 年 1 月 1 日起成为独立军事行政单位，担任护卫俄罗斯北极地区安全的重要职责。同时，俄将继续加速在北极地区部署先进的军事武器，包括重型无人机、道尔 M2 防空系统等。俄罗斯将北极地区的军事力量部署视为其所有北极政策的基础，是俄罗斯维持北方疆域战略稳定的支柱。

（三）扩大北极地区能源和经济开发

巩固俄罗斯能源大国地位。俄罗斯在世界能源舞台上占据重要地位，丰富的资源储量以及灵活的能源外交一直是俄罗斯维护其大国地位的重要手段。然而随着俄罗斯境内传统油气田在未来产量下降的可能越来越大，北极地区在俄罗斯能源结构中的地位正在迅速上升。俄罗斯科学院西伯利亚分院院士阿列克谢·孔托罗维奇就曾表示北极油气田的石油天然气储备量估计至少为 2860 亿吨。而这将是 2020 年之后俄罗斯继续维持其能源大国地位的坚强后盾。在《2035 年前俄罗斯联邦北极地区发展和国家安全保障战略》中，俄罗斯政府提出继续提高在北极地区的能源保障投入，保证 2035 年传统区块开采量下降后能源系统的长期发展。

2013年9月俄罗斯国家杜马通过了鼓励在北极大陆架地区开采碳氢化合物的法律。同时，俄罗斯也建设了海上浮动核电站，为寻找北极石油和天然气资源的海底钻探活动提供必需的电力，并努力提高海上商船运输能力，确保海上能源的运输。2014年5月，俄罗斯通过"乌里扬诺夫"号首次向欧洲输送北极地区石油，被普京总统称为俄罗斯能源发展的"里程碑"事件。2015年以来，包括亚马尔天然气项目等北极地区的大型能源开采项目不断发展，并且已经成为俄罗斯能源产业的重要支撑力量。而俄罗斯也不断加大在北极地区的资源勘探以及考察投入，力争在全球气候变暖的背景下将北极地区打造为俄罗斯能源产业的新支柱。

2019年以来，俄罗斯在能源开发的基础上愈发重视以能源开发带动北极地区的经济发展。在《2035年前俄罗斯联邦北极地区发展和国家安全保障战略》中，北极地区的经济和社会发展是俄北极政策的重要方向。尽管受到新冠疫情的影响，俄罗斯的诺瓦泰克公司仍然在推进北极液化气2号项目。根据俄罗斯远东与北极发展部消息，俄罗斯联邦委员会在2020年7月8日通过了在北极地区建立经济特区的一揽子支持法案。该法案在总统签署后45天生效。法律规定将在北极地区实施对企业的一系列税收和非税收优惠，在北极地区港口施行自由关税区制度，为在北极地区投资的企业提供税务优惠和补贴。而俄罗斯远东与北极发展部副部长克鲁季科夫表示俄罗斯计划在2020年之后进一步放开北极地区签证的审批以及相关监管，吸引更多人员到俄北极地区旅游或工作。

在北极地区能源开发取得一定成果的基础上，如何通过能源的开发带动北极地区经济发展水平是未来俄罗斯政府北极构想关注的重点方向。随着2020年宪法修改的顺利通过，普京领导下的俄罗斯与西方国家的矛盾短期内很难缓解，俄罗斯与西方的技术合作也更加困难。这就决定了俄罗斯将继续对于亚洲国家，包括中国、日本、韩国、印度在北极地区的投资以及非军事活动放宽限制。在俄罗斯北极地区军事优势不受威胁，航道管控不受挑战的情况下，俄罗斯政府有望继续支持中俄在北极地区的经济、科研、生态合作。

（四）探索北极航线治理模式，掌握北极航线主导权

北极航线大部分处于俄罗斯控制之内，既可以缩短亚欧航程，也可以为

北极地区的联邦主体提供物资,因此俄罗斯希望充分利用北极航线的商业价值。普京总统在 2012 年曾强调北极航线对于俄罗斯来说"比苏伊士运河还要重要"。在俄罗斯北极军事部署不断加强的背景下,俄罗斯对于非北极国家利用北极航线的态度近年来有所松动,俄罗斯逐渐调整收费和引航制度,探索有利于北极航线的治理模式,力图激发北极航线的活力。2014 年以来,北极地区通航的船只数量不断增加[1]。这充分表明北极航线正日益成为国际航运的重要运输通道,鉴于北极航线使得从东亚到西欧的航线缩短所带来的燃油成本的下降,未来必然会有更多的航运公司关注这一航线,而俄罗斯也必然需要在这一方面开展更多的国际合作[2]。俄罗斯政府加快掌控东北航线的关键手段是进一步加快破冰船和运输船队建设,以此掌握北极航道运行的主导权。由于东北航线通行需要俄罗斯破冰船引航,俄罗斯政府将破冰船队的建设视为其掌控东北航线的关键所在。俄罗斯总理米舒斯京在 2020 年表示俄罗斯正在进行第一批 5 艘核动力破冰船的建造,其中"雅库特"号已经开始铺设龙骨,而 7 万吨级的"俄罗斯"号则已经在滨海边疆区"红星"造船厂开建。俄罗斯同时还在建设 10 艘油轮和天然气运输船以补充现有的北方航道运输船队。

(五) 加强生态治理

随着俄罗斯以及周边国家对于北极地区的利用程度不断增加,俄罗斯近年来越来越关注北极地区日益脆弱的生态系统。俄罗斯希望逐步巩固北极地区的生态保护,并对这一地区进行进一步的科研考察。2021 年接任北极理事会主席国之后,俄罗斯明确将保护北极地区的生态安全列为俄罗斯北极政策的重点方向。即使 2020 年之后受到新冠疫情的影响,俄罗斯北方舰队仍与俄罗斯地理学会展开了第三次北极联合考察。随着气候变化日益成为国际政治和北极问题研究关注重点,未来俄罗斯必然更加重视北极地区的生态治理。利用生态安全问题扩大俄罗斯在北极地区存在的合法性以及治理权力也是俄罗斯政府越来越重视生态安全的重要原因。

---

[1] Разрешение на плавание сунда в акватории Северного морского пути, http://www.nsra.ru/ru/razresheniya.

[2] 徐博:"中俄北极合作的基础与路径思考",《东北亚论坛》,2014 年第 3 期,第 61—63 页。

二、俄罗斯与东北亚国家北极合作的前景

长期以来，俄罗斯对于东北亚国家参与北极地区事务一直抱有比较矛盾的心态。在俄罗斯看来，中日韩等东北亚国家参与北极能源与航道的开发，一方面能够使俄罗斯获得必要的资金和技术支持，另一方面又可能造成北极问题国际化，进而威胁到俄罗斯的北方安全。由于俄罗斯所兼备的"北极国家"以及"东北亚国家"的双重地缘身份，东北亚国家的北极合作未来能否顺利进展主要取决于俄罗斯。而双方的合作领域则主要集中在以下几个方面：

首先，能源合作是东北亚国家开展与俄罗斯北极合作的重要突破口。扩大北极能源开发，维护俄罗斯能源大国地位是俄罗斯北极战略的最重要方向之一。由于受到资金和技术的限制，俄罗斯在北极能源开发方面需要加强国际合作。俄罗斯已经与美国埃克森美孚石油公司、意大利埃尼石油公司等美欧公司签署了巴伦支海大陆架石油开采协议。但随着乌克兰危机引发的美欧对俄制裁不断加剧，俄罗斯公司在美欧市场的融资出现严重困难。为此俄罗斯正在将融资的目标转向东方市场。

其次，航道合作是未来俄罗斯开展与东北亚国家北极合作的重点领域。由于北极航道事关俄罗斯的国家安全，俄罗斯在这一问题上一直非常谨慎。但随着近年来北极冰川融化速度的加快，北极航道的国际化正在变得愈发现实，俄罗斯正逐渐调整其北极航道政策，在保持对北极军事不断扩大的基础上，逐步改善这方面的国际合作，包括取消北极航道的强行护航制度，并大幅调低过境船只的收费标准。从长远来看，俄罗斯希望将北极航道打造成可媲美苏伊士运河的"黄金水道"。而中日韩等东北亚国家作为这一航道的起点以及远东航运大国，将在其中扮演更加重要的角色。目前中俄共建的扎鲁比诺港项目以及俄朝韩合建的罗先港项目都可以作为未来东北亚国家船只进入北极航道的起点来使用。

第三，俄罗斯欢迎中日韩等国家参与北极航道的科研考察以及环境保护。东北亚国家能够通过这些项目间接参与北极地区的治理与航道应用。由于当前北极治理多处于"低政治"阶段，各国在科考、环保领域的合作最容易实现。日韩等国在这方面也拥有较为先进的技术和经验。更为重要的是，俄罗斯也十分重视北极能源开发过程中出现的生态问题，将其视为国家北极能源

政策的重要关注点①。因此科研与环保合作无疑是东北亚国家参与北极能源开发与航道建设的有效手段。实际上，即使是在冷战时期，苏美两国的科学家也能够在北极科考问题上进行合作交流。

三、中俄北极合作的基础与路径分析

中国近年来对于北极地区的关注不断增加，与俄罗斯在北极地区合作也不断走向深入。从总体上看，俄罗斯对于中国参与北极地区的事务正在经历一个由不信任到有限信任的过程。起初俄罗斯对于中国参与北极地区事务基本上持消极态度，其主要原因在于"力图减少北极地区外国家的进入，以尽可能多的保持在北极地区的垄断性权力"②。尤其是随着北极冰川融化的速度加快，使其在安全、能源以及航行领域的价值日益凸显，这迫使俄罗斯急需加强对北极地区事务的主导权，若此时北极外国家介入以及北极地区的"国际化"趋势无疑不利于俄罗斯维护地区内的政治、经济、安全利益。因此俄罗斯一直反对域外大国全面参与北极治理，这也是初期中俄北极合作进展缓慢的最重要原因。

（一）中俄北极合作的基础

在乌克兰危机发生后尤其是近年来，中俄北极合作不断走向深入，包括亚马尔天然气项目等合作已经成为中俄区域合作的典范项目。从总体上看，俄罗斯对中国参与北极合作态度的转变主要由以下几个基础要素构成：

首先，中俄战略协作伙伴关系为中俄北极合作提供了良好的政治基础。建立在高度互信，互利共赢基础上的中俄战略伙伴关系是中俄开展良好双边合作的最重要基石。俄罗斯反对中国等地区外国家广泛参与北极事务主要是源于其维护地缘安全的考虑，北极冰川融化所带来的最直接地缘政治影响就是俄罗斯国家安全长期依赖的"北方之墙"坍塌，俄罗斯北冰洋沿岸长达4万多千米的海岸线失去了传统的保护。这改变了长久以来俄罗斯国家安全战略的布局，俄罗斯需要对此做出应对。而中俄所建立的全面战略协作伙伴关

---

① Политика России в Арктике: как избежать новой холодной войны, Доклад грантополучателей международного дискуссионного клуба 《Валдай》.

② 赵华胜："中国崛起对俄罗斯是威胁吗？"，《国际问题研究》，2013年第2期，第20—36页。

系以及各个领域的定期沟通机制能够保证中俄在这一问题上达成充分的理解和互信。

其次,俄罗斯在北极地区的能源开发需要其他国家的参与,这是中俄北极合作的重要经济基础。全球尚未探明但可开采的石油的13%以及天然气的30%都集中在北极地区[1],而其中43%又集中在俄罗斯的北极地区大陆架,俄罗斯需要开发这些能源来保障国家经济长期稳定增长,进而开展更有力的能源外交。但俄罗斯在开发北极能源时无论是资金还是技术都面临着许多问题,因此俄罗斯需要与中国等地区外国家开展合作,推动地区经济的发展。事实上,近年来俄罗斯在北极能源开发时已经开始注意吸引美英法等国的公司来参与能源开采,中国科技实力不断提升为中俄北极合作提供了技术上的可能。同时,中国不断增长的能源需求使得俄罗斯将中国视为北极能源出口的重要对象以及俄罗斯能源合作的关键伙伴,因此其对于中国参与北极能源开发项目的态度也日趋温和。

最后,随着北极地区冰川的融化,北冰洋航道的商业价值日益凸显,俄罗斯与北极外国家在航道方面的合作成为必然。实际上,除中国之外,日本、韩国等众多东亚国家都将东北航线视为未来国家经济发展的重要机遇。日本国际问题研究所在2013年3月提交给日本政府的报告中提出日本应当充分重视北冰洋航线,确保联合国海洋法公约保护下的这一航线的航行自由[2]。2013年3月20日,日本政府任命西林万寿夫为北极担当大使,负责北极事务与各国沟通。韩国船只则在2013年10月完成了穿越东北航线的首航[3]。2014年2月俄罗斯北极事务特命全权大使瓦西里耶夫表示,俄罗斯已经与韩国开始就东北航线使用问题展开首次磋商。这充分表明东北航线正在成为国际航运的重要运输通道,未来俄罗斯必然需要在这一方面开展更多的国际合作。中国作为海洋航运大国,与俄罗斯在这方面的合作空间十分广阔。

---

[1] USGS, Arctic Oil and Gas Report, *Fact Sheet*, 2008 (7), http://geology.com/usgs/arctic-oil-gas-report.shtml.

[2] Fujio Ohnishi, The Process of Formulating Japan's Arctic Policy: from involvement to engagement, *East Asia-Arctic Relations: Boundary, Security and International Politics*, 2013.

[3] Young Kil Park, Arctic Prospects and Challenges from Korean Perspective: from involvement to engagement, *East Asia-Arctic Relations: Boundary, Security and International Politics*, 2013.

（二）中俄开展北极合作的路径

中国作为近北极国家，北极地区的自然、生态、安全变化对于中国未来经济、社会的发展有着不可估量的影响，而与俄罗斯开展北极地区合作是加强中国北极治理参与，进一步巩固中俄战略协作伙伴关系的重要手段。未来，中国开展对俄北极合作的主要路径有以下几点：

首先，中国应当继续充分利用中俄战略协作伙伴关系建立起的互信机制，加强在北极问题上与俄罗斯的沟通，消除双方在这一问题上可能存在的误解。当前俄罗斯在加强北极地区军事部署的步骤日益加紧。2013年9月以"彼得大帝"号为首的俄罗斯舰艇编队实现了在北极地区的巡航，2014年1月普京总统在视察图拉州军工企业时更是强调北极是俄罗斯的"特殊利益区"，"要掌握所有手段来保护俄罗斯在北极地区的安全与国家利益"[1]。乌克兰危机发生之后，俄罗斯在北极地区的活动日益加紧，包括重新建立了一系列军事基地，提升北极地区的战略地位，将掌控北极地区的北方舰队提升至"军区"级别并优先将各类先进武器配备到北极地区。2020年俄罗斯又出台了新的2035年前的北极地区战略规划以及一系列的相关配套政策。这充分表明了俄罗斯捍卫其北极利益的决心，而作为强调相互支持核心利益的中俄战略协作伙伴关系应当在这一问题上进行协调。

其次，能源合作可以继续作为中俄开展有效北极合作的突破口。尽管俄罗斯在安全方面极力维护其在北极地区的存在，但由于技术和资金的限制，俄罗斯在北极能源开发方面仍然需要开展国际合作。俄罗斯政府曾表示："在诸如北极大陆架这样复杂，成本又高的项目中合作伙伴越多，地质勘探和工业开发的速度就越快。既要同那些拥有相应技术的国家签有协议，也同那些拥有大量资金的国家签署协议。"俄罗斯已经与美国埃克森美孚石油公司、意大利埃尼石油公司和挪威国家石油公司签署了开采巴伦支海大陆架石油的协议。而在乌克兰危机发生之后，俄罗斯在技术以及融资方面都面临很多限制，俄罗斯与西方能源公司的合作面临困境。随着西方国家尤其是美国政府反俄政策的长期化，俄罗斯与西方国家改善关系的前景十分渺茫。因此俄罗斯在未来的能源合作中必然更加重视中国等非西方国家的作用，而中俄在能源开

---

[1] 北极：俄罗斯的特殊利益区，2014-01-26，http://radiovr.com.cn/2014_01_26/260674425/。

发方面的合作可以被认为是中俄北极合作最有前景的方向。

最后，中国可以与俄罗斯在北冰洋航道的科研考察，环境保护方面进行积极合作，间接参与北极地区的治理与航道利用。全球变暖带来冰川融化的问题具有世界性，需要世界各国在环境保护、科学考察领域共同合作。东北航线尽管在缩短欧亚航行距离方面具有很高的商业价值，但其几乎全线位于俄罗斯境内，俄对其有着绝对的控制权。因此俄罗斯经常将其视作地缘安全问题，而不仅仅是地缘经济问题。在这种情况下，俄罗斯必然对东北航线的"国际化"非常警惕，而科研考察与环境保护的合作则有着很大的生存空间。中国与俄罗斯在北极地区联合科考的机制化与长期化有利于化解俄罗斯在很多方面的担心，从而为中俄北极合作提供良好的互动氛围。

总体而言，尽管俄罗斯始终对于北极治理以及北极航道的"国际化"抱有警惕的态度，但这并不代表俄罗斯拒绝在北极地区进行国际合作。实际上，当前俄罗斯开展与东北亚国家的北极合作正在变得更加可能。当然，需要指出的是，随着全球气候变暖，北极地区的变化正在深刻影响着全球地缘政治的格局，中日韩三国参与北极事务的重要目标就是希望通过积极的北极政策加强在这一地区的存在，从而在全球经济发展中心"东移"的背景下获得更强大的地缘政治影响力。而这必然带来东北亚国家间有关北极治理权力的竞争。俄罗斯政学两界对此也有清醒的认识。这在某种程度上造成了俄罗斯更加乐于与韩国和日本发展在北极地区的合作，而对于经济、军事实力不断快速上升的中国参与北极事务则抱有了更加谨慎的态度。但这并不足以严重阻碍俄罗斯与东北亚国家北极合作的实现。尤其是在乌克兰危机爆发、俄罗斯与西方关系不断恶化的大背景下，俄罗斯正在将合作的目标转向东方。这也将为东北亚国家参与北极治理提供难得的机遇。

第六章　中国北极政策与北极合作路径

中国是近北极国家，一直是北极事务的积极参与者、建设者和贡献者，一直积极地在为北极发展贡献着智慧和力量。2018年1月中国发表《中国的北极政策》白皮书，正式将北极航线开发与北极事务合作以"冰上丝绸之路"为核心载体，与"一带一路"倡议紧密结合，为中国北极战略的制定和北极事务多边合作提出了新的参与路径。

一、中国参与北极事务合作路径的早期研究

在"冰上丝绸之路"提出之前，关于中国参与北极事务合作路径的早期研究主要包括三类：第一类研究是在明确中国北极利益的基础上进行的情势分析、战略构想或政策建议；第二类研究是将中国置于东北亚地缘政治的框架内，考察中国与东北亚国家或近北极国家合作参与北极事务的路径；第三类研究则是聚焦于某一具体领域，评估并提出中国参与北极合作的政策建议。

（一）基于中国北极利益基础上的情势分析、政策构想或政策建议

马姆杜·萨拉马认为随着北极的解冻，全球的资源争夺和地缘政治引力将从中东转向北极，各国将围绕北极石油矿产资源和缩短的航道展开竞争。北极国家和非北极国家之间的领土要求和边界争端将会加剧[1]。其认为中国虽不是北极沿岸国，但中国和世界其他国家也有主张对于北极资源开采使用的权利，需要采取平衡的方法来管控分歧，以实现公共利益，防止冲突。柳思思认为北极解冻后具有重要战略意义：第一，丰富的天然资源开采成为可

---

[1] Salameh, Mamdouh G., China Eyes Arctic Access & Resources USAEE Working Paper, 2012.

能；第二，解冻的北极航道将显著缩短相关海运航程、增加航道选择性[①]。而针对北极这一存在巨大利益的"未定区域"的归属与治理问题，相关研究机制存在明显局限性。"扇形原则"只利于加拿大与俄罗斯，"环北极八国机制"明显将其他国家包括中国排除在外，"全球共管北极"则又被所有近北极国家集体反对，不具现实操作意义。基于此，其提出的"近北极机制"是一种针对北极治理的新尝试，为中国构建和完善北极治理提供了一种新的选择。何光强、宋秀琚提出要以"创造性介入"的中国外交新理念参与北极地区事务合作[②]。北极地区涉及多个全球治理议题，议题的全球性扩展了北极地缘政治格局，强化了中国"近北极"身份，拉近中国与北极的"距离"。同时，中国与多个北极国家建立了战略伙伴关系，存在诸多共同利益，北极地区重要价值与中国经济快速发展之间形成双向吸引格局，因此中国有强烈的介入北极地区事务的战略价值诉求，这为中国"创造性介入"北极多层博弈格局提供了广阔合法空间。创造性介入兼顾北极国家与非北极国家的利益诉求，最终实现自身利益和全人类利益的统一，创造性解决了中间身份空间中的利益平衡问题。丁煌、赵宁宁则主要从法理的角度提出构建"国际公共品提供者"的身份是中国参与北极治理的一个重要路径[③]。1991年《北极环境保护战略》的签署标志着北极由地缘政治向区域治理与合作方向转化，此后，公共治理逐渐成为北极国家处理北极事务的主要方式。冷战结束后急剧变化的北极地缘政治环境使国际公共品的需求远高于供给。供给不足促使北极国家联合提供国际公共品，同时也为域外国家和实体参与北极公共治理提供了一条路径。公共品存在外部性，在无政府状态下难以摆脱公地悲剧且主导国的存在之于区域性国际公共品的供给会产生重大影响[④]。中国作为近北极国家虽不具有身份优势，但国际公共品的外部性理论、现有北极国际公共品的制度规则以及中国在北极参与国际问题的合作为中国参与北极治理提供了相关

[①] 柳思思："'近北极机制'的提出与中国参与北极"，《社会科学》，2012年第10期，第26—34页。

[②] 何光强，宋秀琚："创造性介入：中国参与北极地区事务的条件与路径探索"，《太平洋学报》，2013年第3期，第51—58页。

[③] 丁煌，赵宁宁："北极治理与中国参与——基于国际公共品理论的分析"，《武汉大学学报（社会科学版）》，2014年第3期，第39—44页。

[④] Todd Sandler, Global and Regional Public Goods: a prognosis for collective action. *Fiscal Studies*, 1998, 19 (3): 221-247.

的合理合法依据。孙凯、王晨光利用 SWOT 战略分析法为酝酿中的中国北极战略在战略匹配和定位方面提供了借鉴，认为随着全球变暖，北极在经济、航运、资源等方面存在的巨大机会使得我国积极参与北极事务势在必行[1]。中国参与北极事务的内部优势在于拥有强大的极地科考能力和与北极国家的良好合作关系，内部劣势在于近北极的地理位置先天不足且缺乏全面系统的北极战略做指导。外部机会在于现有国际法和国际组织为中国参与北极事务提供了依据，北极国家错综复杂的矛盾与分歧客观上减少了中国参与的阻力；外部威胁在于相关国家对于中国崛起的担忧和众多国家在北极地区的利益竞争。通过 SWOT 分析法给出了中国参与北极事务的四个战略选择，为中国创造性的制定和落实北极事务的国家战略提供了有益参考。李振福等则指出现有文献鲜有提出具体的北极权益及北极航线权益的定义，且北极圈内、圈外国家权益不同，规范和明晰北极权益和北极航线权益概念有利于中国积极争取北极权益及航线权益。其提出中国在争取北极权益与北极航线权益中的三个切入点：一是以科学考察和环境保护为切入点；二是从政治、经济、文化、外交等方面综合统筹推进为切入点；三是以参与北极气候变化合作为切入点，为中国谋求北极事务中的相关权益提供合理的解释及依据[2]。

王晨光将中国参与北极事务的历史进程划分为蛰伏期、准备期、初步参与期和全面参与期四个阶段，每个阶段从参与意愿、参与能力等内部因素和参与需求、参与渠道等外部因素进行考察。从国内、国际两个维度构建了一个中国参与北极事务的分析框架，其认为中国应该释放修正、内敛、韬晦的外交传统，全面细致地评估北极局势的发展，增强与北极地区国家的互信沟通，尝试进行机制创新，制定并公布北极官方政策文件，以便于拓宽中国参与北极事务的多边渠道[3]。布雷迪评估了中国作为极地强国的实力、优势与风险，分析了中国参与北极事务与全球治理的政策选择[4]。徐庆超认为大国

---

[1] 孙凯，王晨光："中国参与北极事务的战略选择——基于战略管理的 SWOT 分析视角"，《国际论坛》，2014 年第 3 期，第 49—55 页。

[2] 李振福，谢宏飞，刘翠莲："北极权益与北极航线权益：内涵论争与中国的策略"，《南京政治学院学报（JNIP）》，2016 年第 1 期，第 75—81，141 页。

[3] 王晨光："对中国参与北极事务的再思考——基于一个新的分析框架"，《亚太安全与海洋研究》，2017 年第 2 期，第 64—74，127—128 页。

[4] Anne-Marie Brady, China as a Polar Great Power. *The China Journal*, 2019, 7 (82): 235-237.

竞争的回归是当前主导性的安全研究范式，北极地区同样存在大国博弈。新冠疫情促进北极地区加速进入"战略竞争新时代"，拜登政府的北极政策或将重塑北极安全战略环境，可能影响到中国的北极战略，中国应采取灵活审慎的态度参与北极相关国际事务的合作[1]。王金平等基于战略规划和研究计划等具体资料，分析了美、俄、加拿大以及北欧五国的具体北极研究布局。总结了各国的北极战略特点，通过比较和综合研判，提出中国未来参与北极研究和合作的相关建设性意见[2]。

（二）中国与东北亚国家或近北极国家的北极合作

张慧智、汪力鼎从北极航线开辟的巨大经济价值和战略定位来探索东北亚区域合作的可能性，依托北极航道在海运贸易、能源资源、军事安全等方面展开合作，推动东北亚国际航线多元化、能源进口多元化同时减少北极权益争夺给东北亚安全态势带来风险[3]。李晗斌梳理了东北亚国家的北极政策，论述了东北亚国家北极事务合作的基础和挑战，提出对东北亚国家北极事务合作的构想，他认为应该将北极事务合作纳入东北亚区域合作议程之内，加快推进北极事务合作机制建设，采取多种形式创造性地推动合作取得进展[4]。白佳玉则从中日韩北极事务合作的可行性进行研究，认为北极事务作为全球性事务的一部分离不开域外北极利益攸关国的参与。中日韩"北极利益攸关国"的共同身份决定了其相似的北极利益诉求，利益的相似性使得三国北极政策的制定体现出共同性。中日韩合作参与北极事务能够提高政策实施效率，在北极气候变化、科学考察、航道利用、资源开发等方面存在合作基础，这使得中日韩合作参与北极事务具备了可行性[5]。孙凯、杨松霖等讨论了中美北极合作的现状、问题，认为中美在北极地区存在大量共同利益，双方在海洋环境保护、科学考察、航运开发、气候变化等方面展开了一系列合作，中

---

[1] 徐庆超："北极安全战略环境及中国的政策选择"，《亚太安全与海洋研究》，2021年第1期，第105—124页。
[2] 王金平，刘嘉玥，李宇航等："环北极国家北极研究布局及其对中国的启示"，《科技导报》，2021年9期，第9—16页。
[3] 张慧智，汪力鼎："北极航线的东北亚区域合作探索"，《东北亚论坛》，2015（6）：第67—76，126页。
[4] 李晗斌："东北亚国家北极事务合作研究"，《东北亚论坛》，2016年第6期，第118—127页。
[5] 白佳玉："中日韩合作参与北极事务的可行性研究"，《东北亚论坛》，2016年第6期，第112—124，126页。

美的北极合作以"低政治"领域为主，其认为中美在北极事务合作有很大的提升空间，可以以北极理事会以及中美双边合作为合作平台，进一步推动北极地区的区域治理[1]。李振福基于"大北极"国家网络视角讨论中国的北极战略，认为要系统解决北极海冰融化所带来的北极权益争夺等问题，不能只局限于北极八国或者北极理事会组织，需将北极放在更大的环境与范围内来考量，从而引申出"大北极"概念。在大北极国家的网络范围内筛选出泛东北亚国家范围，分析泛东北亚国家在大北极中的地位，泛东北亚才是大北极问题的交汇点。为解决大北极地区的区域合作和开发，提出相关的治理方向并探讨了泛东北亚共同体的构建问题[2]。刘涵梳理了芬兰对华北极政策最新变化及其原因，认为芬兰地处北极重要战略位置，在国际北极事务中发挥重要作用，芬兰政府近期对华政策摇摆不定，变化原因在于芬兰国家北极利益调整和其他西方国家对于芬兰政府的施压。为此中国应继续坚定不移地推动中芬互利务实的双边合作，为中芬北极合作注入新动力[3]。

（三）中国参与北极合作的政策建议

孙凯、刘腾从北极航运治理和中国的参与路径出发，研究中国参与北极航运治理的现状和挑战，并给出了提升中国参与北极航运治理的路径[4]。张胜军、李形从中国能源安全视角出发，认为中国当前面临巨大的能源消耗，寻找巨大的能源储备是国家安全的关键战略之一。北极丰富的石油资源和便利的海运是当今世界最受关注的区域之一，中国应进一步评估北极在国际关系中的政治经济作用，重新定位中国的北极战略以实现国家能源安全[5]。王丹、张浩立足于港口建设视角。主要探讨了北极冰圈加速融化后，北极航道

---

[1] 孙凯，杨松霖："中美北极合作的现状、问题与进路"，《中国海洋大学学报》，2016年第2期，第18—24页。

[2] 李振福："大北极国家网络及中国的大北极战略研究"，《东北亚论坛》，2015年第2期，第31—44，127页；李振福："大北极趋势中的泛东北亚地缘格局——影响世界政治经济的新区域"，《人民论坛·学术前沿》，2017第11期，第24—35页；李振福，彭琰："'冰上丝绸之路'与大北极网络：作用、演化及中国策略"，《东北亚经济研究》，2018第5期，第5—20页。

[3] 刘涵："芬兰对华北极政策的最新变化、原因与前景"，《极地研究》，2020第9期，第394—401页。

[4] 孙凯，刘腾："北极航运治理与中国的参与路径研究"，《中国海洋大学学报》，2015第1期，第1—6页。

[5] 张胜军，李形："中国能源安全与中国北极战略定位"，《国际观察》，2010第4期，第64—71页。

的通航对于全球海运格局的影响,运用SWOT分析北极航道开通对于中国北方港口运输的影响,从完善港口布局、加强基础设施、组建战略联盟、积极参与北极通航事务等方面为中国北方港口提出应对策略[①]。刘惠荣、宋馨立足于渔业法律规制视角研究北极核心区渔业法律规制的现状以及中国参与,北极气候变暖使得海洋物种发生大规模的生态北迁,北极核心区渔业资源的开发和保护不可避免地引发渔业争端。目前相关国际法和国际公约无法对北极核心区的渔业形成有效约束,现有的协会组织也难以有效节制各方,未来保护北极核心渔业区应尽快形成具有约束力的国际公约或相关协定。中国作为重要的远洋渔业国家,积极利用自身国际竞争力和影响力介入国际渔业协议制定,参与北极渔业的开发与保护,最大化中国的北极利益[②]。

与北极航线开发密切相关的"冰上丝绸之路"在提出后受到世界各方关注,很多学者开始研究"冰上丝绸之路"与"一带一路"背景下北极事务的中俄双边合作及未来可能的多边合作。相当一部分研究是基于中国参与北极治理的理念与政策,梳理并分析"冰上丝绸之路"的发展机制和发展方向。程晓认为"冰上丝绸之路"是中国关于北极治理的重大战略,符合新时代下中国共建"人类命运共同体"的构想,"冰上丝绸之路"是指穿越北极圈连接北美、亚洲和欧洲这三大经济中心的北极航道。中国参与和维护"冰上丝绸之路"建设将深刻影响世界范围内的贸易与经济格局,切实推动"人类命运共同体"的建设与人类社会的可持续发展[③]。张木进、王晨光阐述了"冰上丝绸之路"的由来及意义,利用战略管理中的SWOT分析法对中国建设"冰上丝绸之路"的内外环境进行探究,得出中国宜采取机遇型战略、借助外部机遇来克服自身劣势的结论[④]。熊琛然等分析了北极航道相对于传统航道具有的成本优势,使得"海上丝绸之路"建设具有可行性。中国海洋地缘政治环境复杂,传统海上通道长期面临美国及其盟友控制封锁,"海上丝绸之路"

---

① 王丹,张浩:"北极通航对中国北方港口的影响及其应对策略研究",《中国软科学》,2014第3期,第16—31页。

② 刘惠荣,宋馨:"北极核心区渔业法律规制的现状、未来中国的参与",《东北亚论坛》,2016第4期,第86—94页。

③ 程晓:"新时代'冰上丝绸之路'战略与可持续发展",《人民论坛·学术前沿》,2018年第11期,第6—12页。

④ 张木进,王晨光:"中国建设'冰上丝绸之路'的战略选择——'基于态势分析法'的分析",《和平与发展》,2018年第4期,第112—125,130页。

建设对于中国实施地缘政治战略、打破海洋封锁具有重大意义[①]。张露露（音译）从极地事务的决策机制、科学外交和极地治理、实地研究考察管理、科学资金分配等方面对中国极地研究的最新状态进行分析和评估，并提出未来改革和发展的措施与愿景[②]。

更多研究是从中俄双边合作视角谈"冰上丝绸之路"的建设及中国的参与路径。古尔巴诺娃·娜塔丽娅从中俄北极航道战略对接的视角出发，论述在复杂的地缘政治背景下，中俄两国具有的广泛合作基础。一方面，俄罗斯被欧美制裁，需要加强同中国的政治、经济合作；另一方面中国要推进"一带一路"倡议也需要改变中国非北极国家的定位，通过和俄罗斯建立战略合作伙伴关系，有利于加强中国在全球治理过程中的影响力[③]。赵隆认为共建"冰上丝绸之路"是中俄两国的合作共识，中俄两国全面战略协作伙伴关系使得两国在北极航道项目上存在广泛的合作基础。中俄两国要在航道开发的战略、目标、行动、资金和法律等多方面进行对接合作，以助于"冰上丝绸之路"建设的实质性推进[④]。阿丽科伊娃和拉塞尔分别从中俄各自的战略视角出发，分析了中俄在北极合作事务中的关系演变及限制因素，探讨了在"一带一路"倡议的北极维度视角下中俄合作可能的新层面[⑤]。关雪凌等从航运格局、能源经济、经贸交往和基础设施建设等方面论述了中俄开展北极合作的着力点。中俄两国在北极的合作有利于开辟世界航运经济新格局，构建世界能源新版图，中俄在该地区的密切合作将孕育新的经贸交往纽带，带动北极航道沿线地区的基础设施建设，从而扩大中俄两国海洋开发国际话语权，实现全球海洋治理的均衡发展[⑥]。还有一些学者关注于"冰上丝绸之路"建

[①] 熊琛然，王礼茂，梁茂林："'冰上丝绸之路'建设与中国的地缘战略意义"，《学术探索》，2018年第12期，第26—32页。

[②] Lulu Zhang, Jian Yang, Jingjing Zang et al., Reforming China's Polar Science and Technology System, *Interdisciplinary Science Reviews*, 2019 (6): 1-15.

[③] 古尔巴诺娃·娜塔丽娅："21世纪冰上丝绸之路：中俄北极航道战略对接研究"，《东北亚经济研究》，2017年第4期，第83—99页。

[④] 赵隆："共建'冰上丝绸之路'的背景、制约因素与可行路径"，《俄罗斯东欧中亚研究》，2018年第2期，第120—126页。

[⑤] Olga Alexeeva, Frederic Lasserre, An Analysis on Sino-Russian Cooperation in the Arctic in the BRI Era, *Advances in Polar Science*, 2018, 29 (4): 269-282.

[⑥] 关雪凌，杨博，刘漫与："'冰上丝绸之路'与中俄参与全球经济治理的新探索"，《东北亚学刊》，2019年第3期，第30—42, 146页。

设背景下中俄间某些具体领域的北极事务合作。如张婷婷、陈晓晨评估并分析了中俄共建"冰上丝绸之路"支点港口的必要性及其对于中俄两国的意义，认为北极航道的开通使得我国海运航道路线有了更多选择性，从而摆脱对于其他国际重要航道的严重依赖，因此在北极地区建设港口成为亟须解决的问题[1]。李振福从具体操作层面重点关注于大数据体系建设、能源开发合作和国际交通网络建设，认为共建北极航道核心在于信息的互联互通，应该建设北极航道大数据体系以支撑北极航道通航建设，同时与俄罗斯增加互信互利，积极推动中俄两国能源合作开发方面的建设，加强对于北极航道建设的金融保障力度，深化极地考察、海事安全方面的合作[2]。孙凯、马艳红以亚马尔液化天然气（LNG）项目为例分析了"冰上丝绸之路"背景下的中俄北极能源合作。亚马尔 LNG 油气项目是中俄北极能源合作的旗舰项目，两国可以以该项目的成功推进为突破口，增加战略互信，深化双方在北极能源方面的合作[3]。窦博认为"冰上丝绸之路"的建设有利于共建中俄两国北极蓝色经济通道，俄罗斯可以推动北极港口的基础设施建设，中国则可以实现北方四省老工业基地的顺利转型，实施向海战略[4]。

总体而言，现有研究大多关注于中俄双边合作在建设"冰上丝绸之路"中的作用与发展，对"冰上丝绸之路"和"一带一路"框架下中国与其他北极国家的多边合作研究不足。当然，一些学者已开始关注"冰上丝绸之路"建设中的多边因素。夏立平、谢茜认为北极区域合作机制不仅包括北极八国、非北极国家等国家行为体，也包括非国家行为体，其中北极理事会在北极区域合作机制中具有核心作用，推进北极地区区域合作机制的构建有助于保障"冰上丝绸之路"的航行和能源的供给。他认为未来北极地区相关国际法律法规的完善有利于降低北极地区的交易成本、产生规模效益，中国应积极参与

---

[1] 张婷婷，陈晓晨："中俄共建'冰上丝绸之路'支点港口研究"，《当代世界》，2018 年第 3 期，第 60—65 页。

[2] 李振福，丁超君："中俄共建北方海航道研究"，《俄罗斯学刊》，2018 年第 6 期，第 65—86 页。

[3] 孙凯，马艳红："'冰上丝绸之路'背景下的中俄北极能源合作——以亚马尔 LNG 项目为例"，《中国海洋大学学报（社会科学版）》，2018 年第 6 期，第 1—6 页。

[4] 窦博："冰上丝绸之路与中俄共建北极蓝色经济通道"，《东北亚经济研究》，2018 年第 2 期，第 5—14 页。

北极区域合作机制的构建,推动"冰上丝绸之路"的建设[1]。杨剑讨论了"冰上丝绸之路"建设的国际环境共建与中方应对,"冰上丝绸之路"主要合作对象都是发达国家,中国政府和企业面对地缘政治的干扰更加突出,同时北极开发有严格的环境规章制度,中国参与北极地区的合作开发要更加强调与相关国家的战略对接和政策协调,重视科技先行和绿色技术的开发应用[2]。姜胤安强调"冰上丝绸之路"作为"一带一路"的重要组成部分,仅在双边框架下发展必然会使合作受到局限,有必要进一步发展与其他国家的多边合作,目前北极地缘政治形势复杂,政治互信欠缺,制度法律存在冲突,推进"冰上丝绸之路"的建设有必要增强沿途及周边国家政治互信、加大经济合作,积极推动"冰上丝绸之路"项目与现有北极治理机制的战略对接,扩大域外国家的参与度[3]。蒂尔曼等论述了中国在参与同俄罗斯和北欧国家开展工业、科技合作中的政策协同战略,认为未来中国会与俄罗斯和北欧国家在基础设施、能源和运输项目中更多地合作,而"一带一路"倡议下"冰上丝绸之路"建设为中国企业利用与保护北极提供了机遇与挑战[4]。罗英杰、李飞认为无论是以俄罗斯为代表的北极地区国家,还是以中国为代表的非北极国家,都对北极有着极强的能源索取权益以及能源安全维护需求。各方不同诉求导致北极地区地缘政治形势复杂多变,对于提倡"冰上丝绸之路"的中国来说,要维护本国在北极的能源安全,必须借助在北极有重要影响力的国家的力量,通过搁置争议、共同合作,实现对北极事务强有力的介入,有助于规避恶性竞争带来的战略透支,为增强中国的北极能源开发话语权奠定基础[5]。

---

[1] 夏立平,谢茜:"北极区域合作机制与'冰上丝绸之路'",《同济大学学报(社会科学版)》,2018年第4期,第48—59页。

[2] 杨剑:"共建'冰上丝绸之路'的国际环境及应对",《人民论坛·学术前沿》,2018年第11期,第13—23页。

[3] 姜胤安:"'冰上丝绸之路'多边合作:机遇、挑战与发展路径",《太平洋学报》,2019年第8期,第67—77页。

[4] Henry Tillman, Yang Jian, Egill Thor Nielsson, The Polar Silk Road China's New Frontier of International Cooperation, *China Quarterly of International Strategic Studies*, 2018, 4 (3): 345-362.

[5] 罗英杰、李飞:"大国北极博弈与中国北极能源安全——兼论'冰上丝绸之路'推进路径",《国际安全研究》,2020年第2期,第91—115页。

二、中国北极事务参与进程的推进

（一）中国参与北极事务的进程

从历史视角来看，中国参与北极事务的进程可大致划分为四个时期：20世纪 90 年代前的蛰伏期、20 世纪 90 年代的筹备期、1999 年至 2012 年的初步参与期和 2013 年至今以来的全面参与期[1]。

1. 20 世纪 90 年代前的蛰伏期

北极事务进入中国视线的标志性事件是 1925 年北洋军阀段祺瑞政府代表中国签署了《斯瓦尔巴德条约》，实现了参与北极事务"零的突破"，意味着中国依法平等地享有在斯瓦尔巴德群岛及其附近海域进行科考、航行和开发的权利，但事实上中国并未在北极开展任何实质性的活动[2]。1964 年国家海洋局成立，其任务包括"进行南北极海洋考察工作"。文化大革命后，国家海洋局各项工作全面恢复，1981 年负责极地事务的机构成立，但也仅限于开展南极考察。

2. 20 世纪 90 年代的筹备期

20 世纪 90 年代伊始，随着冷战结束和全球气候变暖，中国开始关注北极事务，最直接的切入点就是开始组织自己的科学考察活动。1993 年中国北极考察筹备组成立，1995 年 5 月中国北极考察团首次完成了由中国人自己组织的北极点考察。1996 年中国正式成为国际北极科学委员会第 16 个成员国，由此实现了与国际北极科学研究的接轨。同年国家海洋局极地考察办公室的设立标志着北极事务被正式纳入至政府职责范围。1998 年 7—8 月中国北极考察团进入北极点，为中国首次北极科考航线的选择和实施提供了科学依据。

3. 1999 年至 2012 年的初步参与期

1999 年至 2012 年间，中国对于北极事务主要是以科学考察为主的初步

---

[1] 孙凯，王晨光："中国参与北极事务的战略选择——基于战略管理的 SWOT 分析视角"，《国际论坛》，2014 年第 3 期，第 49—55 页。

[2] 李振福，丁超君："中俄共建北方海航道研究"，《俄罗斯学刊》，2018 年第 6 期，第 65—86 页。

参与。1999年7月，中国政府组织了对北极地区的首次大规模综合科学考察——"雪龙"号极地科考船从上海首航北极，历时71天航行14180海里，对北极海洋、大气、生物、地质、渔业和生态环境等进行了综合考察。此次科考任务的完成正式拉开中国北极科考事业的序幕，自此中国在北极事务中展现出越来越高的参与度。2004年中国在斯瓦尔巴德地区建立了第一个固定的北极科考站——黄河站。中国在北极或独立或联合他国进行了多次以科考活动为代表的"低政治"领域活动，即分别于2003、2008、2010和2012年进行了四次北极科考，获得了大量珍贵的数据与资料。2012年中国极地研究中心成立，与国家海洋局极地考察办公室两个国家机构共同推进中国的极地研究。这一时期，中国积极发展与北极国家之间的关系，就北极合作达成政府间的合作意向。2012年4月，温家宝与冰岛总理签署了关于北极合作的框架协议，在极地、海洋、环境、航运等相关领域开展务实合作，促进北极地区可持续发展[1]，是首份中国与北极国家签署的合作协议，意味着中国北极事务合作逐步从科考为主的初步参与走向全面参与。

4. 2013年至今以来的全面参与期

2013年5月15日，北极理事会一致同意中国、印度、意大利、日本、韩国和新加坡成为理事会正式观察员，标志着中国全面参与北极航线（主要关注"东北航道"[2]）的开发利用和北极事务合作中。自此中国与北极相关国家的沟通与合作日益频繁。2013年6月，中国石油天然气集团有限公司（中石油）与俄罗斯诺瓦泰克公司签署了收购亚马尔LNG项目20%股份的框架协议，正式参与北极能源开发。2013年8月8日，中国远洋集团旗下的"永盛"轮首次试行北极航线，中国开始重视北极航线开通对中国运输格局带来的影响。同年12月，来自中国和北欧五国的10家北极研究机构签署协议建立了中国—北欧北极研究中心。2014年，中国在挪威的新奥尔松建立北极科考站，中挪北极合作不断深化。2015年中国同俄罗斯就北极航道利用和北

---

[1] 国务院总理温家宝与冰岛总理西于尔扎多蒂会谈，中国政府网，2012-04-21，http://www.gov.cn/ldhd/2012-04/21/content_2118800.htm。

[2] 北极有两条航道。"西北航道"大部分航段位于加拿大北极群岛水域，而"东北航道"指的是西起挪威北角附近的欧洲西北部，经欧亚大陆和西伯利亚的北部沿岸，穿过白令海峡到达太平洋的航线集合（Arctic Council，2009）。

极能源开发等事宜达成系列共识。2015年中日韩三国领导人发布了《关于东北亚和平与合作的联合宣言》，三国表明将建立北极事务高层对话，就北极问题进行深入洽谈。2015年10月16日，中国外交部部长王毅在第三届北极圈论坛大会开幕式上通过视频致辞，对中国参与北极事务的基本立场进行了明确阐述："中国是北极的重要利益攸关方，尊重、合作与共赢是中国参与北极事务所秉承的三大政策理念。其中尊重是中国参与北极事务的重要基础，合作是中国参与北极事务的根本途径，共赢是中国参与北极事务的最终目标。"2016年4月，中日韩三国宣布启动北极合作谈判机制，三国间第一轮北极事务高级别对话在首尔举行，为促进国家间的政策交流与合作创造了良好的政治环境。2016年底，北极大国挪威在与中国关系"正常化"后也表示"愿与中国加强北极事务合作意向"，中国在北极事务中的参与度和活动度愈渐提升。

随着北极问题成为当今国际事务的核心问题之一，中国在北极事务中的参与度越来越高，北极国家对中国在北极治理中发挥作用的期盼也日益强烈，而中俄两国间由于各自的利益考量对北极事务合作产生了更高程度的预期，"冰上丝绸之路"正是在这样的国际环境下诞生的。2017年5月"一带一路"国际合作高峰论坛上，俄方就北极航线问题向中方提出共建"邀约"。2017年7月4日，习近平在访问俄罗斯期间对俄罗斯提出的共建"冰上丝绸之路"邀约做出回应，表示中方欢迎并积极参与俄方提出的共同开发建设滨海国际运输走廊的建议，共同打造"冰上丝绸之路"。至此，"冰上丝绸之路"概念正式提出。2017年11月1日，习近平接见俄罗斯总理梅德韦杰夫时重申了共同开发建设"冰上丝绸之路"的意愿，中俄两国再次确认了"冰上丝绸之路"倡议。2018年1月，《中国的北极政策》白皮书发布，正式提出共建"冰上丝绸之路"，将其作为"一带一路"倡议的重要组成部分，为北极治理提出了"中国方案"。

（二）中国发布《中国的北极政策》白皮书

国务院新闻办公室在2018年1月26日发表了《中国的北极政策》白皮书，这是中国政府在北极政策方面发表的第一部白皮书。白皮书指出，北极问题具有全球意义和国际影响，中国是北极事务的重要利益攸关方。白皮书全文约9000字，共包括四个部分，分别为北极的形势与变化、中国与北极的关系、中国的北极政策目标和基本原则、中国参与北极事务的主要政策主张。同年，中国与冰岛合作共建的北极科考站正式运营，成为极光观测、气象预测、冰川监测、遥感等领域的综合研究基地。同年，中国与欧盟签署了《中华人民共和国和欧洲联盟关于为促进海洋治理、渔业可持续发展和海洋经济繁荣在海洋领域建立蓝色伙伴关系的宣言》，这在一定程度上促进了中国与北欧国家共建蓝色经济通道合作。2020年3月，国际著名的北极科学研究组织北极研究所（the Arctic Institute）启动《中国北极行动轨迹2020年系列报告》（China and its Arctic Trajectories：The Arctic Institute's China Series 2020）研究项目。在结论中指出"中国作为世界最大温室气体排放国，其减排举措攸关北极未来。但其设置的减排目标并不充足，同时中国政府忽视了黑炭和短距离污染物对北极生态环境的影响"。

三、各国对《中国的北极政策》白皮书的反响与评价

《中国的北极政策》白皮书指出，中国是北极事务的重要利益攸关方，这一身份定位是中国参与北极事务的基本出发点。主要体现在：第一，中国是地缘上的近北极国家，北极的自然状况会对中国的气候、生态及农、林、渔和海洋等产业产生直接的影响；第二，中国是北极事务的重要攸关方和参与者，与北极国家和近北极国家密不可分。正因为这种"密不可分"的特性，各北极国家及北极利益攸关国对于中国发布北极政策白皮书的政策反馈、社会反响、学术评价等各不相同。

（一）美国方面

《中国的北极政策》明确提出以"尊重、合作、共赢、可持续"为核心的北极政策，自此中国参与北极治理进入新时代。然而与之伴随的也有很多质疑与攻讦。2018年12月，美国国会研究局发布《北极局势报告》提出"中国正在破坏北极秩序"，认为中国以"一带一路"倡议为代表的北极活动是中国全球扩张的一部分，报告甚至提议取消中国北极理事会观察员的身份，以抵制中国借助"一带一路"倡议和"冰上丝绸之路"对北极的"渗透"。2019年3月，美国海岸警卫队发布北极政策报告，首次将中国对美国北极安全的威胁置于最前，甚至置于了俄罗斯之上。2019年6月美国国防部发布北极战

略报告,再次延续了此前政府对于北极问题相关文件的观点,认为中国已对北极的安全稳定构成了威胁。2019年美国国防部《中国军事安全发展报告》认定中国在北极发展军事力量,尤其是中国在通过潜艇进行潜在的核威慑。美国国务卿蓬佩奥于2019年在北极理事会上的发言中谈及"中国北极债务陷阱论",将矛头指向中国参与北极开发建设。2019年5月在北极理事会部长级会议上,蓬佩奥称,中国在北极的"冰上丝绸之路"等建设活动正在将"债务陷阱"引入北极地区,以此警告北极各国要警惕中国的相关行动。

持有类似"中国北极威胁论"的国家还有加拿大。在2019年末,加拿大国防部和美国的德国马歇尔基金会举办了2019年哈利法克斯国际安全论坛(Halifax International Security Forum),会上美加两国的发言都在宣扬中国在北极地区的"威胁","中国北极威胁论"几乎成为了这次会议的重要主题。

在学术界方面,杨松霖选取美国六家主流智库作为研究样本对2017年6月以来美国及各国发布的代表性研究文献进行了统计和考察,以助于准确研判美国智库对"冰上丝绸之路"倡议和中国北极政策的判断、认知和评价,以此分析美国对"冰上丝绸之路"倡议和中国北极政策的舆论走向及战略认知。结果发现,美国智库对"冰上丝绸之路"倡议的关注集中在中国的动机和倡议可能产生的影响两个方面。部分学者持理性态度,多数学者充满质疑与担忧[①]。美国智库方面认为,"冰上丝绸之路"建设涉及北极资源开发、航道利用、环境保护等众多领域事务,不仅对中国国家利益的维护带来影响,同时对美国在北极地区的影响力形成一定挑战,对北极地区的可持续发展也构成影响。主要分为如下三个方面:

第一,"冰上丝绸之路"能够使中国拓展海洋交通运输路径,进一步参与北极事务。北极航线的使用将增加中国对外交往途径,使中国海洋交通运输路径多元化,有利于规避原有运输格局中存在的安全风险。《外交政策》杂志的记者基思·约翰逊持有类似观点,认为北极航线的使用可以缓解中国海上交通所面临的"马六甲困局",这是困扰中国多年来的战略难题。"冰上丝绸之路"倡议还将推进中俄北极合作。卡内基国际和平基金会俄罗斯和欧亚大陆项目的高级研究员保罗·斯特朗斯基等认为,在部分事务领域,俄罗斯对

---

① 杨松霖:"美国智库对'冰上丝绸之路'倡议的认知及启",《情报杂志》,2019年第7期,第47—55页。

中国缺乏信任并存在一定的竞争关系,但由于两国都看到来自西方的更大的安全威胁,双方将共同努力试图遏制以美国为首的西方力量,中俄北极合作将进一步推进①。

第二,美国由此获得的挑战将多于机遇。部分学者从地缘战略视角出发,认为"冰上丝绸之路"倡议必然会挑战美国在北极地区的主导地位,对美国北极利益带来威胁。胡佛研究院北极安全工作组的研究员爱丽丝·希尔在美国政治新闻媒体《国会山报》发表"美国与俄罗斯和中国的北极冰上棋局"认为,美国与中国、俄罗斯在北极的地缘战略博弈中,美国的棋子很少,移动次数更少,与中国和俄罗斯相比,美国是北极活动中的一个相对旁观者。也有一些学者表达了相对积极的观点,认为中国扩大对北极事务的参与对美国来说威胁性有限,呼吁应科学评估和看待"冰上丝绸之路"建设可能给国家带来的利益。美方在《中国的北极梦》报告中指出,美国必须理解中国北极愿景的全部内容,以评估它对北极治理演进以及其他国家利益的影响,美国需要重新制定战略来妥善处理中美北极关系。艾丽森·麦克法兰指出,中国是阿拉斯加州最大的贸易伙伴,中美在北极事务合作方面其实是具有有利条件的②。

第三,中国在北极投资会对北极地缘政治和生态环境带来风险和威胁,这种对"冰上丝绸之路"建设可能破坏北极生态环境的担忧,彰显了美国智库对中国北极政策认知的负面性。美国海军分析中心发表了《无约束的外国直接投资:对北极安全的新挑战》的报告,报告指出2012年初至2017年7月,中国在格陵兰的投资总额已经达到格陵兰GDP的11.6%③。部分学者认为,中国在北极地区进行持续增加的投资行为是实现国家战略意图的体现,或可为北极国家带来地缘政治风险。伍德罗·威尔逊国际学者中心极地研究所高级研究员谢里·古德曼等人强调,在接受中国投资的同时,必须考虑这些投资可能带来的地缘政治影响。实践证明,战略投资是中国施行的一种经

---

① Paul Stronski, Nicole Ng., Cooperation and Competition: Russia and China in Central Asia, the Russian Far East, and the Arctic. 2019-04-15, https://carnegieendowment.org/files/CP_331_Stronski_Ng_Final1.pdf.

② Alison McFarland, Arctic Options: Why America should invest in a Future with China, 2018-09-13, https://www.stimson.org/content/arctic-options-why-america-should-invest-future-china.

③ Mark E Rosen, Unconstrained Foreign Direct Investment: An emerging challenge to Arctic security, 2017-12-08, https://www.cna.org/archive/CNA_Files/pdf/cop-2017-u-015944-1rev.pdf.

济强制形式，它利用影响力来确保其利益①。海军分析中心高级副总裁兼法律总顾问马克·罗森等建议，北极国家应采取措施去制衡中国依靠廉价资金获取北极资源的能力，提升中国在北极投资的透明度②。还有一部分学者认为，中国不断扩大的北极投资会威胁北极地区的生态环境。《无约束的外国直接投资：对北极安全的新挑战》报告指出，对于北极地区的投资开发，目前并未形成负责任的环境保护标准。中国当前的投资主要集中在交通、能源、建筑等领域，缺乏有效监管的开发活动可能带来石油泄漏、船只伤亡、采矿化学污染等自然环境风险。

综上，在美国智库方面，部分学者客观地认定"冰上丝绸之路"建设可带来的积极影响，呼吁美国通过发展与中国的北极合作促进稳定北极事务的双边合作关系。但也有更多数学者担心中国会挑战美国在北极事务中的领导权，进而威胁美国本国利益。以上认知及判定反映出美国对中国参与北极事务的矛盾心态：一方面，美国政府希望借助中国的参与减少对北极事务的资源投入、减少要承担的国际责任；另一方面，又极力提防中国持续增长的北极经济政治实力，捍卫美国在北极地区的国家利益，防止其对美国主导的地区秩序带来威胁。

（二）俄罗斯方面

俄罗斯对于中国北极政策白皮书的发布心态比较复杂。一些俄罗斯相关人士认为，中国白皮书中提到的"中国是近北极国家，是陆地最接近北极圈的国家之一"这一表述令北极地区一些国家困惑不解。在他们看来，无论中国如何声称自己是近北极国家，北极大洋的海岸线也够不上中国海陆边界线。俄罗斯经纪机构分析人士阿尔乔姆·杰耶夫认为："或许，中国打算在北极地区占据主导地位，尽管它与北极之间并无直接连通。也许俄罗斯会支持中国，但斯堪的纳维亚国家和美国未必乐意看到北极地区出现这样一个巨人玩家。"俄罗斯媒体的一些文章指出，"中国经常向北极派遣科学考察船，但多半是为了在该地区刷存在感。"俄罗斯有媒体报道，尽管中国承诺参与北极地区项目

---

① Sherri Goodman, Marisol Maddox, China's Growing Arctic Presence, https://www.wilsoncenter.org/article/chinas-growing-arctic-presence.

② Marex, Unconstrained Chinese Investment in the Arctic Questioned, 2017-08-16, https://www.maritime-executive.com/editorials/unconstrained-chinese-investment-in-the-arctic-questioned.

投资，但未有实际行动。

俄罗斯国家战略研究所主任米哈依尔·列米佐夫的观点比较中立，他认为，"与中国开展北极地区协作既存在分歧与风险，也存在彼此互补的利益。分歧在于俄罗斯把维护北极航道地位当成是国家运输命脉，这包括对北极航道上货轮通行进行法律规范，但这一制度本身取决于极地冰冻情况。如果北极冰冻开始融化，一年中自由航行季节可达到半年以上的话，那么这一法律制度必须根据海洋法公约而修改。俄罗斯把北极航道视为运输命脉，而其他国家包括非北极国家则视其为俄罗斯200海里之外的国际自由通航区。"

随着中国逐渐广泛参与北极事务治理，中国可认为自己在北极享有"合法权利"。俄罗斯专家分析指出，为了避免别国产生更大误解和争议，在承认北极地区国家拥有北极领土主权前提下，中方强调与北极沿岸国家开展合作的必要性，坚持在北极国际区域开展科研考察及其他经济活动。但俄罗斯专家同时指出，未来也不排除这种可能，如果中国力求控制北极资源，那么将与俄罗斯和美国在地区的经济利益产生矛盾。尤其是中国希望开发最短北极航线（东北航道和西北航道），可能会提出要求赋予北极航道国际海峡地位，因为中方官员和学者在国际会议上不止一次表示，北极航道是人类共同财产，应该实行国际化，并授予其"中立水域"地位。这位俄罗斯专家同时指出，未来北极航道存在两条通道，除了经过俄罗斯的北方海岸线之外，另一条是西北航道，这条海上通道是沿着北美海岸线经加拿大的北极群岛。之前加拿大曾公开表示，加拿大有权独自开发这一水域，但中国则认为北极是国际区域，它不属于任何哪个国家，在这方面中国与加拿大存在分歧。加拿大当局对中国对北极东部与西部分别进行了海上航线独立科学考察的行为表示了异议。在中国"雪龙"号进行了科学考察之后，中国宣布这次航行为未来中国北极航行提供了经验。对此，俄罗斯学者指出，中国对西北航道表现出兴趣，可能会增加沿线的利益摩擦。

另外俄罗斯国防部部长顾问、俄罗斯军事科学院海洋军事部部长贺梅利诺夫、俄罗斯军科院、俄罗斯导弹与炮兵科学研究院副院长西夫科夫等俄军方相关人士认为，目前俄美矛盾处于僵局状态，美国对俄在北极地区的安全形成挑战，在东西方矛盾激化的基础上，北极地区特殊地缘政治价值更加凸显。俄罗斯将继续重视珍惜与中国的战略合作伙伴关系，对于中俄共同推进北极战略总体上呈现积极评价的态度，并一再强调"一带一路"与欧亚经济联盟的对接，认为"冰上丝绸之路"为这两大战略的对接和推进搭建了重要的渠道和平台，有利于推动俄罗斯和中国全球化治理体系和合作模式的构建。但同时俄方对于中俄共同开发北极有着十分清醒的认识，认为中国参与北极地区建设是中俄合作的有益补充，仍需克服很多现实地理条件以及经济条件的限制。例如，中国不具备北极开发相关经验和关键技术。在北极技术合作方面，俄罗斯不能而且到目前为止还没有试图寻找其他合作伙伴取代其西方伙伴。虽然中国公司能够提供资金并具有在海外油气探勘的经验，但这种经验并不适用于北极地区。如果制裁进一步限制了俄罗斯与欧美合作的可能性，俄罗斯北极开发将会大大延迟。

（三）北极其他国家方面

在美国对于《中国的北极政策》白皮书的发布反映消极的情况下，芬兰、挪威和冰岛等其他北欧北极国家对中国在气候变化问题上的作为表示赞赏与期待。

随着2018年《中国政府发布北极政策》白皮书，"冰上丝绸之路"正式成为"一带一路"倡议的重要组成部分，北极合作成为中芬政府间重点议题。两国已开展两次最高级别的国事访问，不仅建立面向未来的新型合作伙伴关系，还谈及北极地区自然资源可持续利用以及共建"冰上丝绸之路"。2019年1月芬兰总统尼尼斯托访华，双方表示中芬可利用中国铁路快运等设施，促进双边贸易，探讨北极航道合作机遇，共同建设"冰上丝绸之路"。然而，2019年2月由芬兰总理办公室发布的《中国在北极：中芬北极合作的机遇与挑战》（China in the Arctic and the Opportunities and Challenges for Chinese-Finnish Arctic Co-operation，简称《中芬北极合作报告》）是芬兰政府对中芬北极合作的最新表态，其观点视角有所不同。一方面，报告肯定了中国积极参与北极事务的行为，以及中国在北极逐渐增强的影响力，将中国定义为北极事务的"规范塑造者"（norm-maker），通过"近北极国家"、"冰上丝绸之路"等新概念向大众传递中国在北极地区的理念。但另一方面，报告认为虽然中芬北极经济合作潜力巨大，但是具体实践太少，很多合作处于初步阶段，中国在芬兰基础建设项目中的具体角色和芬兰在中国"一带一路"倡议中的具体位置均不明晰、不明确。报告还指出，中国的北极投资为环境保护、知识产权和原住民问题带来一系列潜在风险。

总体来讲,芬兰对于中国北极政策的态度是积极的。在 2019 年欧盟—中国领导人峰会上,芬兰外交部北方政策大使哈里·玛基-雷尼卡称,"中国在北极可持续发展方面已做出令人瞩目的努力和贡献,希望欧中双方能在北极事务中加强合作,共同面对全球气候变化的挑战,实现共赢。芬中合作稳定,外部因素不会对芬中合作造成影响,也不会对两国在北极领域的合作造成影响"①。

在 2019 年 5 月 6 日至 7 日,美国、俄罗斯、加拿大、芬兰、挪威、瑞典、丹麦、冰岛等 8 个北极国家、6 个原住民族和 13 个观察员国代表在芬兰的罗瓦涅米举行了第 11 届北极理事会部长会议。由于美国固执反对提及应对气候变化,本届会议没能发表共同宣言,但一些国家代表表明了态度。芬兰政府代表团成员、北极理事会社会、经济和文化专家组联合主席、拉普兰大学北极中心主任蒂莫·科伊武罗瓦和挪威特罗姆瑟大学教授兰马克等人,在 2019 年 2 月发布的芬兰政府课题《中国在北极》研究报告中指出,2018 年 1 月发布的《中国的北极政策》白皮书明确了中国参与北极事务的若干政策立场,包括保护北极环境和应对气候变化。在气候变化问题上,中方坚定支持《巴黎气候变化协定》,多年来一直以实际行动致力于研究气候变化对北极的影响,推动"应对北极气候变化"的国际合作。重要的是,白皮书的发布表明,中国充分认识到北极气候变化对中国环境和人民的影响,并且认识到低碳经济对目前进行的结构性经济改革的重要意义,这将为中国未来在气候变化的行动注入强劲动力。科伊武罗瓦称:"早在 2013 年正式成为北极理事会观察员之前,中国实质上已经开展观察员的工作很多年了。通过中国的参与,我们能够更好地应对北极气候变化"。冰岛驻华大使古士贤在接受媒体采访时曾表示,北极合作涉及气候变化,"我们看到了中国在这方面的卓越领导力,北京日益好转的空气质量就是中国注重气候变化的最好佐证。"此外,还要追溯到 2018 年底,"北极迁徙鸟类"倡议第三次研讨会在中国海南召开,19 个国家的专家和官员共同探讨了北极候鸟保护工作的未来发展方向。挪威特罗姆瑟大学教授兰马克指出,中国对北极理事会《北冰洋中部禁渔协议》的支持堪称典范。

---

① 程晓:"新时代'冰上丝绸之路'战略与可持续发展",《人民论坛·学术前沿》,2018 年第 11 期,第 6—12 页。

四、中国北极事务合作的政策路径选择

《中国的北极政策》的发布将"冰上丝绸之路"的建设融入到了"一带一路"倡议框架下。鉴于中国同其他国家在北极事务合作中存在阶段性差异、不同地区间的合作存在不同的障碍与挑战,中国需要从战略高度探索中方在北极事务合作中的参与路径,以确保中国的北极利用与开发一方面能尽可能为本国带来利益,另一方面能够为北极地区与参与合作的国家带来可持续发展。

(一) 中国与相关国家北极合作参与程度的判定

与相关国家当前北极事务合作的深度和政策意向能够决定一段时期内两国/多国间北极事务合作的必要性、深度和方向。因此,依据中国同俄罗斯、北欧和东北亚等国家的具体北极合作现状,能够梳理出中国与相关国家在北极事务合作上的差异,以此作为提出不同时期参与合作的路径判定的依据,具体差异如表6.1所示。

表6.1 中国同相关国家北极事务合作意向判断

国家	本土发展战略	现有北极事务合作程度	是否参与"一带一路"倡议	今后北极事务合作意向
俄罗斯	欧亚经济联盟	高	是	高
北欧五国	2025发展愿景(芬兰) 智慧工业战略(挪威)	较高	否	高
欧盟	"容克计划"等	中	是	较高
日本	自由与繁荣之弧	较低	否	中
韩国	欧亚大陆倡议	较低	否	中
美国	战略东移	低	否	低
加拿大	环境与可持续发展战略	低	否	低

资料来源:崔白露等,"'一带一路'框架下的北极国际合作:逻辑与模式",《同济大学学报》,2018年第2期,第48—58,102页。中国一带一路网:https://www.yidaiyilu.gov.cn/。

从当前北极事务合作深度来看，毋庸置疑，共建"冰上丝绸之路"的中俄双方具有最高的合作程度，并已在项目对接和战略协作方面取得了较多成果。尤其以亚马尔项目一期和二期为代表，中俄双方深度合作的基础上又有法、日两国参股，为多方参与北极合作与治理提供了良好的示范与借鉴，因此俄罗斯依然是日后相当一段时间内中方参与北极事务的最重要合作方；除俄罗斯外，中国同北欧五国的合作程度较高，与中国就北极问题有共同利益可实现，虽未加入"一带一路"倡议，但都是亚投行的成员国，对该倡议持积极态度，双方北极事务合作的前景较为乐观；欧盟国家为"一带一路"沿线国，与中国合作程度适中，与"一带一路"倡议对接前景较好，可借由"一带一路"的推进来加深未来北极事务合作；日韩虽然和中国同为东北亚地区的北极利益攸关国，但相互间现有合作程度较低，国家战略间也存在不同程度上的矛盾，因地缘位置的相似性与在北极地区话语权和共同利益的提升，在未来尚有一定的合作空间；最后，美国和加拿大虽然同属北极大国，但同中国在北极问题上合作程度较低，缺少合作基础，对中国的北极政策存在"忧虑"或"敌视"情绪，担心中国战略空间的拓展会对本国造成挤压和削弱，未来虽存在合作空间，但短期内合作意向较低。

综上，中国与相关国家的北极事务合作现状与前景各有不同，在普遍合作的大前提下要有所侧重。以"冰上丝绸之路"建设为切入点，与俄罗斯的北极合作先行，与北欧五国的合作并进，努力寻求同欧盟及东北亚国家的利益共同点，减少与美加间竞争和矛盾带来的负面影响，在长期实现北极事务的双边与多边合作。

（二）中国北极事务合作政策路径探索

基于中国在北极事务上的双边及多边合作现状与机遇，以及中国同其他国家未来北极合作程度的判定，提出在中国的北极事务合作中，要根据不同时期做出不同的合作战略选择。具体来讲，在中短期应主张"中俄对接、多方参与、项目先行"，在中长期应主张"多边合作、可持续发展"。

1. 中俄北极事务合作的若干着力点

（1）打造大项目"模块化"模式

中俄关于北极事务尤其是油气领域的合作是高度活跃的。一般来说，北极合作项目投入周期长、回报率不确定性高，绝大多数私营企业和中小企业都不具备独立参与项目建设的能力并无法承担风险。中俄间北极合作的持续发展需要走"以国有企业为参与主体"的大项目建设路径，以技术输出和股权投资为主循序渐进地推进能源开发、基础设施建设、港口建设等。因此，借鉴已有的合作项目经验教训，打造可复制、可推广的大项目模式，推进项目模块化建设就显得格外重要。一个最典型的范本就是亚马尔 LNG 项目和北极 LNG 2 项目的建设。这种合作模式成功引入了多方参与机制，保障了各类行为主体及资金的长期参与，在股权分配比例上保持多元化，并使项目各方形成了一种均衡的博弈状态。这两个项目的融资行为和商业保险也遵循了多元化原则，引入德意志银行、裕利安宜集团和瑞典国家出口信用担保委员会，为项目提供了资金保障，规避风险。这种"双边合作、多方参股、多平台融资、风险分摊"的合作模式值得借鉴并进一步推广，但在受到经济制裁的情况下，需考虑合理规避金融和技术限制，进一步拓展合作模式和合作路径。

(2) 推进"冰上丝绸之路"支点港口建设

由于北极地区环境特殊，港口建设无法进行"面"的建设，只能顶层设计先行，精心选择"支点港口"进行建设[①]，才能保障北极航线更好地开发利用。首先，要对现有北极地区可用港口进行使用合理性和可行性评估，结合港口发展现状与未来建设潜力，对各个支点港口的优劣势及经济性进行科学分析，选择最有经济潜力的港口进行重点建设。其次，由于港口情况各异，建设过程中应采取"一港一策"原则，才能切实因地制宜地发挥地缘优势。例如，乌厄连港是北极航线中的"咽喉要道"，宜参考新加坡港建设方式将其打造成"自由港"模式；季克西港是过去的军事中心，其功能可定位为对北极航道的监测、搜救和服务中心，应对其货物集散功能予以重视；萨别塔港近年来愈加展现其特殊优势，可打造成为以液化天然气项目为载体和核心的产业开发区；而像摩尔曼斯克和阿尔汉格尔斯克等较成熟的港口，可采用合资方式升级改造，或可进行"以权换资"等。再次，在破冰和防冰建设上，俄罗斯目前拥有世界上最庞大的破冰船队，中国的首艘极地科学考察破冰船

---

① 张婷婷，陈晓晨："中俄共建'冰上丝绸之路'支点港口研究"，《当代世界》，2018 年第 3 期，第 60—65 页。

"雪龙 2"号也已下水，双方在技术合作上存在潜力，应继续探索双方在冰区作业装备、技术和冰区航行相关制造业等领域的合作空间。

（3）重视科技合作与"大数据共享"

中俄两国应充分发挥各自的极地科学技术优势，与北极国家及近北极国家展开深入的极地科学技术交流，拓展交流领域，推动极地开发科技水平的整体提升，为北极航道的开发利用、能源与资源开发开采、港口和基础设施建设提供科学决策支撑。在未来，极地领域对专业人才的需求会日益提高，可考虑在高校设置更多专业性强的学科专业、开发配套的专业教育资格认证、采取跨学科培养方式并鼓励国家间的联合办学或联合培养，促进研究机构和高校间的成果交流和数据共享，为北极开发提供人才运输。

此外，随着科技合作的推进，信息共享会成为具有战略意义的核心合作领域。在油气开采、北极航行、科学考察、气象预测、卫星导航等方面会产生海量数据，这种大数据的积累和分析对于中俄及世界开发和利用北极有着深远意义。因此，应探索建设相关的极地大数据中心，建立极地大数据库对数据进行系统的收集、整理、处理、分析和仿真研究，开发冰情预警系统和数字航道系统，以此作为北极开发的科学支撑，降低风险，提供合作保障。

（4）提升区域技术产业对接能力

鉴于关于中俄北极事务必然要先就部分行业和部分项目为切入点先行合作，中方要切实做好相关技术产业提升，保障相关产业对接，将极地船舶建造、极地海工设备建造、极地航道基础设施建设、航道海域的海洋污染、海洋酸化、渔业资源可持续利用作为重点突破领域。尤其是具有地缘优势的中国东北地区及东部沿海地区，要进一步提高对于开发北极和海洋事务合作的重视，政府可考虑设置专门的海洋产业专项发展基金，用来发展与地缘优势相匹配的极地产业，以推动本国极地海洋科学技术水平的发展。

2. 推进"冰上丝绸之路"多边合作发展

（1）通过对外投资促进"冰上丝绸之路"基础设施互联互通

中国是全球第二大对外投资国和第三大投资接受国，也是第三国家的最大投资国，北欧国家虽然非"一带一路"沿线国家，但在"冰上丝绸之路"的影响下也在积极推动基础设施的互联互通，中国可以通过亚洲基础设施投资银行和丝路基金与"冰上丝绸之路"沿线国家进行资金对接，利用高速增长的对外投资参与到与北极国家间基础设施建设中的合作，如尝试参与冰岛东北沿岸供北极航道使用的港口项目建设、芬兰与挪威"北极走廊"计划以及通过北冰洋的海底光缆建设等。当前"丝路基金"对"冰上丝绸之路"的支持仍然局限在能源开采公司的参股领域，未来可进一步扩大港口、航运等产业的投资，发挥其资金支持的作用。同时，在投资项目前要进行严密的前期考察调研，要充分考察沿线各国国情，综合考量各个国家政治、经济、社会、文化等方面因素，并在此基础上对建设项目进行全面科学的评估，最大限度规避风险，避免低效投资和资源浪费。

（2）利用对外贸易优势实现"冰上丝绸之路"沿线多方经贸合作

多年来，中国一直是全球贸易第一大出口国和第二大进口国，对外贸易90％以上都经由海运实现，而中国对欧盟、北美和俄罗斯的贸易总额约占中国贸易总额的35％。随着经济发展和居民生活水平的提高，中国将会成为亚洲地区最大的消费市场和出口国，要充分利用在对外贸易上的优势加强与"冰上丝绸之路"沿线国家的贸易合作，推动"一带一路"框架下的经济合作和贸易畅通。中国与北极沿线国家，特别是北欧国家、俄罗斯之间经济互补性强，贸易增长空间大，双方可加强在企业层面的合作交流，在政府层面学习中国与冰岛之间建立自由贸易区的经验，通过协商谈判建立双边自由贸易区，促进双边贸易长足发展，共同推进自由贸易和经济全球化。

（3）吸引多方资本参与以规避风险

中俄在北极事务合作中，要以"利益共享、多方共赢"为出发点积极吸引第三方参与国（者），一方面为了扩大合作规模进行北极开发，另一方面可在一定程度上规避西方对俄的制裁风险并降低商业风险。在亚马尔 LNG 项目中，法国道达尔石油公司进行了参股并从中获利，并已在第二期项目中继续投资。日韩等国在造船方面有优势，已在亚马尔二期项目中参股，成为合作对象。挪威、丹麦、冰岛、芬兰等北极国家也可以成为合作对象，发挥各自的优势。其他域外国家的资本也已注意到在"冰上丝绸之路"的合作项目中有极高的获利潜力，如沙特阿拉伯已有参与液化天然气油气开发的意愿，并决定向相关项目投入巨额资金，其巨额资本加之其成熟的油气开采技术，不仅有利于相关项目的推进、分摊风险，还有利于进一步团结域外国家、为"冰上丝绸之路"创造更好的国际政治和文化氛围。此外，美国阿拉斯加州长期以来一直希望开发向东亚运送液化天然气的航线。2017 年 11 月中国石油化工集团有限公司（中石化）、中投海外、中国银行和美国阿拉斯加州政府、美国阿拉斯加天然气开发公司共同签署了中美联合开发阿拉斯加 LNG 项目意向性文件。这类合作有望实现多方共赢的局面，共同分担风险，并借此减轻来自美国等西方国家的敌视。

（4）推进"冰上丝绸之路"与其他北极合作机制对接

"冰上丝绸之路"要积极与各北极治理机制相合作、相对接，才能助推其向多边合作发展。首先，需要与以北极理事会为首的北极治理机制合作。一方面，北极理事会是当前主导环境保护、海洋合作等北极事务的主要机制，对"冰上丝绸之路"合作的国际政治基础有着重要影响；另一方面，北极理事会颁布包括《北极油污反应协定》等一系列文件是"冰上丝绸之路"发展过程中必须遵守的国际协定。此外，作为旨在推动北极地区经济发展的北极经济理事会尽管拒绝非北极国家的加入，但接受非北极国家的商业组织，这使得参与"冰上丝绸之路"建设的北极域内外商业组织有可能参与北极经济理事会，在合作中为两者的互助创造机会；其次，积极参与北极圈论坛大会，发展北极公共外交。一年一度的北极圈论坛大会汇集了北极治理领域相关政府、非政府组织、智库以及商业组织的积极参与，为"冰上丝绸之路"的沟通和宣传提供广阔空间。鉴于中国长期在北极治理领域处于话语权弱势地位，有必要发展中国北极公共外交，以学者、科研为带领的学术界与国外学术界进行交流，包括媒体、商业组织在内的非政府组织积极与其他北极治理参与者沟通协作，维护中国北极形象；最后，深化"冰上丝绸之路"的现有协调机制，使其向更高层机制发展。从东亚角度而言，中日韩三国具有相近的地理位置及对北极治理相似的诉求。中日韩三国可通过扩大高级别对话规模，提升至定期会议乃至论坛等机制，协调三国在北极治理方面的关切，为三国合作参与"冰上丝绸之路"建设创造条件。

3. 保障中国参与北极合作可持续发展

（1）将"冰上丝绸之路"融入"一带一路"机制建设

"一带一路"倡议自提出至今已形成较为成熟的机制，"冰上丝绸之路"想取得长足发展，要系统融入"一带一路"的机制建设，以保障中国在北极事务合作中的可持续发展。以互联互通为核心的"五通"建设可在"一带一路"的助力下，服务于"冰上丝绸之路"的推进。"一带一路"倡议可发挥自身在基础设施建设方面的优势,快速推进北冰洋沿岸航道及港口设施建设。此外,对于北极地区,通信互联建设长期处于落后状况,存在高纬度地区网络信息通信困难等问题,"一带一路"倡议对通信建设的支持有助于长期促进沿途互联互通。

(2)推进"冰上丝绸之路"与其他国家战略对接

"一带一路"建设不是另起炉灶、推倒重来,而是实现战略对接、优势互补。"冰上丝绸之路"作为"一带一路"的组成部分应主动与沿途及周边国家发展战略对接,相互助力,推动多边进程。"冰上丝绸之路"可与北欧"北极走廊"计划对接,构建"冰上丝绸之路"西段的互联互通。在北极走廊项目下,芬兰与挪威等国还致力于共建波罗的海、巴伦支海以及北冰洋沿岸的铁路项目,在建设过程中中国企业参与其中发挥了重要作用,相关铁路建设可以与"中欧班列"有效对接,助力欧亚大陆的陆路货物运输。此外,在欧亚大陆地区,除俄罗斯支持的"欧亚经济联盟"对接"一带一路"倡议形成"一带一盟"外,蒙古的"发展之路"、波兰的"琥珀之路",都是沿途及周边国家与"一带一路"倡议相对接的发展战略,也有助于与"冰上丝绸之路"相连,进一步扩大影响。

(3)合作推进中"不缺位"、"不越位"

"不缺位"即指北极新空间拥有巨大战略价值,作为国际社会的重要一员,中国应基于自身国情,以建设"冰上丝绸之路"为契机,积极投入到北极的开发利用中。但同时,由于北极地区所蕴含的巨大战略价值,有关国家均采取积极行动,战略博弈日趋激烈,北极问题因涉及主权问题而显得更为敏感。对于中国而言,"不越位"代表着参与北极事务并推动"冰上丝绸之路"建设发展,基于自身实际,统筹考量,稳妥推进,不盲动盲从。从外部环境看,中国不是环北极国家,不具有深度介入的法理依据和地缘优势。目前,北极战略博弈主要是在以美、俄为代表的环北极国家间展开,而在当前国际环境下,中国深度介入北极事务,有可能会给中国同有关国家的关系带来新的变数和不确定性因素。从内部看,中国在经济、社会、生态等方面依然面临不少亟待解决的问题,集中精力搞好自身发展建设应是当务之急。因此,中国参与北极事务需要统筹好时机与策略,把控好战略投入的投向与投量,并与自身发展建设需求与进程搞好融合对接。

(4)坚持低碳环保并树立"大国责任"的理念

由于北极地区生态结构较为单一,自我修复和调节能力弱,一旦出现环境污染将会对北极生态环境造成不可修复的破坏作用。目前,北极的部分经济活动和商业开发已造成较为严重的环境污染和生态破坏,引发了相关环保组织和当地原住民的强烈反对和抗议,不仅阻碍项目进程,破坏开发国与当地原住民的友好关系,更影响未来北极国际合作的大局。中国企业在进行北极开发和商业活动前,需要对当地的生态环境状况、法律法规、风俗习惯、开发影响等做好准备和评估工作,在开发过程中尊重北极国家的法律规定,保护当地脆弱的生态环境,尊重和保护当地原住民权益。通过"一带一路"全新的合作模式连接起不同文明,促进不同国家及其人民和谐共处、相互学习,以实现共同担负解决国际性难题的责任,实现共同繁荣。

"冰上丝绸之路"建设被纳入中国的北极政策中,不仅在地缘上将中国与欧洲经太平洋海域相连,更是将中方的"一带一路"倡议与俄方提出的欧洲经济联盟相连,将中国的北极事务合作紧密融入了"一带一路"的推进。这是从"一带一路"建设中拓展出的新的"北极维度",是中国在北极事务合作中从与俄罗斯等重点国家的"双边共建"拓展到"多边合作"的必经路径,将助推中国在世界范围内发挥大国影响力,促进中国参与全球共同治理。

第七章　日本的北极行动与政策

日本作为地理上接近北冰洋的岛国，非常关注北极的开发。日本关于北极的科学研究是与20世纪初开始的国际极地研究同时起步的。进入20世纪90年代，学术领域对北极的关注度不断提高，以北极为对象的研究活动变得活跃起来。进入21世纪以后，日本政府层面对北极开发的关注持续升温，在短短十几年的时间里采取了一系列行动并制定了各种政策。2009年7月，日本提出成为北极理事会正式观察员国的申请，2013年5月被批准为正式永久观察员国。2013年外务省任命了北极担当大臣，在修订的《海洋基本计划》中首次提出了关于北极的政策目标。2015年10月综合海洋政策本部公布了《日本的北极政策》，使日本在北极问题上有了战略性纲领文件。2018年5月公布了第三期《海洋基本计划》，提出了推进北极政策的措施。日本政府对北极的战略关注度不断提高，虽然没有明确提出北极战略，但是战略思想已经形成，战略行动正在开展。

一、日本的北极行动

随着北极问题重要性不断提高，日本政府各相关部门开展了一系列针对北极事务的行动，在政府促动下，从产业层面推进关于北极开发的各种行动。

（一）政府的行动

1. 政府总体层面

日本在20世纪初就开始了关于北极的科学研究，进入20世纪90年代，学术界对北极的关注度越来越高。在日本政府层面上对北极开发的关注则是从进入 21 世纪开始的。2009 年 7 月，日本提出申请要成为北极理事会正式观察员国，同年 11 月被认可为有限制参加的特别观察员国。2010 年 9 月日本外务省设置了北极特别调查委员会。2012 年建立以国会议员为中心的北极圈安全保障议员联盟，并开始了相关活动。日本国土交通省设置了关于北极航线的省内研究会。2013 年日本外务省认命了北极担当大臣。日本内阁府的综合海洋政策本部在《海洋基本计划》中首次提到了关于北极的政策措施。由 11 名国会议员联合建立了关于北极开拓的议员联盟，其宗旨是从新开拓北极的广泛视角出发，探讨在国家实施具有统一性措施的同时，也有必要构筑起在国家层次上采取措施的体制，开展关于北极的各种课题研究并由政府主导日本应该实施的措施。

2014 年国土交通省设置了官民合作协议会，推进着关于北极航线的信息公开和共享。另外，与北极理事会合作的国际研讨会北极圈会议召开了日本政府主办的部分会议。

《海洋基本计划》是由根据《海洋基本法》所设置的综合海洋政策本部制定的，旨在由政府制定计划统筹推进日本关于海洋的政策和措施。综合海洋政策本部在 2007 年设置，2008 年制定了最初的《海洋基本计划》。但是，在这个计划当中没有关于北极的论述。2009 年日本作为特别观察员国参加了北极理事会，2010 年开始通过北极航线进行了欧洲与东南亚之间的海上运输，北极能源资源开发活动变得活跃，2013 年修订的《海洋基本计划》（第二期）中首次提出日本关于北极的政策目标。在第二期《海洋基本计划》中提到："受气候变化导致北极状态的变化等影响，对日本来说，产生出诸如保证海上运输和保护海上交通安全、推进研究与调查活动、保护环境、推进国际联合与合作等必须进行研究和应对的各种问题。今后对这些问题要采取综合和战略的行动与措施。"如果把《海洋基本计划》中关于北极的政策和措施提取出来，可以归纳为"充实科学的知识"是从"将从北极航线的利用可能性评价出发，来持续推进北极观测和调查研究"，"海洋产业的健全发展"是"在强化日本的海运业、造船业竞争力当中，促进将来北极航线利用的各种行动和措施"。2018 年 5 月日本公布了第三期《海洋基本计划》，更加明确提出了北极圈的潜在可能性、经济和商业机会的重要性，通过促进观测、研究活动来解决全球问题从而提高日本在北极圈存在感。

2. 外交行动

（1）努力成为北极理事会正式观察员国

日本在 2006 年因为预算和人员问题以及没有预见到民间的需求，搁置了向北极理事会提交观察员国的申请。而在这一年，西班牙被认定为永久的观察员国。可以看出日本当初对北极理事会及其活动的政策优先度并不是很高。2009 年日本首次申请新制度设计的特别观察员国，并与同时申请的中国、韩国、意大利、欧盟一起被批准。

在这期间，随着北极海冰范围缩小的趋势日渐明显，从资源开发、海上运输、安全保障等视角出发，非沿岸国家对北极的关注慢慢增加。同时，随着北极理事会的工作组公开关于北极的环境、海上航行、开发等多种科学报告，日本从构筑国际治理结构的观点出发开始认识到了北极理事会的重要性。在这当中，北极海冰范围缩小以及温室效应趋势在发展，北极作为地球温室效应的热点开始被广泛认识。同时，在商业上利用北极东北航线能够实施大西洋、太平洋之间的海上运输，对北极的国际关注急速增加。

日本在成为特别观察员国以后，连续参加北极理事会的各种会谈，2013 年 5 月被承认为正式永久观察员国。

（2）外务省加强与北极国家外交关系

日本外务省以取得北极理事会永久观察员国的资格为契机，在为了稳定地位而积极参加北极理事会各种会谈的同时，各省厅与各种研究机构等进行合作，力求在北极理事会中发挥更大作用。

日本成为北极理事会特别观察员国次年的 2010 年，外务省为了"构筑关于北极的包含国际法观点的、在外交政策上打破原有组织框架的行动体制"，组建了北极特别调查委员会。但是，随后特别调查委员会的具体活动内容并没有公开。

2013 年 3 月，日本任命了北极担当大臣，负责出席北极理事会各种会谈、与各国政府相关负责人交换北极政策意见等。10 月，在日本举行了日本与芬兰的外相会谈，就北极以及俄罗斯的形势、两国以及波罗的海沿岸各国间的合作等交换了意见。11 月，在印度的德里举办了北欧、波罗的海八个国家的外长级会谈，除了与各国的地域间合作以外，以日本成为永久的北极理事会观察员国为契机，在关于北极事务的合作上也交换了意见。

2014 年 11 月，在冰岛的雷克雅未克召开的北极圈会议举办了以日本对北极圈的参与为主题的"日本分会",概述了在北极圈发展当中的地球环境问题、经济活动机会,提出了在国际合作基础上采取行动措施的重要性。会上,日本介绍了本国长期关于科学研究的足迹和现在推进当中的"绿色网络卓越计划"(Green Network of Excellence Program,简称 GRENE)、北极环境项目等,阐述了日本在科学领域的贡献。该分会由日本的北极担当大臣、政策研究院、国立北极研究所、海洋研究开发机构以及驻冰岛大使组成。

3. 国土交通省在运输、海事方面的行动

(1) 运输方面的行动

日本国土交通省在 2012 年 3 月提出的《海洋政策恳谈会报告书》中,作为关于"对开拓边界的挑战"的政策措施,提出关于北极航线的探讨。根据报告,国土交通省针对关于北极航线应该全力解决的课题及其对应方向,设置由相关各局组成的关于北极航线的省内研究会,根据相关省厅、民间事业者、有识之士等的建议和想法展开研究。

2014 年,日本国土交通省汇集海运事业者、货物所有者以及行政机关,通过努力实现共享其各自持有的信息等,设置以有助于促进有效利用北极航线为目的的关于北极航线的官民合作协议会。该协议会分别在 2014 年 5 月和 2015 年 1 月召开了会议,国土交通省、综合海洋政策本部、外务省等不断更新共享信息。

此外,日本国土交通省以 2009 年 1 月日俄运输担当大臣间缔结的在运输领域的合作备忘录为基础,2012 年设置日俄运输作业分会,举行国土交通省和俄罗斯运输部的次官级会谈,双方就俄罗斯物流为中心的日俄运输领域的各种问题、政策交换意见。分会上第一次开始就北极航线问题交换了意见。

2011 年,日本国土交通省北海道开发局对北极航线的可能性和在该航线上北海道港湾的潜力进行了探讨。北海道厅在 2012 年进行了关于北极航线的运航环境、海运市场的动向调查,通过北极航线海上运输成本的信息收集和分析,探讨了通过北极航线的试验运输。青森县在《青森县物流战略报告》中以北极航线开通使津轻海峡的国际基干航线的重要性增强为背景,探讨了提高该线路存在的问题。

2014 年,北海道开发局和独立行政法人宇宙航空研究开发机构(JAXA)、国土技术政策综合研究所、青森县利用卫星 AIS 数据(由船舶发

出的 AIS 信号通过人工卫星接收信号数据），在掌握航行在北极航线的船舶实态的同时，开始探讨作为该航线亚洲入口的北海道的港湾性能以及宗谷海峡未来通航可能性和重要性的研究。

（2）海事方面的行动

2010 年 5 月发布的《国土交通省增长战略》和《外航海运研究会报告书》中，以外航海运领域以及造船领域为中心，提出为日本海事集群发展的政策措施方向。2011 年发布了《综合的新造船政策——为继续保持一流的造船国》的报告，提出强化竞争力对策、展开新市场和新事业、推进企业合作和事业综合。在这些政策措施当中未提到北极的政策措施。2013 年《海洋基本计划》开始才加入关于冰级船舶建造技术等北极事务的造船领域政策、措施、方针的内容。

日本国土交通省北极的海事行动开始于 2009 年日本参加国际海事组织（IMO）关于《极地规则》（Polar Code）的关联委员会、分委员会的审议工作。在 2014 年 5 月 IMO 第 93 次海上安全委员会上通过了《国际海上人命安全公约》（SOLAS 公约）修订案。《极地规则》涉及海员的搭乘、培训要求并对《海员培训、发证和值班标准国际公约》（STCW 公约）进行修订讨论。另外，为应对预想的以液化天然气的形式输送页岩气、从澳大利亚输送液化氢等能源输送的多样化，2015 年日本开始推进培养与之对应的海员的必要训练课程等措施。公益社团组织日本海难防止协会着手制定北极航线航运实务的《北极航线手册》。

4. 经济产业省在资源、能源方面的行动

（1）制定并实施能源基本计划

日本经济产业省（资源能源厅）根据 2002 年 6 月制定的《能源政策基本法》，基于日本能源安全性、稳定供给、提高经济效率以及环境友好，提出能源政策的基本方向。在 2003 年 10 月制定《能源基本计划》，随后分别在 2007 年 3 月、2010 年 6 月、2014 年 4 月、2018 年 7 月制定了第二次到第五次"基本计划"。对能源资源基本上依靠海外采购的日本来说，为了实现能源稳定供给，要把实行立足于长期、综合的且有计划的政策作为基本方针。当今，世界正在面对地缘政治结构巨大变化，围绕日本能源安全的环境问题愈发变得严峻。从第三次"基本计划"制定后发生的东日本大地震和福岛核电站事故开始，能源环境在日本国内外发生了较大的变化，能源政策也在面临着被要求大规模调整的事态。第四次"基本计划"必须对应这样的环境变化，从以电力系统改革开始的日本国内制度改革，到通过从北美的液化天然气采购等国际能源供给结构变化明显的时期（以 2018—2020 年为目标）为对象，制定能源政策的方向。近些年，世界能源形势正在发生着巨大变化，例如，为了实现在针对地球温室效应的《巴黎协定》上所提出的"二氧化碳净零排放"目标，世界上的技术竞争越来越激烈；地缘政治风险通过技术变化在增加，国家间、企业间能源竞争通过各种各样的形式在激化。因此，第五次"基本计划"根据上述形势变化，提出要立足 2030 年到 2050 年能源政策的基本方针，进一步发展能源的"3E＋S"原则（稳定供给、经济效率的提高、对环境的适合＋安全性），为了实现更加高度的"3E＋S"目的，提出四个目标：实现安全的革新；除了资源自给率以外，还要确保技术自给率和能源选择的多样性；迎接"二氧化碳化净零排放"的挑战；把控制成本与强化日本的产业竞争力联系在一起。

在"必须长期、综合且有计划地实施关于能源供需的政策措施"中提到了要强化与北美、俄罗斯、非洲等新资源供给国的关系。特别是在页岩气革命过程中，俄罗斯面对欧洲需求低迷的现状，对作为新市场的日本和中国等亚洲市场表现出了很大的关心，从俄罗斯的资源潜力以及地理的邻近性、日本的供给源多元化等视角出发，有效地利用俄罗斯的石油和天然气资源对确保日本能源稳定供给来说具有巨大的意义。

（2）制定并实施海洋能源、矿物资源开发计划

日本经济产业省资源能源厅的综合资源能源调查会在 2008 年制定了《海洋基本计划》，将其作为从 2009 年开始的十年的中长期计划。2009 年 3 月又制定了体现实现开发海洋能源和矿物资源种类的目标的步骤、必要的技术开发、官民分担等内容的《海洋能源、矿物资源开发计划》。《海洋基本计划》自制定以来经过了 10 多年的时间，国内国际环境发生了巨大的变化，以东日本大地震为契机日本对海洋开发的期待高涨起来，与近邻各国围绕海洋权益的国际形势也处于变化当中。因此，2013 年日本修订了《海洋基本计划》，同年 12 月又制定了新的《海洋能源、矿物资源开发计划》。该计划以在日本周边海域的资源开发为主体，提到了可燃冰、石油和天然气、海底热水矿床、富钴结壳（cobalt rich crust）等，也涉及了与资源开发有关的人才培育、国

际合作的重要性。但是，该计划没有明确提及北极或者北极的资源开发。

（3）发布《能源白皮书》

日本经济产业省资源能源厅制定的《能源白皮书》是向国会报告前年度所实行的与能源有关的政策措施。2013 年度《能源白皮书》（2014 年 6 月）提出，以新兴国家为中心的能源需求扩大、地区纠纷、经济状况变化产生的需求动向等，在资源价格呈现长期上升趋势，要敏感地针对国际形势变化做出应对。福岛核事故以后日本电源构成发生变化，能源成本的国际地域间差距扩大。燃料价格和电费上升给日本的宏观经济、产业、国民生活以及经济增长、产业结构都造成了很大的影响。在这种情况下，日本为了保证稳定的能源资源，谋求强化与资源供给国的关系和促进进入能源产业链的上游，在从美国政府获得了日本企业参与的四个液化天然气项目出口认可的同时，还强化与非洲资源国的关系，向加拿大的页岩气项目提供风险资金。

5. 科学领域的行动

（1）文部科学省成立北极研究探索作业分会

1990 年 8 月由瑞典提议，包括日本在内的 19 个国家成立作为北极地区以及全球科学研究强力推进体制的国际北极科学委员会（International Arctic Science Committee，简称 IASC）。IASC 是北极理事会的观察员。随之，日本地球行星科学学会的国际对应分科会下设立了 IASC 对应分委员会。1990 年在日本国立极地研究所设置了北极圈环境研究中心（2004 年改称为北极观测中心）。海洋研究开发机构（JAMSTEC）以北半球寒冷圈研究项目为基础，推进着北半球寒冷圈的海洋、冰雪、大气、陆地体系的实态、变动和掌握其过程的综合研究，利用海洋地球研究船"未来"号进行海洋观测。除此以外，宇宙航空研究开发机构（JAXA）、综合地球环境学研究所、气象研究所、国立环境研究所、森林综合研究所、北海道大学、北见工业大学、东京大学大气海洋研究所、东京海洋大学等都在围绕北极圈开展研究。

日本文部科学省在 2010 年完善日本关于北极的有组织且可持续的观测研究体制的同时，为了进一步强化相关省厅和机构间的合作以及进一步推进日本的北极研究，在科学技术·学术审议会评价分科会——地球观测推进分会下设置了北极研究探索作业分会，探讨日本北极研究的未来方向。2010 年发布的中期报告指出，为了实施能够确实预测对北极产生的全球气候变动的反应和对日本影响的必要对策，北极圈研究是战略性重要课题，要开展在气候变化下对北极地区的水、物质、能源的更精细化的研究。为了推进各研究机构间的合作，强化通过"全日本体制"的北极圈研究，建议设置北极环境研究联合体（Japan Consortium for Arctic Environmental Research，简称 JCAR），创设"北极圈气候变动研究计划"。

（2）关注北极气候变化并开展 GRENE 事业

2010 年 6 月，日本内阁会议决定的新增长战略中强调"通过绿色创新的环境、能源大国战略"，同年 12 月，综合科学技术会议提出"科学技术的基本政策"，为应对上述两项政策，文部科学省从 2011 年度开始开展 GRENE 事业。这项事业旨在在北极气候变动、环境信息、植物科学、先进环境材料等四个领域促进大学和研究机构进行战略合作，综合推进世界最高水平的研究与人才培养。以这项事业为基础，从 2011 年开始为期五年的 GRENE 北极气候变动研究事业。

GRENE 北极气候变动研究事业以 2010 年 8 月公布的北极研究探索作业分会的报告书为基础，提出四个战略研究目标：了解在北极地区地球温室效应增强系统原因，分析北极地区在全球气候变动以及未来预测中的作用，评价北极地区环境变动对日本周边的气象和水产资源的影响，预测与北极航线的可能利用性评价相联系的海冰分布。

（3）成立北极环境研究联合体

北极环境研究联合体是通过日本与北极相关的各领域研究者合作联合构成的网络型组织，负责制定北极环境研究的长期计划，推进研究和观测的基础建设，加强国际合作，探讨人才培育策略，向全社会提出相关建议，实质性推进和调整日本北极环境研究的组织机能。

2010 年海洋政策研究财团主办召开了日本北极会议，2012 年 4 月相继发布了《日本北极会议报告书》和《日本为了北极的可持续利用应立即实施的政策措施》。文件提出内阁的综合海洋政策本部应是政策措施的"指挥部"，对北极管理环境问题、资源开发、航路开发、科学调查研究、国际秩序等方面的积极应对提出了建议。

2015 年 4 月北极科学峰会周（Arctic Science Summit Week）在日本富山市召开。除了国立极地研究所、北极环境研究联合体、GRENE 北极气候变动研究事业关系机构以外，来自日本国内的多数研究机构参会。

6. 国家安全方面的行动

冷战时期的北极，美苏战略轰炸机在上空飞过、潜水艇在冰海下航行，两大阵营挟冰海直接对峙。苏联解体以后美苏对立缓和，北极在安全上的重要性大大降低。但是，进入21世纪，全球气候变化的影响在北极地区表现明显，夏季北冰洋的海冰覆盖面减少，不仅是冰级船，即使没有达到冰级船能力的船只也能够在海上航行一段时期。鉴于北冰洋海冰覆盖面减少，北冰洋沿岸的天然资源的可获得性逐渐成为可能，海上运输增加了新的航线，地缘政治和安全保障方面上也出现了新的国际关系。

2012年日本《防卫白皮书》中关于围绕北冰洋安全方面强调，北冰洋沿岸各国为了北极的资源开发、航线利用、海洋界限划定以及大陆架延长等权益的活动日益活跃，日本要开展以保证本国权益和防卫领域为目的的新的活动。另外，北极圈除了作为核战略部署地之外，由于冰面减少，海上舰艇可航行时间延长，海域扩大，战略重要性提高，北极国家安全的新课题越来越受到重视。

21世纪初，日本防卫省逐渐开始关注北极安全保障动向。除了北极沿岸五国（加拿大、美国、俄罗斯、挪威、丹麦）在北极的积极行动外，非北极国家也对北极行动采取积极态度，例如包括日本以及中国在内的12个国家获得了北极理事会观察员资格。如果北极航线扩大适用范围，对中国、日本、韩国、俄罗斯远东地区来说是一条重要航线，对马海峡、宗谷海峡以及津轻海峡可以作为北冰洋航向的入口，安全上的重要性可能会增加。

（二）产业层面的行动

1. 运输业务的考虑

从21世纪初到2014年，日本利用北极航线进行货物运输共有四艘船，其中，液化天然气两艘，轻油以及类似物各一艘。其中，日本船运公司旗下的俄罗斯亚马尔LNG项目专用的破冰型LNG油轮，明确地参加了北极航线的运输事业。该项目是利用具有破冰能力的液化天然气油轮在不接受俄罗斯核动力破冰船支援下独立在夏季从亚马尔半岛东进亚洲，冬季西进喀拉海向欧洲运送。参与该事业，相关的船运公司积累了冰海航行以及北极航线的宝贵经验。

日本的船运公司在北极航线通航方面存在共同的困难和机遇。首先，日本船运公司基本没有冰级船。如果现在要利用北极航线，必须从其他船运公司租借，财政预算方面要大幅提高。若要开通公司自己主导的北极航线事业，必须建造、购买或者租借新的冰级船。其次，欧洲航线上航行的现有大型油轮（8000标准箱级）具备冰级能力的很少，在北极航线航行的大型油轮几乎没有。对航运公司来说，欧洲航线现有油轮船队的构成、装备状况以及运航环境，不利于实现北极航线作为定期航线以及商业化运行。第三，当前利用北极航线最大的可能是大容积货物运输，以及面向俄罗斯以外地区的北极能源开发方为目的地的航运。从产品类型看，日本轻油等液体大容积货物、铁矿石、液化天然气、冷冻水产品的输入和钢铁产品、机械及其零部件、水产品等的输出是可能的，从特定产品数量和经营角度看，非定期进行大容积货物运输也是可能的。第四，东航线、西航线两方向运输对船运公司来说极其重要，但运输价格市场存在从欧洲向亚洲与从亚洲向欧洲的价格差问题尚待解决。第五，冰级船的购买价格比非冰级船要高出许多，好在船价市场变动异常激烈，可以选择在船价较低时期订购。第六，虽然存在来自俄罗斯方面的风险，但是根据2010年以来的运输数据，如果利用有经验的船运公司的有利条件，破冰船支援费、冰上领航员费、保险费等问题都有希望解决。第七，与货物输送相比，日本经营观光游船的船运经营者更早地意识到了北极航线的可达性。2014年从北美出发的客船经白令海峡进入北极航线到达欧洲，2016年一游轮从美国阿拉斯加安克拉治出发，经西北航道前往纽约。

2. 造船业的行动

近些年，在日本的造船公司连续建造1A级巴拿马型散货船。2014年9月1艘（Nordic Oshima），2015年2月3艘（Nordic Olympic, Nordic Odin71, Sagar Samrat）完成交接，世界上的冰级1A巴拿马型散装船主要都是日本造船公司建造的。这说明日本的造船公司在冰级散装船建造方面具有很强实力。随着韩国、中国造船公司的崛起，日本造船业的相对地位下降。

3. 货物所有者的运输行动

随着北极航线的开发，在可能成为货物所有者的日本国内企业中对北极航线的关心在逐步提高。在日本国土交通省召开的官民合作会议中，电力、燃气、重工、商社等领域表现积极。然而，经由北极航线的货物虽然存在中转和运输方面的支持，但参与选定运输路线的日本企业并不多。亚马尔 LNG 运输的日本船运公司在从欧洲配送物资、机械时，其运输路线不得不经由北极航线。向北冰洋（白海）沿岸的阿尔汉格尔斯克出口机械产品的日本企业，虽然通过从日本到摩尔曼斯克绕行南方的路线运输，但最后还是要经由北冰洋到达最终目的地。另外，在从事亚马尔 LNG 运输的日本船运公司一定能够提供关于冰海航行的很多信息和知识。随着这类事例的积累，今后，日本企业采购来自于北极圈的各种资源货物或者日本企业自主选择北极航线输送货物都存在可能性。

二、日本的北极政策

2015 年 10 月日本综合海洋政策本部公布了《日本的北极政策》，虽然该政策的名称没有体现出"战略"，但是从内容来看，这是日本关于北极问题的战略性纲领文件，具有战略性的指导作用。

（一）日本制定北极政策的背景

1. 北极的战略意义在提升

2012 年利用北极航线从欧洲出发的货船开始进入日本港口，同年日本的研究机构发布了北极海冰面积达到了观测史上最小的消息。20 世纪 80 年代以后，以北冰洋海冰的减少趋势为代表的北极环境急速变化为背景，国际上对北极的关注度不断提高。

北极环境对地球温室效应的反应极其敏感，北冰洋的海冰正在以超过科学预测的速度减少。北冰洋的夏季海冰面积在过去 40 年间减少了约三分之二的程度，如果再不采取有效的地球温室效应对策，温室效应将最大程度加速，到 21 世纪中期，夏季的北冰洋海冰就可能会基本消失。与地球上任何一个地区相比较，北极都是受地球温室效应影响最大的，然而，对北极的环境变化机制仍然没有充分解释和说明。

北极的急速环境变化给北极居住的人们的生活基础，以及在北极圈脆弱环境下的生态系统造成严重不可逆的影响，国际社会有责任必须对此做出反应。另外，北极环境变化可能还会加速地球温室效应，使地球海面整体上升，增加极端气象的频率，影响生态系统。

另一方面，随着海冰减少可利用的海域在扩大，北极航线通航等新的经济利用正在变得可行。日本对北极的矿物和生物资源开发，以及北极航线利用等经济活动的关注度日益提高。在北极生态环境脆弱且复原力较低的情况下，日本积极在以北极理事会和国际海事组织为代表的各种场合讨论既能保护环境又能实现可持续发展的适当经济活动，以及相关国际规则制定。在北极圈的部分国家为确保本国权益和领域防卫，表现得也积极活跃，扩大军事行动的可能性会给国际安全环境带来影响。

日本切实地认识到北极潜在的可能性和环境变化的脆弱性，为确保可持续发展，基于日本具有的优势科学技术，日本正在寻求在国际社会积极发挥具有先见性的主导力。

2. 日本更加重视北极问题

鉴于国际社会对北极问题关注度提高，日本于2013年在内阁会议决定的《海洋基本计划》中把应该重点推进与北极问题有关的行动课题提上日程，具体包括：基于全球视角的北极地区的观测、研究；与北极有关的全球化国际合作；北极航线的可能性探讨为焦点，综合且战略性地采取行动。

根据《海洋基本计划》，日本明确了具体的行动方针，从以国际协调主义为基础的"积极和平主义"立场出发，在包括外交、安全、环境、交通、资源开发、信息通信、科学技术等多个不同领域中，战略性地推进横跨官产学领域的行动，并制定了以下基本方针：一是在全球视角上最大限度有效利用日本具有优势的科学技术；二是充分关照脆弱且复原力较低的北极环境和生态系统；三是推进在确保"法律支配"与和平地形成秩序的国际合作；四是尊重土著居民的传统经济社会基础的可持续性；五是充分注意北极的安全行动；六是实现适合气候、环境变动影响的经济社会；七是探求北极航线和资源开发的经济可能性。

(二) 日本制定北极政策的必要性

1. 地球环境问题日益突出

受全球环境变动的影响，北极的环境也在急速变化。随着温室气体排放量的增加，全球范围内出现了温室效应，存在北极的环境变化带来地球温室效应等世界影响的可能性，所以，北极环境问题要从全球来把握。其主要原因是随着温室气体排放量的增加而出现地球温室效应，北极地区海冰减少导致北冰洋开放水域面积扩大，增加了太阳光吸收量，温室效应进一步加剧，此外，北极的环境变动会引起日本等中高纬度地区极端气象频率的增加。今后，在北极的经济活动逐渐扩大的情况下，从北极变暖可能性提高的预想出发，解释北极地区温度升高机制及其对全球的影响以及探讨对应措施就成为国际社会的新课题。由于经济活动扩大，还会出现来自船舶的污染物流出或排放增加、污染物对大气的影响、伴随开发的污染等问题。

2. 发挥日本的科学技术优势

日本从20世纪50年代开始从事北极地区的观测、研究，长达半个世纪以上从全球视角对北极环境变化研究保持高度关注。日本早在1991年就作为非北极国家在北极设立了观测基地，并且作为非北极国家在最初就加入了1990年设立的国际北极科学委员会，通过日本的观测数据以及科学知识为北极环境变化做出了一定贡献。

国际对北极的关注度持续提高，2015年在日本召开了在世界北极研究领域最高会议"北极科学峰会周"，不仅再次确认了关于北极变化的科学研究的重要性，也包含了关于对社会、政治、经济影响的理解和包括非北极国家的官产学合作的重要性。

近些年，北极的环境问题成为国际社会共同的课题，但关于北极科学方面的解释还不充分。日本在有效发挥自己优势的同时，还要进一步强化积极的国际合作、横跨不同领域的综合研究、与利益相关者共同努力等。日本在努力寻求从包括对人类活动产生影响的气候、物质循环、生物多样性等广泛观点出发，综合、全面地掌握北极的变化以及这种变化给地区带来的影响，说明变化的原因和机制，进行精准预测，强化为了说明社会和经济影响的综合研究，适当和切实地向内外利益相关者介绍以这些研究成果为基础的信息以及解决问题的方法和选择项。

3. 确保"法律支配"和推进国际合作

到现在为止，北极圈各国以国际法为基础在北极的拥有权和海洋界限划定等问题大体在和平基调进行，因此，确保持续地以"法律支配"为基础的应对是非常重要的。

在北冰洋适用包含联合国海洋法条约的相关国际法中，包含"航行自由"的国际法的原则必须受到尊重。特别是，在北冰洋"被冰覆盖的水域"，沿岸国与相关国必须遵照国际法的思想进行合作，确保航行自由和安全、保护海洋环境。

近些年，日本的气候、气象明显地受到北极环境变化的影响，同时，日本也存在着对地球环境问题、航线、资源开发等的关心，因此，日本想积极参与关于北极的国际决议和规则制定。从这个观点出发，针对北极理事会的活动，在灵活有效地运用日本拥有的科学知识和先进技术的同时，日本还要积极地参加北极理事会以外的国际讨论。

4. 开发利用北极航线

北冰洋的海冰面积今后持续减少，如果通航北极航线特别是俄罗斯等沿岸的线路能够确定，亚洲与欧洲间的航行距离与经由苏伊士运河相比会缩短40%，因此国际社会开始高度关注北极航线的可能性。如果考虑到海冰状况、航路上的港湾等基础建设、沿岸国家的规制以及服务，目前北极航线还没有达到稳定可利用的程度，但鉴于输送路线多样化的重要性，日本还是积极地进行关于该航线将来潜在的官民合作有效利用方面的探讨。

随着航行机会增大，关于船舶对海洋环境的影响和保证航行安全的讨论活跃起来，日本致力于积极参加关于新规则制定的国际讨论。另外，有效利用日本先进的科学技术，并且保证在北冰洋航行安全上有效的技术开发也是重要的。

5. 重视资源开发

在矿物资源方面，北冰洋周边资源具有较大潜力。根据美国地质调查所公布的资料，在北极圈存在世界未发掘的13％的石油和30％的天然气①。但极寒、冰海海域的开发又伴有要求高级开发技术等困难。根据这样的状况，关于资源开发，日本一边要根据在冰海海域资源开发技术的进展、与沿岸国家的合作关系、民间企业的需求等，一边根据持续的供给多元化的观点切实地采取中长期行动。

在生物资源方面，关于在北冰洋未利用生物资源的开发，在与沿岸国合作并确保以科学根据为基础的资源可持续性的同时，日本在寻求与保证食料安全需求之间的平衡。

6. 关注国家安全

在北极，航线开通、资源开发等各种可能性的增加也可能会成为国家间新摩擦的原因，重要的是，不要把强化在该地区军事存在的行动转化成在北极的紧张和对立。考虑到这样的行动可能会成为不仅是北极也包含日本周边国际安全环境的变动要因，日本在充分注意相关国家动向的同时，还致力于推进与北极国家的合作。

（三）日本北极政策的具体展开

1. 促进研究开发

推进有助于政策研判、问题解决的北极研究，强化观测、分析和开发最尖端观测机器等。日本从2015年开始开展"北极地区研究推进计划"（ArCS计划）等，全面、综合地把握北极环境变化及其对地球全体造成的影响，明确对社会、经济的影响，强化旨在向利益相关者提供用于适当判断和解决问题的知识信息的研究。日本为了获得更加明确的北极环境变化的科学数据以便分析，正在采取行动强化使用日本最先进的卫星、观测基地以及观测船等进行持续观测。为了使更加先进的观测成为可能，还在开发耐受北极严酷环境的观测机器等。

完善日本国内的研究据点（由多个研究机构形成网络的研究据点），并建立在北极国家的研究、观测据点。建设由日本国内数量众多的大学和研究机

---

① U. S. Energy Information Administration, Arctic Oil and Natural Gas Resources, 2012.

构形成的网络型研究据点，促进交叉领域行动和共同利用卫星、研究船只、计算机资源等研究基础，推进解决北极问题的行动措施。日本要通过建设位于北极圈的美国和俄罗斯等国家的研究、观测据点，推进在北极圈内的当地观测和强化国际共同研究行动。

推进数据共享、管理，加强人才培养。为了有效率地推进科学数据不足的北极地区研究，日本致力于构筑共享各研究机构、各研究者所拥有的数据制度，积极参与国际数据共享制度建设。为了持续发展日本的北极研究，在加强对青年研究者教育的同时，向日本国外的大学和研究机构派遣青年人才，努力培养能够引领解决北极问题的国际化人才。

此外，日本还致力于建造北极地区研究专用船只。为了使国际化的北极观测计划有效实施，日本在探讨使用先进的无人潜水器等的新型北极研究专用船只，打造北极地区国际研究平台。

2. 开展国际合作

（1）应对北极的全球性问题并积极参与国际规则的制定

一是针对北极环境变化所产生的包括地球温室效应、气候变动等对全球环境的影响，在积极地发布以日本本国的观测和研究为基础的科学知识的同时，为了实现以广泛的国际合作为基础的应对，日本还在探讨包括设定新议题等进一步行动的可能性。

二是通过《国际海上人命安全公约》、《国际防止船舶造成污染公约》（MARPOL公约）等现有的相关条约的修订，日本在采纳相关业界意见的同时，在国际海事组织中积极参与规定在极海的船舶安全、海洋环境保护、船员配乘、资格、训练等标准的《极地规则》的讨论。

三是为了在北极公海上以科学依据为基础可持续地利用水产资源，日本积极地参加包含沿岸国家的相关国家水产资源保护管理规则的制定。

（2）寻求在北极理事会活动上发挥更大作用

2013年5月日本被批准为北极理事会观察员国，由此日本向北极理事会的相关会议（作业分会、特别调查委员会等）派遣日本专家和政府相关负责人的机会增加了，日本对北极理事会活动的贡献也得到进一步强化。目前，日本正在努力推进与北极理事会议长国及成员国的政策对话。为了在北极理事会上发挥更大作用，日本正在努力寻求增强观察员国的作用。

(3) 扩大与北极国家的双边和多边合作

一是日本在进一步促进与北极国家交换关于北极意见的同时,正在探讨签订关于北极的双边协议的可能性;二是日本在推进与北极国家间以双边科学技术合作协定为基础的极地研究等相关领域的科学技术合作,通过在北极国家的研究、观测据点建设和研究者的派遣,强化关于北极的国际共同研究;三是积极参加北极圆桌会议、北极前沿会议等关于北极的国际论坛,广泛宣传日本的思想和观测、研究实绩,努力提高存在感。

3. 实现北极资源的可持续利用

首先,促进日本企业参加北极的经济活动。积极向北极国家派遣日本考察团,支持日本企业参与于 2014 年 9 月设立的"北极经济评议会"(Arctic Economic Council),宣传北极商业机会信息,构筑与北极国家商业团体的人脉关系。

其次,利用北极航线,并积极参与开发北极矿物资源。致力于日本海运企业等有效利用北极航线的环境建设,明确北极航线的自然、技术、制度、经济等问题,加快建设海冰分布预测系统和气象预测系统等航行支援系统等。针对日本正在参与的丹麦所属格陵兰岛东北海域内探矿项目,通过独立行政法人"石油天然气、金属矿物资源机构"(JOGMEC)进行持续的资金援助。

最后,重视保护北极生物资源。在进行海洋生物资源开发时关照北极环境并以科学为基础,探讨与相关国家合作构筑可持续利用的保护管理制度框架。

三、日本北极政策的经济影响

(一) 日本通过北极政策维持能源的经济力

任何经济的正常运行都离不开能源。能源的生产和供给对工业生产、运输体系的运转、满足人民生活需求都是至关重要的,能源供给不稳定甚至能够使国家陷入经济崩溃当中。自从工业时期开始的对能源重要性的认知使任何国家都想要极力控制能源的供给。

1. 能源的经济力表现

能源的直接经济力表现在国家有意识地控制其他国家能源供给和生产的能力。向其他国家提供能源供给和有效增加能源生产的技术是典型的积极支持，而限制向其他国家提供能源供给和新能源技术则是一种消极制裁。能源的间接经济力往往通过一个国家在全球能源市场规模上所占的比重获得，以美国为代表的能源消费大国明显地具有影响其他国家的力量，这些国家对能源资源的需求增强会导致其他国家价格提高，影响它们的经济和政治政策。

国家对能源的经济力的掌控在发生着变化。为了强制一些国家改变其对内和对外政策，国家通常对其他国家实施能源禁运。但是，在由国际机构赋予合法的多边制裁范围之外，国家或国家集团长期控制能源供给的能力存在问题。20世纪60年代末至70年代，石油输出国组织的行动表明，产油国能够通过抬高石油价格保证日本和欧洲等依赖石油进口的国家做出外交让步。目前由于内部政策分歧以及对石油市场的控制已经被产油国、跨国公司所瓜分，石油输出国组织对石油价格的影响能力下降。对国家来说，这种混乱局面意味着为了控制能源供给（无论是生产者还是消费者），国家需要再次与民间企业合作。许多石油公司以国内为基地，国家部分控股，国家可以在法律和金融方面控制有实力的公司，能够有效地管控向其他国家能源提供生产技术。

所有国家在面临能源供给中断时都是脆弱的，但能够利用一定程度的弹性、调整性、替代性和可获得性来应对。例如，第一次石油危机后，日本就已经开始寻求减少总能源需求的方式，通过储存化石和核燃料、能源供给多元化和研发增殖反应堆技术努力减少对外部能源供给的需求，尽可能摆脱对中东石油的过度依赖。

2. 北极能源开发与日本能源的经济力

长期以来，日本对化石燃料的依赖程度持续保持较高状态，即使在寻求"能源混合"的2030年也可预见化石燃料占一次能源供给的约80%。鉴于当前国际能源供需结构的不稳定性以及将来可能发生的变化，强化能源稳定供给是日本面临的重要课题。为了使各能源进行适当和切实的组合，实现稳定且经济的能源供给，日本在实施主要能源分散化、供给多元化、保证上游权益以及强化与产油国的关系等政策措施①。

(1) 北极能源开发有助于日本缓解能源的脆弱性

日本在推进国民生活和产业活动高级化、产业结构服务化过程中，在1973年第一次石油危机后通过各种节省能源抑制能源消费。目前，日本几乎所有的能源都依赖于海外进口，如果海外能源供给发生任何问题，日本确定能源供给具有根本脆弱性。这种脆弱性不能仅仅依靠抑制能源消费解决，所以，日本一方面努力促进替代石油能源，分散风险，另一方面加强国产能源自给。在东日本大地震发生前，日本包括核能源在内的能源自给率已经提高到20%。东日本大地震之后，由于"核发电停摆"等状况，2016年的能源自给率仅为8%，根本脆弱性的结构没有被消解②。

为了实现国民生活和生产"血液"的能源稳定供给，日本在从长期、综合且有计划的角度制定并实施能源政策。当今，世界正在面临地缘政治结构上的巨大变化，日本能源安全所处的环境也变得愈发严峻。日本经济产业省根据2002年6月制定的《能源政策基本法》，以安全性、稳定性、经济性以及环保性为基本方针，2003年10月制定了《能源基本计划》。随后，在2007年3月制定了第二次计划、2010年6月制定了第三次计划、2014年4月制定了第四次计划、2018年7月制定了第五次计划。

现在日本天然气占电源的40%以上，因为其作为热源效率性较高，利用范围还在扩大。由于地理环境特殊，日本的天然气无法通过管道从海外进口，但与石油相比天然气的地缘政治风险相对较低，在化石燃料中温室气体排放也是最少的，在发电中发挥着重要作用，未来，在各领域中可以预见天然气将会被广泛使用。

近些年，日本的液化天然气的年进口量为8500万—9000万吨，处于世界第一位，占世界液化天然气进口量的36%。日本进口液化天然气的价格较高，2015年日本液化天然气平均进口价格为10.48美元/百万英热单位，远远高于同期欧洲水平（6.55美元/百万英热单位）③。日本在避免对液化天然气过度依赖的同时不得不设法通过能源多元供给等方式降低成本。俄罗斯作为世界屈指可数的石油、天然气产出国，在现有的石油、天然气田生产量呈

---

① 経済産業省，資源エネルギー庁．エネルギー基本計画，2018 (7): 26.
② 同上，2018 (7): 4.
③ 公正取引委員会事務総局，液化天然ガスの取引実態に関する調査報告書，2017 (6): 79, 49.

下降态势的背景下，正在积极推进北极能源开发。以前，俄罗斯从伯朝拉海常年进行石油的发运，从 2017 年 12 月开始亚马尔 LNG 也利用北极航线进行液化天然气的发运，这意味着形成了从北极高频且大量的液化天然气输出，在北方海航道上运输活动会大幅增加。北极的能源资源是世界市场中的"新军"，2012 年日本就已经尝试进口北极的液化天然气。日本积极地进口北极的液化天然气无疑会有助于提高其供应商的分散程度，摆脱对中东地区的过度依赖。进而通过供给源的多样化，在一定程度控制近些年由于石油联动价格高涨而形成的在亚洲市场上的液化天然气高价格。

（2）北极能源开发有助于日本提高能源企业的竞争力

近些年，不仅在能源资源开发上的技术难度不断提高，化石燃料需求显著增加的新兴经济体的国营能源企业实力也不断增强，日本能源开发企业所面临的竞争越来越激烈。总体来看，日本能源开发企业的生产规模和财务基础与欧美能源大企业和新兴经济体的国营石油企业相比较弱，因此，强化能源企业的国际竞争力成为日本急需解决的问题。为了在争夺国际能源的激烈竞争中处于不败之地，日本正在致力于培育具有国际竞争力的上游开发企业。具体来说，在继续创办出拥有一定生产规模、能承受能源价格波动的强韧的财务基础以及优良资产、能开拓需求的"核心能源企业"，促进能源企业向上游部门发展。为了实现这些目标，日本在 2016 年修订了相关法律，确立了以"独立行政法人石油天然气、金属矿物资源机构"（简称 JOGMEC）的民间主导为原则，扩充支援能源企业海外收购的机能，通过提供风险资金、利用 AI、IoT 等革新的资源开发技术和政策金融等援助措施，提高能源企业向上游部门发展的能力。

欧美石油企业上游部门（资源开发）占收益的比例较大，中下游部门（精炼、销售）所占比例较小。日本的大多数石油企业在第二次世界大战以后接受来自欧美石油企业的原油供给，受其护佑的时期也较长，以中下游部门为利益中心。现在，为了应对当前不稳定的能源供给结构和长期来看世界石油需求减少的可能性，欧美石油企业在向天然气和下一代能源、化学产业等领域扩展，而中东产油国的国营企业向石油的中下游领域和下一代能源进行扩展。日本的石油企业为了强化收益力，不仅注意缩小国内汽油市场中的竞争，还要强化在海外的能源开发事业，开拓海外需求，向具有强韧收益力的综合能源企业转变。

开展石油中上游领域的海外事业不仅会提高国内石油企业的收益力，而且从能源稳定供给的观点来看也会获得供给中断或灾害时的供给能力。日本为了保证能源稳定且价格低廉，不仅要从国际市场采购，还要努力确保日本企业海外资源权益并推进自主开发。在提高能源自给率时，通过获得海外能源资源权益，提高石油、天然气等自主开发比率（与日本企业的权益有关的海外回购量及国内生产量占进口量及国内生产量的比例）是非常行之有效的。为此，日本确立了新的目标——把石油、天然气的自主开发比率（2016 年度为 27%）提高到 2030 年的 40% 以上[①]。

目前，国际大型石油公司在探矿、开发等上游事业上的区位选择正在发生变化。在探矿、开发、生产比较容易的矿区的新生产正变得越来越少，为了应对日益增加的世界能源需求，国际大型石油公司正在向北极海域矿区和波罗的海深海矿区等技术和成本方面开发难度较高的地域转移。原则上北极能源开发是作为商业项目展开的，换言之，能源开发的根本目的是追求利益。能源产业原本就拥有着非常高的收益率。北极圈是新开拓的能源资源开发地，与其他已开发地区相比，参与的机会相对更多。考虑先行者利益和高端技术优势等，日本当然会积极加入到北极能源开发当中。对拥有资本和技术优势的国家来说，自然愿意参与甚至主导北极的能源开发。况且，对日本来说，从能源安全的观点来看，日本能源企业成为北极能源开发的主体是非常重要的。一旦因紧急事态导致禁运，石油、天然气通过常规国际贸易无法确保的情况下，拥有自主权益的油气田可以稳定自己国家所持有的权利，一定程度减少或消除能源供给上的困难。

实际上，经历了 20 世纪 70 年代的石油危机以后，日本就推进了以石油为代表的化石燃料的自主开发政策。日本，获得了在阿拉伯联合酋长国陆地矿区（2015）及海上矿区（2018）的权益、参与北美的页岩油气开发、澳大利亚的 LNG 项目开始生产等。日本在北极能源开发方面也在想方设法获得更多的自主开发权益。2013 年 5 月，日本国际石油开发公司（INPEX）与俄罗斯石油公司达成协议，共同开发俄罗斯远东马加丹州近海油田。俄罗斯希望日本参与北极沿岸格达半岛 LNG 项目[②]。日本主要通过完善既有的通过

[①] 経済産業省，資源エネルギー庁.エネルギー基本計画，2018（7）：15, 27.

[②] 张文锋，刁秀华，"俄罗斯'东向战略'下日俄经济外交和经济关系的调整"，《现代日本经济》，2019 年第 1 期，第 67—78 页。

JOGMEC 的探矿出资等制度来寻求在北极能源开发上的更多经济权益，例如，2013 年，以 JOGMEC 为首组建的格陵兰石油开发公司与雪佛龙、壳牌联合中标格陵兰东北海域的两块油气田；2016 年 12 月 JOGMEC 与俄罗斯最大独立天然气生产商诺瓦泰克公司签署备忘录，双方在东西伯利亚地区探矿、油气田开发展开合作[①]。

（二）日本通过北极政策维持交通经济力

1. 交通经济力的表现

交通包括陆地、海洋和空中运输体系，运输体系输送人员、物质产品和信息，这对经济活动和财富创造来说至关重要。

国家可以通过拒绝或提供其他国家进入运输体系的能力得到来自于交通的直接经济力。消极的交通制裁的最极端例子是经济禁运或关闭一个或几个国家与另一个国家贸易的边界。积极的交通支持的典型例子是国家间开辟新的交通联系，达成促进经济相互依存的协定。

国家通过统治运输市场或其独特的地理位置保证其具有间接经济力。例如，美国的国内市场规模以及作为许多外国承运者的中心运输节点的地理位置，使其拥有在航空运输市场上的间接经济力；埃及和新加坡分别"扼守"苏伊士运河和马六甲海峡，使其具有海洋运输上的间接经济力。更为重要的是，从一个国家向另一个国家的物质和信息传送的运输体系也可能会产生认识判断和信仰的演变，就像斯特兰奇提出的"通过它们会影响价值判断、政治和经济决策和政策"。随着信息化社会的深入发展，物质流和信息流越来越相互融合，即发达的交通体系离不开高度发展的互联网。在互联网和相关电子媒体自由化发展过程中，全球的网络使用者不得不在一个本质上由美国为首的发达国家所统治的环境下运行，即使存在消费者可能不是有意识地与具有西方价值或影响的互联网相联系的情况，但他们使用英语，接受为了运营网络而把基地设在美国等西方国家的公司所设定的标准，意味着在某种程度上他们已经潜意识地购买了一系列西方标准。所有这些都强化了美国等西方国家的"软实力"，有助于这些国家和其他经济体的经济融合，获得间接经济

---

① ロシア連邦の石油会社との覚書締結について，2016-12-16，http://www.jogmec.go.jp/news/release/news_06_000217.html.

力以及相关的安全利益。

由于对国家能够在多大程度上控制运输体系存在诸多疑问，交通的直接经济力是有限的。虽然国家能够对多种形式的运输通过关闭领土、领海和领空进行管控，但许多消极的经济制裁以及努力阻止毒品走私的失败案例证明，国家边界是可渗透的，并不足以规制私人企业为了寻求经济互补而置政治边界于不顾的贸易。

除此以外，由于脆弱性水平不同，交通对权力的影响也不确定。对自身资源缺乏的典型海洋国家日本来说，发达且稳定的交通体系——尤其是海洋运输是其生存与发展的基础，如果国际交通环境恶化，会导致其经济活动崩溃。为了最大限度减少这种脆弱性，一方面，日本确定了交通安全的具体目标，即在非正常时期，为了保证维持一定规模的国民生活和经济活动水平的必要的输入货物完全由日本籍船舶来输送，这最低需要 450 艘日本籍船舶；如果操作这些船舶的全都是日本海员，则至少需要约 5500 人[①]。另一方面，日本必须积极努力地构筑适合海洋国家经济活动的有利国际环境，即为了保证提供安心进行经济活动基础的安全保障，必须构筑与周边国家的良好关系。日本已经把外航海运战略作为在国际市场上所开展的国家战略的重要组成部分，并在努力营造对自己国家更为有利的国际环境下实施外航海运战略。

2. 北极航线开发与日本交通的经济力

（1）北极航线开发与利用有助于缓解日本能源运输的脆弱性

目前，日本所需的化石燃料中石油依存率达到 48%，在主要国家中是最高的。在日本所消费的能源中，99.6% 原油要靠进口，其中约有 90% 来自中东；煤炭要进口 99.4%，其中从澳大利亚、印度尼西亚、中国、俄罗斯、加拿大分别进口 59%、18%、11%、5%、5%，进口来源较为分散；天然气要进口 96.4%，其中从中东方面进口 24%，其余 76% 从澳大利亚、印度尼西亚等国进口。

中东原油的海上运输路线从波斯湾或红海出发，航行印度洋、南海，经由东海或西太平洋到达日本。煤炭的海上输送路线主要依靠西太平洋即日本

[①] 国土交通省海事局，平成 29 年度海事関係税制改正要望結果概要，2017-01-10，http://www.mlit.go.jp/common/001170287.pdf.

东部海域。天然气的海上输送路线与原油和煤炭的输送路线相重叠,现在从澳大利亚、东南亚的进口占大部分,从印度尼西亚的进口量呈现减少的趋势,未来从卡塔尔等中东方面的进口会增加,预计会靠近原油的航线。

对日本来说,国际海运的风险管理是与能源供给密切相关的国家经济安全上的最重要课题之一。随着经济规模的扩张,海运事业对日本经济影响将会更大。特别是,能源资源的运输变得更加重要,在海上输送机能丧失的情况下,以钢铁、电力为代表的多数产业会陷入紧急状态,日本人的日常生活也就随之建立在脆弱性的基础之上。

海上运输的风险大体可分为三种类型:一是过密海域(霍尔木兹海峡、马六甲海峡、博斯布鲁斯海峡、苏伊士运河、巴拿马运河等)通航风险;二是海盗行为、海事恐怖主义行为风险;三是海峡封锁风险。

理论上,日本可以通过四种方式减少或规避上述风险。①通过海上防卫力、沿岸警备队和海上保安厅等海上执法机关的直接对应方法;②通过能源资源供给源的多元化分散风险;③通过陆地管道和选择其他替代输送航线来回避风险;④通过利用没有必要进行国际海上输送的其他替代能源资源来减轻风险[1]。但就目前的情况来看,在实践上日本选择多元化的能源资源供给源和替代的输送航线更具有现实意义,北极能源资源开发与北极航线的利用恰恰为日本增加了选择机会。

北方海航道即北极东北航道是连接亚洲和欧洲地区最短的海上航线,大部分航段位于俄罗斯北部沿海的北冰洋海域。如果使用这条航线,东亚与欧洲北部的海上距离就会比现在的苏伊士运河航线缩短30%—40%。进入21世纪,随着主要国家(地区)的经济增长,亚洲的能源需求在扩大,价格也随之高涨,对欧洲能源产地来说,亚洲市场极具吸引力。与此同时,船舶燃料的价格也在高涨,削减船舶运航成本随之成为一个重要问题。北方海航道成为对天然资源生产者和船运公司双方都认可的具有魅力的输送路径。在这样的背景下,利用北方海航道的欧洲与东亚间的海上运输在2010年实施了两次试验性航运,2011年到2013年急剧扩大,液化气、煤炭和石油等被大量

---

[1] 羽原敬二,わが国の経済安全保障政策の強化と海上運送事業,https://www.kansai-u.ac.jp/ILS/publication/asset/nomos/27/nomos27-03.pdf.

地运输①。目前，在极地破冰船的帮助下，北方海航道的东侧航道已具备全年通航的条件。2017年12月至2018年6月，通过北方海航道的货船共计253艘，货运量达到1100万吨，比上年同期增长了1倍，这说明北方海航道越来越受亚欧地区国家的重视，具有很大的开发潜力。得益于船舶制造技术的进步，大型破冰船已可以有效对抗北冰洋的众多浮冰。近十年来，陆续已有数百艘国际商船成功穿越北极圈，实现了亚洲与欧洲、美洲与亚洲的连通，也使北方海航道的商业价值和经济意义日渐凸显。根据俄罗斯联合造船集团的预测，2025年前北方航道的货运量将达到6670万吨，2030年前将达到1.15亿吨，2035年前将达到1.55亿吨。

由此，燃料消费量可以实现削减，运输时间缩短，还能够避免马六甲海峡和索马里海的海盗问题，这些都是北方海航道的优势。如果苏伊士运河航道发生紧急事态无法使用，北方海航道也具有替代航线的机能。

（2）北极航线开发与利用会巩固日本运输节点的地位，提高交通的间接经济力

连接亚洲（主要是东亚）与欧洲的北方海航道一般要经过津轻海峡或宗谷海峡，而北海道是从东亚向北方海航道路线上最北端的现代产业地区。北海道具有完善的现代国际港口、国际航空网络以及国内陆地交通体系，在港口的腹地有交通、商业、医疗、住宿环境完善的城市。这样，从往返于东亚与欧洲的北方海航道利用者的视角来看，地处日本北端的北海道以往在地理上的劣势却变成了处于北方海航道门户的地理上的优势。

北海道要能够有效地利用在北方海航道上的地理优越性，就必须要发挥北方海航道运输的中心港的机能，为此，日本各界尤其是北海道的有关部门正在进行着各种努力。所谓中心港是指成为海运枢纽的国际港口，被运送的货物以中心港为枢纽通过海路输送到各地的港口。在这里需要注意，这是冰级船与普通商船进行对接的中心港口，要把冰级船和普通船上的集装箱进行转装，从这里通过北方海航线向欧洲运输，或者将通过北方海航线的来自欧洲的货物航运到亚洲各地。苫小牧港是北海道的陆地、航空、海上交通的集结点，在腹地配有产业地域，也能够与在札幌聚集的研究机构密切合作，具

---

① 公益财团法人笹川平和财团、海洋政策研究所，我が国の北極海航路利活用戦略の策定事業報告書 2015 年度，2016（3）：223—225.

有成为中心港口的较大潜力①。日本学者三条肇对日本 47 个都道府县从亚洲各国向欧洲的集装箱运输进行了模拟计算,在只考虑需运输时间,对有无利用北方海极航道的情况进行比较。结果显示,利用北方海航道,平均所需时间缩短了 4 天,这是利用所有航线的平均运输时间 40 天的 10%,在时间成本方面效果还是比较明显的。在一般成本方面,利用北方海航道,平均 1 标准集装箱会减少 6 万日元。在北方海航道直航与中转转装的成本方面,中转转装更为经济实惠。那么,在利用北方海航道时,哪个港口设定为中心港经济效益最大呢?通过对日本各港口的比较,从所需时间来看,利用苫小牧港用时最短;而从一般成本来看,利用大阪港成本最低。由此可知,如果只考虑时间成本,苫小牧港具有充分的优势,具备了作为据点位置的优越性②。实际上,从 2017 年开始,已经有通过北方海航道的中国籍、荷兰籍货船进入苫小牧港中途停泊。

---

① 北海道経済同友会北極海航路研究ワーキング,北極海航路を通じた発展戦略への提言,2016(8)。
② 三条肇,北極海航路実現による北海道の国際物流拠点化に関する研究,北海道大学工学部修士論文,2012:30—31.

第八章　韩国北极政策

21世纪以来，韩国政府更趋偏重于保障传统能源稳定供应和改善能源安全体系，旨在构建安全可靠的能源开发、供应和消费体系，以及拟订和执行长远的、系统的海外资源开发综合规划。由此，韩国的能源政策有了显著的变化，如放弃核能开发、强化再生能源利用、积极开展能源外交、持续实施北极政策、走相对温和的能源发展道路等。当前，东北亚主要国家旨在北极地区开展合作，而能源外交则是各国维护和实现北极地区利益的现实选择。北极地区作为韩国展开能源战略的重点方向之一，从韩国积极开拓北极航道的历程看，其北极政策日趋具体、明确和有针对性。不过，伴随地区和国际形势的日趋复杂化，韩国的北极政策面临诸多挑战，一系列的现实课题亟待解决。

一、韩国北极政策的沿革和诉求

在北极地区由"寒冰"转为"热土"的趋势下，韩国的北极政策经历了缘起、成型、创新和变革等一系列的调整变化。由于韩国地理位置距离北冰洋地区较远，加之其早先的海上交通并不发达，因此其筹划北极政策的时间较晚，但后期的跟进发展迅速。梳理韩国北极政策沿革不难发现，不同时期的韩国北极政策有着不尽相同的调整重点，应地区和国际形势变化、确保韩国能源和国家安全等核心诉求，推动着韩国北极政策一边调整一边完善。

（一）韩国北极政策的缘起

北极地区独特的地理位置和丰富的自然资源，吸引了不少国家的目光。全球气候变暖的趋势，使该地区诸如资源开发、科研考察、国际合作、治理北极等问题日趋全球化，这为韩国解决能源短缺问题提供了新契机。

1. 韩国能源安全需要

(1) 韩国国内能源消耗

韩国本土能源短缺,每年的能源产量远远不足以支撑其能源消耗量。据统计,韩国的能源产量从 2005 年的 0.43 亿吨油当量增长到 2010 年的 0.45 亿吨油当量,其增幅为 4.49%。但是,韩国的能源消耗量从 2005 年的 2.1 亿吨油当量快速增长到 2010 年的 2.5 亿吨油当量,其增幅达 18.95%。2005—2010 年,化石燃料消费在韩国的能源消费结构中占比长期居于 80% 以上[1]。可以看出,韩国自身的能源产量远远不能满足其巨大的能源消耗需求。能源消耗大国与资源贫乏国家的结构性矛盾,严重制约着韩国经济社会的持续快速发展。从全球能源环境看,尽管全球经济持续低迷,全球能源需求增长有所趋缓,但是,相对于发达国家能源需求的整体下滑,发展中国家尤其是新兴工业化国家对能源的需求却快速增长,致使全球能源市场呈现供需严重不平衡局面。能源资源是影响全球及各国经济增长的重要因素之一,这一点在韩国表现得尤为突出。数据显示,1985 年以来韩国 GDP 年均增长率为 7.2%,而能源消耗年均增长率为 8.6%。伴随经济社会持续增长的现实需要和迫切诉求,韩国的能源消耗量会在一段时间内进一步增加。

(2) 韩国能源安全现状

约瑟夫·奈认为,国家力量经常与拥有某些资源联系在一起。所谓力量,即在人口、领土、自然资源、经济实力、军事实力和政治稳定方面占有优势,能源即是一国资源的重要组成部分[2]。由于地理环境的限制,世界各国的能源状况大相径庭。自然资源对主权国家快速稳定地提升综合国力具有重要作用,而维护国家安全利益则在很大程度上取决于综合国力强弱。可以说,作为自然资源的重要组成部分——能源对国家安全的重要影响不言而喻。韩国作为快速发展的现代工业化国家,其对各类能源的依赖程度极高,但复杂的地缘政治环境和有限的能源生产规模使韩国的能源进口依赖程度过高,韩国的能源安全存在无法忽视的脆弱性。

韩国属于自身资源匮乏的国家,其化石燃料、水资源等十分有限,需要

---

[1] 宋效峰,"韩国的能源战略及启示",《亚非纵横》,2006 年第 3 期,第 43—46 页。
[2] 约瑟夫·奈著,郑志国等译,《美国霸权的困惑》,北京:世界知识出版社,2002 年,第 5 页。

大量进口石油、天然气等能源且对外依存度达 90% 以上。为满足经济社会发展对能源的巨大需求，韩国奉行对内发展核电、对外进口能源的基本方针。由于近年来核电安全问题日益突出，文在寅政府在 2017 年 6 月宣布不再开发核电。这意味着未来一个时期韩国能源供需矛盾将趋于严峻，其对外能源依存度高企难下的局面难以改观。以原油进口为例，2016 年韩国原油进口量达 1.439 亿吨，同比上涨 4.4%，再创历史新高。韩国原油进口来源地主要是沙特、卡塔尔、科威特等海湾国家，2016 年上述三国原油供给量占韩国原油进口量的 34.1%，2017 年该指标下降到 31%。原油进口的过度集中给韩国能源安全带来一定风险，为此，韩国一直积极寻求新的能源合作伙伴，而地缘临近的俄罗斯则是韩国自然而然的优先合作对象。2018 年，韩国从俄罗斯进口的矿产资源总额达 147.74 亿美元，占当年同类产品进口总额的 82.7%。伴随俄罗斯北极能源开发步伐的加快，输入距离更近、运时更短、运输更安全的北极能源，成为韩国极力争取的重点方向。2017 年，普京总统在第四届"北极—对话区域"国际北极论坛上表示，"俄罗斯支持开发北极资源，欢迎海外伙伴参与实施有关项目并积极利用北极航道"①。俄方一改此前谨慎的合作态度，积极向中日韩等国家敞开了合作大门。2019 年第五届"北极—对话区域"国际北极论坛上，普京总统称俄方将继续推动北极地区交通运输和基础设施建设，尤其是北极航道、沿岸地区基础设施及市政建设，使之成为全年无阻断运行的海上新航线②。这为韩国大量进口北极地区能源、深度参与该地区开发和基础设施建设创造了有利条件，对确保其能源安全、推动产业发展具有深远意义。

（3）海外能源目标的抉择

韩国海外能源开发战略是基于全球能源格局和国内能源状况，为切实保障国家能源安全、夯实经济社会发展的能源基石提出的开发海外能源资源的宏观性的战略构想和对应性的政策规划。从韩国自身而言，作为新兴工业化国家和新兴经济体的主要代表，其经济社会的持续快速发展需要巨大的能源

---

① 普京表示俄方支持北极开发并欢迎海外伙伴参与有关项目，新华网，2017-03-31，http://www.xinhuanet.com//2017-03/31/c_1120728049.htm。

② 第五届"北极—对话区域"国际北极论坛在俄罗斯举行，中国海洋在线，2019-04-19，http://www.oceanol.com/guoji/201904/19/c86421.html。

消耗作为后盾①。韩国具有地少人多的显著特点,其既要保障国民的生存与福祉,又要维持中等发达国家的国际地位,致使在经济快速发展的同时千方百计地突破能源短缺困境成为韩国的长期症结。据统计,韩国所需能源的97%从海外进口。2005 年以来,韩国的能源产量虽有增长,但为配合经济增长消耗了大量的能源供给。韩国不仅是亚太地区也是当今世界的能源消耗大户且能源需求仍在快速增长,加之能源循环利用、环境治理等现实考虑,能源安全对韩国来说是一个相当棘手的问题。

为确保能源安全,韩国在制定海外能源开发战略时非常重视海外能源目标的抉择,自 20 世纪 80 年代末 90 年代初即已开展能源外交活动。韩国海外能源开发战略的形成和实施历时漫长,在卢武铉时期,韩国积极发展同能源富庶国家和地区的双边与多边合作关系;在李明博时期,韩国正式提出"能源外交"主张,即"在代价能够承担的情况下,全国上下努力,确保韩国能源供应稳定"②。文在寅总统上台后,其积极实施"新北方政策",其中的"九桥战略"成为韩国"北进"的重要手段。与将北极相关领域总体纳入"九桥战略"相吻合,天然气、北极航道开发成为韩国总统直辖的北方经济合作委员会具体推进"新北方政策"的核心项目③,可以看出,韩国实施海外能源开发战略的力度进一步加强。这其中,韩国政府发挥了决定性的主导作用,而北极地区则成为韩国政府格外重视的新的海外能源战略目标。

2. "中等强国"身份的驱动

进入新世纪,韩国对外政策日益显露出争当"强国"的意愿,以"中等强国"身份制定和实施各项国家战略成为一项基本共识。文在寅时期把北极政策纳入韩国总体外交战略框架,既有推动和实现韩国成为世界经济强国的战略盘算,也有着非常复杂和复合的非经济性的利益考量。

韩国 GDP 全球排名位居前列,其在推动东亚区域经济一体化进程中具有

---

① JaeHyun Park, TaeHoon Hong, Analysis of South Korea's Economic Growth, Carbon Dioxide Emission, and Energy Consumption Using the Markov Switching Model, *Renewable and Sustainable Energy Reviews*, 2013, 18 (2): 543-551.

② Seonjou Kang, Korea's Pursuit of Energy Security. The 2008 Northeast Asia Energy Outlook Seminar; Korea Economic Institute Policy Forum, 2018-05-06.

③ 정부 북방경제협역위 설치… 북극항로 개척의 허와 실, http://www.enewstoday.co.kr/news/articleView.html?idxno=1101109.

不可忽视的作用。凭借强大的经济实力，韩国通过多种方式积极寻求扩大全球影响力。不过，近年来世界经济的总体疲软势头以及贸易保护主义在部分国家的再度盛行，对出口导向型的韩国形成了巨大挑战，使其外向型经济发展面临不小的压力。2018 年 2 月，美国对从韩国进口的洗衣机、光伏电池及组件等开征保障性关税，总额达 4.8 亿美元。随后，韩国被迫实施同等价值的关税报复。雪上加霜的是近年来日韩贸易战愈演愈烈，2019 年 7 月 1 日，日本突然宣布将限制对韩出口氟化聚酰亚胺、抗蚀剂、氟化氢三种材料，并拒绝与韩方进行任何关于解除制裁的磋商①。韩国从日本进口的氟化聚酰亚胺和抗蚀剂占其进口总量的 90% 以上，日本此举将直接影响到韩国的三星、LG、SK 海力士等大企业，对韩国半导体产业发展造成了严重冲击。同年 8 月 2 日，日本宣布把韩国从安全保障贸易管理名单移除②。可以说，寻求新的经济合作伙伴以助推经济复苏和进一步发展是韩国确保"中等强国"身份的当务之急，积极参与北极地区事务、进一步加强同俄罗斯及北极国家合作则可以满足韩国妥善缓解经济发展困局、持续提升国际地位的现实需求。

（二）韩国北极政策的沿革

伴随北极地区冰盖面积的日趋缩小，该地区开发难度逐渐降低，其在地缘位置、航道、能源等方面的战略价值日益突显。由此，越来越多的国家将目光锁定在北极地区，甚至有专家称北极地区极有可能成为下一个全球博弈中心。由于地缘位置和综合实力的限制，目前韩国仍以观察员身份参与北极地区事务。总体来看，韩国北极政策的制定和实施大致经历了三个阶段。

1. 逐步形成阶段

韩国正式参与北极地区事务的时间较晚，最初基本上以科研考察为主。20 世纪 70 年代，韩国开始介入南极地区科学考察，起初，其以加入其他国家的科研队伍为主，而并未开展独立活动。1999 年，韩国科学家与日本地质调查所合作开展海洋研究，同年，韩国研究员参与了中国的首次北极地区科

---

① 日本経済産業省，大韓民国向け輸出管理の運用の見直しについて，2019-07-01，https://www.meti.go.jp/press/2019/07/20190701006/20190701006.html。
② 日本経済産業省，輸出貿易管理令の一部を改正する政令が閣議決定されました，2019-08-02，https://www.Meti.go.jp/press/2019/08/20190802001/20190802001.html。

学考察，旨在探索白令海和楚科奇海①。2001年10月，韩国成立北极科学委员会。2002年4月，韩国加入国际北极科学委员会，随后在挪威斯瓦尔巴德群岛建立"茶山"科考站。2009年，韩国投资约1亿美元建造的首艘破冰船"全洋"号正式入列，成为韩国极地研究的主力船只。

韩国通过北极茶山站与国际组织持续合作，加强相关的科学研究②。在此基础上，韩国政府开始正式涉足北极地区事务。2012年9月，李明博总统访问了挪威和丹麦格陵兰岛。此次出访收获颇丰，韩方与挪威政府在绿色增长、资源开发以及北极航道的启幕等方面展开了交流，同时与丹麦格陵兰自治政府签署了有关资源开发的四项谅解备忘录。这些政策铺垫，使韩国政府加快了北极政策制定进程。2013年7月，韩国政府正式发布《北极综合政策推进计划》，标志其北极政策之路正式拉开帷幕。

2. 调整完善阶段

韩国政府发布的《北极综合政策推进计划》以推进北极航道开发建设为重点，旨在多层次、全面地参与北极地区事务③。伴随韩国管理机构对北极地区事务的不断深入研究，2013年底韩国政府发布了更加充实的《北极政策基本计划》，其中包含增进与北极地区国家合作、加强北极研究、完善北极地区基础设施建设等内容。北极地区价值度的直升不降，促使韩国政府加快了北极政策调整步伐。

2013年，韩国同北极地区事务的最重要参与国之一的俄罗斯建立了合作关系，并签署《韩俄港湾开发合作谅解备忘录》，旨在开发俄罗斯北极地区海岸据点港湾、盘活俄罗斯远东地区的物流和投资、推进"南北俄战略三角"建设等④。2015年，韩国发表《2015北极政策执行计划》，将"参与北极航路和北冰洋开发"列为140项大国政课题中第13项⑤。进入新世纪，韩国对

---

① 李菁，"韩国的北极政策研究"，《政法论坛》，2007年第2期，第130—133页。
② 李旻，"韩国北极政策'小步快走'"，《中国周边》，2019年第17期，第28—29页。
③ 武志星：世界主要国家北极战略梳理，2021-03-12，http://aoc.ouc.edu.cn/2d/53/c9821a208211/page.psp.
④ 罗毅，夏立平："韩国北极政策与中韩北极治理合作"，《中国海洋大学学报（社会科学版）》，2019年第2期。
⑤ 韩国政府计划积极推进北极综合政策，2013-07-25，http://www.chinadaily.com.cn/hqzx/2013-07/25/content_16828625.html。

海洋经济利益的追求日益强烈，韩国海洋水产部制定的年度性港湾基本计划，旨在应对北极航线的商业化趋势，致力于优先维护和扩充东、南海岸港湾设施，积极开拓北极航道，同时推动韩国大宇造船公司加快改建俄方的旧核潜艇造船厂，以便建造具有破冰能力的液化天然气油轮，进一步提升韩国挺进北极、利用北极的能力和技术。

3. 积极实施阶段

2017年文在寅总统上台伊始即提出"新北方政策"，其中的"九桥战略"广泛涉及北极相关领域议题。至此，韩国北极政策调整步入新阶段。为缩短货物运输距离，韩国学者考察了俄罗斯萨哈共和国雅库茨克的勒拿河沿线，提出由铁路运输连接勒拿河进入拉普捷夫海，再沿北方航道运送货物至欧洲国家。2018年年初，中国发布了首部北极政策白皮书，此后中韩在北极地区事务上进行了多次合作。此外，韩国同北极国家进一步加深了合作。总体来说，文在寅政府时期，韩国北极政策更加关注于气候变化和环境保护、科学考察、航道利用以及资源开发四个领域。

（三）韩国北极政策的诉求

北极地区的大陆和岛屿总面积约800万平方千米，北冰洋海域面积超过1200万平方千米，沿岸国家和世界各国均享有相关的海洋权益，受制于既有的国际法则。虽然目前韩国以北极事务观察员的身份参与该地区事务，但北极地区日益重要的战略利益时刻牵动着其敏感神经。北极地区的热度不断上升，与其蕴含的巨大的商业价值不无关系，主要包括：北极航道的通航和商业化运营，北极地区的油气资源、矿产资源的勘探与开发，旅游业发展，北极海域的渔业捕捞等。北极地区巨大的经济前景，契合韩国的核心利益诉求。比如，对北极航道的商业价值开发，2013年中远海运集团的"永盛轮"成功试航北极航道，由此每年都有部分国家的船只航行在北极海域，韩国大宇、三星以及日本住友等造船公司纷纷加入到北极航道的商业开发与利用进程。据韩国海洋水产部发布的《韩国2050极地活动蓝图》，韩国将进一步推动北极科学研究、环境保护、人才培养、产业培育等活动，并提出七个方面的战略构想，如应对极端气候、开发新能源、进军北极地区等。由此，突显了韩国北极政策相关诉求，体现出其旨在通过不断强化的北极战略性开发打开新局面的迫切心理。

1. 夯实经济社会发展基础

（1）争取海上交通支配权，管控海运成本

伴随全球气候变暖趋势，北极地区的冰融程度进一步加剧。韩国政府没有忽视北极航线的海上运输将会因此而持续上升的可能性。首先，北极地区拥有丰富的矿产、能源等资源，而世界各国要想将这些资源运回国内则必须通过北极航线运输。其次，北极航线可以作为替换原有的苏伊士运河航线的新的物流路线，成为潜在的连接亚欧大陆的新交通干线，且更加节省航运成本。韩国政府对北极地区海运过程做出了全面合理的规划，并于2011年发布了"第三期港口基本计划"，到2020年韩国政府计划投入18万亿韩元、民间投入22万亿韩元，并对集装箱吞吐量、处理货物重量、港口产值等做出了规划。2019年5月，韩国政府出台《第三次港口再开发基本计划（2021—2030）》，为有效开发利用老旧、闲置港口及其周边地区，根据已有的港口现状，综合考察港口功能老化、闲置程度、开发潜力、可行性等因素，确定了针对性的政策目标和推进策略[1]。这显示了作为海运贸易型国家的韩国对潜在的港口利益的重视程度。

（2）推动北极地区商业化，增进港口合作

推动北极地区商业化，重点是推动北极航道商业化。2013年，韩国首次通过北极航线在亚欧地区进行商业运输，这对开发新的北极商务模式具有重大意义。文在寅政府上台后，在推动北极地区商业化上奉行政府与企业并进方针。在政府层面，韩国外交部和北方经济合作委员会分别同俄罗斯有关机构举行了多次会谈，为双方开发开拓北极地区提供了政策保障。在企业层面，韩国现代集团计划利用2500—3500TEU级船舶实现北极航道常态航行，并讨论订购装置在集装箱船前方的破冰船或没有破冰船也能保持航行的船舶[2]。韩国政府之所以有强烈加快北极地区商业化的意愿，旨在通过北极地区经济

---

[1] 韩国将制订《第三次港口再开发基本计划（2021—2030）》，https://www.sohu.com/a/313049515_100122948。

[2] 빠르게 녹는 빙하 북극항로서 물류산업의 미래를 찾다，http://www.ksg.co.kr/news/main_newsView.jsp?bbsID=news&bbsCategory=KSG&categoryCode=all&backUrl=main_news&pNum=117084。

建设进一步拉动国内经济发展，由此构建一个全新的北极地区产业链，从而为韩国海洋经济良性发展注入新活力。

（3）保障能源供给稳定性，扩大海外开发

北极地区优越的自然资源条件深深吸引着韩国，作为能源储备薄弱的发达国家，能源是确保韩国国民经济持续发展的根本保障之一。当前，韩国在航运、造船、沿海工程、渔业等方面有意争取更大的发展，近年来北极地区开发升温恰好给了韩国进一步发展的空间。据估计，北极地区潜在的可开采石油储量为 1000 亿—2000 亿桶，天然气在 50 万亿—80 万亿立方米。比如，美国阿拉斯加北部普鲁度湾油田和库帕鲁克油田可日产原油 400 万桶，占全美石油储量的 26%，占总消耗量的 11%。此外，北极地区其他国家储藏着相当可观的煤炭资源。比如，挪威北部斯瓦尔巴德群岛的煤炭开采可以追溯到 100 年前。北极地区的煤炭品质堪称世界最高，低硫、低灰、低湿的特性使其成为世界上最洁净、最高效的煤炭，其热值超过 12000 焦/千克[①]。因此，无论是韩国自行开发，还是与北极地区国家展开合作，都表明韩国实施北极政策对稳定其所迫切需要的能源持续供给具有相当的助力作用。

2. 维护增进国家安全利益

能源安全属于国家安全的重要范畴。世界各国对能源重要性的认识源于第二次世界大战的爆发，石油燃料枯竭导致战争机器停转被认为是德日失败的重要原因之一，而当时美国在石油领域的支配地位对反法西斯同盟赢得最终胜利起到了重要作用。由此，石油的获得被视为国家军事安全的前提和保障之一，在一定的意义上成为决定战争胜负的重要因素。伴随世界经济快速运转和国际政治经济环境的不断变化，世界主要国家的能源消耗量随之大幅增加，能源安全的内涵和外延得到进一步的扩展与深化。能源安全成为一个国家和地区实现国民经济持续发展及社会进步所必需的基本保障条件和确保国家安全的重要因素之一。能源紧缺问题一直是韩国政府高度关注的国家安全议题之一。确保能源供给的可持续性，是韩国经济社会可持续发展的重要保障之一。韩国政府之所以长期高度重视北极开发计划，是因为该地区富有的自然资源和重要的地缘战略价值对韩国维护增进国家安全利益具有不可忽

---

① 北极地区的自然资源，http://blog.sina.com.cn/s/blog_d42cecde0101ebdw.html。

视的重要作用。

(1) 弥补能源安全脆弱缺口

伴随韩国经济社会的迅速发展,其能源需求规模也大幅增长。从 20 世纪 60 年代起,韩国逐渐拉开了能源探索的帷幕。在国际政治经济形势日趋复杂的背景下,能源问题已不局限于经济层面,而扩展到国家安全、对外交往等层面。虽然韩国在能源战略方面取得了积极的进展,如实现了能源进口多元化,可以在一定程度上缓解国内能源紧缺状况,但受制于多方面原因,韩国至今仍然无法摆脱能源安全脆弱性的影响,致使能源安全成为韩国维护国家安全利益的软肋。

复杂的地缘竞争格局,使韩国的能源进口压力骤然增大。韩国所处的东北亚地区有着复杂的历史、文化、政治、经济等背景[1],同时聚集着中国、日本、韩国三个能源需求和进口大国,韩国在该地区的总体能源竞争力较之中日两国处于劣势地位,致使其争取能源资源的能力也处于相对较弱的位置。加之韩国对外能源需求地区过于特定化,高强度的能源消费使其对能源进口有着严重的依赖性,在新世纪以来呈现进一步加剧趋势。韩国能源进口地区的特定化,使其易受相关地区政治经济形势的影响,这是韩国能源安全始终无法摆脱脆弱性的重要原因之一。比如,韩国的石油和天然气进口严重依赖中东地区,但该地区政局长期动荡且能源民族主义日益膨胀,加之必须途经霍尔木兹海峡、马六甲海峡等在内的漫长海上运输,对韩国能源供给安全性造成了多方面的不确定影响。在煤炭进口方面,韩国主要依赖于澳大利亚、印度尼西亚和中国。伴随上述三国自身能源需求量的增加,其煤炭出口量逐渐减少且出口价格逐渐提高,加大了韩国能源安全的负担。另外,韩国能源消费基本结构过于单一,其能源耗费主要为化石能源。由于此类能源储量的不断减少,致使韩国能源安全的脆弱性增大。据统计,虽然近年来水资源和可再生能源等在韩国能源消费结构中的比例有所增长,但其总体增速缓慢,特别是水资源所占比例反而在逐年萎缩[2]。目前来看,韩国改变以化石能源为主要能源消费结构的难度很大。

韩国致力于积极参与北极地区事务,旨在弥补其能源安全脆弱缺口。北

---

[1] 林治华:"东北亚区域经济合作新态势:俄韩经济合作及其影响",《东北亚论坛》,2008 年第 4 期,第 8—14 页。

[2] 刘峒:"韩国能源安全的脆弱性及其战略选择",《东北亚论坛》,2009 年第 5 期,第 89—96 页。

极地区拥有丰富的石油和天然气资源，据估计，北冰洋地区蕴藏的油气资源可能占到地球未探明油气储量的25%[1]，此外还富含钻石、黄金、锡、铂等矿产资源，这有助于韩国解决能源获取地区单一性问题以及缓解本地区的能源竞争压力。近年来，韩国通过积极参与北极开发进一步加强了与俄罗斯能源合作，以此来调整其国内能源消费结构，双方在液化天然气和电力合作方面达成了多项共识。在液化天然气合作方面，以2016年俄罗斯天然气公司和韩国天然气公社（KOGAS）签署的合作协议为基础，双方进一步扩大了合作关系。在电力方面，韩国电力公社和俄罗斯电力公司罗塞蒂（Rossetti）加强了电力系统连接合作。2018年6月20日，文在寅总统接受俄罗斯塔斯社、《俄罗斯报》、俄罗斯国家电视台的联合采访时称，韩俄将在铁路、电力、就业、农业、水产等九大领域继续加强合作[2]，显示了韩国借助与俄罗斯不断加强的合作关系进一步挺进北极地区的决心。

（2）稳固国家安全权力体系

虽然目前韩国只是北极理事会观察员国，但其取得了更多与中、日、俄等国家开展合作和交流的机会，这对韩国推动"东北亚＋责任共同体"构想具有一定的现实意义。作为"中等发达国家"，韩国一直致力于提升自身的地区话语权和国家影响力，并以改变地区现状、提升韩国影响力等为政治目标。借助参与北极地区事务这一重要平台，韩国旨在与中国"一带一路"倡议相对接、与俄罗斯及欧亚国家相连通，以经济合作推动和加强政治互信，由此在本地区形成和平稳定氛围，进而稳固其国家安全权力体系。

（3）推动朝鲜半岛和平和解

确保朝鲜半岛和平、稳定与发展，一直是韩国政府极为重视的现实问题。韩国通过积极参与北极地区事务，与中、俄等国家在新的领域展开合作关系，进而寻求以曲线方式"解冻"南北关系。以构建环日本海、环黄海等区域经济带、编结韩朝合作新纽带，同时建设贯通半岛东西非武装地带（DMZ）的新经济带，由此形成"H型经济发展布局"，旨在推动韩朝市场统一进程。2019年12月，韩国北方经济合作委员会委员长权九勋访俄时称，与俄方加

---

[1] Arnfinn Jrgensen-Dahl. Arctic Oil and Gas，http://www.arctic-search.com/Arctic＋Oil＋and＋Gas.

[2] 韩朝俄合作从铁路天然气电力项目入手，2018-06-20，http://finance.sina.com.cn/stock/usstock/c/2018-06-20/doc-ihefphqk3544623.shtml.

强经济合作对韩朝统一非常重要①。同时，韩国想在修复中韩关系的同时，为稳步推动半岛和平和解创造更多的有利条件。通过打开经济合作新局面尤其是在如北极地区开发等新领域与影响半岛形势变化的相关方展开新型合作，有助于增强韩国对半岛局势变化相关方的影响力，为半岛和平和解营造更为宽松的氛围。

3. 提升地缘政治博弈能力

韩国自 20 世纪参与北极地区事务，其与北极地区一直有着较为明显的边界感。不同于俄罗斯、丹麦、加拿大、挪威、美国、冰岛、瑞典、芬兰等国家参与北极地区事务具有先天优势，韩国在北极地区的地缘政治博弈能力有待加强。虽然当今世界正处于能源消耗的转型时期，但煤炭、石油、天然气等化石能源仍是主导能源，是世界主要国家竞相争抢的重要资源。俄罗斯联邦安全会议副秘书米哈伊尔·波波夫称，世界主要大国的地缘政治、地缘战略和经济利益正在北极地区进行竞争，"北极具有重要的军事战略意义，其经济潜力不仅来自于丰富的碳氢化合物储量，还包括国际贸易领域的发展机遇，即北方航道"②。可见，韩国要想实现其北极政策目标，势必要提高自身在该地区的地缘政治博弈能力。

（1）强化北极地缘政治地位

近年来，伴随北极战略利益逐渐扩大化，致使该地区局势愈加复杂，加之军事演练频繁上演，造成北极地区军事化严重、战略博弈激烈。韩国要想又快又稳地推进北极政策，除不断提高综合国力外，还需要构建新型外交关系以强化其北极地区政治地位。韩国政府制定的《2015 年北极政策执行计划》的核心策略，即全面参与北极理事会、北极圈论坛和北极次区域国际组织的相关事务，制度性参与北极地区事务更具可持续性③，有助于提升韩国在该地区的影响力。

在北极地区治理日益全球化的背景下，韩国致力于不断拓展北极外交空

---

① 韩总统北方经济合作委员会：与俄罗斯的合作对韩朝统一很重要，2019-12-05，http://sputniknews.cn/politics/201912051030169504/。

② 北极具有重要的军事战略意义，http://www.pinlue.com/article/2020/08/2721/0511151030833.html。

③ 林钟岳："北极石油天然气资源开发现状与前景"，《海洋与极地研究》，2014 年第 3 期。

间，旨在构建新型能源外交关系。文在寅政府有意推进朝鲜半岛"新经济地图"构想以缓和对朝关系，显然，半岛局势稳定将为韩国带来更多的能源合作机会。在此背景下，韩国有意将外交重心移向俄罗斯，伴随其更多的介入北极地区事务，韩俄能源合作也进一步加强加深。虽然目前韩国在北极地区事务中的存在感相对较弱，但其保持着一种平和无害的形象。韩国是北极地区国家重要的出口市场，如俄罗斯的油气、挪威的海产品、格陵兰的稀土矿、加拿大的小麦等均是韩国所需要的，这有利于韩国同北极地区国家进一步开展合作。

(2) 提升北极资源竞争能力

韩国一直致力于提升北极能源开发和资源竞争能力，以求更好地参与该地区事务。在政策探讨层面，文在寅总统在2017年举行的第三届东方经济论坛上向俄方提出了旨在加强韩俄合作的"九桥计划"。2019年2月，韩俄签署《九桥行动计划》，旨在推动两国合作取得具体成果。有韩国学者提出了新时期加强韩俄合作的主要举措，包括制定"对俄北极合作综合战略"、在韩俄经济科技共同委员会下单独设立"北极合作委员会"、建立"韩俄北极研究合作中心"、建立由韩俄共同主导的"亚太北极委员会"等[①]。在机构设置层面，韩国政府旨在追求核心部门和辅助部门相配合的积极效果。韩国北极管理机构的核心部门是海洋水产部，由其负责北极地区科学研究、促进北极国际合作、制定北极政策等事务。此外，韩国各主要部门对北极政策实施承担了不同内容的责任。比如，外交部负责韩国北极外交事务、知识经济部负责北极资源及能源的开发利用，等等。韩国海洋科学技术院、韩国极地研究所、韩国海洋水产开发院等研究机构以及韩国海洋大学、首尔国立大学等高校，也在为北极科研的开展、北极政策的制定等提出建议。在科学技术方面，韩国的造船企业为其国家深度参与北极地区事务贡献了不小的力量。韩国大宇造船从2015年起为俄罗斯亚马尔项目建造15艘Arc7冰级液化天然气破冰运输船，现已交付10艘。伴随亚马尔项目进入第二期，预计将提出同等数量的LNG破冰运输船订单。韩国船企担心俄方将订单转交给本土企业，现正积极努力，如提议船舶建造在俄罗斯境内完成以及帮助俄企实现现代化等，这有助于确保和增进韩俄北极方向合作关系良性发展。

---

① 李旻："韩国北极政策的'小步快走'"，《中国周边》，2019年第17期，第28—29页。

（3）增强区域政治话语力度

虽然韩国经济发达且军事实力不弱，但其国际话语权和影响力在强国环伺的东北亚地区仍有待提升。从地缘战略格局看，东北亚地区整体呈现中美俄"大三角"或中美俄日"四强"态势。从外交层面看，韩国缺乏对中美俄日四大国足够的影响力和政策手段，在军事上无法摆脱对美国的严重依赖、在经贸关系上倚重中日两国、在资源供给上仰仗俄罗斯。即使在事关自身核心利益的领域，韩国也不具备足够的地区话语权和影响力。

对此，韩国政府试图另辟蹊径，增强其地区话语权和影响力。伴随北极地区开发进程的提速，俄罗斯等北极国家开始有意识地向非北极国家一定程度的打开合作大门，而中日韩三国均对参与北极地区事务抱有浓厚的兴趣。在北极理事会中，中日韩三国均是观察员国。由于在造船等领域具有较强的产业优势且在多数北极国家中拥有良好形象，韩国在北极地区开发获得较多的青睐，得以更深入地参与到北极地区事务中，可以从1987年以来韩国历届政府不断推动北极政策及相关举措中可见一斑。2018年，韩国在"北极合作周"会议上提出"2050极地愿景"，其中包含了一个大胆的计划，即韩国跃升为第七大极地国家且在2050年与各国携手打开极地新未来[①]。对韩国来说，不断提升其在北极地区事务中的话语权和影响力，赶上甚至超越中日两国，这对韩国总体性提升在东北亚地区的话语权和影响力具有现实意义和战略影响，也是其长期夙愿。

二、韩国北极政策的推进与韩俄关系发展

韩国对外能源依赖程度近乎百分之百，对外贸易的99.8%依赖于海运。在北极政策出台前，韩国政府一直奉行"重南轻北"方针。不过，伴随北极地区冰层的加速融化、该地区蕴藏的丰富资源、北极航道商业化开发前景、北极地区全新的科学研究等，对韩国产生了巨大的吸引力。从李明博时期开始，韩国政府日益重视北极地区事务，不仅密集派遣科考队展开科学研究，总统还亲自前往北极国家进行访问、疏通政治渠道、做好政策铺垫。由此，

---

① 2018 북극협력주간개최… "2050극지비전"선포，2018-08-05，https://news.mt.co.kr/mtview.php? no=2018121015073368402.

韩国顺利成为北极理事会的正式观察员国，这为后续其与北极国家加强合作奠定了良好基础。此后的朴槿惠时期、文在寅时期均致力于加强和丰富韩国北极政策，朴槿惠在 2013 年 2 月就任后即列选出 140 项国家施政课题，北极问题是其中的第 13 项[①]且在当时被视为韩国海洋经济发展的新动力。俄罗斯作为濒临北极圈最大的国家，其自然是韩国寻求加强合作的重点对象。

（一）韩国北极政策的总体框架

伴随全球气候变暖，北极地区的冰雪融化现象加剧，致使该地区战略热度不断升温。1996 年 9 月，北极地区沿岸的加拿大、芬兰、丹麦、冰岛、挪威、瑞典、俄罗斯、美国八个国家，为促进该地区经济、社会和福利等方面的持续发展，在加拿大渥太华展开政府间论坛，即北极理事会。其他国家也不甘落后，纷纷踏上北极地区开发征程。2013 年 5 月 15 日，中国、印度、意大利、日本、韩国和新加坡正式成为北极理事会观察员国。同年，韩国政府快马加鞭的制定并公布了《北极综合政策推进计划》[②]，声称韩国政府将尽全力支持实施该计划。韩国海洋水产部将联合外交部、产业资源部等相关部门开展共同行动。该计划的首要任务是开拓利用北冰洋航线。在韩国政府的支持下，2013 年 8 月底韩国现代 GLOVIS 公司租用瑞典油轮从欧洲出发，途经北冰洋航线向韩国运送原油，这成为韩国远洋运输史上的一件大事。从 2013 年起，每一任韩国总统都重新制定和规划北极政策，旨在确保、增进和拓展韩国的北极利益。

1. 加强北极地区能源合作

文在寅政府提出朝鲜半岛"新经济地图"构想，旨在打造东海圈（日本海）能源—资源经济带，包括与朝鲜共同开发金刚山、元山—端川、清津—罗先等地方，贯通朝鲜半岛东海岸和俄罗斯远东地区，修建俄罗斯—朝鲜—韩国的天然气管道等一系列的重大项目。但是，受制于韩朝关系动荡的影响，上述项目一直未有进展。2018 年初，韩朝关系一度有所改善，推进上述项目的可能性增大。此后，朝鲜半岛局势波动，韩朝关系改善未达成预期目标。

---

① 朴槿惠发布 5 年施政"路线图"，《朝鲜日报》，2013-02-26。
② 韩国实施北极综合政策推进计划，中国新闻网，2013-08-05，http://www.chinanews.com/cj/2013/08-05/5122148.shtml。

据悉，若上述项目得到实施，韩国会以仅为目前四分之一的价格大量输入俄罗斯远东西伯利亚乃至北极地区的廉价天然气，朝鲜每年从中获益的"过路费"将超过 1 亿美元[①]。基于上述考虑，文在寅政府把北极地区能源合作整体性纳入"新北方政策"的"九桥战略"框架下，以此作为韩国进一步加强对俄能源合作的重要方面。

2. 抢抓北极航道开发机遇

北极航道开发是韩国推进和实施北极政策的核心内容之一。北极航道一旦实现常态化运营，对东亚和北欧国家将具有革命性意义。目前，中国、日本、德国、丹麦等国家的企业已经完成北极航道商业化试航，韩国在朴槿惠时期也实现了北极航道商业化试航。文在寅政府上台后，继续推进北极航道开发进程，建设北极物流体系成为其中的重点任务。

在北极物流体系建设上，韩国致力于物流航线和港口基础设施建设两大方面。在物流航线建设方面，韩俄讨论建设彼得罗巴甫洛夫斯克—摩尔曼斯克的北极集装箱航线，韩国渔业部和俄罗斯远东发展部已就该项目举行了多次会谈。韩国渔业部部长金英硕表示，"韩国计划建设一艘破冰船以支持沿北极航道的航运"[②]。而韩国现代商船集团则计划 2020 年在北极航道试运集装箱船只，集装箱船航线规划一旦完成，将极大地提升韩国商船企业的航运效率和效益。在港口基础设施建设方面，"把环东海（日本海）的韩国港口建为进军北方物流的基地"的观点，被韩国专家广泛接受。韩国浦项迎日湾港正申请更多的项目支援，以打造北方物流基地港口；韩国江原道东海港正加紧完善道路基础设施，以提升其港口竞争力。可以说，北极航道的良好前景极大地刺激了韩国疲软的航运业和造船业，激发了韩国相关企业的积极性，成为韩国经济复苏的一股新动力。

3. 创建信息搜集分析系统

韩国最早接触北极地区是通过科研考察，在相关信息达到量的突破后，

---

① 文在寅交给金正恩一份半岛"繁荣地图"，2018-05-03，www.chinanews.com/gj/2018/05-03/8504791.shtml。

② 교통연"북극 항로 활성화로 부산항 수혜 확대해야"，2016-11-29，http://news.einfomax.co.kr/news/articleView.html? idxno=276374。

其北极政策自然而然地产生和构建起来。未来一段时期，科研考察仍是韩国参与北极地区事务的重要手段，而信息搜集和科学分析则是韩国参与该地区事务的重要支撑。韩国政府认为有必要创建完善的北极地区信息搜集分析系统，在信息搜集层面，可以利用大数据搜索法、扮演法（间谍法）、坐收渔利法等方式建立和完善北极信息数据库，通过先进科技手段实现高度安全储备。在信息搜集完成后，需要准确科学的研判，如对信息进行整合和分类，以备政策制定部门参考使用。可以说，未来的北极地区开发已不再是单纯的人工科研考察行为，而是新的一轮北极科技信息暗战。由于目前北冰洋地区的气温上升速度超过了全球平均水平，锐减的北冰洋冰川改变了北极地区平流层的极涡，由此将对韩国进一步深度参与北极地区事务带来哪些影响，这些都需要韩国做足准备以妥善应对。显然，这少不了一套先进完善的北极地区信息搜集分析系统。

（二）推动对俄北极合作

1. 积极倡议和推动韩俄远东—北极合作"韩国方案"

韩国同俄罗斯（苏联）的贸易交往始于 1973 年，当时苏联并未承认韩国是一个独立国家，韩国只能通过第三国购买苏联的资源及产品。1990 年，韩国与苏联正式建立外交关系。苏联解体后，韩俄随即建立了直接贸易伙伴关系。20 世纪 80 年代，卢泰愚政府出台"北方政策"，使韩苏（俄）贸易额出现了较快增长。从 1998 年开始，韩国成为俄罗斯远东地区的重要贸易和投资伙伴，至 21 世纪初其成长为俄罗斯在远东地区的第三大贸易伙伴。由于韩国自然资源严重短缺，其对俄罗斯的投资主要集中于原材料、钢铁、煤炭等资源能源产业方面。

进入 21 世纪，国际局势持续变化，美俄关系一直比较紧张。在此背景下，俄罗斯不断加强"东方外交"，韩国也试图在"四强外交"中扮演"均衡者"角色，这为韩俄增进合作关系创造了新契机。2017 年，韩国在俄罗斯远东地区的投资较之往年增长 6%，双方在农业、渔业、造船、工程建设等方面持续加深合作[①]。近年来，伴随北极地区开发加速进入新阶段，俄罗斯愈

---

① 郭培清，宋晗："新北方政策下的韩俄远东—北极合作及对中国启示"，《太平洋学报》，2018 年第 8 期，第 1—12 页。

加重视其在北极地区的战略地位。2018年3月，俄罗斯总统普京发表国情咨文称，俄罗斯的目标是让北极东北航道成为一条真正全球性的、有竞争力的交通路线。文在寅总统上台后，出台"新北方政策"以及更加具体化的"九桥战略"，恰好与俄罗斯北极战略相呼应。为此，韩俄双方创建了新的机制化沟通渠道——韩俄北极磋商会议。这为韩俄两国在北极地区事务上加强合作、实现共赢，创造了有利条件。

（1）共同推动北极航线建设进程

北极航线是船舶用于穿越北极部分或整个北极圈的海上航线。根据气候和实际需要，沿着加拿大北部和阿拉斯加海岸连接大西洋的航路称为"西北通道"，而靠近俄罗斯、北欧一侧分别通过太平洋和大西洋进入东亚或欧洲的航路则称为"东北通道"。北极航线对参与北极地区事务的国家来说至关重要，对俄罗斯来说，争夺到北极航线意味着收获更多的北极资源。2020年底，俄罗斯总统普京视察亚马尔天然气项目时称："北海航线将成为俄罗斯北极地区和远东地区发展的关键，到2025年它的运输量将增加10倍，达到8000万吨。"[1]

俄罗斯之所以视北极航道为重新崛起的重要底牌之一，关键在于其拥有先进的破冰技术。从地理位置的角度看，韩国也被视为是包括北冰洋、斯堪的纳维亚半岛北部、俄罗斯远东部分和萨哈林岛直至东北亚地区的北极区域性贸易发展的发动机之一[2]。可见，韩俄两国拥有共同建设北极航线的有利条件。2018年3月，CJ大韩通运（CJKE）与俄罗斯远东海洋轮船公司（FESCO）签订《战略合作及推进共同开发协议》，该协议为韩企参与北极航道沿岸地区基础设施建设及日后构建北极物流体系，奠定了必要的基础。今后，韩国仍会在互利互惠的基础上，积极同俄方共同推进北极航道的开发与建设。

（2）共建北极能源磋商合作机制

在能源合作上，韩国十分注重与俄方在远东和北极地区的紧密合作，其同俄方建立了多层次的磋商互惠机制。为推进韩俄能源合作，两国在2018年2月21日举行了第15届资源合作委员会议，旨在强化双方在能源领域合作，

---

[1] 北极航线有多重要？2021-02-15，http://hd.jctrans.com/hdInfo/2600874-1.html。

[2] S. H. Ahn, Framing Energy Security between Russia and South Korea: progress, problems and prospects. *Asian Survey*, 2010（3）：591-614.

并在液化天然气和电力合作方面达成重要共识。其中，在液化天然气合作方面，以俄罗斯天然气公司和韩国天然气公社在 2016 年签署的合作协议为基础，双方进一步扩大和深化了合作关系。在 2019 年第五届东方经济论坛上，韩俄两国同意在该协议期满后，签署新的"战略合作协议"，以确保韩国在俄罗斯能源合作格局中的有利地位，也为韩国下一步深入参与北极地区能源开发提供了极好机会。

（3）共推韩俄人文交流民间活动

人文交流、民间活动等能够突破政府间的限制，更好地起到密切国家间关系的作用。韩国同俄方加强合作，除通过加大投资以获得在当地的影响力外，还积极从人文交流、民间活动等方面着手。通过文化软实力的输出加强俄罗斯民众对韩国文化的了解，使其进一步增强对韩国的好感度，树立韩国在俄罗斯民众中的良好形象，由此为韩国带来了更大的经济社会效益。

2018 年 6 月 22 日，俄罗斯总统普京与韩国总统文在寅举行会谈后表示，俄韩双方决定通过多种方式加强能源、电力、铁路、科技等领域的合作，加强两国人文交流。普京指出，"近年来俄韩积极开展人文合作，2017 年赴俄旅游的韩国公民超过 26 万人次，同比增加约 62%；同期到访韩国的俄游客达 23.3 万人次，同比增长 17%"[①]。受新冠疫情的影响，原计划 2020 年举办的韩俄文化交流年活动未能如期举行，但双方小规模的民间团体活动仍然有序展开。以人文交流、民间活动等进一步丰富韩俄关系发展，以文化纽带促进政治磋商，以政治互动增进经济合作，是韩俄双方日益重视人文交流和民间活动的原因所在。近年来，韩国有意识的加强了与俄罗斯远东和西伯利亚地区以及近北极圈地区包括原住民在内的广泛的民间团体的人文交流力度，旨在为其进一步加强北极方向合作夯实基础、创造机会、打开局面。

2. 加强北极地区经济合作，提升韩俄政治合作水平

从金大中时期开始，俄韩两国合作逐步加深。当时，金大中总统在东北亚地区积极推行"四强外交"，通过均衡外交方式提升俄韩关系发展。1999 年 5 月，金大中总统访俄，旨在加强韩俄建设性互助伙伴关系，双方决定促

---

① 俄韩欲加强经贸合作与人文交流，https://baijiahao.baidu.com/s? id=16040344942396132358wfr=spider&for=pc.

进人员往来，增强经济合作，扩大文化、教育、科学、情报等各领域交流。引人注目的是，在此次首脑会谈中，金大中强调了俄罗斯作为联合国安理会常任理事国的独特重要作用，提议举行包括韩、美、中、日、俄、朝在内的六方会谈，推动建立东北亚多边安全体系[①]，该提议得到俄方的高度认可。总体来看，俄韩两国多年来的交往合作更多地体现为以经济合作带动政治交往。

文在寅总统上台后提出"新北方政策"，旨在打造从朝鲜半岛到俄罗斯远东地区，再经北极地区覆盖整个东北亚地区并最终形成欧亚大陆广阔的经济空间。这与俄罗斯政府一直强调的"新东方政策"在很大程度上具有契合性。近年来，韩俄双方多领域合作持续加强和展开，并取得了积极的成效。如今，俄美关系持续紧张，俄方对加强同韩国等主要国家合作有所欲求。这为韩国在对俄经贸方面建立更加完善的合作机制，甚至是借此在部分领域与朝鲜建立一定的联系，进而实现以经促政的目的，无疑是有所裨益。在此背景下，韩俄合作关系迈入新阶段，而北极地区合作则是双方均致力于重点加强的主要方向。

（1）韩俄北极地区经济合作成果

近年来，俄罗斯"新东方政策"的稳步推进和北极地区开发的提速，给韩国参与俄罗斯远东地区及北极开发提供了难得契机，这切合双方寻求新的经济合作伙伴的现实需要。尤其是北极地区蕴藏丰富的矿产、生物和旅游资源，其具有极高的开发价值。据俄罗斯海关统计，2019年1月至3月，俄韩经贸总额达62.33亿美元，其中韩国自俄方进口额为42.92亿美元。从进口产品的比重看，矿产品进口额为37.16亿美元，占比达86.6%[②]。韩俄两国在减免港口费用、加大物流运输量等方面也取得了积极的进展，双方致力于在制度上进一步拓宽经济合作渠道。2017年11月，俄罗斯远东发展部部长亚历山大·加卢什卡访韩时，双方在"九桥战略"部分部署下达成多项合作共识，如韩方对俄罗斯哈巴罗夫斯克投资6.5亿美元，双方正努力把这些项

[①] 姜龙范，马晶："韩俄政治关系的演变及其影响"，《哈尔滨工业大学学报（社会科学版）》，2011年第4期，第54—60页。

[②] 国别贸易报告：2019年1—3月俄罗斯货物贸易及中俄双边贸易概况，国别报告网，https://countryreport.mofcom.gov.cn/record/qikan110209.asp? id=11305。

目落到实处①。对韩国来说，现阶段其与俄方有着相同的利益诉求，俄方是其需要进一步加强合作的理想伙伴。

（2）以经促政维护半岛局势稳定

近年来，韩国致力于不断紧密对俄关系，这不单单是出于经济方面的考虑，也有着复合化的政治因素诉求。文在寅政府提出朝鲜半岛"新经济地图"构想，旨在将朝鲜半岛东海岸和俄罗斯远东地区连接起来，致力于推动俄罗斯—朝鲜—韩国的天然气管道建设等项目。通过加强韩俄合作，韩国有意在一定程度上将朝鲜纳入其北极政策。2018年3月19日，在韩国举办的国际会议上，韩国北方经济合作委员会委员长宋永吉称，如果朝鲜参加联合项目，韩国将扩大与俄罗斯、中国及其周边国家的经济合作，以促进半岛和平与合作②。

如前所述，经朝鲜至韩国的天然气输送管道每年将向朝鲜支付至少1亿美元的过境费，目前连接朝鲜与俄罗斯的哈桑—罗津铁路已经开通，如果半岛局势持续缓和，无疑将给朝、韩、俄三国带来巨大的经济利益。韩俄两国总统均曾表示，愿密切合作推动实现半岛无核化，致力于维护半岛和东北亚地区的持久和平稳定。可以说，韩俄加强合作为确保本地区安全注入了正能量，有助于打破困扰半岛稳定与和平的对立格局。韩俄双方的积极表态与行动，彰显了其在维护半岛乃至东北亚地区和平与稳定上具有共同利益，通过进一步加强双方北极方向的合作关系，不仅可以更好地紧密韩俄关系发展，也为改善韩朝关系、确保半岛局势稳定创新了思路、拓宽了渠道。

（3）反美制裁达成政经战略共识

虽然韩国在官方层面上无法摆脱美国，但其一直在寻找新的战略伙伴以实现真正意义的独立自主。短期内，美俄关系改善难有太大进展，以美国为首的西方国家依旧保持着对俄、朝等国家的制裁措施。在此背景下，韩俄两国达成多项共识，致力于增进双边合作，有利于半岛乃至东北亚地区的稳定，同时也为双方合作打开了更广阔的空间。

---

① Клуб Независимых Журналистов. Россия Начнёт Реализацию Идеи Сотрудничества сКореей《Девять Мостов》，2017-11-07，http://www.gpclub.ru/31813.html.

② Mar New Northern Policy Seeks to Contribute to Peace on Korean Peninsula，Yonhap News Agency，2018-03-19，http://English.yonhapnews.co.kr/news/2018/03/19/0200000000AEN20180319006600320.html? sns=tw.

三、韩国北极政策实施的现实课题与前景

(一) 韩国北极政策实施的现实课题

文在寅政府上台后,将北极航道开发定位为重大国政课题,在推进和实施北极政策的过程中取得不小的进展。在百年变局和世纪疫情相叠加的背景下,大国战略竞争愈加激烈并冲击着北极地区局势变化,加之韩国在北极地区事务中存在自身能力不够、建设资金匮乏、开发技术不足等问题,这些现实课题对韩国推进和实施北极政策形成了不小的掣肘。

1. 北极地区复杂的国际环境和军事化活动

(1) 大国战略竞争加剧的冲击

美朝关系的复杂性和非正常状态,在一定程度上制约着韩国北极政策的推进和实施。2018 年 5 月 7 日,美国一度宣称将加大对朝制裁,并考虑向朝鲜半岛部署先进武器,直至朝鲜完全弃核。显然,这一表态与来之不易的半岛和平氛围不相称。2018 年以来,美朝元首已有多次会面,但美朝关系改善始终未有实质性进展。虽然美国对韩朝接触给予了积极评价,但半岛适时适度紧张符合美国的利益诉求。美国真正需要的是半岛继续作为战略前沿地带发挥牵制中、俄等国家的独特作用。从特朗普政府到拜登政府,美国从未放弃对朝施加压力,而文在寅政府仍期待美朝关系缓和以稳定半岛局势。2021 年 1 月 11 日,文在寅总统在致辞中称,韩国将努力在半岛南北关系和停滞不前的美朝对话问题上取得突破,并表示新冠疫情为加强韩朝合作和促进半岛统一提供了机遇,韩国同朝鲜继续对话的决心未改变[①]。2021 年 5 月,美韩元首举行会谈,期间,拜登总统表示将寻求与朝鲜继续对话,但同时废除了《美韩导弹指南》对韩国研发导弹方面的限制,由此引发了朝鲜方面的强烈不

---

① 将努力在南北关系和朝美对话问题上取得突破,新浪网,2021-01-11, https://k.sina.cn/article_2375086267_8d90f0bb020016yt2.html。

满①。未来一段时间，美朝关系难有实质性好转，这将引发半岛局势新的波动，韩国北极政策势必会因此受到一定程度的影响。

（2）北极地区局势日趋复杂的影响

受全球气候变暖的影响，北极地区冰雪消融速度加快，该地区的战略价值也因此日趋突显，吸引力越来越大。由于北极地区的战略博弈从未停止，对该地区开发构成了严重冲击。近年来，北极国家加强了在该地区的军事部署，且不断举行定期化、针对性的军事演习。美国自然不会错过这个军事战略重地，2018年8月，美国海军恢复第二舰队建制，并在冰岛凯夫拉维克建立了海上军事行动指挥中心，由其统筹负责北极地区的美国海军舰队。

毫无疑问，北极地区带有针对性的军事活动增多，加剧了该地区紧张态势，这对尚处于开发初级阶段的北极地区有百害而无一益。2019年5月21日至6月7日，北约多国举行了代号为"挑战北极2019"联合军演。在北极地区长期缺乏有效的国际管理机制的背景下，同时考虑到美俄两国在乌克兰问题、叙利亚问题、伊朗核问题等地区热点问题上的矛盾愈演愈烈，未来双方在北极地区的军事对峙局面将会更加严峻。未来一段时间，北极地区存在诱发地缘政治、地缘经济、地缘安全等多种风险的可能性。显然，这是韩国推进北极政策时要审慎考虑和妥善应对的现实课题，也是其难以独自解决的严峻挑战。

2. 韩国自身制约因素

（1）基础设施建设资金匮乏

推进和实施北极政策需要强大的后盾，尤其是充足的基础设施建设资金。为顺利落实北极政策，韩国需要加大破冰船建造、北极航行等新技术的研发，这需要大量资金的支持。近年来，韩国经济增长速度整体放缓。从国内看，家庭债务的增加和企业盈利能力的下降，削弱了韩国经济增长的基本面，人口结构变化等结构性因素也产生了不小的负面影响。此外，韩国的通货膨胀

---

① 朝中社5月31日刊发朝鲜国际问题评论员署名文章，谴责韩美废除《美韩导弹指南》，指责美国在试图禁止朝鲜发展弹道导弹的同时采用双重标准，制造半岛紧张局势。美韩首脑会谈引发朝鲜强烈不满：有攻击朝鲜的野心，2021-05-31, https://baijiahao.baidu.com/s? id=1701261247378512833&wfr=spider&for=pc。

率一直居高不下,其金融管理局面临较为严重的问题。2020年年初以来,受新冠疫情的影响,韩国经济社会发展举步维艰,由于全球旅游业几乎陷入全面停滞,致使韩国出口规模大幅减小。据统计,2020年3月至9月,韩国连续7个月出口额呈负增长。与黯淡的出口表现相对应的是韩国疲软的国内需求,主要表现为实体经济遭遇新冠疫情的严重冲击以及普通民众消费能力的减弱,这使得韩国政府无法集中精力也无法提供更多资金来支持北极地区开发,其北极政策的推进和实施深受影响。

(2) 科研技术能力不足制约

虽然北极地区资源丰富,地缘位置也极其重要,但是北极航道有着特殊的环境和航行条件。对韩国政府来说,其在人力、信息、技术及风险保证等方面的举措并不完善。在北极航行过程中,气候条件非常恶劣,海冰面散冰具有很大的不确定性,需要完善的北方海航道沿岸港口救难服务中心等配套设施,以及良好的通信、快捷的共享信息平台,但韩国在这些方面的技术支持体系并不完善。可见,韩国在北极航道的开发和利用上,面临很多的困难和挑战。此外,北冰洋冰层属于多年生冰面,其对破冰船能力要求很高。目前,韩国主要利用的北方海航道所使用的核动力破冰船由俄罗斯而且只能由其提供[①]。俄罗斯核动力破冰船的租赁价格高昂且存在突发性价格浮动等问题,因此在通航费用等方面存在一定的不确定性,韩国在短期内没有更好的应对办法。

(二) 韩国推进和实施北极政策的重点方向

伴随北极地区科考项目的不断深入,该地区变成了在军事、航运、安全、经济、资源、科研等方面具有重大战略价值的宝地。除环北极国家外,其他国家也看到了北极地区的这一独特优势,纷纷出台北极战略或政策并采取相关行动,北极地区逐渐成为世界主要国家战略博弈的热点之一。韩国推动和实施北极政策已有一定的进展,但无论是外部因素的影响,还是内部环境的制约,均面临不小的现实挑战,其北极政策实施不会一帆风顺。

---

① 李宁:"试析新时期韩国北极航道开发战略",《韩国研究论丛》,2015年第1期,第92—103页。

1. 努力突破北极地缘战略竞争局面

如前所述,伴随北极地区战略价值的不断提升,该地区战略竞争态势有所加剧,北极地区正成为新兴的国际政治竞技场。气候变化趋势、极地地理信息需求、北极地区日益增长的商机等,这些促使环北极国家也包括中、美、俄等世界大国将北极地区日益视为不可或缺的重要战略地区。韩国作为北极地区外的中等国家,其国际政治地位有限,且前期对北极地区事务参与相对不足,存在一定的劣势,当前也处于相对弱势的地位。未来一个时期,出于维护韩国在北极地区的广泛利益、增强北极治理中的韩国话语、进一步巩固"全球韩国"的良好形象等现实需要,通过不断加强自身实力及影响力,突破北极地区战略竞争局面,将是韩国推进和实施北极政策的重点方向之一。

2. 尽力补齐北极科研技术能力短板

进一步开拓北极航道,需要先进的船舶装备。韩国是当今世界领先的船舶装备出口国,为保证其在船舶行业的竞争优势,韩国政府进一步加强了破冰船建造、北极航行等原始技术的研发投入,从而为其参与极地开发提供充足的技术支撑。此外,韩国对海洋工程设备建造、北极航行、深海能源开采、液化天然气等新技术的研发,将进一步加大投入力度。在此过程中,韩国会愈加重视国际合作,尤其是与环北极国家开展广泛的科研合作。此前,韩俄两国科学家曾就在俄罗斯水域进行地质勘测、气田等方面[①],展开了一定程度的合作。未来一个时期,韩国将加快在北极地区推动建设一套完整的科研考察系统,以及在不破坏生态环境的基础上更好地开发和利用资源,从而降低其对北极地区开发的综合成本,确保和增强自身收益。

3. 谋求主导构建北极战略合作机制

北极八国一直是包括韩国在内的北极地区外国家开展北极事务的最重要的合作对象,也是北极地区外国家参与北极事务的重要途径之一。早在2013年7月,韩国前官员就曾建议成立"韩中日北冰洋合作委员会",以便共同应对北极地区的资源开发和环境保护问题。基于北极地区战略复杂性趋于严重

---

① 桂静:"韩国北极综合政策及其实施评析",《当代韩国》,2014年第2期,第51—63页。

的态势，韩国政府谋求主导构建北极战略合作机制的政策意愿愈发强烈。未来一个时期，韩国将进一步重点加强与北欧五国在北极地区的合作关系，通过签署北极合作协定等多种方式，确保和提升韩国深度参与北极地区事务的能力。此外，韩国将在科研、航道、海洋渔业资源、应对气候变化等领域与北欧国家开展更多合作，这些合作将不限于纯科学研究领域，还会向资源开发利用方向进一步倾斜，以此作为韩国特色北极资源开发路线。通过全面与重点相结合的政策布局，韩国与环北极国家、北极理事会成员等建立双边或多边合作机制的进度将进一步加快，以便为其争取到更多的参与北极地区事务的合作机会。

4. 转变竞争理念，加快形成战略思维

作为当今世界能源安全脆弱程度最高的国家之一，能源保障一直是韩国历届政府高度重视的国政核心议题。从以往的能源政策看，韩国政府往往倾向于合作伴随着竞争的理念。不过，在北极地区开发上，韩国政府正不断调整思路。在2019年北极论坛上，与会国家围绕北极地区海洋开发、可持续发展等议题举行了会谈，其中就隐含了"北极外交"及对该地区局势走向的讨论。俄罗斯联邦委员会国际事务委员会主席康斯坦丁·科萨切夫称，在北极问题上，由于域内外国家的地理位置、经济实力等情况不一，积极性、参与度乃至侧重点均有所不同，各方之间难免会产生分歧。挪威外交大臣瑟雷德称，北极理事会这一合作机制和北极论坛这一讨论平台，"可以让彼此找到合作空间"[1]。在风险与机遇并存的北极地区，未来一个时期，韩国北极政策将会从以往的竞争合作理念逐渐转变为全面战略合作方针，即实施兼顾地缘政治基础上的能源安全战略，从而及时稳健地跟上北极地区开发进程。

伴随北极地区战略价值的不断提升，韩国针对北极地区的资源、经济、科考、国际影响力等方面的战略利益诉求愈发突显。自文在寅政府提出"新北方政策"后，推进和实施北极政策成为韩国的重大国政性课题。韩国之所以同其他国家一样"渴望"北极地区，原因在于维护既得利益和拓展国家利益的需要。不过，一系列的现实课题亟待解决。一是外部环境不稳定问题。

---

[1] 北极开发：竞争还是合作？2019-04-12，http://www.xinhuanet.com/tech/2019-04/12/c_1124355943.html。

美朝关系僵持不下，致使半岛局势变幻莫测。加之东北亚地区能源竞争不容忽视，韩日竞争同质化且对冲加剧也冲击着北极物流体系建设。此外，北极地区存在"泛安全化"、"军事化"的不良倾向，致使该地区局势变化趋于复杂化和微妙化。二是内部条件不成熟问题。比如，因新冠疫情导致的经济持续低迷、北极政策的法律与制度体系进一步完善、企业对北极政策的支持度和积极性的增强、北极开发技术和水平的提高等，都是摆在韩国政府面前的现实课题。"新北方政策"的提出，是韩国政府在北极地区开发上展示"雄心抱负"的新开始，但其必须要直面国家的资源禀赋不足以及与北极地区大国对域外国家包容度有限等现实问题。可以说，韩国北极政策的推进和实施是"道阻且长"。

第九章　主要国家和组织北极政策比较

北极地区总面积2073万平方千米，所涵盖的陆地面积（包括岛屿）仅占800万平方千米，其余部分均为水域，主要是北冰洋。北极地区接壤的国家数量众多，包括俄罗斯、加拿大、美国、冰岛、丹麦、芬兰、挪威以及瑞典。近年来，越来越多的国家尤其是有实力的大国和中等强国纷纷制定北极战略与政策，加大对北极航道和油气资源的探索和利用。美俄等传统北极大国也不断强化北极地区的军事存在，争夺区域治理话语权，地缘政治竞争态势日渐成型。

一、主要北极参与者的三个梯队

在北极争夺战中，八个环北极国家是主要的博弈国家，主要是因其领土延伸至北极地区，对北极事务有天然的话语权。根据这些国家的综合实力以及在北极事务中的重要程度，可以将其分为两个梯队，其中俄罗斯、加拿大、美国为第一梯队；丹麦、挪威、瑞典、芬兰、冰岛为第二梯队。欧盟作为北极地区的特殊行为体，由于其成员国中包含丹麦、瑞典以及芬兰这样的北极国家，为其参与北极事务提供很多便利，将其归为第三梯队。

（一）第一梯队：俄罗斯、加拿大、美国

分析俄罗斯、加拿大和美国的北极政策可以发现，三国均针对主权、安全、资源、航道、环境保护以及国际合作等方面制定了详细的政策，并都专门成立了北极问题研究委员会，为其战略的实施提供有力支撑。但具体而言，三个国家的北极战略侧重点仍有差异，主要表现在以下三方面：

第一，三国北极政策中，关于航道归属问题存在意见分歧。北极航道作为未来海上重要交通线路，具有重大的战略价值。东北航道、西北航道分别

经过俄罗斯、加拿大，两国想方设法谋取对两条航道的控制权。而美国在其北极政策中明确指出，东北航道和西北航道都应属于国际航道，对俄罗斯和加拿大把航道纳入本国掌控的行为提出反对。

第二，与美国相比，俄罗斯、加拿大更加重视北极资源。俄加两国是北极八国中所属北极区域领土面积最多的国家，但受自然环境的影响，其北方地区发展较为滞后，两国希望利用北极丰富的自然资源来促进该区的社会经济发展，进而带动整个国家的经济发展。尤其是俄罗斯，其政治和经济发展都离不开能源的开采和出口，而北极新发现的潜在能源将为整个国家特别是俄罗斯北部地区的经济发展带来巨大机遇。

第三，俄罗斯、美国极其重视北极军事力量的部署。俄美两个大国均拥有强大的军事实力，北冰洋作为两国直接接触的区域，俄美从冷战时期就开始在该区进行了针对性的战略部署，组建专门的极地作战部队，配属适应高寒地区作战的武器装备，以保障国家领土安全以及在北极的相关利益。近年来，冰盖的加速融化使两国之间的天然屏障逐渐消失，水面舰艇抵达对方海域的时间将大大缩短。因此，在国家安全与军力部署方面，俄美两国比加拿大更加重视。

(二) 第二梯队：北欧五国

相比俄加美三国而言，北欧五国实力较弱、潜力不足，被外界关注程度低，但这并没有阻挡其参与北极事务的决心与热情。北欧五国在北极事务中同样保持着极高的参与权和话语权。对于俄加美而言，北极方向只是其国家发展的一个方面，但对北欧国家而言，北极就是其国家最重要的方向，北极战略就是其国家核心战略。

北欧五国制定的北极政策，主要目标集中在北极地区资源开发、环境保护以及北极治理等方面，对主权问题的争议不如俄加美明显。北欧国家明白自身的硬实力不足以对抗俄美这样的大国，也要逊于加拿大这样的中等强国，所以其北极战略选择以软实力为主、硬实力为辅来介入北极事务。主要表现在以下三方面：

第一，强化北极科学研究实力。北欧国家希望成为北极科学研究领域的领导者，从而提高其在北极事务中的话语权。丹麦的北极战略指出，丹麦将努力在一系列与北极相关的研究领域中保持国际领先地位，尤其是在与气候变化有关的领域；挪威北极战略明确提出，北极知识是其极地战略支柱之一；瑞典也在北极战略中提到，气候与环境研究是重中之重；芬兰强调该国在油气等自然资源利用上所拥有的专业知识优势，致力于成为北极专业知识领域的专家；冰岛提出发展和利用自身拥有的北极知识和经验技能，使其在北极事务中获取更多发言权。

第二，积极搭建多边合作平台，推动多边行为准则制定。对于北欧五国而言，在俄加美大国主导的北极政治结构下，单凭自身实力难以维护国家利益。而多边合作机构为小国提供了提升话语权的平台，多边行为准则也在一定程度上能够规范大国行为，维护小国权益。同时，北欧国家积极推动北极区域治理机制完善，推动北极理事会等北极相关机构的运行以及北极行为准则的制定。

第三，强化北极军事建设。北欧五国毗邻俄罗斯，尤其是芬兰、挪威直接与俄罗斯接壤。考虑到俄未来的军事活动可能会对其造成一定的威胁，北欧国家近年来加强北极军事力量投入，以维护自身主权和北极利益。挪威在北极设立永久军事司令部，并将本国军队中最大规模的一支部队转驻至北极圈内；丹麦设立了北极国防指挥部，并大规模升级在格陵兰岛的军事设施。

(三) 第三梯队：欧盟

欧盟和北极地区一直有着十分紧密的联系，仅从地理位置来看，在环北极八国中，丹麦、芬兰和瑞典属于欧盟成员。除了地理上的联系，北极在经济、能源和航道上对欧盟也具有重要的战略意义。因此，欧盟近年来积极制定和推行其北极政策。

2008年11月，欧盟委员会发布首份北极政策报告《欧盟与北极地区》，宣布其北极目标是维护北极与人类的和谐关系、推动资源的可持续利用、提高北极多边治理。2012年7月，欧盟委员会正式发表战略文件《发展中的欧盟北极政策：2008年以来的进展和未来规划》，强调要加大欧盟在知识领域对北极的投入，并以负责任和可持续的方式开发北极，同时要与北极国家及原住民社群开展定期对话与协商。2016年4月，欧盟又发布了《北极政策建议》，表明要致力于北极地区气候变化和保护环境，促进地区内外可持续发展和国际合作等三个优先领域。

从欧盟出台的一系列战略文件可以看出，北极气候变化与生态保护、北极资源的绿色开发以及提升和加强北极治理是欧盟北极战略的三大目标。此外，欧盟将北极突出的环境保护、航行安全、基础设施建设及原住民权利等问题内化为其北极责任，试图将自身界定为北极治理公共物品的提供方，从而更为有效地介入北极事务。

二、美国的北极政策

由于阿拉斯加州的存在，美国获得了北极国家的身份。在相当长的时间内，美国并不十分重视北极地区，曾被视为北极事务"不情愿的参与者"，北极事务在美国全球战略中的分量也远远逊于亚太、中东乃至非洲事务。但随着气候变化带来北极地区战略意义的凸显，美国对北极事务的重视程度显著上升。

（一）从奥巴马到特朗普：美国北极政策的转型

2013年奥巴马政府颁布的《北极地区国家战略》明确指出，美国在北极地区有五个方面的核心利益，包括保障美国的安全，保证资源与商业的自由流通，保护环境，解决原住民需求，以及加强科学研究。2015年美国担任北极理事会轮值主席国，其重点推进的议题主要集中在气候变化方面，对北极地区的经济开发并不热衷，对于其官方主张的北冰洋的安全与管理、北极地区原住民生活改善等议题，奥巴马政府并没有提出和执行具体的政策。

特朗普政府上台后，显著修正了奥巴马政府的北极战略。北极不断凸显的地缘价值使国家安全考量成为美国制定北极政策的核心，为了适应北极地区的新态势，同时配合美国国家安全战略转型，特朗普政府曾在较短的时间内出台了一系列关于北极战略的文件。特朗普政府更加突出北极事务的安全属性，将大国竞争作为北极战略主基调。

2017年5月，美国参议院对外关系委员会发表的题为《北极必要性：加强美国第四海岸战略》的报告指出，美国需要增加对北极地区的战略投入来保护美国利益[1]。2019年1月，美国海军发布了《北极战略展望》，制定了未

---

[1] Peter Buxbaum, CFR. U. S. Should Increase Strategic Commitment to Arctic，*Ocean Ports*，2017-05-27，http://www.globaltrademag.com/global-logistics/cfr-us-increase-strategic-commitment-arctic1.

来在北极维护美国安全等利益的战略行动计划[1]。2019年4月，美国海岸警卫队也发布了《北极战略展望》，重申了"海岸警卫队通过伙伴关系、合作和创新，实现美国在北极地区领导地位的承诺"[2]。2019年，美国国防部发布最新版《北极战略》，明确美国北极战略的主要目标是维护国家安全利益、强化竞争性优势，以保持对美国有利的区域力量平衡及确保共同领域保持自由和开放[3]。至此，可以看出，美国政府对北极战略的基本认识已经发生转变，将大国竞争作为北极战略主基调，一个以主导北极治理规则制定为核心，以经济和军事手段为两翼的美国北极新战略正逐步成型。

在上述战略思维转变的影响下，美国政府强化了北极外交，注重塑造美国的北极影响力，追求对北极事务的主导权。特朗普政府试图按照美国意愿建立北极国际合作机制以改进现有的治理体系，同时达到利用制度进一步约束其他国家的目的，虽然美国强调"不承认北极八个国家之外的任何其他国家对北极地区的要求"，但同时也在借助有限的国际合作来实现美国的利益[4]。美国海岸警卫队《北极战略展望》明确指出，"俄罗斯和中国拓展在北极地区的行动能力和影响力，不可避免地会影响北极地区和平稳定的秩序"[5]。对于气候变化等全球性问题，美国无法凭一己之力以应对，必须通过与其他北极域内和域外国家，以及欧盟、联合国等国际组织开展国际合作，来实现自身利益。可以说，美国是在军事、安全等高阶政治领域偏向与同盟国及伙伴，以及北约、欧盟等国际组织开展合作；北极科考、生态保护以及环境治理等低阶政治领域，美国会选择与中国等非北极国家合作。此外，美国还谋求通过北极理事会这一多边平台，影响北极合作诸多方面的议题设置和落实。

特朗普政府强调"美国优先"，重视物质利益和直接利益的获取。因此，特朗普政府加大了北极开发的力度，追求经济利益的动机显著上升。特朗普政府优先考虑在北极地区创造就业、刺激经济增长、保持传统能源产业优势。

---

[1] 美国北极战略剑指中俄，俄正加紧建造导弹预警系统，《北京日报》，2019-10-19。
[2] 美国海岸警卫队《北极战略展望》解读，凤凰网，2019-06-23，https://mil.ifeng.com/c/7nkRmVPZn20。
[3] U. S. Department of Defense. Report to Congress Department of Defense Arctic Strategy，2019-06-06，https://media.defense.gov/2019/Jun/06/2002141657/-1/-1/1/2019-DOD-ARCTIC-STRATEGY.PDF.
[4] 同上。
[5] U. S. Coast Guard. Arctic Strategic Outlook，2019-04-22.

在北极资源开发的方面，特朗普就任初期就签署《执行美国优先离岸能源战略》行政命令，要求内政部重新评估奥巴马时期北冰洋水域钻探禁令，推动开放北极石油勘探；2018年美国内政部公布"国家外大陆架油气租赁计划"，批准在北极野生动物保护区沿海区域实施"石油勘探准备"项目以及美国企业在阿拉斯加联邦水域建设油气生产设施等（该行政命令已被美国总统拜登暂停），上述举措均落实了北极能源开发相关战略。与此同时，气候变暖使得近年来对北极航道的开发和利用逐渐成为可能，北极航道的开通将极大地节省北半球远洋运输的航运里程，北极的商业化航运将深刻的改变全球海上运输格局，这对于美国来说，西北航道的利用可以使其在很大程度上摆脱对巴拿马运河的运输依赖。

（二）特朗普政府时期的北极军事化

特朗普政府时期，美国的北极战略还强调通过军事力量的部署达到维护国域安全的目的。美国逐渐意识到北极战略地位的重要性，俄罗斯在北极地区的军事力量部署一直被美国视为心腹之患。2018年12月，俄罗斯国防部长谢尔盖·绍伊古声称，俄罗斯在北极地区的军事行动能力和军事基础设施是世界上最先进的，没有任何国家能够与之相比[1]。这也使特朗普政府认定俄罗斯军事力量发展是造成北极地缘安全失衡的重要源头。面对俄罗斯的地缘和力量优势，特朗普政府选择一边加大北极军事投入，另一边积极联合北极盟友和伙伴国家，对俄罗斯极力防范和遏制。

2019年5月，美国国务卿蓬佩奥在芬兰举行的北极理事会上提出，北极已经进入新时代，各国将展开对北极丰富的自然资源的争夺战。北极地区"已经成为大国竞争的舞台"[2]。《2019年国防部北极战略》中提到，美国东部和西部的北冰洋通道形成了海上交通的战略走廊。北极航道通过美国和俄罗斯之间的白令海峡，而格陵兰岛、冰岛、英国和挪威之间的缺口地区则是北极和北大西洋之间海军行动的战略走廊。美国的利益包括保持全球实力投射的灵活性，确保航行和飞越自由；限制中国和俄罗斯利用该地区作为竞争走

---

[1] Russia's military infrastructure in Arctic is unrivaled, says minister, TASS Russian News Agency, 2018-12-24, https://tass.com/defense/1037676.

[2] Congress, National Defense Authorization Act for Fiscal Year 2020, 2019.

廊的能力①。

为了增强美国在北极的军事实力,对抗俄罗斯的军事存在,抵制中国的北极活动,美国在北大西洋扇区和北太平洋扇区展开了军事布局。2018年5月,美国海军作战部长约翰·理查德森在诺福克军港宣布,美国海军将重建第二舰队,此举的直接目的是对抗俄罗斯,重建的第二舰队防务范围包括格陵兰—冰岛—英国之间的缺口地区,军舰可以进入北极和巴伦支海支持战区进行反潜作战任务②。2019年9月,美国海军重组第二潜艇大队。美国海军表示,重建第二潜艇大队的目的是提高美国海军无缝指挥和控制力,其防务范围包括美国东海岸到巴伦支海,甚至到南大西洋整片任务海区③。2020年9月,北约新成立的北约大西洋司令部(诺福克联合部队司令部)宣布具备初步作战能力④。美国第二舰队和第二潜艇大队的整合,大大加强了美国海军对北大西洋海域的控制,北约大西洋司令部成立有助于美国与北约盟友在北大西洋地区的进一步合作,为美国与北极欧洲国家在北极进行军事演习创造了条件。2018年10月至11月,北约举行"三叉戟接点"联合军演,这是北约自冷战结束以来规模最大的一次军事演习,美国首次派出了"杜鲁门"号航母进入北极海域参与军演⑤。

在北太平洋,美国在阿拉斯加进行军事演习以提高北太平洋扇区的应战能力。阿拉斯加的地理位置对于美国具有极大的战略意义,美国军方认为阿拉斯加是美国维持在"印太地区"统治地位的关键⑥。2019年5月,"北方边缘2019"联合训练演习在阿拉斯加埃尔门多夫-理查森联合基地举行。"北方

---

① Department of Defense, Report to Congress Department of Defense Arctic Strategy, 2019.

② U.S. 2nd Fleet Declares Operational Capability Ahead of Major European Exercise, USNI News, 2019-05-29, https://news.usni.org/2019/05/29/u-s-2nd-fleet-declares-operational-capability-ahead-of-major-european-exercise.

③ 美海军重建第二潜艇大队应对俄罗斯,《参考消息》, 2019-10-16, http://www.cankaoxiaoxi.com/mil/20191016/2393129.shtml。

④ Joint Force Command Norfolk Reaches Initial Operational Capability, USNI News, 2020-09-17, https://news.usni.org/2020/09/17/joint-force-command-norfolk-reaches-initial-operational-capability.

⑤ Mary Thompson-Jones, NATO's Arctic Exercise is a Good Start to Standing up to Russian Militarization of the High North, 2018-11-04, https://nationalinterest.org/blog/buzz/natos-arctic-exercise-good-start-standing-russian-militarization-high-north-35367.

⑥ Defense Secretary Affirms Alaska's Role in Homeland Defense, 2018-06-26, https://fm.kuac.org/post/defense-secretary-affirms-alaska's-role-homeland-defense-pacific-and-arctic-regions.

边缘"演习是由美军太平洋司令部举行的高端联合军事演习,美军太平洋舰队十年来首次派出西奥多·罗斯福航母战斗群参与该演习。基于阿拉斯加在美国北极战略中的重要位置,为应对北极地区大国竞争的态势,进行军事演习强化阿拉斯加的军事力量是美国增强北极军事存在的基础,与之匹配的基础设施建设也提上了日程。鉴于目前美国北极地区的基础设施不足,难以应对北极地区大国竞争的需求的情况,参议员丹·沙利文曾多次提及在诺姆地区修建北极深水港口的重要性。诺姆港是一个地区枢纽港,位于苏厄德半岛,毗邻阿拉斯加西海岸的诺顿湾。2015年,诺姆港被选为深水港口的最佳选择。早在美国2016财年国防授权法案中就提到了指定一个国防部北极战略港口,美国2020财年国防授权法案中将其单独列为一条,即第1752条关于国防部北极港口的指定,该条款指出,国会认为北极是一个对美国国家安全利益具有战略重要性的地区,国防部需要指定一个或多个北极战略港口。国防部提议的诺姆港的建设是基于美国国家安全利益的认知和对俄罗斯北极军事建设的判断而提出的,目前诺姆港的建设仍在评估阶段,若各项工作顺利推进,诺姆港的建设将改善阿拉斯加的海洋基础设施,弥补阿拉斯加军事港口的空缺,为军舰提供有效补给和后勤保障,提高美军在北太平洋扇区的军事能力。

鉴于北极联通北美和亚欧大陆这一独特的地理位置,在北极地区抢占战略的制高点有利于制衡两大陆大国间的实力均势,有利于巩固美国的国际影响力。据美国海军和海军陆战队2021年1月最新发布的北极战略《蓝色北极:北极战略蓝图》所述,迅速融化的海冰和日益通航的北极水域——所谓的"蓝色北极"——将为美国带来新的挑战和机遇,需要"美国海军在北极地区的持续存在和伙伴关系"。这一战略透露,随着商业航运增多,自然资源勘探以及与俄罗斯和中国在北极的军事竞争加剧,美国与俄罗斯和中国在北极地区利益的争夺将演变为一场"常态化"的竞争,因为这两个国家与美国的利益和价值观差异显著[①]。这一战略同时表示,美国的利益与繁荣将和控制海洋资源和海上航线、意外的军事事故和冲突,以及主要大国在竞争中涉及北极问题上的不同观点有着千丝万缕的联系。可以看出,美国政府已经完

---

① New U.S. Arctic strategy focuses on "day-to-day competition" with Russia and China, The Barents Observer, 2021-01-08, https://thebarentsobserver.com/en/security/2021/01/new-us-arctic-strategy-focuses-day-day-competition-russia-and-china.

成北极战略认知转型，认为同中俄的对抗已经成为了北极主要矛盾。

特朗普政府时期美国的北极战略转向可以归结为在政治上把控北极事务主导权，在经济上极力推进北极资源开发，以及在军事上重视北极地区的军事存在。

（三）拜登新政府北极政策初见端倪

2021年1月，美国总统拜登宣布就职，在北极政策方面，新一届的美国政府保持了对前政府政策上的延续性，尤其是在大国竞争方面，拜登政府很可能继续跟随特朗普政府的脚步，继续阻止俄罗斯在北极地区军事化，并与中国展开竞争。虽然美国在北极地区维护国家安全利益、捍卫自身经济利益、加强军事力量存在的根本方针不会改变，但是在一些议题和举措上，特别是在气候、环境政策和外交政策方面，拜登政府和特朗普政府存在着明显的不同。

环境政策是拜登总体竞选计划的主要组成部分之一，这一政策将同样延伸到北极地区。拜登重视新能源，承诺要制定气候计划以确保美国实现100%的清洁能源，在2050年之前达到"净零排放"，重新加入《巴黎气候协定》，并将气候变化完全纳入美国的外交政策和国家安全战略[①]。对于气候问题的重新聚焦将影响美国在北极地区可持续发展的政策，上任后不久，拜登总统就对北极国家野生动物保护区的所有石油和天然气租赁活动实行了"暂时禁令"，撤销了前任总统的行动命令并称"该计划背后有法律缺陷"，并且缺少必要的环境审查。拜登承诺会将气候变化置于北极理事会议程的首位，这可以看出与特朗普政府截然不同的多边主义倾向。在过去四年中，美国的单边主义不断加强，拜登政府将会采取更多外交手段，包括利用北极理事会等多边北极治理机制来维护美国的北极利益。拜登政府会在气候变化、环境保护以及科学研究等议题上开展进一步的国际合作，这会在一定程度上使美国能够重新回归到北极开发与治理的多边主义立场。

[①] 拜登当选对美国、中国及世界的影响，搜狐网，2020-11-08，https://www.sohu.com/a/430445870_135357。

三、加拿大的北极政策

加拿大在北极地区拥有广阔的领土，大量的原住民也居住于此，在北极地区拥有广泛的国家利益。其北极政策注重维护主权、领土安全，促进北部地区经济社会和环境的可持续发展，致力于建成一个"强大、繁荣和可持续的北极和北方地区"。

（一）特鲁多政府北极政策的颁布

2019年9月10日，加拿大政府颁布了名为《加拿大北极与北方政策框架》的北极政策文件，这是加拿大总理特鲁多自2015年上任以来制定的首份北极政策，这将取代2009年发布的《加拿大北方战略：我们的北方、我们的遗产、我们的未来》（简称《北方战略》）与2010年发布的《加拿大北极外交政策宣言》（简称《外交政策宣言》），成为加拿大政府的新北极政策。

此次颁布的北极新政策指出，长期以来，加拿大北极和北方地区并没有获得与其他地区一样的公共服务以及生活水准，在交通、能源、信息、就业、社区建设、健康和教育等方面存在不平等现象。本届政府颁布的新政策，将通过与地方政府、北方地区居民以及原住民组织和机构的通力合作，为重塑和改变北极和北方地区的不平等现象与差距创造新的契机[①]。

这一文件提出了加拿大北极政策的八个优先发展的领域，重点聚焦居民健康、基础设施建设与经济发展。特鲁多政府列出的八个优先领域，将健康、基础设施建设以及经济发展置于优先领域之首：培育健康家庭与社区；加大在能源、交通和通信基础设施建设等北极和北方地区居民需要的领域的投资；创造就业机会，推动创新以及发展北极和北方地区经济；支持有益于社区居民和政策制定的科学研究和知识获取；正视气候变化的影响，支持建立健康的北极和北方生态系统；确保北方和北极居民的安全；恢复加拿大北极事务全球领导者的地位；推进和加强与原住民民族和非原住民民族的关系。

该文件将用于指导加拿大政府2030年之前的北极投资和活动。政策指

---

① Canada's Arctic and Northern Policy Framework，https://www.wilsoncenter.org/event/canadas-arctic-and-northern-policy-framework.

出，执行新的北极政策离不开各相关利益方的通力合作。文件的颁布体现了对原住民的关怀，在新北极政策制定过程中，加拿大联邦政府首次邀请了众多相关利益方的参与，包括因纽特人、第一民族（印第安人）、梅蒂人等原住民团体，并在政策文件中首次单独为相关原住民、地方政府设置章节，以充分展现他们的利益诉求和愿望。与此同时，为支持新北极政策的实施，加拿大政府宣布将在2019年度预算中投入超过7亿美元，用于支持未来十年北极和北方地区的经济社会发展，包括建立北极地区高等教育基金，建设北方和北极地区的基础设施，增加经济发展扶持项目，支持极地科学研究等。

（二）新北极政策对哈珀政府北极政策的继承与发展

相比于此前的北极政策，新出台的新北极政策以原住民和环境保护为重点，没有过度强调主权问题，这保持了对哈珀政府的继承性。让北方居民拥有更多的经济和政治自主权是加拿大北极战略和国家发展战略的重要组成部分。参与和自治是加拿大政府的价值观，和解和分权是加拿大的政治传统[①]。加拿大北方居住着大量的原住民人口，近年来，原住民对取回土地权利的要求大大地推动了加拿大各界对原住民权益的关注。加拿大北极外交政策强调了"分权下放"并关注了对原住民管理的参与，政府运用协商的方法来推动善治，为北方地区原住民提供更多的公共产品以增进福祉、维护国家认同，这有利于维护加拿大在北方地区的主权。

哈珀政府时期的《北方战略》也指出，北方地区是加拿大国家认同的核心，加拿大北方地区首要的是人民，促进这一地区的经济社会发展是加拿大北极战略的重要内容。加拿大北方政策特别强调要为北极地区的可持续性发展创造合适条件、寻求有利于加拿大北极居民和所有加拿大人的贸易和投资机遇以及鼓励更深入的了解北极居民特性，改善原住民生活。加拿大政府希望通过刺激北方地区的贸易往来和商业投资逐步开发北极航运、空运，促进北极地区的经济和社会发展，改善北方居民生活，增强他们对国家的认同感，让其更好地参与到对北极的主权维护中。

（三）加拿大政府北极政策中的主权认知与环境议题

哈珀政府时期，加拿大政府制定的北极政策优先考虑的是国家安全和维

---

① 赵雅丹："加拿大北极政策剖析"，《国际观察》，2012第1期，第72—79页。

护主权。在哈珀执政的十年间（2006—2015），北极主权和安全始终居于中心地位，哈珀政府将捍卫北极主权视为历史使命[①]。在 2009 年 7 月，加拿大政府发布的《北方战略》详细阐述了加拿大北方地区的未来发展蓝图，战略将北方地区作为加拿大经济整体发展战略的重要组成部分[②]。2010 年加拿大政府发布的《外交政策宣言》，归纳了政府的目标，并指出了现行的政策。加拿大在这两份主要的战略文件中制定出了优先在北方地区达成四项政策目标：行使国家主权；促进北方地区经济、社会发展；加强北极地区环境保护；改善北极治理，实现北极善治[③]。

尽管特鲁多政府的北极政策不突出主权问题，但行使主权一直是加拿大政府北极政策中最重要、最优先的议题。为确保主权的顺利行使，加拿大加强了在北极圈地区的军事存在，主要包括在北极地区开展各种联合军事演习，增加相关军费预算，在北极国境线地区加强陆海空军事部署；在外交上重视通过与北极区域内外国家和组织的合作，来解决争端和实现共同利益，在双边和多边的维度实现北极战略目标，同时主张在以《联合国海洋法公约》为主体的国际法框架内和通过北极理事会这一多边治理机制来解决与北极国家之间的海洋划界、西北航道法律地位等主权及主权权利争端问题[④]。

环境保护也是加拿大政府北极政策的主要环节之一，北方地区的环境状况与可持续发展程度影响着整个国家的战略氛围。受全球变暖的影响，北极地区的生态与环境发生了巨大的变化，北极地区冰雪、永冻土层融化，海岸被侵蚀，房屋倒塌，公路、机场、石油管线等基础设施被毁坏和动物被迫进行大面积迁徙，这一改变严重地威胁到加拿大北极居民的生存安全和生活方式。为此，加拿大政府于 2009 年和 2010 年通过设立保护区来保护环境和北极地区独特的野生动物，修订国内航运法以保护海洋保护区等。

[①] 张笑一："加拿大哈珀政府北极安全政策评析"，《现代国际关系》，2016 第 7 期，第 22—28 页。
[②] Minister of Indian Affairs and Northern Development, Canada's Northern Strategy: our north, our heritage, our future, http://www.northernstrategy.gc.ca/cns/cns-eng.asp.
[③] Statement on Canada's Arctic Foreign Policy: exercising sovereignty and promoting Canada's northern strategy abroad.
[④] Canada's Arctic and Northern Policy Framework, https://www.wilsoncenter.org/event/canadas-arctic-and-northern-policy-framework.

（四）两届政府北极政策的异同

总结说来，哈珀政府时期的加拿大北极政策是通过在经济、环境、原住民问题上实施良好的治理，促进实现主权与其他权益的战略。与哈珀政府时期的北极战略相比，特鲁多政府重点关注北极的非传统安全问题，将未来的威胁重点放在安保等非传统安全领域。

纵观加拿大的北极战略目标，除了行使北极国家主权是高政治领域外，其余的三个战略目标都是集中在经济社会发展和环境保护等低政治领域。在第一梯队的北极国家中，美国和俄罗斯是大国，加拿大无法在军事、政治等权力层面与这两个大国展开竞争，于是选择了在经济社会发展和环境保护等低阶政治领域作为突破口来弥补结构能力上的不足，加强话语权，更好地实现加拿大的北极国家利益。

尽管不同时期加拿大政府北极政策关注的侧重点、应对的主要问题各有不同，但它们始终围绕着北极主权、安全、发展和气候环境四个领域展开，虽然新北极政策没有像哈珀政府一般明显地将"主权议题"置于首位，但特鲁多政府并没有放弃对北极主权的利益维护，而是从北方原住民的身份认同和国家意识角度出发，更好地构建和维护加拿大的北极主权。

四、北欧五国的北极政策

相比于第一梯队的俄罗斯、美国、加拿大来说，北极战略是其国家战略的一部分，对于北欧五国而言，北极就是国家发展的主要方向，北欧五国的北极战略就是国家的核心战略。立足于北极现状、国家实际和未来发展，北欧国家纷纷制定了自身的北极战略。基于北极地区丰富的自然资源给北欧国家带来了现实的经济利益，同时也为其未来发展提供了战略储备。因此，在可持续发展条件下管理、开发和利用这些资源成为了北欧国家北极战略重要内容。随着北极地区海冰的加速融化，北极航线的开通越来越具有现实意义，北极航线的开通将带动整个北极沿岸地区的开发，而北欧五国作为北极航道上的重要枢纽，也会从中获得难得的经济发展机遇。北极的环境变化与北欧国家的生死存亡息息相关，北欧国家的大部分国土都位于北极圈内，对于北极气候、环境的关注自然也成为北欧国家北极战略的重要组成部分。

不同于俄美加三国对北极地区主权争议的白热化，北欧国家间对主权的争议不多，与其他环北极国家的矛盾也比较少。北欧五国在北极的利益更多集中于经济发展、气候环境等问题，在保持有限军事投入以维护主权的前提下，更倾向于推动以及寻求在国际法与国际机制范围内的解决争端和务实的合作。北欧国家积极推动北极区域治理机制完善，尤其是推动北极理事会等北极议题相关机构的运行以及北极地区行为准则的制定。在加强北极开发和自身研究实力的方面，北欧国家将知识的强化置于北极战略的重要地位，谋求成为北极地区知识领域的领导者，提高在北极事务中的话语权。

不过，近年来随着北极地区传统安全问题的凸显，面对日渐兴起的北极军备竞赛和军事博弈，尤其是俄罗斯、美国不断强化在北极的军事存在的情况下，北欧国家强化自身军事建设，加强军事装备采购和北极军事力量投入，以此来维护自身主权和北极利益。

（一）挪威的北极政策

挪威是北极地区的重要国家，北极地区在挪威的能源、航海、渔业、科技和旅游业等领域发展中占据重要位置。挪威也是最早颁布北极战略的北极国家，是北极治理进程中最有影响力和话语权的国家之一。自2005年起，北极事务便成为挪威对外政策的首要议题。挪威高度重视北极气候变化，将北极看作气候研究的集中地和缓和气候变化的催化剂。挪威政府先后于2005年、2006年、2009年发布了《北方的机遇与挑战》、《挪威政府的北极战略》和《北方的新进展：挪威政府北极战略的下一步》，申明将北极作为未来最重要的战略优先领域，提出举全国之力开发高北地区（即挪威最北部的芬马克郡）的经济潜力。

挪威在北极地区的国家利益主要集中于以下三点：第一，在国家安全层面，传统安全上面对着邻国俄罗斯相继出台战略文件、加强军事部署的情况下如何减轻自身的地缘政治压力；在非传统安全上，北极变暖冰川融化所引起的环境风险，对挪威的环境安全、经济安全和社会安全形成了挑战。第二，发掘北极地区的经济价值，挪威北极地区的经济发展对整个国家的发展而言，都起着至关重要的作用[1]。挪威政府注重北极油气资源开发、渔业和尖端科技的发展及输出,尤其是油气资源勘探设备制造业、造船业、海域清洁技术等方面的尖端技术的发展是各国挖掘北极经济机遇的必要前提,把这些技术优势转化为经济收益,是挪威北极战略文件的核心目标之一。第三,在北极事务的参与和治理中提升国际政治影响力,作为一个整体的、政治性的北极地区在国际社会中的地位得到提升,吸引更多的国际政治行为体参与北极事务,国际社会进入"重新发现北极"时代[2]。作为北冰洋沿岸国家,全球气候变化所带来的地缘政治新空间,为挪威发挥国际政治影响力、提升国际政治话语权提供了重要舞台。

挪威与邻国俄罗斯的关系是促使其密切关注北极地区的重要原因之一,构建与俄罗斯的北极合作关系也是挪威北极战略的最为显著的一个特点。当前,挪威政府在北极战略中对俄罗斯采取"双轨政策",推行较为务实的政策立场,一方面强化自身北极地区的军事存在,强力推动北约介入北极事务,以应对俄罗斯在北极地区的军事行动;另一方面,又重视发展与俄罗斯的北极合作关系,共同应对诸如环境和资源管理等挑战。

挪威北极战略的演进历程,是一个逐步强化对北极事务的认知、参与意愿逐渐增强、参与策略不断调适及完善的过程。挪威政府时刻关注北极地缘政治环境,采取具体措施不断修正和完善其北极战略,使其成为在北极治理中立场最为坚定和采取的政策措施最为明确的北极国家。挪威北极战略的核心目标没有发生过根本性的改变,其多个战略文件在目标追求和利益界定方面表现了较强的持续性和连贯性。

(二) 丹麦的北极政策

丹麦作为北极国家的特殊之处在于,其本土位于北极圈南部,但其属地格陵兰岛位于北极圈内,其丰富的自然资源,让丹麦成为了真正意义上的北极国家。因此,丹麦虽然是个北极小国,但政府高度重视北极,在欧盟北极政策的制定中表现地非常活跃。

---

[1] Jo Inge Bekkevold, Kristine Offerdal, Norway's High North Policy and New Asian Stakeholders, *Strategic Analysis*, 2014 (6): 826.

[2] Balancing Industry and Environment: Norwegian High North Policy, Government of Norway, 2016-01-25, https://www.regjeringen.no/en/aktuelt/speech-arctic-frontiers/id2472163/.

1. 丹麦北极战略的起步阶段

丹麦于 2011 年颁布了《2011—2020 年丹麦王国北极战略》，首次明确了丹麦的北极战略目标为"应对北极事务日趋国际化"和"巩固丹麦作为北极行为体的地位"，并将本国在北极地区的角色定位为"全球性行为体"[1]。丹麦政府意图通过在保持北极地区经济的可持续发展，尊重北极地区脆弱的气候、环境和自然生态，与国际伙伴进行密切合作的情况下，确保一个和平、可靠和安全的北极地区。这一战略的首要目标是维持北极的和平稳定和对北极领土的主权管辖，主张在《联合国海洋法公约》的框架内解决北冰洋划界争端；这一战略要求提升格陵兰的自我可持续性经济发展，开拓新型北极经济发展模式并且在北极环境与气候科研信息的基础上管理北极事务，这主要包括完善北极知识体系、建立北极防污措施和环保标准；丹麦的北极战略还强调加强北极治理的国际合作，以联合国、世界贸易组织为依托在应对气候变化、环境保护、维护原住民权益等议题上进行多边的合作，在区域内以北极理事会、欧盟、北冰洋五国集团为载体进行域内对话。《2011—2020 年丹麦王国北极战略》定下的战略基调是对话与合作，注重从国际机制、环境保护、国际贸易等维度提升丹麦在北极事务的影响力，因此从一开始就兼具区域与全球性视野。

2. 丹麦北极战略的调整

随着北极地区同时存在治理主体全球化与大国军事对抗的风险，丹麦政府更新了北极战略文件。2016 年 5 月和 6 月，丹麦外交部和国防部先后公布了《变革时期的丹麦外交与防务》和《国防部未来在北极的任务》，明确了丹麦王国作为"北极超级大国"的身份定位，并提出了加强在格陵兰军力部署的防务计划，从外交与国防两个方面进一步细化了任务分工。文件评估了2030 年之前的全球与欧洲经济发展前景与地区安全局势，确定丹麦的北极区域战略以北欧和波罗的海地区为重心，意图建立基于丹麦国家利益的北极外交政策，同时寻求与其他利益攸关方的共同利益，以维护在北极事务中的事

---

[1] Ministry of Foreign Affairs of Denmark, Greenland and the Faroe Islands, Kingdom of Denmark Strategy for the Arctic 2011-2020.

实存在、建立牢固的伙伴关系、维护先进的北极专业知识体系，在欧盟框架下，与荷兰、北欧、波罗的海国家开展多边与双边合作。同时大力开展经济外交，绿色开发格陵兰的自然资源，建立跨区域经贸伙伴网、为北极经济开发提供政治保障。文件强调加强在格陵兰的防务力量，巩固与美国的军事合作，特别是提升丹麦军队在格陵兰进行监控、巡逻、搜救的能力。还要在三个维度上建立伙伴关系网，分别是欧洲的德国、英国、法国以及北欧国家，跨大西洋的美国来维护丹麦（欧洲）在北极的安全利益；在亚洲通过加强与印度的战略伙伴关系，来推动北极的商业议程。

3. 丹麦北极战略中的格陵兰岛因素

鉴于丹麦和格陵兰的特殊关系，丹麦的北极战略和北极利益诉求无法回避格陵兰这一现实问题。格陵兰在 2007 年正式改制成为内政独立但外交、国防与财政相关事务仍由丹麦代管的过渡政体，于 2008 年的公投后决定逐渐走向独立之路。丹麦在北极的利益几乎均与格陵兰相关；一旦格陵兰独立成功，丹麦将会使失去"北极国家"的身份。

丹麦 2016 年的北极战略以国家安全和经济发展为主旨，注重提升自身的北极战略实施能力，尤其是加强丹麦王国内部的凝聚力，特别是从军事方面加强对格陵兰的控制，逐渐减少对格陵兰经济发展的援助，以削弱其走向独立的经济实力。可以说，丹麦的北极战略，逐渐从重视环境保护、制度构建、外交斡旋等温和路线，向既重视极地环境保护、经济发展、科学研究等软实力建设，又重视北极防务能力、主权护持与领土管辖能力等硬实力建设的复合路线转型。

（三）瑞典的北极政策

瑞典在 2011 年正式发布了《瑞典在北极的战略》，从多个方面阐述瑞典与北极的联系，表明了瑞典参与北极事务的立场。其北极战略定位基于"合作安全"理念，并主要依靠与欧盟成员国和其他北欧国家的合作。该文件从历史联系、安全政策、经济纽带、环境与气候、调查研究和文化六个方面阐述了瑞典与北极之间的联系，反映出瑞典北极战略建立在较低的冲突和广泛的全球治理基础之上，认同相互依存，推动对话、透明、互信机制以及在国际法范围内的合作取向。总体来看，瑞典的北极战略主要基于三个方面：关注气候变化与全球变暖、原住民的生活状况以及自然资源。

促进可持续发展和改善气候变化问题是瑞典确立的北极战略重点。瑞典意图在北极地区推进经济、社会和环境的可持续发展，致力于大规模减少温室气体的排放和保护环境生态多样性，增强北极社区的长远治理能力和对气候变化的适应能力，最终实现北极地区的长期可持续发展。瑞典在北极治理中一直高度关注环境问题，在欧盟制定北极政策过程中也多次强调环境保护，强调了北极地区需要强有力的环境保护措施。瑞典北极战略在这方面的内容涵盖了气候、环境保护、生物多样性及对气候和环境变化的研究等领域，目标是减少温室气体排放、确保北极气候变化及其影响在国际气候谈判中得到应有的重视、保持及维护北极生物多样性、加大在气候及环境变化对人类影响研究方面的资金投入。

瑞典具有丰富的自然资源，因此依托于这些资源的经济发展是瑞典北极政策的重中之重，同时也是三个优先发展领域中最主要的方面，在文件中瑞典着重强调了其在北极各经济领域的利益相关性。所涉及的经济领域包括采矿业、油气资源开采及林业、陆上交通及基础设施、海上安全与航运、空海救助、破冰服务、能源、旅游业、驯鹿牧业、教育与科研等。具体目标则是促进北极地区经济、社会及环境的可持续发展；突出在能源、资源利用方面遵守国际法的重要性；促进瑞典在环境技术及专业知识方面的运用；以及促进瑞典在北极地区的商业利益。在经济发展战略中，瑞典特别强调它在北极地区的自由贸易、巴伦支地区的产业政策以及很多领域的经济利益，包括驯鹿养殖。

其所涉及的人文领域包括北极地区居民及其生活状况的改善与提高，北极环境变化对人类健康的影响；气候变化对人类的影响；气候变化对土著居民文化和产业的冲击；萨米人语言的消亡问题；传统知识等。瑞典致力于在北极理事会内推动萨米人公约；保护萨米人及其他土著居民的语言；促进青年人及妇女更积极地参与政治进程；利用北欧及北极合作机制促进研究与土著社群的知识转移。瑞典北极战略也强调北极地区居民及其生活状况的改善与提高。

（四）芬兰的北极政策

芬兰于 2010 年颁布了《芬兰北极地区战略》，表明自身的北极国家身份，旨在从多方面强化芬兰在北极地区的地位。在 2013 年新修订的《芬兰 2013 年北极地区战略》中,芬兰将北极矿物资源的开采、航海、造船业、北极科考以及可持续发展都规划在内。芬兰的北极战略着重强调北极经济发展与环境保护以及北极国家内部的协商与内外互动,着力提升芬兰参与北极事务的能力,实质性地推进芬兰的北极外交,维护芬兰北极利益。

从芬兰的北极战略可以看出,其具体政策注重彰显和强化芬兰北极国家的身份。芬兰明确提出其"北极国家"的身份认知,并且在实践中也非常注重强化其北极国家的身份。芬兰 2010 年的北极战略中明确指出"芬兰是北极国家,在北极地区有着诸多利益"[1]。在 2013 年的北极战略中,芬兰再次重申"芬兰是一个积极的北极行为体,在加强国际合作的同时,能够以可持续的方式处理好北极环境变化所带来的各种不确定因素的限制,能够把握住北极的各种商业机遇"[2]。

芬兰重视在国际法指导下开展北极事务。芬兰在其北极战略中指出,《联合国海洋法公约》是适用于北极地区的,北极地区的争端问题可以在其规范下协商解决。芬兰的北极战略明确提到联合国环境规划署、国际海事组织、世界气象组织以及世界自然保护联盟等都是北极治理需要依托的重要国际组织。不仅如此,芬兰还积极参与北极地区准则的制定工作,并积极推动准则的切实执行。在对待欧盟的态度上,芬兰支持欧盟实质性地参与北极事务。在治理机制上,芬兰积极推动北极国家间的合作与协商及北极合作机制的构建;推动北极理事会的开放化与国际化,通过接纳新观察员为北极治理增加更为充实的可用资源;促进北极理事会拓展关注领域,如航运、经济安全和环境保护等诸多领域;推动北极理事会观察员制度的机制化,在多边合作中发挥重要作用。

在北极战略中,芬兰主张积极推动北极地区科学技术合作。芬兰的工业部门在北极生产建设、北极环境技术、北极基础设施以及在北极运输和导航等领域拥有专业知识和现代技术,已经成为北极发展至关重要的支撑力量[3]。

---

[1] Prime Minister's Office Publications, Finland's Strategy for the Arctic Region, http://arctic-portal. org/images/stories/pdf/J0810.

[2] IMO, Adoption of an International Code of Safety for Ships Operating in Polar Waters, Polar Code, http://www. imo. org/en/Media Centre/Hot Topics/polar/Pages/default. aspx.

[3] Arctic Council, http://www. arctic-council. org/index. php/en/about-us/member-states/finland.

此外，芬兰还拥有涉及海事产业、航运、气象、矿产、环境、社会等多领域的领先的专业技术知识。

2017年5月，芬兰再次担任北极理事会轮值主席国，并发布了题为《探寻共同方案：芬兰的北极理事会轮值主席国（2017—2019）议程》的文件，将环境保护、互联互通、气象合作和教育设定为芬兰任职北极理事会轮值主席国期间的优先议程[①]。为维护和拓展芬兰的北极利益并实现有效的北极治理，芬兰注重国内和国际两个层面，明确芬兰北极治理的优先领域和基本原则的前提下，在北极治理新态势的背景中积极维护北极的安全与稳定，协调众多行为体的利益促进北极地区的合作，推动北极地区经济和社会的发展，以及构建和完善基于规则和善治基础上的北极治理体系，是芬兰北极政策的主要目标和基本任务。

在任主席国期间，芬兰致力于北极地区的环境保护和应对气候变化问题的国际合作。同时推进北极事务在科学领域的合作，注重北极地区的教育发展，致力于提升北极居民的生活水平，在汇聚国际社会对北极事务的共同愿景下建构北极地区综合治理的模式。

（五）冰岛的北极政策

位于北极圈附近的冰岛属于环北极国家，在北极国际政治格局中处于边缘化地位，但冰岛的生存与发展高度依赖北极地区所提供的资源，在北极地区存在着切身的利益。冰岛试图让自己正当地投入到北极全球国际谈话当中，所以在北极议程中，冰岛给予了北极治理较高的优先权，并且愿意将冰岛作为北极议事场所的部分原因。

冰岛于2011年发布《关于冰岛北极政策的议会决议》（简称《决议》），标志着冰岛北极政策的正式出台，形成了全面系统的北极政策，其核心意在"维护与确保在涉及北极气候变化、环境、资源开发、航运、社会发展，以及与其他北极国家或利益攸关者合作等事务上冰岛的政治、经济与战略利

[①] Exploring Common Solutions: Finland's Chairmanship Program for the Arctic Council 2017-2019, http://formin.finland.fi/public/default.aspx?contentid=356546.

益"①。这项决议构成现阶段冰岛北极政策的基石。冰岛在北极地区的首要利益关切是基于政治、经济、环境、安全等综合因素的考虑,构建自身北极沿岸国家的政治地位,推动次区域合作,避免北极事务被环北冰洋国家所垄断。同时,冰岛着力将自身打造成为北极的经济与知识中心,尤其是在后金融危机时代,冰岛可利用其在北美与欧洲大陆之间的区位优势与北极资源优势,优先发展以航运业、能源、旅游业为代表的实体产业和服务业,推动经济复苏。

《决议》中蕴含的理念是通过和平与合作的方式来维护冰岛北极的利益,其目标包括重视发挥北极理事会在解决地区争端上的作用,加强与其他国家在北极事务上的合作,加大对北极地区科学考察和研究的支持力度,促进北极地区的可持续发展等。具体战略内容可总结为:

第一,基于身份认同,确保冰岛作为北极地区内沿海国家的地位,基于法律、经济、生态和地理缘由对该地区的发展以及地区性问题的国际决策施加影响。促进北极理事会作为北极问题最重要的协商性论坛地位,努力由北极理事会做出关于北极问题的国际决策,以阻止北极理事会个别成员国在做出重要决策时合力排斥其他成员国、削弱北极理事会和包括冰岛在内的其他北极国家的作用。同时根据《联合国海洋法公约》解决涉及北极的分歧。

第二,维护北极原住民的权利,支持其直接参与地区问题的决策,确保原住民能够保持其文化独特性,加强其社群的基础设施,并努力提高其生活水平,为维护北极地区形成的原住民生活方式和独特文化做出贡献。与此同时,冰岛将尽全力确保北极地区不断增加的经济活动有助于资源的可持续利用,负责任地应对脆弱的生态系统和动植物保护问题。

第三,通过民事手段维护在北极地区广泛意义上的安全利益,强化北极地区的总体安全,防止该地区的军事化。进一步促进北极地区国家之间的贸易关系,为冰岛抢抓北极地区不断增加的发展机会奠定基础。以协定为基础,促进与其他国家和利益相关者涉及冰岛北极利益的合作。

第四,加强关于北极问题国内层面的磋商与合作,以提升对北极地区重要性、实施政府北极政策的民主讨论和团结协作的认识。推进冰岛人对北极

---

① Artic Council, A Parliamentary Resolution on Iceland's Arctic Policy & Commentary to this Parliamentary Resolution, http://www.arctic-council.org/index.php/en/document-archive/category/12-arctic-strategies#.

问题的了解，促进冰岛对外成为举行有关北极地区会议和讨论的场所，在尽可能广泛的意义上促进北极教育和研究，在国外宣传冰岛适合充当举行关于北极问题的国际会议和讨论的场所。

(六) 中国与北欧国家的北极事务合作

1. 欧洲"北极走廊"计划的对接

作为北极治理的主要利益相关者，芬兰和挪威两国提出了"北极走廊"计划（Arctic Corridor），修建连接芬兰北部罗瓦涅米和挪威巴伦支海港口希尔克内斯的铁路线，与"冰上丝绸之路"汇合，使欧洲北部与中国及俄罗斯北冰洋深水港口贯通，以铁路对接北极航道，构筑依托陆海贸易新干线的跨洲经贸圈。该计划包括重建希尔克内斯深水港和修建一条铁路，在罗瓦涅米建立一个物流枢纽，在赫尔辛基建立一个与波罗的海隧道相连的航空物流枢纽，预计耗资约 30 亿欧元，如能如期开工将于 2035 年前后投入运营，届时可连接欧洲大陆与北冰洋，再经东北航线合作与东北亚地区联通。与苏伊士运河的海运线路相比，该路线更节省时间，或可成为亚欧物流线路的新选择。

由于北极走廊计划耗资巨大，来自中方的投资将受到欢迎，一些中国公司已经收到邀请来讨论参与项目的可能性。对中国来说，北极走廊为在"冰上丝绸之路"框架下进行合作提供了机遇，因为北极走廊的基础设施建设与北极地区高度相关，提升了东亚和北极经济体之间的连通性，有助于中国进一步扩大中欧市场。

2. 与北欧国家间的合作：现状与机遇

历史上，挪威一直是中国在北欧最重要的贸易伙伴之一，两国政府正在积极恢复停滞的自由贸易谈判，2019 年 6 月 24—27 日，中国—挪威自由贸易协定第十五轮谈判在挪威奥斯陆举行。双方就货物贸易、服务贸易、投资、技术性贸易壁垒、卫生与植物卫生措施、贸易救济、政府采购、环境、竞争政策、电子商务、法律议题、争端解决等相关议题展开磋商并取得积极进展[①]。特别地，挪威的航运集团有兴趣与中国的航运集团合作，并期待着中

---

① 中国商务部，中国—挪威自由贸易协定第十五轮谈判举行，2019-06-28，http://www.mofcom.gov.cn/article/ae/ai/201906/20190602877023.shtml。

方更大程度的参与。作为巴伦支海最北端的不冻港和通过北方海航线最接近东亚的西方港口，希尔克内斯拥有无限的出口潜力，有经验丰富的船运代理和船舶维修服务，可有效提供电力、燃料、水的供应设施，以及驾驶、海关和健康服务，船只可以将来自中国的货物和来自俄罗斯北极油田的石油和天然气运往希尔克内斯。2018 年 4 月挪威研究和高等教育部部长率领的代表团访问上海时，挪威北部一城市市长 Rune Gjertin Rafaelsen 宣布希尔克内斯已为北极走廊建设和北极圈开放做好了充分的准备。挪威国家铁路局、国家海岸管理局和国家道路管理局已向挪威运输和通信部提出了建议，以扩大对北极走廊计划的支持。

政府间的协议与会谈也给中国同北欧国家在北极事务合作提供了新的机遇。2012 年中国与冰岛签署了《关于北极合作的框架协议》，冰岛表示愿意支持中国参与北极地区的和平开发利用，在现有基础上加强合作。2017 年习近平分别会见芬兰、挪威和瑞典领导人时，三国领导人均表示将加强在北极事务上与中国的合作。

特别地，芬兰是新中国成立以来首批建交的西方国家，双边关系发展良好，经济往来频繁，在北极事务合作方面一直推进良好。在芬兰，罗瓦涅米与中国在能源、采矿、旅游、信息和通信技术等领域有着共同利益。中芬两国间连接欧洲和亚洲的一条海上高速通信电缆项目正在计划中。该项目由芬兰主导，预计铺设 10500 千米，先从日本和中国到希尔克内斯，再从挪威到达中欧。届时中国发达的通信技术可借"冰上丝绸之路"参与北欧国家网络信息建设，实现中国与北欧的"双赢"。2018 年 2 月，赫尔辛基—塔林交通线可行性研究报告公布了赫—塔海底铁路隧道的技术细节，该项目包括两个巨大的人工岛和 250 米深的海底隧道，与计划中的机场铁路线并行，连接芬兰、瑞典和俄罗斯北部地区。此外，赫尔辛基将成为北极走廊的航空枢纽。目前芬航已经开通了大中华地区 7 个机场的每周 38 班航班，超过其他欧洲航空公司。近年来中芬间的北极合作交流也拓展到科研领域，如联合设计了中国"雪龙 2"号破冰船、2016 年在罗瓦涅米召开了第四届中国北欧北极合作研讨会，等等。

与此同时，在过去的十年中，从中国到芬兰的航空旅行大幅增长。在芬兰过夜的中国人数量从 2007 年的 98100 人增长到 2017 年的 361800 人。2016 至 2017 年间，中国游客数量增长了 63%；2017 年中国游客在芬兰的消费为

3.35亿美元，比2016年增长了49%。芬兰旅游公司估计中国游客在芬兰的消费支出（不包括机票和酒店）已经增长超过一倍，从每位游客600欧元左右增至1300欧元。在未来，旅游业也将成为中国与北欧国家间经贸往来合作坚实的推动力量。中芬元首在2019年启动"中芬冬季运动年"，旨在加强两国间人文纽带建设。

中国北极政策的出台进一步推动两国北极事务合作，特别是中国与芬兰间的北极经济事务合作，是近年来两国合作的亮点。然而，回顾近年来芬兰与"冰上丝绸之路"倡议的联结，可发现两国北极事务合作并没有取得预期进展，甚至出现了放缓和停滞的局面。虽然芬兰政府依旧大力欢迎中国投资进入北极地区，但对部分经济活动带来的消极影响及投资的潜在风险持谨慎态度。2019年2月芬兰总理办公室发布的《中芬北极合作报告》是芬兰政府对中芬北极合作的最新表态。此外，2019年欧盟—中国领导人峰会上，欧盟与中国发布联合声明共同建立开放、公平竞争、透明和互利的市场环境，中方同意扩大市场准入并在世界贸易组织工业补贴改革方面给予让步，中欧紧张关系得到改善。

五、欧盟北极政策

近年来，随着全球气候变暖，北极冰盖加速融化，北极地区的能源开发、航道开通和环境保护等问题成为国际关注的焦点。出于对气候变化带来的北极生态环境保护的关切、自身能源安全的担忧以及航道开通带来的潜在利益的考量，欧盟作为特殊的北极域外行为体，对北极事务的态度经历了从不太关注到积极介入的转变，并且出台了一系列北极政策文件，阐释其在北极的利益和责任。

（一）欧盟的身份认知与北极政策的颁布

1. 欧盟身份对其的双重影响

欧盟的身份对于其参与北极治理，既是优势也是阻碍。由于多方面因素，欧盟和北极地区一直有着十分紧密的联系。仅从地理位置来看，在环北极八国中，有三个国家——丹麦、芬兰和瑞典属于欧盟成员。但是近年来，伴随着北极事务在全球事务中战略地位的提升,北冰洋沿岸国家对于北极地区外国家参与北极事务始终抱有一种矛盾心态。北冰洋沿岸五国早在2008年就通过《伊鲁利萨特宣言》。该宣言明确指出,北冰洋的沿岸五国要主导未来北极事务的处理方式,包括矿产资源的利用、新航道的开通、生态系统的保护等;除美国以外的北冰洋沿岸国有意借助联合国海洋法公约,通过大陆架的延伸来"拓展"各自的海洋权益;北极五国拒绝仿造南极条约去创制一个多边参与的北极条约。该宣言削弱了欧盟成员国芬兰和瑞典(北极八国中的成员)在北极事务中的作用,而另外一个欧盟国家丹麦对于格陵兰的控制也已经减弱。因此,欧洲一些智库将此宣言视为对欧洲在北极利益的排斥。

与此同时,欧盟不是北极理事会的成员,也不是观察员,甚至它提交成为北极理事会正式观察员的申请也多次被拒绝,还被北极国家加拿大与俄罗斯排斥。在2013年,中国、印度、意大利、韩国、日本和新加坡成为北极理事会正式观察员之后,欧盟仍然被北极理事会拒之门外。欧盟加入北极理事会的阻碍主要来自于加拿大和俄罗斯,加拿大要求欧盟必须首先通过谈判解决对加拿大的海豹制品制裁问题后,才能申请加入北极理事会,俄罗斯与欧盟的争议在于是否承认北极航道的自由无害通行权,俄坚持对北极东北航道的绝对主权,强烈反对欧盟提出的北极航道自由无害通行权。所以说,尽管欧盟在北极有着独特的利益,而且也深深地卷入到了北极治理之中,但它在进一步发挥作用的时候存在着种种障碍。

2. 欧盟积极参与北极治理,维护在北极地区的利益

尽管欧盟参与北极事务的意愿遭遇到了巨大挑战,但它并没有放缓积极参与北极治理的步伐,而是通过积极的努力来达成参与治理、实现利益的目的。2007年,欧盟委员会在通过的《综合性海洋战略》文件中首次提及欧盟在北极的利益。2008年3月欧盟委员会与欧盟外交与安全政策高级代表联合发布了《气候变化与安全》战略文件,提出欧盟应尽快制定统一的北极政策以应对北极带来的挑战。2008年11月,欧盟委员会发布了首份北极政策报告《欧盟与北极地区》,认为欧盟在北极地区的主要政策目标包括保障和维护北极地区及其居民的权利;促进资源的可持续开发利用;加强北极多边治

理①。随后,欧盟理事会在 2009 年通过关于北极事务的决议,欧洲议会在 2011 年通过《可持续的欧盟北方政策》的报告,均对欧盟委员会的北极政策文件进行了进一步的解释和发展。2012 年 7 月,欧盟委员会与欧盟外交与安全政策高级代表共同发表了《发展中的欧盟北极政策:2008 年以来的进展和未来规划》,将欧盟新阶段的北极政策概括为"知识、责任与参与"②。2016 年 4 月,欧盟外交与安全政策高级代表莫盖里尼以及欧盟委员会共同发布了欧盟北极政策建议,考虑从自身优势入手,转向更务实的层面来指导欧盟在北极的行动。这份报告提出了欧盟在北极三个优先领域,分别是应对气候变化加强环境保护、促进北极地区的可持续发展、开展北极事务国际合作③。

(二) 欧盟北极政策的四大核心领域

1. 航道利益

欧盟在北极地区拥有广泛且重大的利益,对这些利益的维护是欧盟更新极地战略的内在动因。气候变暖和海冰的快速融化向世界展示了北极航道开发的经济前景。经济上高度依赖贸易和海上运输的欧盟对参与北极事务和北极航道开发给予了高度关注,欧盟委员会在 2008 年发表了《欧盟与北极地区》这份文件,指出欧盟成员国在北极航道有多项重要的利益,应加以保护。作为拥有世界上最大的海运船队的欧盟及其成员国,应当重视海冰融化创造的北极水域通航的机会,利用北极航道可以缩短从欧洲到太平洋的海上航程,促进贸易,并减轻对传统国际航道的压力④。

在 2008 年发布的《欧盟与北极地区》中,欧盟委员会完整地描述了欧盟的北极利益和政策主张,欧盟文件强调,欧盟成员国应努力保护其在北极航运上的各种利益,因此在北极航道上所设定目标包括:一是探索和改善通航条件,逐步引导北极商业航行,同时促进更严格的安全和环境标准以减少不

---

① European Commission, The European Union and the Arctic Region, 2008-11-20.
② European Commission, Developing a European Union Policy towards the Arctic Region: progress since 2008 and next steps, 2012-06-26.
③ European Commission, An integrated European Union policy for the Arctic, 2016-04-27.
④ Steffen Weber, Andreas Raspotnik, Trade Routes in the High North-The Arctic Shortcut between Europe and Asia, 2012-04-30, http://eu-arctic-forum.org/publications/opinions-publications/trade-routes-in-the-high-north-thearctic-shortcut-between-europe-and-asia-by-steffen-weber-and-andreas-raspotnik-european-parliament-magazine-30th-april-2012/.

利影响；二是欧盟成员国应捍卫自由航行的原则和无害通过新开辟航道和水域的权利，促进既有航海权益和义务的充分履行；三是欧盟国家应该在北极船舶技术上处于领先地位；四是发挥知识和技术优势，促进北极地区的环境保护；五是支持国际海事组织设定适用于北极水域航线的船舶设计、环境与安全标准等。

在外交实践中，欧盟强调北极航道治理的全球性机制，尤其是《联合国海洋法公约》和国际海事组织的作用，欧盟强调全球性国际组织在处理北极航道问题上的重要性，通过全球性的多边机制框架纳入非北极国家参与到北极航道的开发与治理中来，增加欧盟的发言权。为了争取和维护欧盟在北极航运方面的利益，欧盟通过多层级平台介入北极事务来巩固其自身在北极地区的实质性存在和影响力。除了在全球治理层面和区域治理层面发挥作用以外，欧盟还加入了很多次区域组织。同时，欧盟充分利用其科技和环境政治的优势，将北极航运增加带来的环境问题、航行安全问题和基础设施问题变成其"北极责任"，成为其进入北极的另一个突破口。在2012年6月欧盟发布的《发展中的欧盟北极政策：2008年以来的进展和未来规划》新文件中强调了"知识、责任和参与"这三个主题，可见欧盟在追求自身海洋权益的同时，时刻不忘强调自己在环境等问题上的组织能力、议题设定能力、以制度优势和科技能力为北极治理提供公共品。

2. 资源利益

航道的开辟与利用是与北极资源开采与运输紧密相连的，北极地区蕴藏着丰富的油气资源和其他资源，气候变暖使得这些资源开采的条件大为改善，北极作为自然资源和商业通道的交汇地，其开发价值将因北极海冰融化而日益显现。对于经济上高度依赖能源和航道的欧盟来说，除了拓展其在北极航道开发中的利益，积极开发并且使用北极的能源储藏对于缓解欧盟能源匮乏，维系欧盟能源安全，拓宽欧盟能源的来源途径有着极其重要的意义。

欧盟认为，北极储量丰富的油气资源将"有助于加强欧盟的能源和原材料的安全供应"[1]。鉴于北极地区的特殊环境以及生态系统的脆弱性，欧盟鼓

---

[1] Energy Information Administration, Regional Indicators: European Union, http://www.eia.doe.gov.

励通过加强长期合作，特别是与挪威和俄罗斯两个北极地区资源大国的合作，"促进北极地区油气资源可持续的和环境友好的勘探、开采和运输"①；鼓励出版具有约束力的国际标准，特别是建立在北极理事会准则和有关国际公约基础上的标准；促进近海技术和基础设施的进一步研究与开发；鼓励海洋产业集聚区的成长及中小企业的研究和创新等，以保持"欧盟在极地条件下资源可持续开发利用技术的领先优势"②。渔业资源也是北极地区的一大资源所在，欧盟提出其主要目标是"确保在可持续发展的水平下获取北极渔业资源，同时尊重当地沿海社团的权利"，建议欧盟国家"针对尚未被国际养护和管理制度覆盖的北极高纬海域制定和实施规范的渔业框架"③，防止渔业无监管情形的出现，扩大现有组织（如东北大西洋渔业委员会）的职权范围。

欧盟的北极政策着重强调对于北极资源的可持续开发。受气候变化及海冰融化的影响，北极航运、自然资源开发及其他企业化行为成为可能，欧盟认为这些行为必须采取负责任、可持续和审慎的方式；应通过强化实施相关国际、区域及双边协定、制度框架及机制安排来进一步发展与促进北极的多边治理；《联合国海洋法公约》及其他有关国际法律文件是北极治理的重要制度基础，而北极理事会则是北极治理的首要机构。

3. 应对气候变化

北极地处高纬度地区，生态环境极其脆弱，北极冰盖融化将对全球包括欧盟的生态安全产生重大影响。欧盟希望在应对北极气候变化方面发挥积极作用，致力于在应对气候变化方面发挥积极作用。2008年11月《欧盟与北极地区》通讯文件指出，欧盟的主要目标是必须防止和减轻气候变化的负面影响，支持对不可避免的变化的适应，提出了包括评估欧盟政策和多边环境协议应对北极环境挑战的有效性，与北极国家、地区和其他利益相关者协调，推进高环境标准，谋求在抗灾、防灾和救灾方面的合作等九项行动建议④。2012年7月出台的《发展中的欧盟北极政策：2008年以来的进展和未来规

---

① 扈大威："欧盟的能源安全与共同能源外交"，《国际论坛》，2008第2期，第1—7页。
② National Snow and Ice Data Center, Arctic Sea Ice Reaches Lowest Extent for 2013, 2013-09-23, http://nsidc.org/arcticseaicenews/.
③ German Ships Blaze Arctic Trail, 2009-09-11, http://news.bbc.co.uk/2/hi/8251914.stm.
④ 同上。

划》文件强调，由于北极生态环境特别脆弱，各国在为北极油气资源开发提供支持的同时，应充分考虑执行严格的环境标准，而欧盟应保持在国际极地领域环保型技术研发和应用的领先优势[①]。

在北极环境保护方面，欧盟首先从气候变化入手，指出气候变化是北极未来需要面对的主要挑战，而作为应对气候变化和促进可持续发展的引领者，欧盟应加入全球行动以应对北极变暖。欧盟的主要目标是尽最大努力防止和减轻气候变化的负面影响，与国际社会一道，加强国际减缓气候变化的努力，保护北极的自然生态和社会生态，在制定和实施有可能影响到北极的相关举措或政策时，尊重北极的独特性，尤其是生态系统的敏感性及其多样性，对包括原住民在内的北极居民也予以尊重。

4. 尊重保护原住民

欧盟认为，"居住在北极地区的400万人口中约有三分之一是原住民。他们在气候变化和全球化压力不断上升的情况下特别脆弱。"[②] 欧盟提出，在欧盟国家中的北极原住民是受到欧盟法律的特别条款保护的。《欧盟发展政策联合宣言》的一个关键原则是在原住民自由同意下的完全参与。原住民权利也是《欧洲民主与人权倡议》的优先原则之一。欧盟将维护北极地区居民的权利作为欧盟北极政策的核心之一。围绕这一政策目标，欧盟从环境和气候、原住民和当地居民、研究监测和评估等方面来进行解释和细化。欧盟主张通过环境保护来实现对原住民和当地居民的支持，保护北极居民的人权。北极居民受到气候变化的影响较大，因为他们的生活方式与北极地区的哺乳动物密切相关。为此，除了加强环境保护外，欧盟提出对鲸和海豹等的捕杀要实行严格管理，在不影响原住民基本经济和社会利益条件下，考虑禁止海豹制品在市场上销售、进口、过境和出口；强调支持原住民的可持续发展，包括他们的传统生活方式；为实现北极地区与人口的和谐，强调还应加强对北极环境、气候变化的研究、监测和评估，并让北极居民加入到各种致力于环境保护的组织中去，为北极环境保护做出贡献。

在北极问题上，欧盟作为一个利益攸关方，参与了北极的地缘政治博弈。

---

① 欧盟委员会，《欧盟2011—2015年贸易政策文件》，http://www.mofcom.gov.cn/aarticle/i/dxfw/jlyd/201103/20110307422499.html。

② "集装箱船的未来"，《永航》，2011第3期。

从总体上讲，欧盟的北极战略是对全球治理潮流的一种反映，尤其是在应对北极气候变化方面。欧盟不仅积极制定综合性且具有连贯性、一致性的北极政策，而且致力于推动北极治理的双边和多边国际合作机制建设，希望通过与北极利益相关者的合作，促进北极区域和次区域治理机制的不断完善和发展，实现北极地区的和平安定与可持续发展。

第三篇　中俄北极重点领域合作及北极多边国际合作

第十章　中俄北极资源勘探开发合作

一、中俄北极资源勘探开发合作进展

以石油和天然气开发合作为主要着力点的能源开发领域是中俄在北极事务合作的重中之重，北极作为未来的资源储备基地，中俄两国在北极的资源合作逐渐开展。

（一）中俄油气领域合作进展

1. 天然气合作

2013年中俄双方明显推进了从2004年就开始谈判的天然气领域合作进程。这份历经20年的谈判因乌克兰危机爆发、欧美对俄罗斯的联合经济制裁而告一段落，并最终于2014年普京访华期间签署了价值4000亿美元的天然气出口协议，双方就通过东线管道向中国提供天然气项目签署谅解备忘录，同时对东线LNG项目和西线供气合作项目继续研究论证。2014年9月，中俄天然气管道东线俄罗斯境内段"西伯利亚力量"管道开工。双方商定俄罗斯将从2018年起向中国提供380亿立方米天然气，年出口量将逐渐增加至600亿立方米，并且目前已经开始逐渐推进通过西部管道路线从亚马尔半岛供应天然气。

2. 石油合作

2013年中国和俄罗斯签署了向中国供应原油的合作协议，俄方供应的原油总量将达到每年2200万吨，其中包括从东线现有中俄原油管道年供油1500万吨的基础上逐步增供，自2018年起达到总供油量3000万吨，从西线通过中哈原油管道每年向中国输送700万吨石油，该协议总额达2700多亿美元。俄石油公司和中石油集团还共同组建了天津石油炼厂项目，俄石油自 2020 年起向天津石油炼厂提供原油，计划每年供应 900 万吨。2013 年中石油、中石化和中国海洋石油集团有限公司（中海油）三家公司加强与俄罗斯石油公司在地质研究、勘探开发和销售等领域的合作，全面参与俄罗斯油气田的开发。中石油和俄罗斯石油公司已经共同开发了俄罗斯北极的八个发展区块。两国能源企业在伊尔库茨克州和乌德穆尔特共和国两个油气区块开展的勘探工作也正在运行中。另外两国企业还就"萨哈林 3 号"、"马加丹 1 号"和"马加丹 2 号"油气区块的联合勘探进行可行性研究，俄罗斯石油公司与中国企业在上游领域的合作也逐渐展开。但以上项目合作大多集中在俄罗斯远东和东西伯利亚。

3. 2012—2019 年中俄在油气领域的合作概览

表 10.1 中列出了 2012 年至 2019 年中俄在北极石油和天然气部门间的技术与商业合作。可以明显看出，中俄在北极油气领域的合作是高度活跃的，且合作频率日益提升，2012 年仅有一项合作签署，而到近年来每年签署协议的数量都较多。当然，虽然新的协议经常达成，可也有相当一部分协议被取消、更改或暂停，也有一些协议虽已签署但未取得任何实质性进展。

表 10.1　中俄油气及相关领域合作

年份	部门	项目描述	中方实体	俄方实体	状态
2012	运输	关于修建新路段及对连接阿尔汉格尔斯克和南乌拉尔的采矿和工业区贝尔科穆尔铁路进行维护的备忘录	中国土木工程建设总公司（CCECC）	贝尔科穆尔铁路项目 Arkhangelsk 州	取消
2013	能源	中国购买了亚马尔液化天然气项目 20% 的股份（40 亿美元）	中国石油天然气集团有限公司（CNPC）	诺瓦泰克公司	完成
2013	自然资源	中国以 20 亿美元的可转换债券购买了世界最大钾肥生产商之一乌拉尔卡利公司 12.5% 的股份。	晨东投资公司	乌拉尔卡利公司	2015 年中国退市

续表

年份	部门	项目描述	中方实体	俄方实体	状态
2013	自然资源	关于在布里亚特共和国建立一个开发多金属奥泽尔诺矿床和建造奥泽尔尼采矿和加工厂的合资企业的协定。根据协议条款，NFC 将获得奥泽尔诺项目 50% 的股份（15 亿美元）。	有色金属工业外国工程建设有限公司（NFC）	东西伯利亚金属公司（MBC）	取消
2013	能源	俄罗斯向中国提出购买塔斯尤里亚克的股份，后者负责管理东西伯利亚的斯雷德涅布图宾斯科耶油田。	中国石油天然气集团有限公司	俄罗斯石油公司	取消（股份出售给印度公司）
2014	技术	为亚马尔液化天然气项目建造设备（36 个核心套件模块）的 16 亿美元交易，这是中国首次涉足天然气液化设备出口。	中国海洋石油总公司（CNOOC）	亚马尔液化天然气项目	完成
2014	能源	中国已经签署了一项框架协议，计划购买万科石油公司 10% 的股份，该国经营着位于东南亚克拉斯诺亚尔斯克边疆区的万科油田。	中国石油天然气集团有限公司	俄罗斯石油公司	取消（股份出售给印度公司）
2015	自然资源	中国购买了俄罗斯最大的综合天然气加工和石化公司（价值 13 亿美元）10% 的股份。	中国石油化工集团有限公司（Sinopec）	西布尔控股股份公司（SIBUR）	完成
2015	能源	关于开发俄罗斯东西伯利亚俄罗斯村油田和托霍姆斯科耶油田的双边合作协议（设想中合作伙伴将获得 49% 的股份）	中国石油化工集团有限公司	亚马尔液化天然气项目	取消

续表

年份	部门	项目描述	中方实体	俄方实体	状态
2015	交通	另一份关于贝尔科穆尔铁路现代化的协议（估计投资55亿美元）	保利集团	贝尔科穆尔铁路项目 Arkhangelsk 州	已签署但未取得具体成果
2015	技术	亚马尔液化天然气四大钻井平台之一的制造合同。	宏华集团	诺瓦泰克公司	完成
2016	金融	中资银行同意分别提供106亿美元和98亿人民币（15亿美元）的15年期贷款，为亚马尔液化天然气项目融资。	中国进出口银行、国家开发银行	诺瓦泰克公司	完成
2016	自然资源	中国额外购买了锡布尔10%的股份，并有机会提名一名代表加入公司董事会。	丝路基金有限责任公司、中国石油化工集团有限公司	西布尔控股股份公司	完成
2016	能源	中国同意投资建设位于吉丹斯基半岛北部的液化天然气厂（阿克提卡液化天然气）、萨尔曼诺夫斯基（乌特伦尼）油气凝析气田。	中国石油天然气集团有限公司	诺瓦泰克公司	被俄政府取消
2016	能源	中国收购了亚马尔液化天然气项目9.9%的股份，使中国政府间接拥有近三分之一的股份。	丝路基金有限责任公司	诺瓦泰克公司	完成
2016	能源	中国购买了斯克内夫特加斯20%的股份，价值11亿美元。	北京燃气集团	俄罗斯石油公司	完成
2016	技术	一份在巴伦支海俄罗斯石油公司控制的许可区域进行地震测绘的合同。	中国油田服务有限公司（COSL）	俄罗斯石油公司	完成

续表

年份	部门	项目描述	中方实体	俄方实体	状态
2017	自然资源	俄罗斯最大的黄金公司（14亿美元）15%的收购协议，该公司正在马加丹州、克拉斯诺亚尔斯克边疆区和萨哈共和国开发大型矿床。	复星国际	极地黄金公司	取消
2017	技术	中国中标并提供了南海8号深水钻机，用于在卡拉海亚马尔半岛以西的列宁格勒斯科耶油田进行钻井作业。	中国油田服务有限公司	俄罗斯天然气工业石油公司	完成
2017	能源	中国以91亿美元购买了俄罗斯国有石油巨头俄罗斯石油公司14.6%的股份。	中国能源股份有限公司（CEFC）	俄罗斯石油公司	被中方政府暂停
2017	航运	由蒂凯液化天然气公司和中国液化天然气运输公司组建的一家合资企业（16亿美元），为韩国液化天然气大宇造船海洋株式会社有限公司建造6艘Arc7型液化天然气运输船新大楼提供资金。	中国液化天然气运输（控股）有限公司（CLNG）	亚马尔液化天然气项目	已签署但未取得具体成果
2017	航运	关于在阿尔汉格尔斯克以北55公里的德维纳河北部建造一个新深水港的意向协议。	保利集团、中远集团、中国船舶燃料服务总公司	阿尔汉格尔斯克政府	已签署但未取得具体成果
2019	技术	在圣彼得堡国际经济论坛期间，中国化学工程集团有限公司成功签署俄罗斯油气控股公司（Oil Gas Holding）帕亚哈（PAYA-KHA）油气田项目合作协议，合作协议涉及项目金额50亿美元，工期4年。	中国化学工程集团有限公司	俄罗斯油气控股公司	已签署但未取得具体成果

续表

年份	部门	项目描述	中方实体	俄方实体	状态
2019	能源	中石油与诺瓦泰克公司在圣彼得堡签署了《中国石油国际勘探开发有限公司与诺瓦泰克股份公司关于入股"北极LNG 2有限责任公司"的购股协议》，中石油将收购北极LNG 2项目10%的股份。	中国石油天然气集团有限公司	诺瓦泰克公司	已签署但未取得具体成果
2019	能源	中国海洋石油总公司宣布与诺瓦泰克签订股权购买协议，将收购北极LNG 2公司10%的股权。	中国海洋石油总公司（CNOOC）	诺瓦泰克公司	已签署但未取得具体成果

资料来源：Overland and Kubayeva, 2017; Rosen and Thuringer, 2017; Staalesen, 2017a; Ufimtcev, 2017; Labiuk, 2016; Li et al., 2016; Morozov, 2016. Note: bn=billion。

（二）亚马尔项目合作进展

在这些北极地区能源合作项目中，最为成功的范本性成果就是亚马尔液化天然气项目，这是中俄在北极地区开展的规模最大的国际能源合作项目，也是全球最大的集天然气和凝析油开采、天然气处理制造和销售、海运为一体的液化天然气项目，被普京总统称为"俄中友好合作的鲜明例子"。亚马尔项目的天然气可采储量达到1.3万亿立方米，凝析油可采储量6000万吨。

首先与中国合作的是俄罗斯私营企业诺瓦泰克公司。2013年诺瓦泰克公司负责人作为俄罗斯官方代表团访问了中国，讨论了与中国合作开发亚马尔液化天然气项目的可能性，2013年9月中石油与诺瓦泰克公司签署购买亚马尔LNG项目20%股权的协议，同年10月双方签署了液化天然气购销框架协议，亚马尔项目将每年向中国出口300万吨液化天然气，期限为15年，2014年5月普京访华期间该交易正式确定。该项目预计投资290亿美元，其中30%是中石油承保的，中国已承诺协助吸引中国金融机构为该项目提供外部融资。亚马尔项目正是多国合作典范，中石油（20%）、丝路基金（9.9%）、俄罗斯诺瓦泰克公司（50.1%）以及法国道达尔公司（20%）共同参与该项目运作，其中俄罗斯诺瓦泰克公司拥有亚马尔 LNG 项目 50.1％股权，是亚马尔项目的最大股东，并具有出口权。自乌克兰危机爆发以来，一些欧洲银行对亚马尔液化天然气项目的投资受到限制，中国逐渐取代欧洲成为主要的投资国。项目分三条生产线建设，每条线的目标处理能力均为每年 550 万吨。2017 年 12 月第一条生产线正式投产，2018 年 8 月第二条生产线正式投产，2018 年 12 月第三条生产线提前一年正式投产。这三条生产线建成后，亚马尔项目每年将生产 1650 万吨液化天然气（合 280 亿立方米）和 100 万吨凝析油，其中近 1/4 将按照与中石油和中国丝路基金的协议运往中国，这约占 2017 年中国液化天然气进口总量的 10％至 15％。此外，项目已启动第四条生产线的相关建设计划。中俄共同合作的亚马尔项目也进一步促进了北方海航线和相关基础设施的建设。作为与诺瓦泰克公司达成协议的一部分，中国的投资还将用于建设萨别塔海港和建立诺瓦泰克公司的 LNG 油轮船队。亚马尔项目的推进需要巨额资金，其中大部分来自于中国市场。不包括第四条生产线，亚马尔项目的投资计划总额为 270 亿美元，其中来自中国的投资约占 60％，达到约 165 亿美元，包括中国进出口银行和中国开发银行融资的 120 亿美元和来自中石油和中国丝路基金的资金共计 45 亿美元。项目的工程建设和船运成本约为 210 亿美元，其中 155 亿美元的合同是与中国企业签订。工程建设方面总合同额为 78 亿美元，项目模块总数 142 个，七家中国海工巨头包揽了其中 120 个模块的建造。船舶建造和运输方面的合同总额为 85 亿美元，中国航运企业包揽了 6 艘运输船的建造、15 艘 LNG 运输船中的 14 艘船的运营等。

2018 年的一个重要事件是俄方诺瓦泰克公司开始就"北极 LNG 2"项目与中方进行合作商谈。北极 LNG 2 是与亚马尔项目完全不同的新项目，并非亚马尔的扩产。项目总投资 255 亿美元，利用林德集团的天然气液化技术，由法国德西尼布集团（Technip FMC）和德国林德集团（Linde）两家工程公司总承包，计划 2023 年投入商业运行。它将建设于鄂毕湾浅海海域，位于亚马尔半岛与格丹半岛间的喀拉海海岸附近，将是俄罗斯在偏远极地实施的第二个液化天然气项目。项目建设同期，诺瓦泰克还在堪察加半岛规划了一个 LNG 转运站，预计该项目将与北极 LNG 2 同时落成。届时北极地区航行的 ARC7 冰级 LNG 运输船将在北极圈内进行往返，运输至转运站后将 LNG 转至普通油轮上运输，物流成本将大大降低，还可以实现东北航道的充分利用甚至于全年运输。

2019年7月在日本加入北极LNG 2项目后，俄罗斯诺瓦泰克公司持有北极LNG 2项目60%股权，法国能源巨头道达尔公司持有10%，中海油和中石油分别持有10%，日本三井物产联合体和JOGMEC分别拥有2.5%和7.5%的股权。同时，沙特阿拉伯也开始关注对北极LNG 2及其他俄罗斯能源项目的投资。2019年9月，北极LNG 2的参与者批准了项目的最终投资决定，包括开发Utrenneye油田和俄罗斯北极地区格丹半岛的天然气液化厂，并为参与者按照各自所有者权益的比例提供长期液化天然气。该项目是俄罗斯北极圈的第二个液化天然气项目，总开发成本目前约为210亿—230亿美元，预计于2023年开始生产，年产能为1980万吨。亚马尔两个项目液化天然气的综合生产能力将高达每年3700万吨，届时液化天然气的运送市场除通过北方海航线运往东亚，还会通过管道运送至欧洲。粗略估计，约70%的亚马尔液化天然气将向东运输，30%将向西运输，这为东亚和欧洲的能源消费者提供了巨大的机会，可以合作开发基础设施项目和天然气储备系统。

亚马尔LNG与北极LNG 2的合作，加速推进了中俄间北方航道的开发和"冰上丝绸之路"的建设，通过项目对接和拓展，也逐渐将合作模式从"双边"推向"多边"，从中俄两国间合作推向多国合作模式。

二、中俄北极能源合作存在的挑战

北极合作是一项长期投资，其结果可能在十年或二十年内不明显，北极合作涉及更广泛议程，该地区的合作面临一定的现实障碍。

（一）中俄北极能源合作面临不确定性

在新冠疫情、油价下跌和欧美国家对俄制裁的三重压力下，俄罗斯经济社会和能源产业发展受到一定的冲击。欧美国家对俄罗斯继续实施经济制裁和技术封锁，限制对俄罗斯出口其急需的先进油气生产设备和技术，阻止俄能源企业从欧美金融市场获得融资，再加上新冠疫情下国际市场能源价格的持续低迷，使俄罗斯能源开采、生产和投资不确定性增加，也对中俄北极能源合作产生影响。

国际大环境发生变化使得国际油气市场还没有获得新的平衡，油价将长期保持在低位。针对油气市场需求减少，沙特为主的石油输出国组织、俄罗斯和美国减产协定一直还没有达成一致，为了保护自身市场份额的激烈竞争引发了价格战。但受疫情影响，目前再低的油价也无法刺激需求和经济活动，全球石油储备能力已接近极限。疫情影响下全球经济萧条已成为大概率事件，油价还有继续下降的可能，全球油气市场已经加速向买方市场转换。

中国在俄罗斯能源出口市场和投资中的地位将得到提升。疫情冲击下全球经济的长期低迷和油价下跌使俄罗斯能源出口和收入急剧缩减，俄罗斯能源企业没有足够的资金进行投资以维持所需的生产水平。如果没有外部资金的支持，俄罗斯石油企业基于自身财务压力会减少资金投入和放缓勘探进度。资产优化重组是石油公司普遍应对危机时的手段，建立合资企业能够帮助能源公司拓展市场，增加融资渠道和降低经营风险。目前看中国经济发展能率先恢复部分能源需求，中国市场在俄罗斯出口中的地位将得到提高，来自中国的投资也能够减轻俄罗斯财政负担，在低油价状况下支撑俄罗斯石油领域开采和开发投资。

在此背景下中俄原有能源合作模式将面临新的分歧。俄罗斯一直强调能源出口多元化战略，但最初由于俄罗斯主要的国有油气巨头与欧洲有长期稳定的油气供应合同，不愿意匆忙与中国达成低于欧洲市场回报的协议，再加上价格等方面分歧使俄罗斯与中国的能源合作谈判进展缓慢。乌克兰危机后，美欧对俄罗斯的制裁促进了中俄能源合作进程，中俄两国达成了油气长期购销合同。受疫情影响，与油价挂钩的天然气长期协议价格应逐渐下降，中俄两国可能会在价格和供应规模方面产生分歧，会导致中俄重新谈判合约。

（二）俄罗斯能源领域对中国投资的依赖度和风险增加

作为中俄能源合作的重点地区俄罗斯远东和北极地区的能源开发对中国的依赖度可能会增加。俄罗斯持续推进油气东移战略。当前俄罗斯政府的远东开发政策已经进入到了一个转折调整的时期，根据克里姆林宫发布的消息，2020年9月俄罗斯批准了《2024年前远东发展国家纲要及2035年远景目标》，该规划将决定未来5—10年俄罗斯远东开发的基本方向与特点，根据规划设计，未来远东地区开发政策的重点领域仍是能源和农业等俄罗斯传统优势领域，此外还将发展交通基础设施和科技产业。同时俄罗斯政府在远东地区继续推进大型投资项目，包括在远东滨海边疆区红星造船厂兴建大型油轮和核动力破冰船。但在受疫情影响俄罗斯经济陷入衰退的情况下，远东开发所能获得的国家支持大幅减少，俄远东各地区能源投资和建设项目的进展也陷入停滞。根据俄罗斯政府的预算计划，2020年原计划在远东地区投资590亿卢布，2021年投资470亿卢布，2022年投资400亿卢布。根据当前疫情对于俄罗斯经济的影响，预计俄罗斯政府对于远东地区的年度投资预算将削减20%左右。这可能无法保障能源产业及过境能源运输相关基础设施建设所需的资金投入，中俄能源合作的重点项目会更加依赖中国的投入。

在北极地区，围绕着以北极资源开发和航道为核心的交通基础设施建设，俄罗斯原打算在2024年前投资5.5万亿卢布，2050年前投资13.5万亿卢布，大部分需要融资支持。疫情冲击下的低油价使北极能源商业利用价值大大降低，国际能源市场变化使北极开发面临的风险更高，投资开发北极资源动力不足。2020年8月25日，普京签署总统令成立维护北极地区国家利益跨部门委员会，保障俄罗斯北极地区的国家安全和社会经济发展。但随着宪法修改的顺利通过，俄罗斯与西方国家的矛盾短期内很难缓解，俄罗斯与西方的技术合作也更加困难，这就决定俄罗斯将继续对包括中国在内的亚洲国家在北极地区的投资以及非军事活动放宽限制。但一般来说，北极能源合作项目投入周期长、回报率不确定性高，投资风险也较高。

（三）俄罗斯对中国参与北极能源合作的谨慎态度

随着中国成为世界上重要的经济和政治力量，国际社会担心中国是否会要求在包括北极在内的全球区域治理中发挥更大作用，对中国崛起的担忧也是国际社会的共同认知。2013年北极理事会将中国在内的六个国家纳入正式观察员，要求这些国家尊重现有北极权力机构和制度。国际社会仍对中国在未来是否尊重权利现状，是否会要求在北极治理方面有更大的发言权持观察态度。

俄罗斯一直在利用中国资金市场和阻止中国在北极扩大影响之间进行权衡。尽管俄罗斯需要中国为北极能源和航道等项目提供资金等方面的支持，但俄罗斯对于给予中国过多的准入仍持谨慎态度，俄罗斯会对中国在未来是否尊重俄罗斯北极权利，是否会引发新的冲突和对俄罗斯安全产生威胁保持警惕，中俄需进一步加强相互信任，找到双方利益的平衡点和适当的能源合作模式。中国和俄罗斯公司在亚马尔半岛生产液化天然气项目提供了一种合作模式，但对于与俄罗斯国有油气公司的合作仍面临挑战。

总体看，在俄罗斯北极地区军事优势不受威胁，航道管控不受挑战，中国遵守北极地区秩序和规则的情况下，俄罗斯政府将继续支持中俄在北极地区的能源及相关领域合作，并强调"一带一路"与欧亚经济联盟的对接。

三、中国的应对措施

（一）掌握对俄能源合作的主动权

面对疫情对国际能源市场和格局的冲击，中国应借助在抗疫中的突出表现，利用在欧美陷入经济衰退情况下中国能最早恢复经济发展的优势，充分发挥能源市场和消费大国的地位，提升对外能源合作的主动性和影响力，以及在全球能源价格体系中的话语权。一是在把握疫情冲击下国际能源市场和政治格局走势，充分评估风险的前提下，推动中俄重新商议能源合作的法律法规、定价、贸易规则，对俄罗斯的长期合同条款与"照付不议"条款进一步进行调整，目前俄罗斯对欧洲的合约已经从长期合约价转为现货价格，现货交易比重目前已达到70%左右，并降低照付不议条款比重以及对基准价格打折；二是随着美欧国家对中俄两国遏制和制裁措施的不断升级，中俄两国可以继续探索去美元结算体系。2014年俄罗斯建立"金融信息传输系统"（SPFS）以应对被切断与国际结算体系（SWIFT）支付系统相联系的风险，中国的人民币跨境支付系统（CIPS）功能也在不断完善，目前中国已经与俄罗斯初步实现原油贸易的人民币结算，中国可以借此时机进一步推进人民币国际化，提升油气市场定价权。

（二）通过能源合作推动对俄区域合作

俄罗斯一直把能源开发与北极和东部等中俄能源合作重点区域经济发展和综合治理联系起来，并希望促进相关区域深入合作。在欧美制裁和疫情的冲击下，对于未来俄罗斯东部开发和北极开发，俄罗斯要通过促进俄罗斯东部与中国东北区域经济合作，以及加强与中国能源开发合作，以达到带动俄罗斯东部和北极地区经济和城市发展的目标。中国需要借机推动中俄区域合作，进一步促进俄罗斯北极和东部地区，以及中国东北地区的共同经济发展，通过区域合作促进两国相关地区经济复苏，改变部分俄罗斯官员视中国为资源掠夺者和环境破坏者的看法，警惕部分俄媒和民众对中国介入俄罗斯东部和北极地区能源开发的抵触，东西伯利亚石油管道走向之争、萨哈林岛产品分成波折就是前车之鉴，现在"西伯利亚力量2号"天然气管道的发展方向也受到这方面的影响。

（三）需实时跟踪俄罗斯总体能源战略的调整

需要关注俄罗斯总体能源战略的变化。近期发布的《2035年前俄罗斯能源战略》是俄罗斯基本战略，其中强调保障能源安全、能源效率和生态安全，俄罗斯将继续保持世界能源市场主要行为体的角色，包括利用油气提升自己的地缘政治影响。但疫情期间新宪法的通过使俄罗斯总统的权力得到了全面加强，对华能源合作的态度将成为俄罗斯能源外交的最重要影响因素，联邦政府和地方政治精英在俄罗斯对华能源决策中的重要性将进一步下降，国有能源公司以及国务委员会的影响力将得到提升。因此未来我国在对俄的能源合作中应当重视与俄罗斯核心政治精英的良好互动关系，其中俄罗斯总统以及国有能源公司的领导层尤其重要。目前俄罗斯认为疫情发生后中美关系持续下行给俄罗斯带来新的战略机遇，俄罗斯将利用中美以及欧洲的博弈占据主动地位，此外俄罗斯对外能源合作中的跨部门决策趋势加强可能会导致其决策效率进一步下降，这些要素为俄对华能源合作增添了新的变数。

（四）优先实现与俄罗斯数字化和信息技术、卫星通信技术对接

据俄罗斯卫星通讯社消息，因俄罗斯疫情发展迅速，萨哈林的恰扬金油田和北极的亚马尔项目都有工人受到感染，中俄人员往来受到限制，数字化、信息共享等技术合作能够保障中俄天然气管道和能源合作项目的平稳运行。中国可以以此为契机，加强中俄能源数字运输和物流合作，实现中俄能源运输空间一体化并发挥国家的跨国运输潜能。俄罗斯智能交通技术有限公司总经理、俄罗斯国际交通研究院研究员鲍列伊科提到，要在能源运输方面实现无纸化管理，为政府和企业提供数字服务，实现无人运输系统，最大限度避免人员直接接触；能源相关人员往来方面，使用数字服务手段，实现统一电子旅行的组织、人员流动路线管理；在油气质量和生态标准的执行状况，采取数字监控；考虑采用格洛纳斯和北斗的卫星导航技术开发运输监控系统。

总之数字信息技术在中国与俄罗斯北极未来能源合作中的应用范围将逐渐扩大。

（五）适当拓展多边能源合作平台

新冠疫情使经济全球化遇到挑战，逆全球化趋势加强，在此背景下，区域一体化合作的重要性日益凸显，中俄双边能源合作可以适当拓展到多边能源合作平台。由于俄罗斯一直靠中日韩等国家之间的竞争来获得能源主动权，因此东亚区域多边能源合作一直进展缓慢，目前看中俄蒙三边能源合作是最具现实的突破点，俄罗斯也在积极推进。2020 年 5 月俄罗斯天然气公司总裁阿列克谢·米勒在公开讲话中指出，"西伯利亚力量 2 号"天然气管线的铺设将穿越蒙古国。另据俄《观察家》报记者安娜·科洛列娃报道，2020 年 8 月 25 日，阿列克谢·米勒与蒙古国副总理乌赫纳基恩·胡尔埃苏赫进行视频会谈，并共同签署了"西伯利亚力量 2 号"天然气管线经过蒙古国铺设的协议，目前这条管线已经开启了勘测设计工作。

第十一章　中俄东北航线开发与基础设施建设合作

航道和基础设施是"冰上丝绸之路"建设的前提条件，东北航线能够形成连接东北亚、欧洲和北美的国际海运通道。俄罗斯北极战略中的东北航道开发与建设一直在推进之中，从目前基础设施来看，俄罗斯北极地区基础设施不足，根据俄罗斯北极地区社会经济发展国家纲要相关内容[①]，俄罗斯积极发展东北航线，推动相关地区的基础设施建设，拟建设和改造摩尔曼斯克交通枢纽、阿尔汉格尔斯克、迪克森和萨别塔在内的海港，北冰洋沿岸建设两条铁路路线纵深至国内腹地，2018—2025 年，俄政府预计拨款 30 亿美元用于计划的实施，但大部分基础设施项目都需要筹集财政预算外资金。

一、中俄基础设施和航线等传统领域合作

（一）中俄北极港口及相关铁路建设合作

在基础设施建设领域，俄罗斯北极海港的复兴吸引了越来越多的投资和更广泛的经济参与。其中最吸引中国参与俄罗斯北极项目的是阿尔汉格尔斯克商用深水港和贝尔卡姆尔铁路干线项目，阿尔汉格尔斯克商用深水港项目能够使中国大吨位船只全年东向经由东北航线驶向欧洲和北美，贝尔卡姆尔铁路干线从白海科米—乌拉尔能够实现东北航线同俄罗斯铁路内网连接，以及进一步将俄罗斯基础设施同中国铁路网相连。

摩尔曼斯克港是俄罗斯在北极圈内的不冻港，也是北冰洋沿岸的最大港口，在北极地区占据非常重要的战略地位。摩尔曼斯克港是渔港、货运港和

---

① 俄罗斯 2014 年发布《2020 年前俄罗斯联邦北极地区社会经济发展国家纲要》，2017 年修订，将纲要时间节点延长至 2035 年。

客运港，还是俄罗斯最重要核潜艇基地，为北方舰队司令部。随着北极航线开发的不断推进，俄罗斯也不断加大对摩尔曼斯克港口的投入和建设，摩尔曼斯克交通枢纽发展项目被列入"俄罗斯交通系统发展"的专项规划，加强深水海港终端站建设，包括建设直达港口的全长46千米的铁路支线和通过科拉湾的铁路桥，为增加煤炭、石油和集装箱货运量以及增加客流创造条件[①]。经过建设，目前摩尔曼斯克港口货运量已经达到5170万吨，比一年前增加近55%，2020年增加到7100万吨[②]；萨别塔港是俄罗斯面向北极的重要桥头堡，是亚马尔半岛与外部联系的交通枢纽，目前俄罗斯在北极最大的液化天然气项目就位于亚马尔半岛，亚马尔项目是集天然气和凝析油开采、天然气处理、液化天然气制造和销售、海运为一体的大型上游投资开发项目，也是我国"一带一路"倡议提出后中俄合作实施的北极项目，该项目的液化天然气将通过北极东线经白令海峡运往亚太地区，也将通过喀拉海、巴伦支海输往欧洲，或者在欧洲转运后输往其他地区。亚马尔半岛所需的各种物资都通过萨别塔港口进行运送，未来萨别塔港的功能是将液化天然气运往世界各国，目前港口正进行建设改造工作，还修建了具有破冰能力的巨型油轮，2021年起萨别塔港口液化天然气吞吐量将达到1760万吨；距离萨别塔港250海里的是诺维港，俄罗斯天然气工业石油公司正在开发附近的诺沃波特洛夫斯基油气田（Novoportovskoye），诺维港每年也能完成850万吨的原油输送；在泰梅尔半岛附近的迪克森港口是北极主要的煤炭运输港口，俄罗斯最大的煤炭公司VOSTOK公司在泰梅尔半岛进行优质无烟煤项目的开发，煤炭将通过迪克森港口运往欧洲，从2019年开始每年产生500万—1000万吨的煤炭运输量。迪克森港口计划进行扩建，并利用自身位于北极航线运输走廊的特殊位置，成为主要的煤炭运输港和过往船只加油港口。

中国保利集团参与投资了俄罗斯的港口和相关铁路项目。2015年9月2日，中国保利集团与俄罗斯贝尔卡姆尔公司举行了贝尔卡姆尔铁路综合项目框架协议的签字仪式。此次签约包括贝尔卡姆尔铁路干线及阿尔汉格尔斯克深水港及铁路沿线一系列资源开发类项目，其中铁路干线项目总长1161千米，包括

---

① 摩尔曼斯克交通枢纽铁路基础设施将于2018年建成，俄罗斯国家通讯社，2015-12-25，http://tass.ru/spb-news/2556873。

② 经济走出衰退：俄北方航道运量增加，透视俄罗斯，http://tsrus.cn/jingji/caijing/2018/01/26/660423。

新建712千米以及升级改造449千米。中国保利集团是俄方该项目的唯一合作伙伴，也是EPC（Engineering-Procurement-Construction，设计—采购—建造）的总承包商。2016年10月，保利集团与俄罗斯北极工业交通枢纽阿尔汉格尔斯克公司签署了一份关于实施阿尔汉格尔斯克深水港建设项目意向的协议。中国进出口银行已承诺为阿尔汉格尔斯克深水港建设项目提供贷款，中远集团、中国船用燃料服务公司也确认愿意参与该项目的投资。根据项目方案，到2030年深水港年吞吐能力将达3000万吨，有助于打造一条连接俄罗斯中国、横跨欧亚和北美的新货运路线。新港口将建在木鱼岛（Mudyug Island）附近，那里现有的港口设施可供大型船只使用。2018年6月，中国与俄罗斯之间的潜在"冰上丝绸之路"合作项目变得非常引人注目，因为天然气储备系统（NSR）被列为中国国家开发银行和俄罗斯外贸银行共同投资高达100亿美元的优先领域之一，这些投资将资助大约70个项目，特别是在北极地区的项目。此外，中国投资者对全年无冰的摩尔曼斯克港的煤炭码头展现出浓厚的兴趣，这里被视为天然气储备系统（NSR）潜在的大规模转运中心。在俄罗斯北极发展国家委员会制定的150个投资总额近5万亿卢布（约797亿美元）的北极交通基础设施升级改造、油气资源开发项目中，有4万亿卢布（约637亿美元）的投资将来自非联邦预算内各类融资渠道，特别是来自中国、印度等亚洲国家的支持。

（二）北极航线商业化建设合作：中远案例的研究

中国中远海运特运等船运集团基于国家战略投入北极东北航道航行建设中。2013—2020年，中远海运特运共33艘船舶执行42个北极航次，使用破冰船引航14航次，承运货物138万计费吨，合计减少航程163300海里，节约航行时间508.5天，减少燃油消耗14.55吨，减少二氧化碳排放45450吨。

2013年8月中远海运"永盛"号货轮成功首航，2015年再航北极，实现双向通行，2016年开始北极航线常态化运营，2016年6个航次重点承运北极亚马尔气田装备，在赫尔辛基宣布夏季常态化营运。2017年10月，中远海运石油天然气运输部门批准了一项收购日本航运巨头MOL公司（Mitsui OSK Lines）50％股份的计划，该子公司将建造四艘新的传统液化天然气运输船，用于运送来自亚马尔液化天然气的货物，两家公司的合资船队将扩大到17艘，总投资为8.77亿美元。中远和MOL共同拥有2015—2016年期间交付给埃克森美孚的4艘租船、2016—2018年期间交付给中石化的6艘租船以及在俄罗斯北极地区萨别塔港装载亚马尔液化天然气的15艘破冰液化天然气运输船中的3艘。2018年中远海运特运继续开展北极常态化、项目化、规模化航行，共有8艘船舶参加，为历年来最多。其中天惠和天佑双向通行，天恩、天禄、天健和天祺4艘船舶单航次单向航行。2019年6月7日，来自中远海运集团与俄罗斯诺瓦泰克股份公司、俄罗斯现代商船公共股份公司以及丝路基金有限责任公司的四方代表，在俄罗斯圣彼得堡共同签署《关于北极海运有限责任公司的协议》。四方协议旨在各方共同建立长期伙伴关系，为俄罗斯联邦北极区向亚太地区的运输提供联合开发、融资和实施的全年物流安排，并组织亚洲和西欧之间通过北极航道的货物运输。2019年，北极航行9次，2020年北极航行11个航次，西行5航次，东行6航次。

表11.1　中远海运特运2013—2020年北极出航记录

年份	船舶/航线	出发港—目的港	货物种类	货量（吨）
2013	永盛	太仓—荷兰鹿特丹	设备、钢材	29703
2015	永盛	江阴—瑞典瓦尔贝里	设备、钢材	38616
	永盛	德国汉堡—韩国釜山	矿、钢材	17070
2016	永盛	天津—英国格拉斯哥	设备、钢材	14157
	致远口	天津—俄罗斯萨别塔	设备	7702
	天禧	芬兰科特卡—青岛	纸浆	30042
	祥和口	俄罗斯萨别塔—青岛	空载	13505
	祥云口	青岛—俄罗斯萨别塔	设备	17290
	永盛	英国希尔内斯—大连	矿、设备	20255
2017	莲花松	连云港—丹麦埃斯比约	设备	25866
	大安	天津—德国库克斯	钢材、设备	34449
	天乐	挪威北峡湾—日本苫小牧	农产品设备	21248
	天健	连云港—丹麦埃斯比约	钢材设备	37575
	天福	丹麦格雷诺—上海	纸浆设备	37878
2018	天惠	德国埃姆登—日本苫小牧	农产品、设备	40620
	天佑	大丰港—瑞典海纳桑德	风电设备	62700
	天健	芬兰赫尔辛基—青岛	纸浆	29772
	天恩	连云港—法国鲁昂	风电设备	35000
	天祺	芬兰赫尔辛基—青岛	纸浆	32723
	天禄	越南富美—英国赫尔	风电设备	39000

续表

年份	船舶/航线	出发港—目的港	货物种类	货量（吨）
2018	天惠	连云港—瑞典奥斯卡	风电设备	35000
	天佑	芬兰赫尔辛基—广州	设备、纸浆	34000
2019	天恩	太仓—芬兰赫尔辛基	风电设备	37334
	大泰	太仓—挪威北峡湾	风电设备	34993
	天禧	连云港—法国鲁昂	纸浆	28316
	天佑	上海—德国汉堡	设备	52940
	天惠	江阴—波兰格丁尼亚	设备	44380
	大祥	德国汉堡—大连	化肥、设备	27824
	天祺	俄罗斯圣彼得堡—越南富美	化肥	32526
	天恩	芬兰赫尔辛基—日本苫小牧	纸浆（集装箱）	32185
	大秦	俄罗斯鲁戈港—日照	石油焦	24945
2020	天佑	丹麦奥尔堡—上海	农产品、风电	31227
	天真	芬兰赫尔辛基—青岛	纸浆	31000
	大翠云	立陶宛克莱佩达—潍坊	化肥	25500
	天健	立陶宛克莱佩达—青岛	化肥	34100
	天恩	芬兰赫尔辛基—青岛	纸浆	31000
	天惠	芬兰赫尔辛基—青岛	纸浆	—
	天恩	连云港—德国库克斯	风电设备	
	天惠	扬州—瑞典海纳桑德	设备	
	大昌	天津—丹麦埃斯比约	设备	
	大秦	太仓—丹麦埃斯比约	风电设备	
	天佑	连云港—德国库克斯	风电设备	—

资料来源：中远海运特运。

中远海运特运承担了部分亚马尔项目海上运输，总共核心船舶11艘中的5艘，分别是2万吨级"泰安口"轮、4万吨"夏之远6"轮、5万吨级"祥和口"轮与"祥云口"轮，以及"康盛口"轮。项目60%绕过白令海峡，通过北极东北航道运输，实现了北极黄金水道常态化运输。中远海运特运亚马尔首船"康盛口"轮于2015年驶离中国蓬莱巨涛码头，最后一船"祥和口"轮于2017年8月离开俄罗斯萨别塔码头，项目持续两年，从亚洲到欧洲分16个航次累计运输了53个模块。中远海运特运不仅承担了亚马尔LNG项目的首航，还承运了本项目中的最终模块。

表 11.2　中远海运特运承担亚马尔项目模块运输

船名	开始时间	结束时间	航次数	运输模块数（大）	运输模块数（小）
康盛口	2015.6.16	2015.10.9	1	1	0
泰安口	2016.5.19	2016.12.5	3	6	0
祥云口	2016.3.25	2018.3.24（计划） 2017.8.5（实际）	4	13	4
祥和口	2016.5.17	2018.5.17（计划） 2017.8.22（实际）	4	10	8
夏之远 6	2016.6.10	2017.12.10（计划） 2017.7.28（实际）	4	9	2

二、中俄北极海洋通道数字化运输合作

建立和发展国际运输通道是俄罗斯运输综合体建设的重要任务，也是中俄开展合作的优先领域。国际运输通道是全球运输系统的关键组成部分，它可以利用畅通的路线、成熟的技术以及高质量的运输条件（包括运输安全和货物安全），确保各干线的货物运输。

中国提出的"一带一路"倡议包括了两项关键内容：一是*丝绸之路经济带*，即通过陆路经中亚和南亚将中国与欧洲连接起来；二是*21世纪海上丝绸之路*，即从中国的东海岸穿越南中国海和印度洋到达欧洲。该倡议的重点是在欧亚地区实施基础设施建设项目。该倡议得到了俄罗斯总统普京的支持。在 2019 年 4 月北京召开的"一带一路"国际论坛的各国领导人圆桌会议上，普京表示："……建立一条连接亚欧的发展经济和互惠贸易的通道是一项紧迫而重要的任务。2015 年 5 月，我们与中国朋友决定，将实现欧亚经济联盟和中国建设的丝绸之路经济带的对接"。在 2019 年 10 月 1 日举行的欧亚经济联盟最高理事会会议上，俄罗斯总统普京指出："欧亚经济联盟与中国的经贸关系占有特殊的地位。我们深信，《中国与欧亚经济联盟经贸合作协定》的生效将是在欧亚经济联盟与中国'一带一路'倡议的框架内迈出的一体化进程的一步。"

俄罗斯为实现上述目标所采取的实际步骤，包括贯彻执行 2018 年 5 月 7 日公布的"关于俄罗斯联邦 2024 年前的社会、经济、科学和技术发展目标"

的第 204 号总统令中规定的各项任务，其中特别明确提出要对俄罗斯联邦的运输基础设施进行现代化改造和扩建。具体内容包括：解决铁路、公路和海上货物运输中存在的制度障碍和后勤保障缺失问题，发展国际合作与贸易，减少从俄罗斯远东地区到西部边界的货物运输时间，实现"东西"和"南北"运输走廊的运输基础设施现代化。

许多国家和国际的研究机构都对国际运输走廊的发展和未来趋势做出分析，其中包括 2019 年欧洲经济委员会发布的报告《联接欧洲和亚洲内陆运输的欧亚运输体系》[①]。根据报告的数据，西欧和中国之间的货物运输中约有 97.2% 通过水路，1.8% 通过航空，只有 1% 是通过铁路运输完成的。显然，陆路铁路运输和商业性公路运输以及北方海航道等新型的运输通道具有相当大的发展潜力。但是，利用传统的旧方法难以有效发掘这些运输通道的潜力。在组织运输、保障运输安全和实现国家监督的过程中，必须采用新方法。

为落实欧亚经济委员会[②]做出的"2018—2019 年国际运输走廊沿线运输的发展"规划，俄罗斯国际交通研究院和俄罗斯智能交通技术有限公司曾对"欧亚经济联盟数字化运输走廊生态系统形成和发展的概念"的课题开展了研究。根据研究结果得出结论：在新的数字经济发展和全球经济关系变化的条件下，可持续的数字商业生态系统将作为国家、企业和社会之间的互动机制，将成为确保各国国民经济发展和提高在国际市场上竞争力的基础。

（一）俄罗斯数字化运输走廊建设进展及在北极领域的应用

1. 俄罗斯数字化运输走廊生态系统建设

欧亚经济联盟数字化运输走廊生态系统的数字平台包括三个层面：一是跨国家层面。承担为欧亚经济联盟成员国之间的数字运输走廊生态系统提供特殊的功能和服务的任务，在运输和物流领域承担组织各成员国之间及各成员国与国际信息系统的互联互动任务。二是国家层面。提供标准化的信息转换和服务，对欧亚经济联盟各成员国的国家信息系统提供数据集成和数据交换。三是技术层面。完成对运输全过程的直接计划和实际管理的任务，为运输全过程的参与者提供相互之间的信息交换。

---

① http://www.unece.org/fileadmin/DAM/trans/doc/2019/wp5eatl/EATL_phase3.pdf.
② 欧亚经济委员会是欧亚经济联盟的管理机构。

该项研究的结论强调了加强信息和导航技术应用的重要作用。研究成果的实际应用可以产生以下效应：提高欧亚运输走廊的商业吸引力，加速融入全球运输系统；降低终端产品价格中的运输比例，降低运输成本，减少运输时间，确保运输质量和安全；提高监管机构的效率。

"俄罗斯联邦数字经济计划"是俄罗斯实现运输综合体"数字化"的基础[1]。根据该计划，俄罗斯交通运输部考虑了有关政府部门和机构的建议，制定了本部门计划，即"数字化运输和物流计划"，该计划目前正在进行最终讨论并等待审批。该计划将完成以下内容：①货运方面，组织无纸化货运管理，为政府和企业提供数字服务；②客运方面，使用数字服务手段，实现统一电子旅行的组织和管理；③运输综合体的数字基础设施方面，采取数字监控，为运输基础设施的管理和使用提供数字服务；④运输的生态方面，对运输中环境标准的执行状况，采取数字监制；⑤国际合作方面，实现全球运输空间一体化并发挥国家的跨国运输潜能；⑥运输综合安全方面，确保国家运输系统的可靠性、稳定性及进行数字监控；⑦无人运输方面，对无人技术在运输中的使用进行数字监控，实施无人空中运输和计费系统。"数字运输和物流计划"还将创建俄罗斯联邦运输中心数字平台，该平台将提供公共服务，确保国际运输走廊的正常运行和发展。

2. 北极海洋数字化运输的应用

据俄罗斯交通运输部预测，2024年东北航线的货运量有望达到8000万吨[2]。俄罗斯总统普京在北极发展论坛上提出了这一北极海洋运输未来发展的目标。实现这一目标并非易事，取决于北极用于出口的碳氢化合物（石油、天然气）和矿产资源的供应，以及东北航线国际运输的开发。

俄罗斯交通运输部的数据显示，东北航线2018年的货运量比上年增长了一倍，从2017年的1070万吨达到2018年的2020万吨。另一个权威机构俄罗斯货物运输计划全权代理公司提供的数据与俄罗斯运输部的数据略有不同，该机构的数据显示，2018年东北航线的货运量为1970万吨。其中包括：一般货物234万吨，同比2017年减少6.3%；煤炭29.08万吨，同比减少

---

[1] 通过俄罗斯联邦政府2017年7月28日的1632-p号命令生效。
[2] 交通部计划在一年内将北海航线的货运量翻一番，俄新社，2019-07-30，https://www.rbc.ru/business/30/07/2019/5d3f06829a7947abc5c4a123.

16％；矿石 4.3 万吨，同比增加 29.9％；石油和石油产品 781 万吨，同比增加 15.6％；凝析油 80.54 万吨，同比增长 7.5 倍；液化天然气 839.9 万吨，同比增长了 37.7 倍[①]。

东北航线的液化天然气运输量的大幅度增长与 2017 年 12 月投产的亚马尔项目有关。同时，东北航线的运输许可证制度有所简化。2019 年 3 月，俄罗斯联邦政府批准，至 2043 年 12 月 30 日前悬挂外国国旗的船舶可以通过东北航线运输液化天然气，这意味着 2018 年 12 月 30 日起开始执行的、禁止悬挂外国国旗的船只在北方海航道运输碳氢化合物的规定被修改。

"数字化运输和物流计划"包括创建俄罗斯北极地区运输综合体的统一信息和电讯安全系统。《2020 年的俄罗斯联邦北极地区和国家安全发展战略》也规定要建设这一信息管理系统，统一信息和电讯安全系统的建立可以为北极的运输管理和运输协调提供必要的保障，该系统将涵盖北方海航道的所有运输系统，包括最大的运输枢纽（港口）的运营。

2019 年，根据俄罗斯运输部的要求，在北极地区的运输枢纽——阿尔汉格尔斯克，设立了俄罗斯北极地区运输综合体统一信息和电讯安全系统的试验区，并开始对阿尔汉格尔斯克的信息和控制系统进行设计。在这个试验区将完成以下任务：统一规划阿尔汉格尔斯克运输枢纽的运输流程，对各种方式的运输制定综合运输计划；对各种方式的运输进行实时监控，获取并整合运输过程和动态的有关信息；监控货运码头和货场的作业，获取并整合其现时状况和未来的有关信息；协调阿尔汉格尔斯克交通枢纽的公路运输；对阿尔汉格尔斯克运输枢纽的各种方式的运输结果做出评估报告。

试验区 2020 年将进行的试点工作的预期目标是：提高交通枢纽阿尔汉格尔斯克的商业吸引力和工作效率；增加这一枢纽的运输容量，减少对机车车辆的需求；提高运输计划和管理的质量。根据阿尔汉格尔斯克交通枢纽试验区的实验结果，俄罗斯运输部计划将获得的经验复制到俄罗斯联邦北极地区的其他交通运输枢纽和港口。

创建俄罗斯北极地区运输综合体统一信息和电讯安全系统的另一项重要任务是，将其与运输和物流领域的世界信息系统进行信息集成。在这方面，俄罗斯认为有必要与中国交通运输部建立和使用的中华人民共和国国家物流

---

① https://www.mintrans.ru/press-center/branch-news/1240.

信用数据服务系统 Logink①，以及中日韩的区域性服务系统 NEAL-NET②建立协助和信息交流机制。这将确保中俄两国有关车辆和货物移动数据信息的透明度、可靠性和高效率，减少运输风险、提高运输效率。

（二）中俄北极数字化运输合作

俄中两国政府首脑定期会晤筹备委员会运输分委员会讨论了俄中两国运输领域合作的所有组织问题。在运输分委员会的框架内，正在起草将要签署的具有约束力的政府间协定。这个平台之所以具有特殊意义，是因为借此能够讨论俄中两国货运信息保障和数字化、发展过境运输以及"一带一路"倡议与欧亚经济联盟一体化进程对接等各种问题。运输分委员会最近一次会议（总第二十三次会议）于2019年7月在广州举行。会议的主题包括公路运输和公路建设、公路检查点、铁路运输、发展过境运输、航空运输、海洋和内河运输、沿"滨海2号"国际运输走廊方向组织无人运输走廊以及其他问题。在第二十三次会议上，以发展海洋和内河运输为主题的议题之一是北方海航道的使用，包括航行的安全和法律法规问题。以发展公路运输和公路建设为主题的议题是为俄中两国的跨境公路运输提供导航和信息支持以及数字技术应用的问题。

2018年6月，两国元首普京与习近平出席并见证了俄罗斯和中国签署的新的《中华人民共和国政府与俄罗斯联邦政府国际道路运输协定》。该协议规定利用连接两国的国际运输走廊运送旅客和货物的优惠条件，使得俄中两国的国际公路运输能够在包括发展北极交通运输的相关领域中发挥更加重要的作用，解决"最后一英里"问题。协议内容包括但不仅限于：相互开放俄罗斯和中国领土上的公路运输，取消对深入内地和运行路线的所有限制；强制性要求所有过境车辆必须配备格洛纳斯和北斗车载导航设备；双方随时交换有关运输车辆沿途的邻近地区的相关信息。该协定的执行受到俄罗斯和中国政府首脑定期会晤筹备委员会的特别监督。这项工作在两国的运输部门（中俄运输合作分委员会）和两国的太空管理部门（卫星导航领域重要战略合作项目委员会）的指导下进行。

---

① http://english.logink.org/.
② http://english.nealnet.org/.

为确保中俄共同利用格洛纳斯和北斗卫星技术开发运输监控系统，经双方协商同意，2019年建立了俄罗斯—中国跨境运输导航和信息保障系统试验区，开展了测试工作。试验区设在俄罗斯远东联邦区和中国的吉林和黑龙江省的边界地区。值得注意的是，试验区将成为连接北方海航道的重要货运基地。目前，测试车辆均已配备了格洛纳斯和北斗导航通信设备，并且在商定的服务器交换协议的基础上，正在对有关邻近地区车辆行驶的导航监视信息的传输进行测试。

双方正在实施的俄罗斯—中国跨境运输导航和信息保障系统项目还包括：为卫星导航技术在运输和后勤服务中的大规模应用创造条件，包括使用应用程序和系统以及车载导航和通信设备来监测运输工具和运输货物；在"一带一路"倡议和欧亚经济联盟对接的框架下，为进行交通运输的监督、控制、管理的技术和组织工作创造条件。

试验区的工作证明了两国使用的高新技术能够为确保公平竞争创造条件，并符合运输领域的法律要求和国际协议规定。从文书交流到有关运输工具、运输货物、司乘人员和运输条件的具有法律效力的文件的互换，以及在检查站（运输节点）进行的控制和监督，这些工作为排除运输和物流领域的现有障碍提供保证，大大加快了运输流程。俄罗斯方面建议应积极推广该项目成果的应用，在俄罗斯和中国之间（包括北极地区）国际运输走廊沿线的所有运输活动均采用格洛纳斯和北斗的卫星导航技术，格洛纳斯和北斗卫星导航设备应用于车船本身以及运输的集装箱货物。作为第一步，俄方建议在国际公路运输的双边和多边现有协定中对有关合作进行补充，包括俄罗斯—哈萨克斯坦—中国和俄罗斯—蒙古国—中国的三方协定，以及正在拟订的类似新协定中予以重视。

当今时代，连接东西方的国际运输走廊，包括北方海航道的成功发展，离不开数字技术、自动化系统、卫星导航的应用，以及运输全过程参与者之间的信息交流和信息互动。为此，需要密切开展俄中两国各级政府部门、科学研究机构、信息系统开发机构之间的合作，通过各种会议或相互访问等方式，交流双方的经验。

第十二章　中俄北极金融投资合作

自 2014 年乌克兰危机以来，西方国家的经济制裁和国际油价低迷的叠加影响，使得俄罗斯的北极开发陷入了困境。低油价导致的财政收入骤减使俄罗斯政府无法对北极开发给予足够的财政支持，金融制裁和技术禁运也断绝了西方国家能源企业的投资和融资支持。在这一背景下，俄罗斯的北极开发战略适时调整，更加注重合作伙伴的多元化。2018 年中国出台的《中国的北极政策》白皮书，明确提出了中国在北极开发中的"建设者、参与者和合作者"的战略定位，需要根据中俄北极开发战略对接的导向，以及北极开发合作项目的投融资需求，统筹规划北极开发的各类型项目，形成以重大战略项目为主导、以开发合作类项目和商业开发项目为配套的投融资项目布局；通过引入多元化的投融资主体，利用多层次的融资渠道，完善多样化的融资工具，形成综合性的投融资支持体系。以此来推进中国深度参与北极开发，共建"冰上丝绸之路"的战略目标。

一、经济制裁背景下俄罗斯北极开发面临的投融资困境

（一）俄罗斯北极开发需要大量资金投入

俄罗斯北极地区基础设施都是苏联时期建设的，之后开发活动就陷入停滞。要重新开发北极地区需要大规模的资本投入，北方海航线实现商业运输时需要的基础设施现代化项目将需要高达 1 万亿卢布（270 亿美元）的投资。

由于俄罗斯自身经济实力有限，国际油价下跌和受欧美制裁重创俄罗斯经济，俄罗斯每年大约要损失 40 亿—50 亿美元，俄罗斯自身投资能力全面下降，无法独立承担进行北极大陆架开发及北极航线需要的金融投资。目前俄罗斯对北极地区的投资和预算主要集中在军事和工业部门，特别是航空和

海军，以及通信等最新技术，用来维护俄罗斯在北极的主权。想推动北极大规模开发还需要在国际市场融资。2018年12月俄罗斯宣布，打算在2024年前和2050年前分别投资5.5万亿卢布和13.5万亿卢布，建设以北方海航线为核心的港口、铁路、公路、河运和航空线路的交通基础设施建设和能源开发，其中联邦政府仅计划出资0.9万亿卢布，占计划投资额约6.67%。可以看出俄罗斯利用北极地区丰富的资源储量、北方海航线地理距离的优势和大规模商业通航的盈利前景等来吸引国际资本市场的关注，以期能够在短时间内重启北极开发活动并取得了一定的效果。

(二) 经济制裁使俄罗斯向欧美市场融资受到限制

乌克兰危机发生后，参与北极开发的俄罗斯石油公司董事长等人被列入制裁名单，禁止西方公司在北极进行海上石油勘探和开发，禁止西方企业与俄罗斯大型能源企业在北极开展项目合作，限制欧盟国家向俄罗斯石油部门提供新投资和关键技术及设备[①]。特别是在金融领域，美国已经对俄罗斯六家银行进行制裁，禁止美国公民与这些银行进行交易，将六家银行发行的新债务的期限从90天减少到30天来收紧债务融资限制。美国还加大力度封堵俄罗斯石油公司等能源巨头通过欧美资本市场获取融资的渠道。同时欧盟也对俄罗斯实行了新的制裁措施，禁止部分俄罗斯国有国防企业和能源企业在欧盟融资活动，禁止欧盟成员国向五家俄罗斯银行提供资金，并实行融资限制。美欧对俄罗斯制裁的所有措施多次延长，并持续到今。

二、中俄北极合作开发投融资项目的整体布局

为应对国际能源市场下行和西方经济制裁的双重影响，俄罗斯对北极开发战略做出了重大调整和变革，这对中国的北极开发投融资体系建设提出新的要求，中国北极开发合作也应针对性地安排投融资项目的整体布局。将北极开发与俄远东和西伯利亚地区经济发展结合起来，将北极重大战略投资项

---

① Council Regulation (EU) No 960/2014 of 8 September 2014 amending Regulation (EU) No 833/2014 concerning restrictive measures in view of Russia's actions destabilising the situation in Ukraine's Official Journal of the European Union，2014-09-12，http://eur-lex.europa.eu/legal-content/EN/TXT/HTML/? uri=OJ：L：2014：271：FULL&from=EN.

表 12.1 西方国家对俄罗斯制裁历程

时间	发起国/国际组织	内容	金融	能源	军工	个人/实体
2014	AUS	对特定的个人/实体资产冻结和旅行限制；对俄罗斯西亚银行（Bank Rossiya）、俄罗斯投资资本银行（Invest Capital Bank）、俄罗斯北海航线银行（SMP Bank）金融制裁；对防务实体：俄罗斯"金刚石—安泰"防空集团有限责任公司（Almaz-Antey）进行制裁。	+		+	+
2014	CAN	对特定的个人/实体资产冻结和旅行限制；对能源实体俄罗斯诺瓦泰克公司（Novatek）进行融资限制，禁止与石油勘探或生产的相关设备出口；对金融机构：俄罗斯天然气工业银行（Gazprombank）、俄罗斯国家开发银行（VEB）、俄罗斯农业银行（Russian Agricultural Bank）、俄罗斯外贸银行（VTB）、莫斯科银行（Bank of Moscow）、俄罗斯联邦储蓄银行（Sberbank）进行制裁；对防务实体：俄罗斯"金刚石—安泰"防空集团有限公司（Almaz-Antey）、俄罗斯巴扎特公司（Bazalt）、俄罗斯无线电子技术公司（JSC Concern Radio-Electronic Technologies）、俄罗斯星座公司（JSC Concern Sozvezdie）、俄罗斯机械制造工艺科学生产联合体（JSC MIC NPO Mashinostroyenia）等进行制裁。	+	+	+	+
2014	CHE	对特定的个人/实体资产冻结和旅行限制；对俄罗斯国有金融机构：俄罗斯天然气工业银行（Gazprombank）、俄罗斯农业银行（Rosselkhozbank）、俄罗斯联邦储蓄银行（Sberbank）、俄罗斯国家开发银行（VEB）和俄罗斯外贸银行（VTB）金融限制；对能源部门：俄罗斯石油公司（Rosneft）、俄罗斯国家石油管道运输公司（Transneft）、俄罗斯天然气工业石油公司（Gazprom Neft）融资限制，限制与石油勘探或生产的相关设备出口；对防务实体：俄罗斯乌拉尔机车车辆厂（Uralvagonzavod）、俄罗斯联合飞机制造公司（United Aircraft Corporation）、俄罗斯国防工业股份公司（Oboronprom）等融资限制，资产冻结和交易禁止。	+	+	+	+

续表

时间	发起国/国际组织	内容	金融	能源	军工	个人/实体
2014	EU	对特定的个人/实体资产冻结和旅行限制；限制俄罗斯联邦储蓄银行（Sberbank）、俄罗斯外贸银行（VTB）、俄罗斯天然气工业银行（Gazprombank）、俄罗斯国家开发银行（VEB）、俄罗斯农业银行（Rosselkhozbank）进入欧洲资本市场；对俄罗斯切尔诺莫尔石油公司（PJSC Chernomorneftegaz）、俄罗斯石油公司（Rosneft）、俄罗斯天然气工业公司（Gazprom Neft）和俄罗斯国家石油管道运输公司（Transneft）能源实体进行制裁。减少俄罗斯对某些敏感技术和服务的出口，这些技术和服务可以用于石油生产和勘探。对防务实体：俄罗斯国防工业股份公司（Oboronprom）、俄罗斯联合飞机制造公司（United Aircraft Corporation）、俄罗斯乌拉尔机车车辆厂（Uralvagonzavod）、俄罗斯"金刚石—安泰"防空集团责任有限公司（Almaz-Antey）、俄罗斯巴扎尔特公司（Bazalt）等融资限制，资产冻结禁止交易，对俄罗斯军事用途或军事最终用户最终用户的两用货物制定出口禁令。	+	+	+	+
2014	JPN	对俄罗斯五家国有银行：俄罗斯联邦储蓄银行（Sberbank）、俄罗斯天然气工业银行（Gazprombank）、俄罗斯农业银行（VTB）、俄罗斯农业银行（Russian Agricultural Bank）实行融资限制；武器禁运。	+		+	
2014	NOR	对特定的个人/实体资产冻结和旅行限制；对俄罗斯国有银行：俄罗斯联邦储蓄银行（Sberbank）、俄罗斯外贸银行（VTB）、俄罗斯国家开发银行（VEB）、俄罗斯天然气工业银行（Gazprombank）、俄罗斯农业银行（Russian Agricultural Bank）融资限制；对防务实体：俄罗斯国防工业股份公司（Oboronprom）、俄罗斯联合飞机制造公司（United Aircraft Corporation）、俄罗斯乌拉尔机车车辆厂（Uralvagonzavod）、俄罗斯天狼星公司（JSC Sirius）、俄罗斯巴扎尔特公司（Bazalt）等进行制裁，禁止出口、进口和运输与国防有关的商品；对能源部门：俄罗斯石油公司（Rosneft）、俄罗斯国家石油管道运输公司（Transneft）、俄罗斯天然气工业油公司（Gazprom Neft）融资限制，禁止出口某些主要用于石油工业的技术。	+	+	+	+

第十二章 中俄北极金融投资合作　229

续表

时间	发起国/国际组织	内容	金融	能源	军工	个人/实体
2014	UKR, ALB, ISL, MNE	对特定的个人/实体资产冻结和旅行限制。				＋
2014	USA	对特定的个人/实体资产冻结和旅行限制；对金融机构：莫斯科银行（Bank of Moscow）、俄罗斯天然气工业银行（Gazprombank）、俄罗斯农业银行（Russian Agricultural Bank）、俄罗斯联邦储蓄银行（Sberbank）、俄罗斯国家开发银行（VEB）和俄罗斯外贸银行（VTB）融资限制；禁止出口某些用于石油工业的技术，对能源实体：俄罗斯诺瓦泰克天然气公司（Novatek）、俄罗斯石油公司（Rosneft）、俄罗斯国家开发银行（VEB）和俄罗斯天然气工业银行（Gazprombank）实施融资限制和制定向制裁；对防务实体：俄罗斯"金刚石—安泰"防空集团责任有限公司（Almaz-Antey）、俄罗斯技术集团（Rostec）、俄罗斯巴扎特有限公司（Bazalt）等资产冻结和禁止交易。	＋	＋	＋	＋
2015	AUS	限制：向俄罗斯出口和进口武器及有关物资；向俄罗斯出口用于石油勘探和生产的特定物品；和与某些俄罗斯国有实体发行的某些资本金融工具进行商业交易。	＋	＋	＋	
2015	CAN	对特定的个人/实体资产冻结和旅行限制；对国防实体：俄罗斯联合飞机制造公司（United Aircraft Corporation）（Rosnefl）、俄罗斯技术集团（Rostec）子公司实行资产冻结和交易禁止；对能源部门：俄罗斯石油公司（Rosneft）、俄罗斯天然气股份公司（Gazprom）、俄罗斯苏古特石油天然气股份公司（Surgutneftegas）、俄罗斯国家石油管道运输公司（Transneft）融资限制。	＋	＋	＋	＋
2015	CHE	对特定的个人/实体资产冻结和旅行限制；禁止从俄罗斯进口枪支及其零部件、附件、弹药和弹药零部件。			＋	＋
2015	EU	对特定的个人/实体资产冻结和旅行限制。				＋

续表

时间	发起国/国际组织	内容	金融	能源	军工	个人/实体
2015	UKR	对特定的个人/实体资产冻结和旅行限制;对金融机构:莫斯科银行(Bank of Moscow)、俄罗斯国家商业银行(Russian National Commercial Bank)、马歇尔工业银行(Gazprombank)、俄罗斯国家商业银行(Russian National Commercial Bank)、马歇尔资本合伙人基金(Marshall Capital Partners)以及Genbank、Adelantbank、Smartbank、Tempbank等银行进行制裁;对防务实体:俄罗斯直升机公司(Russian Helicopters)、俄罗斯"金刚石—安泰"防空集团责任有限公司(Almaz-Antey)、俄罗斯直升机服务公司(Helicopter Service Company)、俄罗斯乌兰乌德航空制造厂(Ulan-Ude Aviation Plant)等进行制裁。	+	+	+	+
2015	USA	对特定的个人/实体资产冻结和旅行限制;对俄罗斯国家开发银行(VEB)、俄罗斯外贸银行(VTB)和俄罗斯联邦储蓄银行(Sberbank)子公司融资限制;对能源部门:俄罗斯石油公司(Rosneft)子公司融资限制;对防务部门:俄罗斯技术集团(Rostec)子公司、俄罗斯伊热夫斯克机械制造厂(Izhevsky Mekhanichesky Zavod JSC)、俄罗斯伊茨玛希厂(Kontsern Izhmash)等资产冻结和限制交易。	+	+	+	+
2016	CAN	对特定的个人/实体资产冻结和旅行限制;对防务实体:俄罗斯伊热夫斯克机械制造厂(Izhevsky Mekhanichesky Zavod JSC)、俄罗斯机械制造技术公司(JSC Tecmash)、俄罗斯电子公司(Ruselectronics JSC)、俄罗斯施瓦贝控股公司(Shvabe Holding JSC)资产冻结和交易禁止。			+	+
2016	UKR	对特定的个人/实体资产冻结和旅行限制;对支付机构Zolota Korona、Kolibri、Unistream、Anelik、Blizko等进行制裁。对能源部门:俄罗斯能源企业(Spezneftegaz)、俄罗斯巴什石油公司(Bashneft)、俄罗斯运输机械控股集团(Transmashholding)进行制裁。对防务实体:俄罗斯技术集团(Rostec)、俄罗斯国防产品出口公司(Rosoboronexport)、俄罗斯莫托罗夫直升机联合公司(Rostvertol)、俄罗斯伊茨玛希厂(Izhmash)等进行制裁。	+	+	+	+

第十二章 中俄北极金融投资合作 231

续表

时间	发起国/国际组织	内容	金融	能源	军工	个人/实体
2016	USA	对特定的个人/实体资产冻结和旅行限制；对莫斯科银行（Bank of Moscow）、俄罗斯农业银行（Russian Agricultural Bank）子公司融资限制；对能源部门：俄罗斯天然工业股份公司（Gazprom）和俄罗斯诺瓦泰克公司（Novatek）子公司融资限制。	+	+		+
2017	EU	对特定的个人/实体资产冻结和旅行限制。	+			+
2017	UKR	对特定的个人/实体资产冻结和旅行限制；对以俄罗斯国有银行为首的五家银行实施制裁。	+			+
2017	USA	授权某些产品出口到俄罗斯联邦安全局下属机构。				−
2017	USA	对特定的个人/实体资产冻结和旅行限制；对金融实体：俄罗斯金融实体Taatta公司、IS银行、俄罗斯外贸银行（VTB）等资产冻结和限制交易；能源部门：俄罗斯国家石油管道运输公司（Transneft）子公司融资限制；对防务实体：俄罗斯枪械制造商（Molot Oruzhie）资产冻结和交易限制。	+	+	+	+
2018	EU	对特定的个人/实体资产冻结和旅行限制。	+			+
2018	UKR	对特定的个人/实体资产冻结和旅行限制；对能源实体：俄罗斯石油公司（Rosneft）、俄罗斯卢克石油公司（Lukoil）和俄罗斯石油运输企业Transoil进行制裁；对俄罗斯支付机构WebMoney和Moscow Exchange MICEX-RTS transactions交易限制。	+	+		+
2018	USA	对特定的个人/实体资产冻结和旅行限制；对能源部门：俄罗斯苏古特石油天然气股份公司（Surgutneftegas）子公司融资限制；对俄罗斯国防产品出口公司（Rosoboronexport）进行制裁。	+	+	+	+
2018	USA	美国财政部海外资产控制办公室（OFAC）授权与俄罗斯铝业联合公司（RUSAL）和俄罗斯能源金属公司EN+集团（EN+Group）有关的交易许可。				−

注：Rosoboronexport OJSC是俄罗斯唯一出口全部军事、两用产品以及服务和技术的国家机构。

资料来源：https://www.treasury.gov；https://eeas.europa.eu；https://www.international.gc.cales；https://dfat.gov.au；https://www.mof.go.jp；https://lovdata.no/register/lovtidend；https://www.seco.admin.ch；http://www.rnbo.gov.ua/documents/。

目与商业性社会投资结合起来，将北极资源开发项目与周边地区的基础设施建设和民生项目结合起来，将油气资源开采与可再生能源利用结合起来，实现北极及周边地区经济和社会的可持续发展。为此，可将北极地区的投融资项目按照战略意义、资金需求和风险结构，分为重大战略类项目、开发合作类项目和商业性开发项目三大类，各类项目对投资主体、融资渠道和融资工具的需求都有着较大的差异。

（一）重大战略类项目

主要是以北极地区油气资源开发和北方航道建设为代表的战略合作项目。这类项目对于中俄合作开发北极具有标志性的战略意义，也是北极地区开发的核心项目，对于周边地区和配套设施的建设发展具有重要的带动和促进意义。这类项目普遍具有投资周期长、投资规模大、投资风险高、投资回报低的特征，不能单纯以商业利益评估其价值，应由政府主导推动。

对于这类项目的投资以央企中的大型能源企业和大型基建企业为主导。例如2014年中石油与俄罗斯诺瓦泰克公司签订的亚马尔液化天然气项目合作，以及配套的萨别塔海港和LNG油轮船队建设。2015年和2016年中国保利集团分别参与了贝尔卡姆尔铁路综合项目和阿尔汉格尔斯克深水港建设项目，还对摩尔曼斯克港的煤炭码头表达出参与的意向。由政府推动、央企执行的这类大型北极开发项目能够形成重要的资本合作和技术合作平台，这对于中俄双方来说都具有重要的战略意义。

对于俄方来说，乌克兰危机后西方国家制裁对北极开发的影响主要集中在技术禁运和金融制裁两个方面。技术禁运使得俄罗斯无法获得西方国家的深海钻井技术支持，金融制裁不仅导致西方国家融资的撤出，更重要的是将俄罗斯排除在美元结算体系之外，这使得西方石油公司和航运公司基本无法与俄罗斯企业开展合作。一方面中国大型能源企业能够提供部分的深海石油钻探的技术支持，而中资金融机构更是能够提供充足的资金保障；另一方面，西方石油公司和金融机构也可以利用这一平台，通过合作投资、银团贷款和人民币结算等形式规避制裁，实现技术合作和资本合作。

对于中方来说，作为北极的毗邻利益相关者，参与北极事务的定位是"参与者、建设者和贡献者"。但北极地区国家对非北极国家参与北极开发事务比较排斥，实际上乌克兰危机之前俄罗斯对中国参与北极开发也有着多重限制。在受到西方国家技术和资金制裁之后，才主动吸纳中国深度参与北极开发项目。因此北极油气资源和北方航道建设等重大合作项目，是中国深度参与北极开发的契机，是落实"冰上丝绸之路"的长期战略布局的重要平台。

亚马尔 LNG 项目、阿尔汉格尔斯克深水港建设项目等重大战略类项目也是中国获取北极开发技术和经验的重要平台。一方面，俄罗斯本身就是极地开发和基地装备制造大国，具有长期的建造和使用经验，中国可以通过北极开发项目平台，获得极地条件下的油气资源勘测、开发、运输和北极航道建设技术和经验。另一方面，中俄两国在极寒条件下深海勘探开采技术都与西方大型石油企业有一定的差距，因此视今后制裁走向和执行标准等，在可执行的情况下通过项目合作引入西方石油公司技术，也是中俄两国的共同需求。

对于这类项目，以中国国内开发性金融资金为主，牢牢掌握项目主动权。同时，积极吸收东道国主权财富基金等政府背景深厚的金融机构参与，适当利用亚洲基础设施投资银行等国际金融机构资金。应将这类项目的开发建设与国际产能合作和人民币国际化紧密结合起来，着力推动中国商品和货币"走出去"。

（二）开发合作类项目

开发合作类项目主要是指极地技术装备制造业和北极基础设施建设项目，以及其他为重大战略类项目提供支持的配套项目，包括冰级船舶建造和船队建设、北极岸上基础设施和极地港口系泊系统的研发制造，极寒条件下的公路、铁路、河道和航空运输装备和设施的建设等。这些领域的投资是重大战略项目顺利实施的重要保障，也是《中国的北极政策》白皮书重点鼓励的投资领域。例如亚马尔项目的工程建设和船运成本约为 210 亿美元，其中工程建设方面总合同额为 78 亿美元，项目模块总数 142 个，船舶建造和运输方面的合同总额为 85 亿美元。

这类项目同样面临着研发投入高、建设周期长、市场规模小、风险高等特性，不能完全依靠市场化的投融资体系，仍然需要大型国企的投资推动。但由于这类开发合作类项目的作用并不局限于为现有重大项目配套，还是为北极地区经济可持续发展提供配套基础设施的关键，因此在大型国企主导的投资中可以通过分包的形式引入具备一定资质的私有企业，参与配套基础设施的承建，配套设备的研发和建造。

（三）商业开发项目

北极开发中为能源开发和港口开发配套的生活性基础设施建设、周边港口和城镇的民生项目、北极油气资源产品的深加工、北极农林牧渔等自然资源的开发利用、北极绿色能源开发利用以及北极地区生态旅游观光产业等。这类项目的投资是改善北极地区投资和生活环境，改善民生条件，吸引人口流入、维持北极地区的长期可持续发展的基础，也是俄罗斯北极和远东地区经济发展规划所鼓励的投资领域，享有众多的税收、土地、用工等优惠政策。

对于这类商业开发项目，主要应该鼓励中国国内有经验、有能力的民营企业的广泛参与。以"超前发展区"、"自由港"和"北极支柱区"作为投资重点地区，以北极周边地区的基础设施建设和能源副产品加工、风力供电和供暖等绿色新能源投资、北极生态旅游度假村等项目建设为重点投资领域，通过经济开发与环境保护的有机结合，改善民生条件，吸引人口流入，实现北极地区的长期可持续发展。

三、中国参与北极开发投融资支持体系构建

当前中国在北极开发合作中，自身定位是投资者、建设者和资金提供者，开发战略以重大战略项目带动、兼顾北极地区经济和社会可持续发展为导向，为了在北极开发合作中充分发挥中国的资金优势和基建优势，需要加强对北极开发的投融资支持，应根据项目开发战略的需要，引入多元化的投融资主体，提供多层次的融资渠道，采用多样化的融资工具，建立起符合中国北极开发战略需要的投融资支持体系。

（一）多元化的投融资主体

在投资主体多元化上，一方面要发挥国有大型能源开发企业和基建企业在重大战略项目投资上的龙头带动作用；另一方面需要利用民营企业的灵活性和主动性，实现北极项目的市场化开发利用；同时积极引进第三国的投资，形成多国合作的投资结构，以避免国际政治和技术封锁等风险。

在融资支持的多元化上，主要体现在统筹国内和国际、政府和市场、双

边和多边的资金来源，既需要国内政策性开发金融机构和亚投行等多边政策性金融机构的牵头带动作用，也需要吸引商业性银行和私营企业的积极参与。这不仅可以扩大北极开发的资金来源，而且也可以开发项目的融资特性和需求，匹配适当的融资机构，从而提高融资效率和风险承担水平。当然，这些投融资主体的投融资策略会各有侧重，北极各类型项目对投资和融资也会有不同的要求，因此有必要根据北极开发项目的实际需要统筹安排，实现开发项目与投融资主体的更好匹配，以更好地发挥各投融资主体的比较优势，更好地满足北极开发各类型项目的实际需要。

1. 重大战略投资项目的投融资主体

对于北极油气资源开发和北极航道建设等重大战略类项目，在投资主体选择上应以国有大型企业集团为主导，在融资方面主要依靠国家开发金融机构的政策性信贷支持。这种国有大型企业和国有开发性金融机构的投融资组合，既能够充分发挥中国国有企业在资金、技术和管理上的规模优势，也能够保证国家对北极战略性投资的掌控。同时也可以进一步以这类重大战略投资项目为合作平台，与发达国家的大型能源企业和航运企业进行资本和技术合作，通过银团贷款的形式引入多边开发性金融机构的信贷支持，在一定程度上减轻西方国家对俄技术封锁和金融制裁的不利影响。北极油气资源开发的典型范例包括，中俄在亚马尔天然气开发项目上的 269 亿美元投资，其中中国石油天然气集团有限公司和丝路基金共持股 29.9%，法国道达尔公司持股 20%，俄罗斯诺瓦泰克公司持股 50.1%。在北极航道建设方面，中国保利集团投资 5.5 亿美元参与了北方航道中阿尔汉格尔斯科深水港建设，中国远洋运输集团也确认希望参与该项目的投资。这两项战略投资项目主要是由大型央企以股权投资形式参与的，外部融资主要依靠国家开发银行提供的政策性开发贷款和担保，以及由国家开发银行与丝路基金等多边开发性金融机构合作提供的银团贷款。

2. 合作开发项目投融资主体

合作开发项目一般是与北极能源开发和航道建设相配套的装备制造业和基础设施建设项目，大多投资规模较小、技术门槛相对较低、投资领域也比较分散。因此在投资方面上可引入有规模、有技术和有资金的国有和非国有企业的广泛投资。在融资方面，由于这类合作开发项目同样面临着北极开发的高风险，虽然可以引入商业性金融机构，但一般应通过银团贷款形式来降低单一银行的信贷规模和信贷风险。例如亚马尔项目的工程建设和船运等约210亿美元的合同中155亿美元的合同是与中国企业签订的，七家中国海工巨头包揽了工程建设中120个模块的建造，中国航运企业包揽了6艘运输船的建造、15艘LNG运输船中的14艘船的运营等。2019年中远海运集团与俄罗斯诺瓦泰克股份公司、俄罗斯现代商船公共股份公司以及丝路基金有限责任公司共同成立了北极海运公司。尤其需要指出的是，合作开发项目往往是与重大战略项目相配套的，重大战略项目的投资很大比例会以设备采购和基建建设费用的形式回流到国内，中国开发性金融机构的信贷有较大的比例是以"两优贷款"的形式发放的。这使得中国在北极开发虽然名义上投入了大量的资金，承担了巨额风险，但实际上大部分资金仍是在中资企业内部流动，实际的资金投入和风险水平仍处于较低的水平。

3. 商业性开发项目投融资主体

对于北极开发中的商业性项目，应主要依靠市场化投融资机制。投资方面要发挥民营企业机制灵活、适应性强、市场敏感的特性，在俄罗斯远东地区和北极开发中主动寻求投资机会。通过中国参与北极开发的政策指导，引导企业重点投资北极地区的基础设施建设、可再生能源的开发和利用、北极自然生态资源的可持续开发等绿色投资项目，改善地区的生活生产条件，实现北极地区的绿色可持续发展。在融资方面以商业性信贷支持为主，对于一些涉及民生的基础设施投资项目，可由相关企业与当地政府通过PPP形式融资建设。对于符合条件的可再生能源利用和生态资源保护利用项目，可以向国内金融机构申请绿色信贷和绿色债券的融资优惠。

（二）多层次的投融资渠道

目前中国的北极开发项目主要依靠的是银行信贷和授信等为代表的间接融资形式，但随着北极地区的深入开发，融资规模、融资期限和风险承担等要求会越来越高，有必要引入债券和股票等直接融资渠道，以满足北极开发对融资的多样化需求。当前国内已经针对"一带一路"倡议中的债券和股票融资出台了一系列的政策支持，已经有众多的成功试点，而且重要的是当前

"一带一路"直接融资的合作对象还都是俄罗斯企业和项目，因此在中俄北极开发合作中引入直接融资支持是完全必要和可行的。

1. 债券融资渠道

目前在中国证券市场上可供北极开发选择的债券融资渠道主要有三类：一是政府债券，即北极项目投资国政府类机构发行的政府债券；二是熊猫债，即北极开发项目的投资企业在中国债券市场发行的公司债券；三是北极开发主题债券，既由金融机构在境内外发行的用于指定北极开发项目的主题债券。鉴于北极开发还属于试验阶段，中俄两国未将北极合作项目纳入到政府债券支持体系中，当前北极开发项目应主要选择熊猫债和主题债券两类形式。

（1）熊猫债券融资

自深沪交易所在 2017 年大力推进"一带一路"债券板块建设以来，熊猫债券在融资规模、交易规模和流动性都有了大幅提高，成为"一带一路"沿线国家的重要融资来源。中俄两国已经在熊猫债发行上有过成功的合作经验，俄罗斯铝业联合公司 2017 年在上交所成功发行了 10 亿元人民币熊猫债券，成为首个发行熊猫债的"一带一路"沿线国家。因此在中俄的北极开发合作中，可由国家开发银行及国有商业性银行选择、推荐和辅导符合资质要求的俄罗斯北极开发企业在深沪交易所发行企业债券。

（2）主题债券融资

由于国家开发性金融机构与国有商业银行的大力推动，为"一带一路"沿线项目吸收了大量的社会资金。通过与外资金融机构的合作，主题债券融资也成功进入海外债券市场，极大地扩大了"一带一路"债券融资渠道。例如 2017 年，中国建设银行在新加坡债券市场发行 5 亿新元的"一带一路"基础设施债券，国家开发银行与汇丰银行合作在香港发行了 3.5 亿美元的"一带一路"专项债。由此可见，通过发行北极开发项目的主题债券，不仅能够扩展北极开发的融资渠道，扩大融资规模，也有利于推动境内外金融机构在北极开发上的合作，可以扩大北极开发项目在海外金融市场的知名度。

2. 股权融资渠道

随着西方国家对俄的金融制裁，众多的俄罗斯能源和银行企业纷纷转向亚洲，通过中国香港和新加坡证券交易所上市。俄罗斯银行也筹划在香港发行点心债券,在香港证券交易所上市。与此同时,中国证监会和深沪交易所目前也都在探索开展"一带一路"的股权融资渠道。目前能应用于北极开发项目的只有两类股权融资渠道:一是鼓励北极开发项目的投资公司在中国境内的证券市场 IPO,包括深沪交易所和香港证券交易所;二是鼓励参与北极开发的中国公司在中欧国际交易所发行 D 股融资。

就北极开发项目的现状来看,股权融资还不是中俄双方融资的主要渠道。这主要是因为当前的北极开发大多是以项目融资形式出现的,还未出现公司主业集中于北极开发的公司,因此很难以 IPO 的形式融资。但随着北极开发的逐渐深入,尤其是北极开发与俄罗斯远东地区经济发展一体化的推进,以及北极航道的逐渐大规模商用,中国证券市场仍是北极开发企业的首选 IPO 市场。

(三) 多样化的投融资工具

在北极开发中还应该积极引入多样化的融资工具形式和融资模式,通过银团贷款、PPP 投融资模式、资产证券化和多种结算方式,实现资金供给的多样化、债务期限结构的合理匹配以及投资风险的分散化等需要。

1. 银团贷款

就北极开发目前的进展来看,项目融资主要依靠的仍是金融机构的信贷支持,包括中国国内和多边开发性金融机构,以及中国国内外商业银行的政策性和商业贷款。随着北极开发的深入,资金需求规模会不断攀升,项目风险也会逐渐累积,众多金融机构需要通过银团贷款的形式扩大金融机构之间的合作,实现扩展信贷资金来源和分摊项目风险的目的。银团贷款是当前国际金融市场中最重要的融资形式之一,也是中国众多金融机构在"一带一路"建设中广泛采用的双边或多边合作融资形式。通过银团贷款工具,可以实现各类型金融机构在北极开发上的金融合作,实现融资来源的多样化,以及风险的分散化。例如在亚马尔油气资源项目的融资上,就是由国家开发银行与丝路基金等多边开发性金融机构合作提供的银团贷款。随着北极开发进程的深入,众多的合作开发项目和商业性开发项目不能再完全依靠政策性优惠贷款,必须引入商业性贷款。中国国内商业银行对北极开发同样可以通过银团贷款的形式实现融资合作,分担资金压力和分散风险,而且通过银团贷款也使得国内商业银行之间形成利益共同体，避免了在北极项目融资中出现中国国内银行之间的恶性竞争。

2. PPP 投融资模式

通过 PPP 模式实现中国资本与当地政府的合作，不仅可以保证投资回收机制的稳定性，也可以共担责任和融资风险，在一定程度上避免了可能的环境风险、社会风险和政治风险。例如为了解决远东开发资金不足的问题，俄罗斯政府推出了"超前发展区"和"自由港"等优惠政策，试图以"优惠政策换基础设施"。当前已有众多中国民营企业借助"超前发展区"和"自由港"的优惠政策，对远东地区进行了投资。目前的投资还集中在农林渔业和转口贸易等领域，很少涉足城市基础设施建设投资。这主要是由于基础设施投资的投资回收期长、盈利模式不确定，以及较高的社会和政治风险所导致。因此，可以通过 PPP 投融资模式引导中资企业的投资向北极支柱区城市基础设施建设和可再生能源开发等项目倾斜，以更好地配合中国的北极开发和"冰上丝绸之路"的建设。

3. 资产证券化

北极开发项目普遍规模较大、周期较长，在资金需求上偏好长期信贷资金；而金融机构为提高资金周转率、降低长期风险，往往偏好于提供短期资金支持。面对这种融资上的期限错配，可以探索推进信贷资产的证券化。将商业性信贷或银团贷款证券化，通过二级市场对其定价和交易，减少银行信贷资金的占用，提高资金的回报率，也有利于信贷风险在市场中的有效分散。另外为避免过度证券化的额外风险，应逐步推进北极开发融资产品的证券化。首先可针对银团贷款、商业性贷款以及 PPP 融资产品，推出可供金融机构之间相互交易的证券化产品。这种证券化模式可提升银行资产的流动性，可引入更多的金融机构参与北极项目的风险分担。在条件成熟之后，进一步对北极开发的信贷产品进行结构化和证券化，使其可在资本市场供一般社会投资者交易。这种模式的证券化可以将风险从信贷市场转移到资本市场，不仅能解决银行资金供给的问题，也能使北极项目风险在更大的范围内得到分担，更好地实现北极开发风险和收益的匹配。

4. 结算工具

西方国家对俄罗斯的金融制裁，导致俄罗斯企业无法利用现行的 SWIFT 结算体系进行跨境结算和支付，这使得越来越多的俄罗斯金融机构借助 CIPS 系统，截至 2020 年，已有 23 家俄罗斯金融机构接入 CIPS 系统。另外当前中俄的北极开发合作项目主要依靠的是中国的投融资支持体系，中资机构广泛参与北极开发的投资、融资、城建和设备提供各个环节，以人民币计价和结算效率更高成本更低。因此，在中俄北极开发合作中积极应用中国的 CIPS 系统于跨境支付和结算，并通过与俄罗斯 SPFS 系统的对接，提高项目的结算效率、节省结算成本，这也有助于进一步完善人民币投融资体系，促进人民币的国际化。

第十三章　中俄北极合作可持续发展新方向

自 2020 年以来，俄罗斯北极地区发展迎来新节点。在国内层面上，2020 年是上一阶段（2008—2020）北极开发进程的结束和未来十五年北极发展的起点；在国际层面上，2020 年的北极已逐渐成为大国竞争的"热点"地区。美俄在北极的相互军事威慑活动日趋频繁，北欧北极国家同俄罗斯交往的心态愈发复杂——在忧虑北极安全化态势加深之中仍保持一定程度的交流互动，更多域外国家对北极兴趣的增加既引发俄罗斯对维护北极地区领土边界的担忧，也给俄罗斯北极发展注入新的资本和活力。在国内、国际局势相互影响和交织之下，2020 年以来，俄罗斯接连发布了有关北极地区发展的多个战略文件，包括《到 2035 年俄罗斯联邦北极地区国家政策基本原则》（2020 年 3 月 5 日）、《到 2035 年俄罗斯联邦北极地区发展和国家安全保障战略》（2020 年 10 月 26 日）、《2021—2024 年俄罗斯联邦北极地区社会经济发展计划》（2021 年 3 月 30 日），以及《俄罗斯联邦北极地区企业家活动的国家支持法律》（2020 年 7 月 14 日）等，为下一阶段北极发展方向给出指引。

综合上述俄罗斯北极地区发展新阶段的纲领性文件内容可见，在北极地区社会经济发展领域，国家和地区的优先发展方向仍然以矿产资源开发为主，但开始寻求多样化发展模式，包括为北极地区经济活动实施特殊的优惠制度，对实施新投资项目的企业给予国家支持，为林业、渔业、旅游资源等新型经济活动提供国家服务等。

上述发展方向恰为中俄深化在北极地区的合作提供广阔机遇。首先，中俄两国在北极地区具备互利共赢的合作基础。《中国的北极政策》白皮书中指出，"中国是北极事务的重要利益攸关方，合作是中国参与北极事务的有效途径①。"而中国所具备的资金、技术、市场、知识和经验,恰是在新冠疫情与西方经济制裁双重重压之下,俄罗斯发展北极地区所需要的,因此,双方具备合作共识和基础;其次,中俄两国友好关系为两国深化在北极地区的合作提供坚实保障。中俄"新时代全面战略协作伙伴关系"在当前国际形势风云变幻之下持续加固,推动两国关系发展进入历史最好时期,为两国推进具体议题合作保驾护航;俄罗斯于2021年5月接任冰岛担任北极理事会主席国,为中俄两国北极合作提供新方向。俄罗斯期望利用主席国任期积极扩展同各北极行为体的互动,塑造"可持续发展"北极的友好形象,以此维护俄罗斯在北极地区的主导力。在此框架下,有关北极"可持续发展"的议题——包括科学研究、生态保护、北极旅游等将成为俄罗斯的关注重点,同时也有望成为中俄两国深化北极合作的新方向。

一、中俄有关北极"可持续发展"议题的合作现状

中俄有关北极"可持续发展"议题的合作早在双方官方政策中有所展现。2017年7月4日,中俄两国元首发布进一步深化全面战略协作伙伴关系的联合声明。首次提出要支持双方有关部门、科研机构和企业在联合科学考察、极地旅游、生态保护等方面开展合作;2018年6月8日,两国元首发布联合声明,提出加强中俄北极可持续发展合作,包括支持双方有关部门、机构和企业在科研、旅游、生态等方面开展合作;2019年6月5日,两国关系正式提升至"新时代全面战略协作伙伴关系",且两国元首共同发布联合声明,提出推动中俄北极可持续发展合作,在遵循沿岸国家权益基础上,扩大在科研、旅游、生态环保等领域合作。2020年12月2日,中俄两国总理以视频方式举行中俄总理第二十五次定期会晤,会上双方指出,加强北极可持续发展合作,基于法律并兼顾沿海国家利益促进北极科研、旅游、生态环保等领域合作,探讨推动互利合作的具体项目。综上所述,两国官方政策文件已为两国开展在北极"可持续发展"议题上的合作打下坚实基础。在针对具体议题上,两国目前的合作现状分为以下内容:

---

① 《中国的北极政策》白皮书,2018-01-26,http://www.scio.gov.cn/zfbps/32832/Document/1618203/1618203.htm。

(一) 科学研究

俄罗斯在北极地区科学研究的主要内容，一是对俄罗斯管辖区内的北冰洋海架进行研究；二是为俄罗斯北极地区社会、经济发展所服务的研究活动，包括调研海洋、陆地表面水文学和生态系统过程，以及监测冰川、海冰和冰盖的变化活动等。在上述研究活动中，中俄也开展了良好的合作。

1. 在国家官方层面，中俄北极联合科考形成"常态化"

自2016年中俄北极联合科考首次开展以来，中俄已连续在俄属北极地区开展数次科考活动，业已形成"常态化"。2016年8月，中国科学家首次进入俄罗斯所属的北冰洋专属经济区，经白令海、北太平洋终到达俄罗斯所属的楚科奇海区和东西伯利亚海海区开展作业，进行了包括海洋地质、物理海洋、海洋化学及大气化学等多个学科的综合考察，标志着中俄在北极海洋领域的合作实现了历史性突破。其中，中俄双方的领衔机构分别为中国国家海洋局和俄罗斯科学院，两国共31名科学家组成联合考察队（其中中方队员11名），对北冰洋俄罗斯专属经济区进行综合调查。

随后，中俄在2018年10月举行第二次中俄北极联合科学考察活动。来自中俄两国五个单位30人组成的联合考察队（其中中方队员11名），对北冰洋的楚科奇海、东西伯利亚海和拉普捷夫海进行了考察活动。首次利用海洋试点国家实验室自主研发的光学剖面仪对北极东北航道的雾、雪等天气过程进行观测，获取第一手光学剖面数据。同时，获得了北冰洋东西伯利亚大陆架沿岸海水化学和温室气体观测资料，成功开展了北冰洋东西伯利亚大陆架浮游生物多样性调查[1]。与2016年中俄首次北极联合科考相比，此次科考实现了我国首次在北冰洋的"冰工厂"——拉普捷夫海进行海洋地质研究。

此后，中俄在官方层面成立科研中心，共同发展联合科考活动。2019年4月，中俄在俄罗斯圣彼得堡举行的"北极——对话区域"国际北极论坛期间，签署成立中俄北极研究中心协议，俄方牵头单位为俄罗斯科学院希尔绍夫海洋学研究所，中方牵头单位为青岛海洋科学与技术试点国家实验室。双

---

[1] 2018年中俄北极联合科考取得多项成果，新华网，2018-10-30，http://www.xinhuanet.com//2018-10/30/c_1123637355.htm。

方共同制定《中俄北极研究中心科学发展十年规划（2019—2028）》，其中指出，未来五年该中心计划开展至少五个联合考察航次①。2019年8月，俄罗斯和中国研究人员首次联合考察位于东西伯利亚海域的北极大陆架，在海洋地质学、地形学、物理海洋学、海洋化学和其他领域开展研究活动。此次考察活动成为中俄北极研究中心成立以来的主要试点活动之一②。2020年的联合科考活动因新冠疫情被推迟一年③。

针对中俄两国的联合科考活动，俄方给予高度评价。中俄北极研究中心主任、俄罗斯科学院海洋学研究所水下研究与试验技术设备研究室主任罗金斯基表示，"中国是俄罗斯开发北极的主要国际伙伴，合作力度超过日本。虽然所有国家都愿意进行合作，但只有中国最贴近实务。"中俄在北极问题上的交流历史悠久，并且如今合作已经上升到国家层面④。

2. 在科研机构层面，中俄科研机构之间建立合作关系

首先是围绕中国科学院与俄罗斯科学院的科研合作。2018年6月初，俄罗斯总统普京与中国国家主席习近平会谈后，俄罗斯科学院与中国科学院签署合作协议。2019年7月，俄罗斯科学院与中国科学院合作路线图签署仪式在莫斯科举行。文件规定双方将联合落实一系列重大研究项目，包括为确定甲烷排放源在南海和北极东部进行联合海上考察等⑤。

---

① Россия и Китай создают центр для проведения арктических исследований，2019-04-11，https://ria. ru/20190411/1552576382. html.

② Ученые России и Китая изучат арктический шельф Сибири в ходе первой совместной экспедиции，2019-08-05，https://tass. ru/nauka/6733215.

③ Первая российско-китайская экспедиция в Арктику перенесена на 2021 год，2020-06-05，https://www. mortrans. info/morskoj-byulleten/pervaya-rossijsko-kitajskaya-ehkspediciya-v-arktiku-perenesena-na-2021-god/.

④ 五个航次包括：在东北冰洋各个边缘海进行船舶考察，在五年内在东西伯利亚海、拉普捷夫海、喀拉海等北极大陆架区开展不少于三个联合考察航次（含一个冬季考察航次）；在北冰洋深水区开展两个联合调查航次。考察内容主要包括五个方面：物理海洋考察、大气边界层考察、海水化学考察、海洋生物学考察以及海洋地质考察。此外，根据《规划》，双方还将开展北极观测站合作观测，即在新地岛、北地群岛、新西伯利亚群岛与弗兰哥尔岛俄罗斯已有观测站开展多学科观测合作，并研讨提出新站联合建设方案。根据《规划》，双方计划开展北极大陆和大陆架联合钻探：在勒拿河—勒拿河三角洲—拉普捷夫海、东西伯利亚等区开展浅层钻探。在罗蒙诺索夫海脊、门捷列夫海脊等深水区开展深海钻探的预研究，提出备选井位及建议书。详见中国是俄罗斯开发北极的主要伙伴国，2019-07-05，http://sputniknews. cn/society/201907051028930315/.

⑤ РАН и Академия наук Китая подпишут дорожную карту о сотрудничестве，2019-07-18，https://ria. ru/20190718/1556641478. html.

其次是围绕中国国家海洋局第一海洋研究所（FIO）与俄罗斯太平洋海洋研究所的科研合作。2017年9月，中国国家海洋局第一海洋研究所与俄罗斯太平洋海洋研究所在符拉迪沃斯托克联合成立海洋与气候联合研究中心。该中心由中国国家海洋局第一海洋研究所和俄罗斯太平洋海洋研究所共同组建运行，对中俄两国及国际其他海洋与极地相关研究科学家开放[①]。中心是中俄两国在科技创新合作不断加深背景下成立的第一个海洋科学研究领域的合作平台，标志着中俄海洋科技领域的合作进入新的阶段。

此外，中国科研机构还积极参与由俄罗斯主导的北极科考活动。如俄罗斯北方（北极）联邦大学每年派出"莫尔恰诺夫院士"号（Professor Molchanov）科考船在北极海域开展科考活动，中方高校及科研院所均有派出代表参与[②]。俄方还邀请中国学者搭乘"拉夫连季耶夫院士"号和"姆斯季斯拉夫·克尔德什院士"号科考船，参加北极和南极地区考察计划[③]。

3. 在多边机制层面，中俄共同参与国际科考活动

除了在官方和科研机构的引领下，中俄两国还积极参与在北极理事会、国际北极科学委员会等多边框架下的国际科考活动。2017年，北极理事会成员国之间缔结了《加强国际北极科学合作协定》，旨在促进国际科学研究活动的开展。俄罗斯作为北极理事会成员国，中国作为北极理事会观察员国都对北极国际科学合作活动给予高度支持。中俄共同参与了由德国阿尔弗雷德·魏格纳极地研究所（AWI）主导的北极研究旗舰计划——国际北极漂流冰站观测计划（MOSAiC），该计划是迄今为止规模最大、学科和支撑能力最为齐全的漂流冰站观测计划。此外，中俄两国还共同参加了"北极可持续观测网"（SAON）项目。在多边合作机制框架下，中俄两国共同为北极科考事业做出积极贡献。

[①] 中俄海洋与气候联合研究中心将推动两国在北极科考等领域合作，俄罗斯卫星通讯社，2017-10-10，http://sputniknews.cn/society/201710101023773921/。

[②] Ученые КНР впервые отправились в экспедицию в Арктику на научно-исследовательском судне РФ，2019-09-18，https://tass.ru/spb-news/6900440.

[③] Первая совместная экспедиция РАН и ученых Китая в Арктику пройдет осенью，2019-04-03，https://tass.ru/nauka/6290736.

4. 极地科技合作也逐渐从政府与机构间转向区域间

2019年9月，在俄罗斯符拉迪沃斯托克举行了第五届"东方经济论坛"，中俄的毗邻地区或邻近地区正积极地在极地科技合作方面寻求内容对接。随着俄远东开发战略的推进，俄方希望将滨海边疆区的俄罗斯岛建成远东大型科技创新中心，中国的东北三省尤其是黑龙江省正以其地缘优势与俄罗斯远东地区开展长期的科技合作交流。两地的重点高校间已建立若干伙伴关系，如哈尔滨工业大学已分别与远东联邦大学合作建立了极地工程研究中心，与莫斯科国立鲍曼技术大学发起成立工科大学联盟，托木斯克理工大学也在计划同哈工大开展合作，装备制造、光电技术、航空航天科技和北极开发与保护等领域被主要关注。

（二）生态安全

俄罗斯在北极生态安全领域注重保护北极动植物的生物多样性，考虑到俄罗斯联邦的国家利益，在扩大经济活动和全球气候变化的背景下消除经济活动对环境日益增加和全球气候变化造成的环境后果，在俄罗斯联邦北极地区建立自然管理和环境保护特别制度，监测污染，保护北极的自然环境。在上述目标下，中俄开展如下合作行动。

1. 在官方层面，生态安全议题受到高度重视

生态安全、环境保护议题一直以来都是中俄总理定期会晤委员会会议上的重点讨论议题。双方在环境领域跨界紧急情况的应对机制方面进行了广泛的互动，就环境影响评估交换经验，以及在跨境生态自然保护区方面发展合作。具体包括俄方阿穆尔河（黑龙江）流域自然保护区、"巴斯塔克"保护区和豹园与中方"三江"、"浑河"、"珲春"、"汪清"自然保护区展开合作。此外，双方在保护老虎、恢复候鸟种群问题上达成共识，积极在"达斡尔"和"兴凯湖"国际自然保护区开展联合活动[①]。

[①] Сотрудничество России и Китая в области охраны окружающей среды и рационального использования природных ресурсов будет развиваться, 2018-11-07, https://www.mnr.gov.ru/press/news/sotrudnichestvo_rossii_i_kitaya_v_oblasti_okhrany_okruzhayushchey_sredy_aktivno_razvivaetsya/.

2. 在具体机构层面，双方就北极生态安全议题开展合作

（1）双方政府和科研机构之间的合作

2003年12月，中国科学院与俄罗斯科学院西伯利亚分院依据1999年10月13日签订的科技合作协定，中方以中国科学院沈阳应用生态研究所为基地，俄方以俄罗斯科学院西伯利亚分院伊尔库茨克科学中心为基地，共同建立了"中俄自然资源与生态环境联合研究中心"。首批启动的合作项目为"中俄部分地区受损与污染环境中的生物地球化学研究"、"边境地区可持续发展的景观规划、模拟以及信息技术支持"和"污水以及污染水体生物修复的机制与工艺"①。2019年6月，俄罗斯亚马尔—涅涅茨自治区政府与中国科学院生态环境研究中心在哈尔滨第六届中俄博览会期间签署了意向备忘录。双方达成协议，同意在候鸟，尤其是濒危候鸟的研究与保护领域实施联合项目，并打算在恢复白鹤种群方面展开合作②。

2019年7月，罗金斯基指出，"我们应在船舶大规模沿北方航道往返之前获得生态数据初值，以利于保护环境，并用来预测对环境可能产生的负面影响，提出建议，以便使影响最小化"③。随着中俄北极合作的深入，在开发北极的同时对北极地区生态环境的合理保护是中俄需要共同面对的议题。

（2）双方部门间的合作

2019年6月17日，俄罗斯总检察院与中国最高人民检察院代表出席的中俄自然资源保护问题圆桌会议在哈巴罗夫斯克召开。俄罗斯总检察院环境保护和北极自然保护领域法律执行情况监管部门领导人纳德尔申表示，"2018年俄方向阿穆尔河减排了3589万立方米污水，排放量减少到6.872亿立方米。情况的改善离不开检察官们的积极工作。"俄罗斯和中国自2006年起一直保持从位于中俄边界的阿穆尔河、乌苏里江、额尔古纳河、拉兹多利纳亚河（绥芬河）

---

① 中俄自然资源与生态环境联合研究中心挂牌，中国科学院网站，2003-12-26，http://www.cas.cn/hzjl/gjjl/hzdt/200312/t20031226_1712189.shtml。
② Ученые Китая и России изучат миграцию редких птиц и проведут исследования популяции стерха，2019-06-16，https://tass.ru/ural-news/6555550。
③ 俄中将共同维护北极的生态环境，俄罗斯卫星通讯社，2019-07-04，http://sputniknews.cn/russia_china_relations/201907041028928064/。

以及兴凯湖联合取样，监测河流水质①，维护界河流域生态安全。

3. 在多边/双边机制层面中俄具备广泛的合作基础

（1）在多边机制层面

《联合国宪章》、《联合国海洋法公约》、《斯匹茨卑尔根群岛条约》、《防止倾倒废物及其他物质污染海洋的公约》（1972）、《国际防止船舶污染公约及其1978年议定书）》（1973/1978）、《国际油污防备、反应和合作公约》（1990）、《联合国气候变化框架公约》（1992）、《保护迁徙野生动物物种公约》（1979）等国际法律规制，为中俄两国在北极地区的生态安全合作提供法律保障。

（2）在双边机制层面

多年来双方共同缔结了诸多生态、环保议题领域的合作文件，包括《中华人民共和国政府和俄罗斯联邦政府关于环境保护领域合作的协定》（1994）、《中华人民共和国政府和俄罗斯联邦政府关于合理利用和保护跨界水的协定》（2008）、《中华人民共和国政府与俄罗斯联邦政府关于兴凯湖自然保护区协定》（1996）、《关于保护阿穆尔河流域经济开发区环境准则的谅解备忘录》（1996）、《关于图们江经济开发区及东北亚环境准则谅解备忘录》（1995）、《俄罗斯联邦政府和中华人民共和国政府关于保护东北亚地区海洋环境的合作议定书》（1995）、《中华人民共和国政府和俄罗斯联邦政府关于保护老虎的声明》（1995）、中俄《共同开发森林资源合作的协定》（2000）等，为中俄两国继续拓展在北极地区生态安全领域的双边合作提供法律借鉴②。

中俄两国幅员辽阔，在地理、生态领域有着相似的特点和共性问题，因此，两国在生态安全领域仍存在广阔的合作空间，同时，生态、环保议题也是中俄合作开发北极地区所不能忽视的重要领域。中俄北极研究中心主任、

---

① 阿穆尔河是世界十大河流之一，拥有丰富的生物多样性。该河流域包括俄罗斯、中国、蒙古国和朝鲜四国。据此前报道，每年有超过230吨的化学物质和约10亿立方米的废水排入阿穆尔河。详见俄罗斯2018年向阿穆尔河减排污水3580万立方米，俄罗斯卫星通讯社，2019-06-17，http://sputniknews.cn/society/201906171028773005/。

② Редникова Татьяна Владимировна, Куделькин Николай Сергеевич, Ма Синь. Государственная политика России и Китайской Народной Республики в сфере охраны окружающей среды Арктики: перспективы международного и двустороннего сотрудничества// Международное право и международные организации. 2018：17-31.

俄罗斯科学院海洋学研究所水下研究与试验技术设备研究室主任罗金斯基就曾表示，中俄两国在共同开发北方航道的过程中可联合对北极地区进行环境监测。

（三）旅游

囿于俄罗斯北极地区的国际影响力较低，且旅游基础设施不健全，前往俄罗斯北极地区观光的游客数量与俄罗斯其他地区相比较少，2019 年有近 120 万名游客赴北极地区旅游，不足俄境内游客总数的 1%。其中，占据俄罗斯北极地区游客流量领导者地位的联邦主体是摩尔曼斯克州，阿尔汉格尔斯克州，以及亚马尔—涅涅茨自治区[①]。

为刺激俄罗斯北极旅游业的蓬勃发展，俄罗斯联邦经国家杜马、联邦委员会、总统的审批，于 2019 年 7 月正式通过一项法案，将允许外国游客登陆北极和远东的部分港口进行观光，但游客不得进入俄罗斯国防和安全设施所在区域。该项措施旨在促进俄罗斯北极地区的游客流量增加 2—3 倍[②]。2020 年 10 月，俄罗斯发布的未来 15 年俄罗斯北极地区发展战略中，明确提出促进北极地区新经济活动的开展，开发北极旅游资源。在俄罗斯的政策支持下，中俄在北极旅游议题上的合作目前主要以意向性合作为主。

因北极地理位置特殊，生态环境脆弱，多年来北极地区的旅游开发主要集中于邮轮旅游以及国家公园游览项目。俄罗斯北极地区建有"俄罗斯北极国家公园"（建于 2009 年，位于新地岛北部，2016 年"法兰士约瑟夫地群岛"联邦自然保护区也并入俄罗斯北极国家公园）。每年夏季俄罗斯进行 10—20 次北极巡航之旅，游客可以乘坐"50 年胜利"号破冰邮轮进行参观，游客总数逾 2000 人，其中中国游客位列游客来源国第二位，成为俄罗斯北极旅游的主要受众群。

旅游成为俄罗斯开拓与中国北极合作的重要议题。2019 年 4 月，俄罗斯摩尔曼斯克北极国立大学副校长克尼亚泽娃表示，摩尔曼斯克北极国立大学即将建成的欧亚北极中心将与中国联合开发项目，发展北极旅游是该中心的

---

① ЯНАО, Мурманская и Архангельская области стали лидерами по турпотоку в арктических регионах России, 2020-06-04, https://ru.arctic.ru/tourism/20200604/946049.html.

② Российские владения в Арктике. История и проблемы международно-правового статуса, 2019-04-09, https://tass.ru/info/6312329.

重点工作之一,这与中国前往科拉半岛旅游的客流量大幅增加有关。该中心将研究与组建旅游基础设施、物流、签证中心、包机、运营旅游路线相关的问题,计划在"一带一路"倡议框架内实施多个项目。此外,摩尔曼斯克积极探索与中国方面的旅游合作。2019年11月,摩尔曼斯克举办"北极视界"国际会议,来自中国、印度、泰国、越南、马来西亚和亚太地区其他国家的旅游活动经营者与会,与摩尔曼斯克州旅游业代表讨论有希望合作的领域,并参观了摩尔曼斯克地区的热门旅游景点。

北极邮轮旅行成为中俄开展北极旅游合作的关键项目。2019年6月,中俄北极研究中心主任罗金斯基接受采访时表示,未来北极旅游业前景广阔,北极邮轮旅行的价格可能会更趋大众化。中俄可发展联合北极旅游项目。例如,中国企业在积极投资发展北极旅游,建设载客量达120人的极地邮轮"极地邮轮1号船"("格雷格·莫蒂默"号)。与此同时,俄罗斯联合造船集团也推出了北极邮轮建设项目,设计造价2.5亿至3亿美元,邮轮上将配备直升机停机坪,并可能会建赌场①。可见,双方在达成北极旅游合作方面具备合作基础和洽谈空间。

曾有报道称,由于热爱北极光,在冬季中国游客更喜欢摩尔曼斯克而不是圣彼得堡。可见,中俄北极旅游合作具有广阔的发展潜力,一方面为中国游客开辟了新旅游胜地,增加中国国民对北极的认知,对中国深入参与北极事务起到隐性促进作用;另一方面,也为俄罗斯发展旅游业提供助力,增加国民收入,推动北极地区发展;同时,中俄北极旅游合作的开拓也丰富了中俄北极合作的新内涵,改善双方在北极地区开发过程中的刻板形象。

通过梳理中俄两国在北极"可持续发展"议题——科研、生态和旅游议题上的合作现状,可以总结出以下特点:一是双方在北极科考领域的合作发展成熟,未来有望进一步延续合作;二是目前双方在生态安全保护领域多集中在边界跨境地区,在北极地区层面的生态合作事例仍较少,不过,两国在边界跨境领域合作的成功经验和缔结的法律文件为双方拓展在北极地区的互动提供了合作保障;三是北极旅游,特别是生态旅游是俄罗斯北极地区未来发展的主要内容之一,双方目前在该领域的合作仍处于起步阶段,可进一步

---

① 北极旅游价格将更趋大众化,俄罗斯卫星通讯社,2019-06-20,http://sputniknews.cn/society/201906201028802516/。

推动达成合作协议，探索在北极地区的多点式、多项目式旅游合作，为中国游客发现新旅游胜地的同时，促进俄罗斯北极地区的可持续发展，最终达到深化伙伴关系、互利共赢的合作目的。

二、俄罗斯在北极理事会主席国任期内双方合作的新契机

"可持续发展"是北极理事会自成立以来一贯坚持的工作理念，在当前国际形势趋于复杂化的背景下，俄罗斯任职北极理事会主席国期间为确保自身北极国家的利益和地位，应制定与北极理事会发展理念相符的主席议程，因此，对北极地区发展中的"可持续议题"——科研、生态和旅游，俄罗斯势必将给予更多关注。鉴于此，在俄罗斯主席国任职期间，中俄可具体在如下可持续发展议题项目上开展合作。

（一）北极科研领域："雪花"国际北极站

"雪花"国际北极站（Snowflake International Arctic Station）是俄罗斯莫斯科物理技术学院（Moscow Institute of Physics and Technology）北极技术研究所主导运行的科研项目，计划在俄罗斯任职北极理事会主席国期间（2022年春季）于俄亚马尔—涅涅茨自治区成立。该科考站计划完全由可再生能源（氢能）运行，为研究人员、科学家开展国际合作提供完全清洁的科学教育平台。项目目标是由俄罗斯和国际合作伙伴研发和演示拯救自然生命的支持技术，以及智能家居系统、机器人技术、电信、医学、生物技术、新材料和人工智能解决方案。还支持对生态、气候变化、环境污染和世界海洋的联合研究[1]。该站将是全球首座完全无碳的北极综合设施，为俄罗斯与国际伙伴在北极理事会框架下开展绿色能源技术的实际应用和减缓气候变化等议题的讨论提供实践平台。

俄罗斯积极利用该科考站来寻求国际合作。目前已与韩国就氢能发展成立合作基金，第一个项目即是支持"雪花"站项目[2]。俄罗斯对邀请中国参与该项目同样积极，希望中国加入相关设施的联合融资活动。项目主导方莫

---

[1] 北极站官网，https://arctic-mipt.com/。
[2] Сеул создает фонд для сотрудничества с РФ в области водородной энергетики，2020-11-20，https://tass.ru/politika/10057835。

斯科物理技术学院北极技术研究所执行主任瓦西里耶夫曾表示,"中国可为建设'雪花'站项目做出贡献,双方正在讨论联合参加国际北极站项目的问题①。"近日,据俄方官员表示,中国方面已表现出在"雪花"项目框架下展开合作的兴趣②。

在全球能源市场转型的背景下,中国也在积极响应,推动能源清洁、低碳、安全和高效利用,氢能作为绿色清洁能源,有望成为中国新兴战略产业。因此,双方具备在氢能产业领域的合作潜力,可在氢能制取、利用等领域达成广泛合作。同俄罗斯的合作将可扩大中国的科研能力,特别是参与该国际北极站项目将使中国能够在极地条件下测试未来可用于南极洲的技术。俄罗斯在北极地区的研究实力,包括研究船队、北极研究基地等也可为中国参与北极科研活动提供经验借鉴。反之,中国的科学技术潜力、财政资源也将助益俄罗斯的北极科研活动取得进步。综上所述,"雪花"站项目有望成为中俄在俄罗斯担任北极理事会主席国期间合作的又一新契机。

(二) 北极生态保护领域:环境监测系统技术合作

诺里尔斯克燃油泄漏事故警醒俄罗斯注意,目前北极地区生态保护领域面临的亟待解决问题之一是对永久冻土融化的监测和影响研究。2020 年 5 月 29 日,俄罗斯克拉斯诺亚尔斯克边疆区诺里尔斯克市 Norilsk-Taimyr 能源公司 3 号热电站的一个柴油储油罐因其支架急剧下陷而受损,导致约 2.1 万立方米的燃油泄漏。泄漏的燃油流入安巴尔纳亚河及其支流达尔德坎河,后者流入皮亚西诺湖,最终流入喀拉海。根据卫星图像显示,燃油流入安巴尔纳亚河中,导致河水被污染呈深红色,污染超标数万倍。据绿色和平组织估计,事故造成的环境破坏或高达 102 亿卢布(约 1.5 亿美元),相当于俄罗斯一个大城市一年的财政预算。俄罗斯联邦渔业局预测,恢复当地水生生态系统可

---

① 中国或将参与建设俄境内国际北极站,俄罗斯卫星通讯社,2020-01-21,http://sputniknews.cn/society/202001211030492192/。
② 俄外交部,中方愿与俄方在北极站"雪花"项目上展开合作,俄罗斯卫星通讯社,2021-05-13,http://sputniknews.cn/politics/20210513103367895 4/。

能需要"十年以上的时间"①。诺里尔斯克事故或是俄罗斯北极已知最大的石油产品泄漏事故,对当地生态造成严重的不可逆破坏。据涉事公司诺里尔斯克镍业公司(Nornickel)表示,事故的主要原因是北极气候变暖,永久冻土融化导致支撑油罐的支架移动。可见,北极生态系统脆弱,全球气候变化深刻影响着北极地区的生态安全维护,并将可能导致严重的环境后果和经济损失。

诺里尔斯克事故表明,北极地区建立环境变化影响常态化监测机制的重要性。事故发生后,在总统支持下,俄远东与北极发展部表示将与科学家共同重建监测北极地区永久冻土情况并预测其消融风险系统。而中国或可提出参与到监测系统机制构建的项目之中,寻求双方在技术等领域的合作。中国境内也有多年冻土分布,包括高纬度多年冻土和高海拔多年冻土,前者分布在东北地区,后者分布在西部高山高原及东部一些较高山地,如大兴安岭南端的黄岗梁山地、长白山、五台山、太白山②。因此,对俄罗斯监测系统构建项目的参与将促进中国方面更深入了解永久冻土的特性和融化风险,增加实际操作经验。对俄罗斯来说,与中国的合作同样有利。据了解,俄罗斯相关地面变化监测系统在20世纪90年代就被摧毁,至今仍未恢复,中国在技术等领域的支持或可帮助俄罗斯更快速构建起环境监测机制,促进北极环境保护屏障的修复,推动两国在北极生态环保领域达成合作。

(三)北极旅游领域:"俄罗斯北极国家公园"旅游项目

俄罗斯新一阶段北极地区发展纲要《到2035年俄罗斯联邦北极地区发展和国家安全保障战略》中明确提出,鼓励发展旅游资源,拓展北极地区多样化发展模式。在国家政策的支持下,中国可考虑与俄罗斯发展北极旅游合作,为中国游客探索新旅游胜地的同时,促进俄罗斯北极地区的发展。中国是俄罗斯北极旅游资源开发的重要开拓市场。据数据统计,中国是到访俄罗斯北

---

① Что потянется за аварией под Норильском, 2020-06-04, https://www.kommersant.ru/doc/4366214?utm_source=yxnews&utm_medium=desktop&utm_referrer=https%3A%2F%2Fyandex.ru%2Fnews&fbclid=IwAR3o-qLKNPh-FNtmCFyHaBxEguQLbZ_aHlhsHgY-Nfe0rtTYAZZ0F7_RhL8#id1905469.

② 中国冻土分布地区,https://www.bbaqw.com/cs/200763.htm。

极地区人数最多的国家。旅游产品的吸引以及对北极大自然的兴趣是主要驱动力①。在官方层面，双方可通过缔结旅游合作备忘录，在政策方面对中国游客给予放宽签证限制等行政手续支持；在企业层面，促进双方从事旅游活动的企业实现全面对接，完善旅行流程，提高游客的旅行体验。

在具体旅游发展合作项目上，双方可探索在俄罗斯北极国家公园基础上的合作。俄罗斯北极国家公园位于俄阿尔汉格尔斯克州，于 2009 年建立，公园所辖范围包括新地群岛北部及与之相邻的岛屿和法兰士约瑟夫地群岛，面积达 880 万公顷②。俄罗斯北极国家公园是俄罗斯最大的自然保护区，建立目标是保护俄罗斯北极西部地区的文化、历史和自然遗产。每年夏季，来自世界各地的游客乘坐破冰船前往公园参观，游客总数逾 2000 人。中国游客对俄罗斯北极国家公园并不陌生，到访国家公园的世界游客中有三分之一的游客为中国公民，并且在最近几年内游客数快速增长，2012 年中国游客在到访游客所属国中排名第四，2014 年成为第二，2017 年开始列居首位，此后几年也始终占据前列。但在游客数量上，囿于国家公园的基础设施和环保限制，游客人数并不多，每年仅百人到访。在俄罗斯新发展战略的实施下，北极国家公园是俄罗斯北极地区旅游潜力开发的重点项目。目前公园正在进行互动式北极博物馆和游客中心的建设工作，预计将在法兰士约瑟夫地群岛的海斯岛和新地群岛的热拉尼亚角建造两个现代化综合设施，发展旅游业及开展科学研究。预计在国家公园建设完善后，将迎来更多的中国游客到访。一方面，对中国来说，游览北极国家公园，有利于中国人民深化对北极的认识，国家公园的科研属性有望促进中俄在北极科研领域的合作拓展；另一方面，对俄罗斯来说，中国游客的到访将直接为北极地区增加财政收入，推动俄罗斯北极旅游资源的开发，同时促进俄罗斯作为北极国家，发挥国际影响力。

如今，北极局势趋于复杂化，克里米亚事件、纳瓦利内人权事件等导致俄罗斯与以美国为首的西方国家关系恶化，影响俄罗斯在北极地区外交影响力。俄罗斯希冀利用北极理事会主席国任期缓和同其他北极国家关系，但双边、多边关系的摩擦破裂或将致使俄罗斯在任期内难以发挥关键作用，迫使

---

① 中国成为访问俄北极地区人数最多的国家，俄罗斯卫星通讯社，http://sputniknews.cn/society/20200701103172 5635/。

② Arkhangelsk Region Acting Governor Alexander Tsybulsky Examines Russian Arctic Park's projects，2020-06-01，https://arctic.ru/infrastructure/20200601/945736.html。

俄罗斯为维护在北极地区的国际影响力，逐渐将合作目光转向中国等域外国家。与此同时，与俄罗斯的北极合作也有助于强化中国的北极参与度，展现负责任大国形象。鉴于此，中俄在北极议题上具有广阔的合作前景。特别是通过对上述领域新契机的发掘，在俄罗斯北极理事会主席国任期内，中俄可把握机遇，促成在北极可持续发展议题上的务实合作。

三、中俄北极合作新方向发展面临的难题

当前，俄罗斯内外部形势较为严峻，外交环境的恶化和新冠疫情加剧的国内民生问题，导致中俄在北极可持续发展议题上的合作同样面临难题。

（一）内部因素：俄罗斯如何平衡北极可持续发展与经济开发

作为北极最大国家，俄罗斯极为重视维护北极理事会机制，冀借助北极理事会保持自身在北极地区的影响力。在俄罗斯北极理事会主席国任期内，乃至俄罗斯未来北极地区发展方向上，北极可持续发展都是俄罗斯的关注重点。俄罗斯总统普京多次在公开场合强调可持续发展理念，表示将重视北极生态安全，维护人与自然和谐共处。在此背景下，俄罗斯提出将支持减少排放的项目，解决北极地区累积的环境破坏问题，减少对大气的有害排放，促进对气候变化的适应和提高对气候变化的认识等[1]。中国在远东地区的甲醇厂项目就由于未能通过居民审查而被迫中止，居民们表示担心该项目建设会对环境产生负面影响[2]。由此可见，俄罗斯官方层面对环境保护的重视程度极高。

---

[1] Russian Arctic Council Chairmanship. Will Welcome More Active Engagement of the Observer States, 2021-03-08, https://www.highnorthnews.com/en/russian-arctic-council-chairmanship-will-welcome-more-active-engagement-observer-states.

[2] 中国公司天狼星控股集团有限公司在哈巴罗夫斯克边疆区阿扬迈斯基区甲醇厂建设项目未获通过。90%的投票参与者反对该企业建设，超60%的阿扬迈斯基区居民参与投票。该项目是中国天狼星控股集团有限公司旗下子公司盈丰能源（香港）有限公司（Sherwood Energy）与俄远东吸引投资和出口支持署于2019年9月在东方经济论坛上签署的，将建设全球最大甲醇生产厂。计划使用雅库特西部气田的天然气作为原料。该项目计划在距阿扬镇3.5千米处建设一个工业综合体，并建造一条长1200千米、年流通量为200亿立方米的天然气管道。项目评估价值为100亿美元。详见俄哈巴罗夫斯克边疆区居民不支持中国公司建设甲醇厂项目，俄罗斯卫星通讯社，2021-03-22，http://sputniknews.cn/russia/202103221033318617/。

值得注意的是，俄罗斯在表现出对北极环境保护十分重视的同时，并未放弃北极资源、能源的开发，在北极环境保护与经济开发面临冲突时，表现出优先选择支持资源开发的倾向。如计划通过对俄罗斯联邦立法进行修订，允许私人投资者参与北极大陆架油气开发项目，加速北极大陆架资源开发进程；俄联邦政府支持免除北极地区钻井设计文件的国家环境影响评估，并计划通过修订法案予以确立，可以看出俄罗斯官方层面的选择态度；[1] 再如在俄罗斯天然气工业股份公司的资源开发项目（施托克曼凝析气田开采项目）对捷里别尔卡（Teriberka）自然保护区鸟类栖息地造成负面影响事件中，摩尔曼斯克州政府认为，没有证据证明天然气田开采项目对未来自然公园的威胁，[2] 表明俄罗斯地方政府在矿产资源开发与北极生态保护之间也优先选择了矿产资源开发。

可见，俄罗斯以环保为由中止与中方的合作项目似乎是个例，有更多的事例反向证明，北极地区资源能源开发仍然是俄罗斯发展北极的重要经济关切，并有优先于北极可持续发展的倾向。在此背景下，俄罗斯与中国在北极可持续发展议题上的合作深度是否会受到影响？俄罗斯推动北极可持续发展的决心又有几何？俄罗斯如何平衡北极可持续发展与经济开发，成为制约中俄北极可持续合作的一大因素。

（二）外部因素：北极军事化氛围渲染分散俄罗斯发展北极的精力

如今，北极军事化氛围日益浓厚。美国政府实现北极战略认知转型，以俄罗斯增加在北极地区军事存在为由，联合盟友在北极地区频繁上演军事演习，表示将确保其自身在北极地区的军事实力，北极地区紧张局势日趋加剧。自2019年起，美国国防部各大军种、海岸警卫队先后发布一系列针对俄罗斯的军事战略文件，视俄罗斯为公然"挑战美国力量"的竞争者和"北极和平的破坏者"。具体动作包括在北极地区加强军事部署，广泛联合盟友开展军事演习，2020年5月及9月，美国先后联合北约盟国（英国、挪威、丹麦等）在航道西端的巴伦支海域开展军事演习，9月演习期间曾一度进入俄罗斯专

---

[1] Законопроект об отмене экологической экспертизы для буровых скважин в Арктике получил поддержку правительства，2021-04-29，https://ru.arctic.ru/ecology/20210429/993062.html.

[2] Газпром отказался передать участки недр Штокмановского проекта под природный парк Териберка，2021-03-16，https://pro-arctic.ru/16/03/2021/news/42998#read.

属经济区①，彰显"进军北极水域"的决心和能力。虽然双方都表示自己的行动纯属防卫和被迫，俄罗斯指责西方国家"将北极军事化"，西方国家则以"俄罗斯的威胁越来越大"来为自己的行为辩护，导致北极地区出现奇特的现象：所有国家都在表示"北极是和平稳定的区域"，同时各方的动作却在加速推动北极变成军事行动的战场。在俄美两国在缺乏互信和沟通的情况下，双方任何动作都会被对方带着"敌意"进行解读，导致北极安全形势陷于新的安全困境之中，加重了北极地区的"军事化"态势，北极逐渐沦为军事对抗的场所。

北极地区的军事化态势必将影响俄罗斯北极地区的发展。一方面，北极地区的军事化倾向将引发国际投资者的警惕。投资者担心一旦北极发生战争，其在北极地区的投资项目将受到牵连，无法产生经济效益。因此，基于对目前北极地区国际形势的评估，投资方或许不会下定决心在俄属北极地区进行大规模投资，包括建设任何基础设施，导致俄罗斯北极地区项目难以开展，更遑论在可持续发展议题上的项目发展；另一方面，作为北极地区军事化的重要"影响者"，俄罗斯必然需要付出更多的精力，包括国家财力与政策输出，处理与北极地区军事行动有关的议题，甚至是将国家预算的大部分支出用于发展国防建设上。国防开支消耗巨大，武器研发、演习训练将成为俄罗斯官方在北极议题上的关注中心，这必将导致在涉及北极地区经济开发，特别是可持续议题开发上，缺乏必要的资金和国家政策支持，而无法推进项目的开展，最终影响合作项目的达成。鉴于此，逐渐陷于未知的北极地区国际局势将成为阻碍中俄在北极可持续议题上合作的关键外部因素。

（三）客观因素：新冠疫情全球蔓延给合作带来限制

2020年3月下旬起，新冠疫情在俄罗斯境内迅速蔓延，在经历一波高峰后，于2020年10月再度爆发新一轮疫情，日均新增病例完全超越5月最高峰值，最高达到日增2.8万多例，日均增幅达1.2%，单日死亡病例一度达510例。直至目前（2021年5月），俄罗斯平均每日新增确诊病例仍多达

---

① In a Controversial Move, Norway Sails Frigate into Russian Arctic EEZ Together with UK, US Navy Ships, *Arctic Today*, 2020-09-09, https://www.arctictoday.com/in-a-controversial-move-norway-sails-frigate-into-russian-arctic-eez-together-with-uk-us-navy-ships/.

8000余例，俄罗斯境内累计已感染病例近 500 万例。其中，受疫情感染最严重的地区为首都莫斯科及其所在的莫斯科州，圣彼得堡次之，北极地区联邦主体感染情况也不容乐观。新冠疫情的全面蔓延不仅冲击了俄罗斯的医疗体系，对国民生活水平乃至国家整体发展实力都产生了极为重大的负面影响。在疫情回潮的大幅冲击之下，俄罗斯北极地区国际合作，乃至北极地区开发之路都有所停滞。

  首先，新冠疫情肆虐导致北极地区项目工厂的员工大面积遭受感染，进而导致项目停滞，阻碍北极地区基础设施建设和项目开发的进程。随着新冠疫情席卷全球，外国资本不得不做出较为保守的选择，纷纷退出国际合作项目，外国投资几乎停滞。外国资本的撤退和持续的制裁限制，使得在北极进行能源项目开发的俄罗斯企业原本就不完整的资金链再次断裂。原有的项目无法顺利进展，新项目的资本接连撤退，项目面临延期或调整计划而无法按时启动，直接影响了北极地区的可持续发展。其次，疫情防控措施给合作项目的启动和开展带来限制。在疫情防控方面，中俄走在及时采取防控措施的国家前列。也正因为对新冠病毒防治的重视，间接影响了中俄在北极科研领域实际考察活动的开展，如 2020 年中俄联合科考活动因疫情防控要求推迟一年。同时，疫情变相"提供"的远程交流并不能促进合作项目，特别是北极旅游项目的开展。疫情防控限制导致中俄双方面对面进行交流的机会急剧减少，难以有效促成合作。尤其是在旅游层面，受疫情及疫情限制措施的影响，中国游客赴俄罗斯旅游人数急剧下降，更是难以拓展在北极地区的旅游业务。据俄罗斯旅行社协会消息，仅 2020 年第一季度，中国赴俄罗斯旅游客流量较去年同期就下降 71%，减至 4.76 万人次[①]。由此可见，只有当疫苗全面普及、全球新冠疫情传播形势完全好转、旅行限制措施逐步取消之后，中俄在北极可持续发展议题上的合作才有可能得到更好地促进。

  综上所述，尽管俄罗斯任职北极理事会主席国为中俄在北极可持续发展领域的合作创造了新机遇和新方向，但无论是来自俄罗斯国内北极地区发展优先级的抉择问题，还是来自外部北极地区军事化趋势的负面影响，抑或是新冠疫情的全球蔓延给中俄北极合作带来的限制，都成为中俄两国发展北极

---

① 2020 年一季度中国赴俄旅游客流量下降 70%，俄罗斯卫星通讯社，2020-05-15，http://sputniknews.cn/economics/202005151031458797/。

合作所必须面对的难题和挑战。

长期以来，中俄合作多依赖两国元首的战略引领，但也要看到，双方在元首之下仍缺乏源自各自国内政治精英层的合作共识和意识推动，在具体经济议题上，俄罗斯的"恐中心理"仍然深入人心。诸如中国在远东建甲醇厂失败的事件表明，虽然目前国际形势促使中俄战略协作加强，但两国在地方合作和民间合作层面仍缺乏基本的信任和利益共识。特别是在可持续发展议题上，俄罗斯对中国的合作形象了解并不深入，刻板认为中国的项目会对环境造成负面影响，中国对待与环保有关的议题并不热衷，也不愿意为此付出精力和财力。从上述言论可见，中俄两国在北极可持续发展新方向上的合作仍有很长一段路要走。

与此同时，俄罗斯对同西方在北极议题上的合作仍然热切。在俄罗斯北极理事会主席国任期框架下，俄罗斯期望维护北极理事会在北极地区的主导机制，利用北极理事会的主席议程寻求同其他北极理事会成员国的互动，打造北极地区作为俄罗斯与西方国家紧张关系的"缓冲区"，进而缓和双边/多边关系，提升自身在北极地区的影响力。然而，俄罗斯的想法未必容易实现。乌克兰危机以来，以美国为首的西方国家对俄罗斯的制裁压制从未放松，西方国家对俄罗斯北极军事存在的指责也并未减弱，双方在北极地区的军事对峙愈演愈烈，美国在表现出愿与俄罗斯重启军事安全对话机制的同时，仍然不断增加在北极地区的军事活动，联合挪威等盟友进行针对俄罗斯的军事演习。北极局势嵌入国际局势之中，从不存在"例外"。虽然国际社会时常诟病中俄合作缺乏内在动力，但放眼全球，无论是资金、技术还是市场需求，俄罗斯不得不清楚认识到，中国始终是其他国家不可替代的、俄罗斯最关键的合作伙伴。2021年3月22日，俄罗斯外长拉夫罗夫访华。在临行前，拉夫罗夫接受中国媒体的联合采访中已明确指出，"对于我们来说，中国是真正的战略伙伴和志同道合者，我们在国际舞台的合作，将有助于稳定全球和地区局势[①]。"

对中国方面而言，一是应利用外部契机深入挖掘双方的内在合作动力，抓住俄罗斯任职北极理事会主席国的机遇，深化中俄在北极可持续发展议题

[①] 中国是俄罗斯真正的战略伙伴——访俄罗斯外交部长拉夫罗夫，《中国日报》中文网，2021-03-22，https://cnews.chinadaily.com.cn/a/202103/22/WS6057dd21a3101e7ce974502c.html。

上的务实合作。尤其是注重提升自身在北极问题上的参与形象，积极利用媒介宣传中国的可持续发展理念，致力于改善外国民众对与中国达成合作项目的"警惕"心理，克服刻板印象与偏见，推动中俄在北极可持续发展新方向上的广泛合作，实现两国的互利共赢。

第十四章　新形势下中俄北极地区合作展望

俄罗斯的北极政策从属于其国家战略。随着俄罗斯国家战略不断进行调整，其北极政策也在发生变化。近年来，俄罗斯的北极政策日益外向。在当前的国际局势下，俄罗斯更加重视北极，将北极政策作为改善国家形象，缓和与西方国家关系的工具；来自体系的安全压力又迫使俄罗斯关注北极政策中的安全领域，使得其对在北极的安全政策越来越重视。

一、新形势下俄罗斯北极政策的最新发展趋势

北极地区的领土是俄罗斯的天然疆界，对俄罗斯有着至关重要的战略意义。叶利钦时期，俄罗斯面临着众多国内问题，无暇北顾，缺乏必要的资源对北极执行实质性的政策。21世纪以来，俄罗斯国家实力不断增强，对北极重视程度提升，俄罗斯政府因此制定了更加积极开放的北极政策。在普京的主导下，俄罗斯的北极政策经过了保守型、进取型、竞争型三个阶段的变化[①]，究其原因，来自国内政治的压力与来自体系的战略压力是俄罗斯调整北极政策的双重动力。

2022年年初乌克兰问题升级，俄乌冲突随即爆发，成为推动俄罗斯对北极政策进行调整的最直接因素。当前，在俄乌冲突陷入胶着的国际局势下，俄罗斯的北极政策出现了以下发展趋势：

一方面，俄罗斯对北极政策的战略期望出现变化，即在原有的提升国家影响力的基础上，更加重视其北极政策对改善国家形象，缓和与西方世界关系的作用。出于对国家安全的考虑，俄罗斯一直将北极视为自身的势力范围，

[①] 黄凤志，冯亚茹："俄罗斯的北极政策探析"，《吉林大学社会科学学报》，2021年第5期，第131—144，238页。

对北极地区的共同开发与治理态度消极。在普京的强势领导下，俄罗斯为重振其大国地位，对北极的重视程度日益提升，逐渐开放北极地区。近年来，为增强俄罗斯对北极事务的参与程度，提升国家影响力，俄罗斯政府频繁发布法案与文件：2001年6月14日，俄罗斯联邦政府颁布了《俄罗斯联邦北极政策原则》草案，提出将北极地区作为"能源战略基地"，要保证北极能源安全，开发北方海航以保证北极地区的经济安全；2008年，俄罗斯发布了《2020年前俄罗斯联邦北极地区国家政策原则及远景规划》，该规划到期后，2020年3月5日普京又签署了《2035年前俄罗斯联邦北极国家基本政策》，对其北极政策的基本目标做出了详细的阐述，明确了俄罗斯在北极地区的发展目标，以及在社会、经济、基建、科技、环境保护、国际合作、社会安全、军事安全和国家领土安全等领域的重点任务和绩效评价指标，是为保障俄罗斯国家安全和北极地区利益而制定的战略规划性文件[①]；同年7月，普京签署了《支持北极地区商业活动法》，以维护俄罗斯在北极的经济利益。[②] 通过参与北极事务，俄罗斯增强了其大国影响力。2022年年初俄乌冲突爆发，国际舆论环境恶化，俄罗斯与西方国家关系跌落谷底，这些变化削弱了俄罗斯的国家软实力，使其陷入了外交孤立的境地。2022年3月，北极事务中最有影响力的国际组织——北极理事会停摆，这进一步减少了俄罗斯与西方国家的对话通道。因此，俄罗斯意图以北极地区为支点寻求多边外交，减轻外部制裁对国内经济造成的压力。

另一方面，在具体的北极政策上，俄罗斯将更加重视安全政策，安全政策将更加强硬。俄罗斯的北极政策主要由经济政策、政治政策、安全政策、生态科考政策等组成，其中安全政策占据了主导地位。在体系压力持续增加的背景下，俄罗斯对安全政策的关注度不断上升的考虑有二：

一是俄乌冲突的爆发带来了北约扩大等连锁反应，威胁俄罗斯的国家安全。近年来，美俄在北极周边频频展开军事演习，建设军用基地，部署反导系统等。而俄乌冲突后，同作为北极国家的芬兰与瑞典申请加入北约，这进

---

① Foundations of the Russian National Arctic policy until 2035 Approved，Arctic Russia，2020-03-05，https://arctic-russia.com/en/news/foundations-of-the-russian-national-arctic-policy-until-2035-approved/.

② 中华人民共和国商务司，普京签署《支持北极地区商业活动法》，http://oys.mofcom.gov.cn/article/oyjjss/jmdt/202007/20200702986862.shtml。

一步增加了俄罗斯在北极地区的不安全感，威胁国家安全。2022年3月，北约在北极展开了大规模的军事演习，以应对俄罗斯不可预测的行为①。在此推动下，北极地区或将被迫安全化，导致俄罗斯的北极安全政策更加强硬。

二是北极地区的稳定是俄罗斯与其他国家展开经济合作的前提。由于经济合作门槛较低，俄罗斯在北极地区的经济政策推进相对较顺利。然而，经济发展需要稳定的安全环境作保障，例如航道的开发等需要护卫舰以保障商业安全。2022年1月，俄罗斯北方舰队进入巴伦支海排练保护北极的主要航道，演习的主要目的是在和平海域演练北方舰队维护俄罗斯利益的能力，阻止来自海上的侵略和威胁，同时演练北方舰队海空力量联合作战以及击败敌方舰队的能力②。因此，为在北极维持稳定的商业与投资环境，俄罗斯将更加重视其北极政策中的安全政策部分。

由此可见，在未来，俄罗斯将对北极地区更为关注。然而，俄乌冲突爆发以来，俄罗斯的欧洲天然气市场受到冲击，这将对俄罗斯经济产生消极的影响。政策的执行需要国内资源的支持。在经济能力薄弱这一短板的制约下，俄罗斯在推行其北极政策时或将面临更多困难。

二、俄罗斯北极政策转型的目标

北极地区对俄罗斯来说无疑具有重要的战略价值与战略地位，苏联时期对北极进行了相应的开发并出台了相关的政策，如1990年出台、1991年实施的《北方海航道航行规则》便是"苏联历史上首部规范北方海航道航行规则的法规，是苏联维护其在整个北方海航道上管辖权的国内立法体现③"。然而在一段时间内俄罗斯并未形成全面的、成体系的北极政策与北极战略。直到2008年俄罗斯出台了"第一部关于北极地区的全面综合规划"《2020年前俄罗斯联邦北极地区国家政策原则及远景规划》、2013年进而通过了《2020

---

① NATO, in Arctic Training Drills, Faces up to Putin's 'unpredictable' Russia, Reuters, https://www.reuters.com/world/nato-arctic-drill-takes-new-significance-after-russia-invasion-ukraine-2022-03-23/.

② Russia Starts Navy Drills to Rehearse Protecting Arctic Shipping Lane, Reuters, https://www.reuters.com/world/europe/russia-starts-navy-drills-rehearse-protecting-arctic-shipping-lane-2022-01-26/.

③ 徐广淼："苏联北方海航道开发历史探析"，《俄罗斯研究》，2018年第4期，第49页。

年前俄联邦北极地区发展和国家安全保障战略》[①] （简称"2020 年战略体系"），从而形成了俄罗斯北极政策从"零散"到"成体系"的第一次转型。而 2020 年俄罗斯则"在外部环境和内部需求变化的背景下"，"已进入以 2035 年为节点的北极战略规划新阶段"[②]，并在这一年接连出台了《2035 年前俄罗斯联邦北极国家基本政策》与《2035 年俄罗斯联邦北极地区发展和保障国家安全战略》（简称"2035 年战略体系"），形成了更为全面的 2035 战略体系，从而完成了从"体系化"到"全面化"的第二次北极政策转型。

不难看出，俄罗斯前两次北极政策的转型都是根据其国内发展态势以及国际局势的变动出发并进行调整，从而服务于其整体国家政策与战略的。俄乌冲突导致国际格局发生了重大变动，必然会导致俄罗斯的北极政策再次进行相应的调整，即"北极政策再转型"。而"再转型"一方面将延续前两次转型服务于整体国家政策与战略这一特征，同时也将具备第三次转型自身的特征，即在俄乌冲突及其导致的国际局势变动的背景下从"面向本国的北极政策"转为"面向全球的北极政策"。俄罗斯北极政策的再转型则将致力于在后俄乌冲突时代国际秩序与国际体系变动、北极地区日益全球化的背景下实现确保国家安全，推动社会经济发展以及维持北极合作三个方面的目标。

首先，俄罗斯北极政策再转型的最核心目标仍然是确保俄罗斯的国家安全。无论是"2020 战略体系"还是"2035 战略体系"，两个体系中的"战略"文件都强调了战略对于俄罗斯国家安全的极端重视。而在俄罗斯北极政策再转型的过程中，依然会保留前两个战略体系对于其国家安全的极端重视态度，但是在俄乌冲突后俄罗斯北极政策中确保俄罗斯国家安全的方向将进一步转向"全球化"。

北极地区自身即具有着极为强烈的全球性特征，俄罗斯北极政策在转型的过程中，这一特征将进一步凸显并体现在方方面面。就安全层面而言，一方面，俄罗斯所面临的安全压力来自北极地区国家以外的诸多国家，而俄罗斯也将与其他国家开展安全合作乃至于军事合作来缓解其所面临的巨大安全压力，维护其国家安全与国家利益；另一方面，北极地区的安全局势同样涉及其他北极国家与近北极国家的利益，维护这一地区的和平与稳定一定程度

[①] 郭培清、曹圆："俄罗斯联邦北极政策的基本原则分析"，《中国海洋大学学报（社会科学版）》，2016 年第 2 期，第 8 页。

[②] 赵隆："试析俄罗斯'北极 2035'战略体系"，《现代国际关系》，2020 年第 7 期，第 44 页。

上也是对全球安全与和平做出积极贡献。

俄乌冲突后，俄罗斯面临着较 2022 年前更为巨大的安全压力。一方面，瑞典与芬兰积极寻求加入北约，使得北约在"东扩"的同时进一步"北扩"。另一方面，在 2022 年 6 月 29 日的马德里峰会上北约通过的一份战略文件将俄罗斯描述为"对欧洲—大西洋地区和平与稳定的最大和最直接威胁"。在未来俄罗斯北极政策再转型的过程中，俄罗斯必将进一步调整其北极政策以寻求自身的国家安全以及确保俄罗斯北极地区的安全，确保北极地区以外的整体国家安全。

此外，美国、加拿大等国也在积极推进北极地区的军事设施建设以及军事力量部署，这些军事力量均将直接威胁到俄罗斯北极领土乃至于北极地区外的其他领土。俄乌冲突后北极地区将加速军事化进程，俄罗斯北极政策的再转型也必将考虑到这一因素并进行相应的调整。

其次，俄罗斯北极政策再转型的目标是进一步推动俄罗斯北极地区社会经济发展。"2020 战略体系"和"2035 战略体系"指出俄罗斯北极地区由于环境恶劣、基础设施建设落后等原因，经济发展长期以来难有较大起色，俄罗斯北极政策再转型的另一目标将是继续寻求俄罗斯北极地区社会经济的进一步发展。在未来，俄罗斯势必将其北极地区打造成面向全球的社会经济发展体，其资金、技术、人才以及收入也将是面向全球与接纳全球的。

俄乌冲突后，以美国为首的西方国家加紧了对俄罗斯的各类制裁，同时西方企业与资金大批撤离，对俄罗斯的进出口贸易与国际结算等工作造成了巨大的冲击，一定程度上也对俄罗斯北极地区的社会经济发展以及俄罗斯的远东开发政策造成了巨大的冲击。如韩国大宇造船和海洋工程公司取消了俄罗斯现代商船队集团公司几年前订购的三艘液化天然气运输船中的第二艘，原因是该公司未能在指定日期前支付期中付款，这是因为制裁仍在继续。[①]

鉴于目前俄乌冲突在短期内没有结束的迹象，其引发的外溢效应与影响在中长期内也难以消除，以美国为首的西方世界仍将继续将俄罗斯视为重要对手与重点打击对象，对俄罗斯开展制裁与打压行为。在未来俄罗斯在北极地区社会经济发展与开发中进一步引入中国、印度等传统友好国家以及诸如

---

① 大宇造船厂取消建造俄罗斯"北极-2"液化天然气项目的运输船，极地海洋门户，2022-07-15, http://www.polaroceanportal.com/article/4267。

新加坡、朝鲜等国家的技术、资金，也不排除俄罗斯在未来与日韩乃至其他西方国家重新开展北极合作与北极开发等相关工作的可能性。此外，俄罗斯将以北极地区社会为基础推动国际北极旅游，使俄罗斯北极地区的社会经济发展进一步融入全球化体系，也进一步将全球资金引入其北极地区以推动北极地区的发展。

最后，俄罗斯北极政策再转型的目标是维持和推进与其他国家的北极合作工作。俄罗斯北极政策再转型的过程中将继续视北极国际合作为一重要方向，但是北极合作的路径与机制则将会进一步调整。目前俄罗斯北极合作的方式主要分为双边机制与多边机制，在未来，俄罗斯的北极合作工作将进一步"向东看"并转向更多的"非北极国家"，从而进一步"走向全球"与"面向全球"。俄罗斯将吸引更多的非北极国家进入北极事务与北极地区，从而加强其在北极地区的主导性与合法性，以对抗其他北极国家及在这些北极国家中可能形成的新的机制。

而目前北极地区最为重要的治理机制北极理事会已停摆，其他北极国家发表了相关声明，称宣布将恢复无俄方参与项目的工作。因此在未来，北极地区很有可能形成新的、不包括俄罗斯在内而包括更多非北极的西方国家在内的相关治理机制；俄罗斯方面会做出相应的反制，从而形成以俄罗斯为首的，囊括中国、印度乃至于朝鲜等"东方"与"南方"非北极国家的治理机制；或者北极理事会也有一定程度上的可能来重新恢复工作并吸纳进更多"非北极"国家作为正式成员国而非观察员国。

三、俄罗斯北极政策转型背景下的中俄合作

俄罗斯在北极政策上的战略调整反映了当前俄罗斯的国家利益诉求。"尊重、合作、共赢、可持续"是中国参与北极事务的基本原则。因此，中国在尊重俄罗斯在北极的国家利益，理解俄罗斯对北极政策的调整的同时，也应积极承担大国责任，避免北极地区的地缘政治矛盾激化，以促进北极地区乃至世界的和平与稳定发展；中国积极开拓与俄罗斯在北极事务上的合作领域，通过促进两国合作，摒弃相对收益的概念，以实现共赢；在对北极进行开发利用时，中国尤其强调保护北极的生态环境，实现北极地区的可持续发展。

首先，中国尊重俄罗斯在北极地区的国家利益，尊重俄罗斯在北极事务

上的自主性。正如前文所述，北极地区与俄罗斯的边境安全息息相关。随着北极冰层的缩小，各国进入北极的门槛降低，当前，俄罗斯与西方由于地缘政治矛盾关系跌至谷底，这使得俄罗斯面临着较大的战略安全压力。在北极事务上，俄罗斯重点关注其国家安全，这符合俄罗斯自身国家利益。中国尊重这一国家利益。近年来，美俄在北极的地缘政治冲突日益显露。两国在北极地区频繁进行军事演习，部署反导系统，不利于北极地区的和平与稳定。

在国际结构上，中美俄三国实际上形成了大三角关系，中国的态度与立场对美俄关系发挥着至关重要的影响。中国积极承担大国责任，更加重视自身在中美俄大三角关系中的角色，以调节美俄关系，避免美俄矛盾进一步扩大。中国通过举办国际论坛，创建多边组织等形式促进多边合作。在俄乌冲突爆发后，中国提出两个优先事项，一是劝和促谈，希望俄乌双方尽早和谈，愿意为劝和促谈发挥建设性作用，也愿意同国际社会一道开展必要的斡旋；二是防止出现大规模人道主义危机。以避免俄乌冲突带来的连锁效应威胁北极地区的和平与稳定。

其次，在俄罗斯对北极重视程度日益提升的大背景下，中国积极扩展与俄罗斯的合作领域，与俄罗斯在政治领域、经济领域以及生态科考领域展开丰富的合作，实现共赢。在政治领域，中国以高层领导人会晤的形式，与俄罗斯进行合作。在两国的定期会晤中，北极合作是重要议题。2021年9月，李克强应俄罗斯联邦政府总理梅德韦杰夫邀请访俄，两国总理期间签署了《中俄总理第二十四次定期会晤联合公报》，其中指出，中俄能源合作具有战略性和长期性，双方商定深化在油气、电力、煤炭、核电、可再生能源等领域的上中下游全方位一体化合作[①]，这为两国在北极的合作奠定了基础；在经济领域，中国重视与俄罗斯在北极展开共同开发，主要围绕在能源开发以及航道开辟领域等。中国在北极能源开发上态度积极，中国国有企业积极参与俄罗斯在北极的能源开发与利用，同时，为配合能源开发带来的运输问题，中国推动北极航道的开辟。在"一带一路"倡议的大框架下，中俄两国领导人提出了共建北极丝绸之路的构想；在生态科考领域，为应对气候变化，保护北极生态环境，中国在北极公海区域采取走航观测、断面调查等方式，顺

---

① 中俄天然气、北极航线项目合作将渐增，中华人民共和国中央人民政府网，http://www.gov.cn/xinwen/2019-09/21/content_5432034.htm。

利完成楚科奇海大气、海洋、生态等综合观测，取得多项科研成果。中国积极发展破冰船技术以支持在北极的生态科考工作，"雪龙2号"是中国第一艘自主建造的极地科学考察破冰船，也是世界上首艘具备双向破冰能力的破冰船，在自主研发的同时，中国借助俄罗斯的破冰船技术，由俄罗斯在北极的港口出发，在北极先后展开两次联合科学考察，取得了重大的科学成果。

最后，尽管对北极地区进行开发与利用意义重大，但中国依旧坚持可持续发展的原则，避免过度开发给北极带来生态破坏。北极是全世界人类共同拥有的区域，一旦生态环境遭到破坏，将对全球环境产生不可逆转的消极影响。因此，对北极的开发与利用应坚持可持续发展的原则。近年来，中国提出建设人类命运共同体的构想。在《中国的北极政策》白皮书中，指出中国坚持依据国籍法保护北极自然环境与生态系统，养护北极生物资源。

综上所述，在国际局势的变化下，俄罗斯更加重视北极的整体战略地位，将北极作为改善国家形象，缓和国际关系的重要支点；在北约进一步扩张的安全压力下，俄罗斯北极政策中的安全政策将日益强硬，将寻求与中国在北极展开更多合作，以减轻其战略安全压力。

对于俄罗斯近年来在北极政策上的态度转变，中国持开放态度，以"尊重、合作、共赢、可持续"为基本原则，参与北极事务的共同开发与治理。2022年年初的俄乌冲突，极大地冲击了全球的地缘政治安全，不利于全球化的发展。对此，中国在尊重俄罗斯国家利益的基础上，也发挥着大国在国际冲突中的调停与斡旋作用，以避免地缘政治冲突在北极地区进一步激化。在未来，中国将与俄罗斯展开更多合作，在世界和平与稳定的进程中，树立负责任的大国形象。同时，中国还将积极参与北极地区的全球治理，高度关注环境问题，与俄罗斯展开更加广泛的生态科考合作，共同应对北极生态环境的变化，构建人类命运共同体。

四、中俄北极地区合作展望

中俄在北极事务上的合作前景广阔。2022年以来，受到俄乌战争的影响，俄罗斯与西方关系急转直下。同时，美国对华政策不断触碰红线，导致中美战略竞争升级，这些变化使得中俄两国寻求更加紧密的合作以减轻在国际体系中的战略压力。北极地区进一步扩展了中俄合作的空间，为中俄合作提供了平台。在中俄关系顺利发展的背景下，两国在北极事务上的政治合作、经济合作、安全合作以及生态科考合作将具备更为稳定的基础与更加广阔的空间。

（一）政治合作展望

中俄两国在北极事务上一直保持着广泛而紧密的政治合作。两国不仅有着共同的合作动力，并且具备丰富的合作经验。近年来，随着国际局势的不断变化，中俄对彼此的政治合作需求程度不断上升。北极为两国合作提供了契机，在国际局势的影响下，未来两国在北极事务上的政治合作也将更加紧密。

中俄两国在北极事务上进行政治合作具备充足的动力：一方面，在体系层次上，体系变动给中俄两国同时带来了战略压力，推动中俄两国在北极寻求政治合作。就俄罗斯而言，2022年年初爆发的俄乌冲突使俄罗斯陷入外交孤立的境地，迫使俄罗斯寻求与其他国家进行政治合作以缓和与国际社会的关系。俄乌冲突后，俄罗斯与西方关系迅速恶化，以美国为首的七国集团联合对俄罗斯实施了包括金融制裁、个人制裁在内的一系列严厉制裁，俄罗斯深陷俄乌冲突的政治阴影中。因此，俄罗斯意图以北极为支点，寻求与他国进行政治合作，以缓解在国际社会中的外交孤立境地。与此同时，中美战略竞争不断升级，中国面临着来自美国的战略挤压，共同的外部压力促进中俄寻求更为紧密的政治合作。

另一方面，在国家层次上，两国在北极地区有着相似的战略利益诉求。正如前文所述，中俄两国的北极政策服务于国家总体战略。21世纪以来，在普京的强势领导下，俄罗斯国家实力不断提升，致力于恢复俄罗斯的大国地位与影响力。俄罗斯作为北极理事会的成员国，对参与北极事务有着独特的地理位置优势。北极地区是俄罗斯增加影响力的有力支点。中国实现了国家崛起，并寻求树立更为负责任的国际形象。中国作为近北极国家，对北极事务的参与程度高。北极是全人类的共同资源，其开发与利用的过程中产生了全球治理问题。全球治理的关键在于大国合作，因此，中国对北极事务态度积极。2018年1月，中国政府发布了《中国的北极政策》白皮书，详细阐述了北极的形势与变化、中国与北极的关系、中国的北极政策目标和基本原则，以及中国参与北极事务的主要政策主张[①]。

中俄在北极事务上的政治合作主要有两种形式：一是通过参与国际机制与组织进行多边合作。北极理事会是中俄在北极事务上进行政治合作的重要国际组织。1996年9月，北极理事会成立，旨在保护北极地区的环境，促进该地区在经济、社会和福利方面的持续发展。俄罗斯是北极理事会成员国之一，2013年5月15日，中国成为理事会正式观察员国。北极理事会为中俄在北极的政治合作提供了稳定的平台。2021年5月20日，北极理事会发布了历史上首份长达十年期的战略发展计划，包含北极理事会致力于2030年前在环境保护、可持续社会和经济发展、强化北极理事会作用三大领域达成的七项目标，为两国在北极的政治合作提供了方向。此外，"北极—对话区域"国际北极论坛也是两国合作的重要平台。2010年，首届"北极—对话区域"国际北极论坛在莫斯科举办，自2017年起，该论坛开始在俄政府下属的北极发展问题国家委员会支持下举办，具有官方性质，2017年3月29日至30日，来自美国、加拿大、芬兰、丹麦、挪威、冰岛等近30个国家的2000多位政、商、学界代表参加论坛，来自中俄两国的高级官员出席论坛全会并致辞。这些多边机制为两国在北极事务上的合作提供了制度优势，将持续促进中俄两国的合作，增加了两国的合作惯性，为合作提供了制度保障。

二是由高层领导人牵头，在政治合作的整体框架下展开其他领域的合作，进行双边合作。2017年7月3日，中国国家主席习近平与俄罗斯总统普京提出要开展北极航道合作，共同打造"冰上丝绸之路"，建设穿越北极圈，连接北美、东亚和西欧三大经济中心的海运航道；2019年6月5日，中俄两国领导人在莫斯科共同签署《中华人民共和国和俄罗斯联邦关于发展新时代全面战略协作伙伴关系的联合声明》，声明提出推动中俄北极可持续发展合作，在遵循沿岸国家权益基础上扩大北极航道开发利用以及北极地区基础设施、资源开发、旅游、生态环保等领域合作[②]。相对于多边机制合作，中俄两国以双边机制的形式在北极政治事务上展开合作更具实质性。

[①] 中华人民共和国国务院新闻办公室，中国的北极政策，2018-01-26，http://www.scio.gov.cn/zfbps/32832/Document/1618203/1618203.htm。

[②] 《中华人民共和国和俄罗斯联邦关于发展新时代全面战略协作伙伴关系的联合声明（全文）》，中华人民共和国中央人民政府网，http://www.gov.cn/xinwen/2019-06/06/content_5397865.htm。

受到俄乌冲突的负面影响，自 2022 年 3 月起，北极理事会暂时停止运行，这减少了中俄在北极事务上的合作通道。在国际合作环境恶化的大背景下，中俄在北极事务的政治合作上将以双边合作为主，同时，两国或将寻求建立更多的多边机制。

（二）经济合作展望

中俄两国在北极事务上合作密切，两国在航道开发、能源开发等领域保持着密切的合作，成果颇丰。两国在政治与安全领域上的良好关系为经济合作提供了基础与前提，创造了稳定的合作环境。中俄经济上的互补性成为了两国持续合作的动力，中国的"一带一路"框架与俄罗斯远东地区发展战略具有对接性，为经济合作提供了惯性与依据。在未来，中俄两国在北极事务上的经济合作势必更加紧密。

本次俄乌冲突爆发以来，欧美等西方国家对俄罗斯的经济制裁的规模和范围都是空前的，不仅有常规的经贸和金融制裁，而且还有将俄罗斯排除在 SWIFT 体系之外的"金融核武器"。但实际上这些制裁措施，俄罗斯应该早有预期，并做出了将出口资源向亚洲转移、脱离 SWIFT 结算体系等应对预案。反倒是欧美国家对俄罗斯航空和海运的制裁措施可能对俄罗斯的应对措施产生较大的影响。俄罗斯的石油和天然气等能源主要是面向欧洲出口，尤其是天然气更是通过多条固定管线向欧洲供气。如果欧美的制裁措施扩大到能源领域，俄罗斯只能将能源出口转向亚洲，尤其是中国。在当前中俄输气管线容量既定的条件下，俄罗斯石油和天然气向中国出口的增加，只能依靠铁路和海运，这不仅带来运输成本的增加，而且也会对现有物流渠道构成极大的冲击。除了能源之外，俄罗斯的农产品、煤炭、木材和有色金属等的对华出口预期都会有大幅增长，这同样会挤占已经高负荷运转的铁路和海运线路。2021 年，俄罗斯的木材和木制品出口额为 139 亿美元，主要出口市场是美国、欧盟、英国、日本和中国，其中向中国出口占 35%，欧盟占 29%。在俄乌冲突后，全球最大的认证林地面积的森林认证计划 PEFC，以及拥有最多持证者数量的森林认证计划 FSC，均将俄罗斯和白俄罗斯的木材列为"冲突木材"，使得俄罗斯的木材出口将只剩下中国这一唯一市场，预期俄罗斯对华木材出口数量可能会有激增。同样，一些如原本对欧贸易的机电类产品，也将向中国和印度转移。俄罗斯的下诺夫哥德州已经开始启动"出口转移行动",将该州的主要机械产品出口转移到中国和印度等亚洲国家。类似木材和机械产品等货物体积都相对较大,无论是铁路还是海运都将严重挤占疫情后本已紧张的国际货运。在贸易运输量可能激增的同时,中俄之间物流运输能力却可能受制于俄罗斯所受制裁的影响,有大幅度的下降。在海运方面,马士基和达飞等国际航运公司纷纷退出俄罗斯海运市场,而俄罗斯本土海运公司的船只由于无法停靠多国港口,对运力有较大的影响。在铁路运输方面,中欧班列当前已经是连续满负荷运转,没有余力承担俄罗斯新增的货运需求,随着欧盟可能的对俄制裁升级,经停俄罗斯和乌克兰的中欧班列也面临着高度的不确定性。俄乌冲突之后运量的增加和运力的减少,使得贸易运输将成为俄罗斯对外贸易向亚洲(尤其中国)的转移的主要瓶颈。在这一背景下,北极航道的重要性就更加凸显出来。北极地理位置优越,联通了世界主要经济热点地区。北极航道的开辟将为中国提供通往欧洲、北美等主要贸易地区的备用航道,同时,在马六甲海峡、苏伊士运河等交通枢纽政治化的背景下,提高了对外贸易的稳定性与安全性,北极航道的开辟大大缩短了运输距离,降低成本的同时提升效率,将大大增强出口商品的竞争力。

总体看中俄在北极事务上的经济合作前景光明。首先,中俄稳定的政治和安全关系是两国的经济合作的基础与前提。在国际关系中,低级政治从属于高级政治。在市场经济的作用下,经济合作有着自发性、非官方性的特点。发展经济的根本目的即追求利益,因此,在北极创建一个稳定的环境是资本进行投资开发的前提。近年来,中俄积极展开政治合作,政治关系良好发展,为经济合作提供了相对稳定的环境,是两国在北极事务上展开经济合作的前提。

其次,中俄两国经济有着高度的互补性。经济上的互补性是两国持续合作的动力。中俄两国的经济特点鲜明,两国在生产要素上存在高度的互补性:就中国而言,中国经济发展迅速,对外贸易往来密切,能源需求量大,对北极航道以及能源有着强大的需求,但受到地理位置的限制,中国在北极的经济开发技术上仍然存在一定的进步空间。就俄罗斯而言,俄罗斯在北极事务上有着优越的地理位置优势和开发经验,但同时,俄罗斯经济活力不足,在资金等方面存在明显的短板,这也限制了俄罗斯在北极的经济开发。全球化加速了生产要素的合理配置,在全球化的推动下,中俄在北极事务上的跨国经济合作将日益紧密。

最后，中俄两国的国家发展战略在北极有着相当重要的重合部分，这为两国经济合作提供了较好的延续性。中国的"一带一路"框架与俄罗斯的远东地区发展战略具有战略对接性。在国家宏观战略的指导下，中俄的经济合作势必更加紧密。

（三）安全合作展望

北极位于地球最北端，以北冰洋为中心，联结了北美洲、亚洲、欧洲三大洲以及美国、加拿大、俄罗斯、瑞典、挪威、芬兰、丹麦、冰岛等八个政治影响力显著的国家，具有重要的地缘政治意义。北极地区的安全结构直接关系到中俄两国的地缘政治安全。在北极事务的安全合作上，中俄有着共同的需求，两国在安全合作的历史传统与经验为其安全合作提供了基础。

从纵向来看，中国与苏联保持着密切的安全合作，在第二次世界大战中两国组成世界反法西斯同盟联合对法西斯国家作战，冷战时期更是签署了时效30年的《中苏友好同盟互助条约》，2005年至今，中俄共举行了11次联合军事演习；从横向来看，中俄的安全合作形式多元，例如举办联合军事演习、联合阅兵，在武器研发方面交流经验等。可见，中俄在北极事务的安全合作上有着充分的合作需求与合作基础。

当前，中俄在北极地区的合作相对保守，这主要是中俄两国在北极治理模式上存在分歧：俄罗斯坚持以北极国家为核心的排他式等级制治理模式，中国则坚持包含式北极治理模式[1]。俄罗斯一直将北极看作传统的势力范围，在北极维持着实际的军事存在。2014年乌克兰危机后，俄罗斯对北极地区的关注度上升，调整对北极的安全政策，2014年12月，在北方舰队的基础上，俄罗斯成立北极战略司令部，高度重视在北极构建安全防务系统，2019年12月，俄罗斯北方舰队司令亚历山大·莫伊谢耶夫海军中将表示，北方舰队未来几年都将装备 S-400 远程防空导弹系统，实质上将在北极上空的俄罗斯部分建立起"防空穹顶"[2]；此外，俄罗斯增加对北极军事设施建设的投入，

---

[1] 万楚蛟："当代俄罗斯北极战略：开发合作与安全博弈"，《俄罗斯东欧中亚研究》，2022年第2期，第110—128、169页。

[2] 俄用S400给北极盖"防空穹顶"防美从北极对俄打击，环球网，https://mil.huanqiu.com/article/3w9gDj77pZl。

2021年6月，俄罗斯宣布扩建纳古尔斯科耶军用机场，总计约花费90亿卢布①。中国对北极治理的态度上更加开放包容，倡导建立人类命运共同体，反对北极地区的军事化。北极作为公共区域，不属于任何国家与个人。实现北极非军事化也应成为国际共识。随着俄美在北极地区军事博弈的不断升温，中国应妥善调节俄美两国关系，避免大国在北极的地缘政治冲突进一步激化。

2022年初爆发的俄乌冲突陷入胶着状态，进一步冲击俄罗斯的安全战略，增加俄罗斯的安全压力。俄罗斯或将寻求与中国在北极安全事务上展开更具实质性的合作，而中国保守的安全政策以及两国对北极治理观念的差异将使得双方在北极事务上的安全合作空间有限。

（四）生态科考合作展望

随着全球气候的变化以及人类对北极地区开发利用程度的提高，北极出现了诸多生态问题，需要通过生态科考合作以促进北极环境的保护与治理。中俄两国对北极的生态科考合作态度积极，是基于保护北极生态环境的需要，同时，中俄两国在对北极科学考察上的互补优势也进一步促进了两国的合作。

当前北极面临着冰层缩小、北冰洋海域水污染、生物多样性锐减等诸多生态问题。北极出现生态问题有两方面的原因，一方面是全球气候变暖威胁北极生态环境，北极冰层加速融化，打破了北极的生态平衡，破坏了诸如北极熊等北极特有生物的生态环境，也为北极原住民因纽特人带来了生存挑战，由此产生了人道主义问题；另一方面是人类在北极日益频繁的活动破坏了北极的生态环境，全球变暖使得人类更多地涉足北极，北极位于高纬度地区，气候寒冷，生态环境形成缓慢且自我修复能力差，生态环境非常脆弱，一经破坏，需要大量时间来恢复，人类在北极的活动为北极的生态环境带来了挑战；由于海洋系统的整体性，在洋流等海水运动的作用下，社会发展导致的海水污染同样对北极的生态环境产生着负面影响。

北极能源项目是中俄能源合作的重头戏，对于"西伯利亚力量"输气管道、亚马尔液化天然气等联合项目一直在积极推进。上述项目所在区域的永久冻土层（永冻层）已经出现"软化"的潜在风险。一是在亚马尔—涅涅茨

---

① 俄计划扩建北极军用机场 可起降图—95MS战略轰炸机，新华网，http://www.xinhuanet.com/mil/2021-06/15/c_1211201269.htm。

自治区。亚马尔半岛的天然气工业是亚马尔—涅涅茨自治区对外出示的一张名片。苏联时期在极寒条件下对天然气进行工业化开发，并在此建立起大型基础设施。那时，永冻层软化还不是问题，但现在情况大为不同。2013年底，在亚马尔半岛发现了温室气体排放"天坑"，相继又发现了六个新"天坑"。这个情况引起亚马尔—涅涅茨自治区政府的警觉。近三年来，北极研究中心一直对自治区首府的数个建筑物下的永冻层跟踪观察。2021年8月7日，俄罗斯第一个冻土学和地质技术安全实验室在亚马尔—涅涅茨自治区投入使用。它是在自治区行政长官阿尔秋霍夫的倡议下，以北极研究中心为基础建立的。这家实验室的任务是提高工业安全和生态安全水平，减少亚马尔—涅涅茨自治区的经济损失。二是在雅库特（萨哈）共和国。与亚马尔半岛相比，雅库特大规模开发天然气的时间不算长。从2018年起，一项保护永冻层的法律就在雅库特生效。2020年，雅库特议会再次提出类似的动议，准备在联邦一级通过。为防患于未然，动议的拥护者们援引了诺里尔斯克事故的例子，其事故原因可能是一个储油罐下的永冻层在高温下解冻。2021年11月，俄罗斯《消息报》、俄罗斯卫星通讯社报道了雅库特的动态。在《消息报》的报道中，雅库特环境、资源开发和林业部代理部长谢苗·雅科夫列夫谈到了在雅库特建立永冻层监测系统的计划。俄罗斯卫星通讯社就永冻层软化问题采访了俄罗斯野生自然保护中心工业生态化项目协调员、生态科学家伊·什克拉邱克，并且在报道中配发了雅库特首府雅库茨克市的例子。这座城市地处永冻层，许多建筑物都建在木桩上以保持稳定性，从前打桩8米即可，现在要打12米。据专家评估，由于永冻层软化，雅库特用于基础设施、排除故障的资金至少需要400亿美元。

北极环境变化带来的挑战主要有两个：一是会破坏当地的基础设施并产生巨大的成本。俄罗斯政府、科学界普遍选定2050年进行预测。俄罗斯东部国家规划中心主任米·库茨涅佐夫的损失估计是最高可达5万亿卢布。俄罗斯远东与北极发展部第一副部长亚·克鲁季科夫从最乐观、最悲观两个极端分别给出2万亿、9万亿卢布的数字；二是将产生温室气体排放量。2021年12月，俄罗斯科学家发表了其与国外同行合作研究东西伯利亚北部永冻层的成果，研究发现以前未知的强效温室气体源——一氧化二氮。这种气体是在北极冻土苔原——富冰黄土——融化时释放出来的。富冰黄土高地占据了西伯利亚东部、雅库特和阿拉斯加的大片地区。此前不久，俄罗斯科学院院长亚·谢尔盖耶夫在"今日俄罗斯"国际通讯社召开的记者会上表示，俄罗斯科学家在气候变化的长期预测上尚无统一的看法，还不清楚地球内部自然过程的作用，比如，永冻层软化是否会导致甲烷释放到大气层从而加剧升温等。

普京总统在 2021 年 8 月的俄罗斯政府成员会议上曾指出，"到目前为止我们还没有永冻层监测统一系统"。他要求尽快开发。12 月，俄罗斯远东与北极发展部拿出了方案。部长阿·切昆科夫在第十一届"北极：现在与未来"国际论坛上称："目前正在俄罗斯联邦水文气象与环境监测局观测网络的基础上建立这一系统。第一阶段，计划到 2023 年前建造 30 个监测站。第二阶段，2024—2025 年将建造 110 个监测站。"

由此可见，对北极进行科学考察，以促进对北极生态环境的保护是当务之急。中俄在对北极的生态科考上存在共同的动力，一是由于两国临近北极，北极环境的变化与两国生态环境的变化息息相关，对北极展开生态科考工作；二是中俄两国在生态科考上具备互补的优势：就中国而言，中国东部与南部海岸线绵长，在地缘的影响下，中国对海洋的研究走在国际前沿，具有丰富的资金支持；就俄罗斯而言，俄罗斯对北极的生态科考历史悠久，自 1956 年至今，俄罗斯在北极先后建立了米尔尼站、东方站、新拉扎列夫站、青年站、列宁格勒站、别林斯高晋站、俄罗斯站、进度站等八个科学考察站，且俄罗斯在北极领土广阔，拥有超过 24150 千米的北冰洋海岸线[①]，为生态科考提供了港口与补给站，俄罗斯的破冰船技术领先世界，为科学考察提供了便利条件。

由此可见，中俄两国在北极展开生态科考合作，既有现实动力，也有技术基础。中俄在北极事务上的生态科考合作前景乐观。随着世界不断发展以及人类对北极开发利用程度不断提升，北极的环境问题日益突出，为世界带来了非传统安全的挑战，这对大国之间的合作提出了新要求。近年来，中国在保持经济飞速增长的同时，越来越关注生态环境保护问题。2013 年，中国国家主席习近平提出建设人类命运共同体的构想，高度重视环境保护与治理。随着中国国际影响力的提升，中国将更加积极参与全球治理，树立负责任的大国形象；北极环境的变化对俄罗斯生态环境影响更为显著，这也将成为俄罗斯积极参与北极生态科考的重要动力。

---

① Arctic Council，https://www.arctic-council.org/about/states/russian-federation/.

综上所述，中俄两国在北极的政治领域、经济领域、安全领域以及生态科考领域上存在着广阔的合作空间。在政治合作方面，国际秩序中来自西方世界的压力是促进两国政治合作的重要推动力，为摆脱外交孤立，两国通过双边或多边的国际机制、联合举行国际会议以及签署一系列文件的形式展开合作；在经济合作方面上，中俄两国经济战略具有对接性，由于经济合作具有门槛低，需求高，两国资源互补性强等特点，中俄两国围绕能源、航线等领域展开了一系列合作，合作领域广阔，同时，政治合作这一高级政治领域上的合作也对经济合作的顺利开展起到了辅助作用；在安全合作上，国际局势的变化增加了中俄两国在体系中的压力；在生态科考方面，随着全球变暖，北极生态环境遭到破坏使得全球治理提上议程，为构建人类命运共同体，两国展开更为密切的生态科考合作。

第十五章　东北亚国家间的北极事务合作

随着气候变化对当代国际关系影响的不断深入，北极地区的发展与治理成为国际事务中的核心议题。近年来，东北亚国家对于北极事务的关注日益增强。在东北亚国家中，俄罗斯是具有北极地区领土的国家，有九个联邦主体位于北极圈之内。而中国、日本和韩国虽没有北极地区的领土，却是北极问题的利益攸关国和北极理事会的观察员国。因此，中日韩俄等东北亚国家间如何在北极地区开展合作，不仅事关北极地区的发展和安全，也是东北亚区域合作的重要拓展。

一、东北亚国家参与北极事务的角色比较

国际关系角色理论认为，决定国家对外政策的核心变量是国家身份。而在北极事务方面，中日韩俄所拥有的国家身份并不相同。其中俄罗斯是标准意义上的"北极国家"，而中日韩均为"近北极国家"。这决定了两者在核心利益的关注方面有着不同的排序。

（一）俄罗斯作为北极国家的角色和主张排序

对俄罗斯而言，其北极政策的最基础层次在于领土主张。随着全球气候变暖趋势加剧，近年来北极航线的航运商业价值愈发显现。但这同时也意味着俄罗斯安全长期依赖的"北方之墙"的坍塌。根据俄罗斯北极战略规划，完成对北极地区的地理勘探以获得可以证明北冰洋海底部分区域是俄大陆架延伸的足够证据，划定北极地区的南部边界是俄罗斯北极战略的最关键

方向①。

俄罗斯北极政策关注的第二层级是军事安全,即加强北极地区的军事部署,巩固北方边界的安全。鉴于北极问题越来越引发国际关注,《2020年前俄罗斯联邦北极地区与国家安全保障发展战略》中明确提出俄罗斯要以军事存在捍卫俄罗斯的北极主权②。

俄罗斯北极政策的第三个关注层级是航线治理。俄罗斯期望进一步挖掘北极航线的潜力,改善治理模式,以获取更大商业价值。

俄罗斯北极政策的第四个关注层次是扩大北极地区能源开发,巩固能源大国地位。在《2020年前俄罗斯联邦北极地区发展与国家安全保障战略》中,俄罗斯政府提出建立北极能源储备基金,保证2020年传统区块开采量下降后能源系统的长期发展。

俄罗斯北极政策的第五个关注层次是生态科考。从俄罗斯的北极政策实践来看,近年来俄罗斯对于北极地区的生态安全和综合治理愈发关注。在实现北极地区的地缘政治和地缘经济价值的基础之上,俄罗斯希望逐步加强北极地区的生态保护,并对于这一地区进行进一步的科研考察。

由此可以看出,"北极国家"这一独特的身份使得俄罗斯将北极治理不仅仅视为一个国际政治—经济问题,更是一个事关俄罗斯未来发展的安全问题。这是其与其他东北亚国家在北极政策方面的最大差别。相对而言,中日韩等"近北极国家"则在北极事务的政策排序上体现出了明显的不同。

(二)中日韩"近北极国家"的角色与参与北极事务的主张排序比较

中日韩三国在北极政策方面的首要关注在于北极航线的未来发展。这一点随着中国"冰上丝绸之路"倡议的提出表现得愈发明显。中日韩三国的经济结构决定了一旦北极航线能够长期通航,会给三国依赖出口拉动增长的经济模式带来新的动力,给中日韩等出口大国带来最为直接的巨大经济收益以及运输便利。中日韩三国的经济发展模式以外向型经济为主,受到地理位置

---

① Стратегия развития Арктической зоны Российской Федерации и обеспечения национальной безопасности до 2020 года, https://legalacts.ru/doc/strategija-razvitija-arkticheskoi-zony-rossiiskoi-federatsii-i/.

② 同上。

的影响，三国经济贸易往来频繁。因日韩两国属于岛国，资源匮乏，经济发展模式以"进口—加工—出口"模式和对外投资模式为主；中国自21世纪加入WTO以来，经济开放度逐渐提高。根据中国商务部数据统计，近十年来中国的货物进出口总额均维持在30000亿美元以上，2021年达到46470.63亿美元，约占国内生产总值的4.6%。在投资方面，日韩对华投资占比高，韩国与日本分别以50.4亿美元以及33.3亿美元位居对华直接投资的前十位国家中的第三与第五；在贸易往来中，中日韩三国经贸往来频繁，2021年4月日本与韩国对华货物进口额分别达到660.96亿美元与647亿美元，货物出口额分别达到524.29亿美元与441.81亿美元[①]。由此可见，在全球化发展的大背景下，中日韩三国经济活跃且联系密切。外向型经济发展的核心要素是技术与交通，这使得中日韩三国重视交通尤其是海洋运输。对于东亚国家而言，传统的航线向西到南亚、非洲与欧洲需经过马六甲海峡，向东至北美、拉丁美洲需跨越太平洋，里程较远。缩短航线里程是对外贸易中控制成本的重要方式，因此，中日韩三国积极开辟新航线，以降低运输成本。而随着极地冰雪融化速度的不断加快，北极航道的可通航时间不断延长，北极航线的商业价值也越发明显，就地理位置而言，北极连接起亚洲、欧洲以及北美洲三大洲，因此北极航线一旦正式通航不仅能够缩短航线里程，节约航行时间还能降低航行成本和风险，而这对于以航运为主的中日韩而言，无疑蕴藏着巨大的商业价值。

  中日韩北极政策的第二个关注层次在于北极地区的能源开发。中日韩三国均高度依赖进口能源。北极地区丰富的自然资源对于支持东北亚国家，尤其是中国和日本经济的未来发展具有很强的吸引力。北极地区能源资源储量丰富且种类繁多。中日韩三国受经济发展需要、本国能源资源短缺等因素的影响，对能源资源的需求量较大，而北极地区丰富的能源资源储量恰好能解决中日韩三国能源资源短缺的局面，这也是为什么作为近北极国家的中日韩与北极国家俄罗斯在北极地区积极开展能源资源合作。在能源资源合作的过程中，俄中日韩四国的优势各不相同：中日韩三国资金丰富，技术先进，经济活跃；俄罗斯因部分领土位于北极地区内，能源资源储量丰富且开发北极经验丰富。双方互补的优势促使东北亚四国加强能源资源合作，进而实现互

---

① 中国商务部，商务数据中心，http://data.mofcom.gov.cn/zhtj/gdp.shtml。

利共赢。

中日韩在北极事务方面的第三个关注层次在于北极地区的科研考察。这主要由于三国认识到北极地区的环境变化对于国家的非传统安全有着重要的影响。北极的升温以及海冰融化对东北亚的生态系统、粮食安全、沿海地区安全等方面有着明显的潜在威胁。为此，中日韩都提出了增加北极科考能力建设的方案。中日韩三国还在北极地区开展科学考察活动，提高极地科考水平[1]。

中日韩北极政策的第四个关注层次是安全。北极地区所具有的地缘政治价值极为重要，但与地处北极地区内的国家相比，中日韩三国由于没有北极地区的直接领土，因此其对于安全的关注相对处于次要方面。中日韩北极政策的最低关注层次是领土。三国既无心介入北极地区的领土划界，也无意在领土声索方面"选边站"，这也是由三国"近北极国家"的身份所决定的。

二、东北亚国家参与北极事务的历史

东北亚国家当中，中国、日本、韩国兼具毗邻北极边缘的地缘优势，又是世界重要经济体。因而北极地区的自然、生态、安全变化对于三国的经济、社会发展有着不可估量的潜在影响。三国对于北极问题的关注近年来呈明显上升的趋势。在 2013 年 5 月召开的北极理事会第八次部长级会议上，中日韩均被接纳为正式观察员国，东北亚国家迈出了参与北极地区治理的重要一步，成为东北亚国家全面参与北极地区事务的开端。

（一）中日韩参与北极事务的历史发展阶段

从东北亚国家对于北极地区事务的参与历史来看，日本是最早参与到北极地区治理进程中的。1920 年日本作为首批缔约国之一，全面参与了《斯瓦尔巴德条约》的议定与签署。根据条约的第二、三、五款，日本享有自由进出斯瓦尔巴德群岛、在该地区渔猎以及建立科考基地的权利[2]（1925 年中国

---

[1] 叶艳华："东亚国家参与北极事务的路径与国际合作研究"，《东北亚论坛》，2018 年第 6 期，第 92—104、126 页。

[2] Fujio Ohnishi, The Process of Formulating Japan's Arctic Policy: From Involvement to Engagement. *East Asia-Arctic Relations: Boundary, Security and International Politics*, 2013.

也参与了该条约)。在20世纪50年代后期,日本的科研学者中谷宇吉郎等人开始参与北极科考以及相关研究项目。20世纪70年代,日本成立了国立极地研究所,80年代末期,日本开始与苏联专家共同在萨哈林岛开展北极航道的科研考察。在20世纪90年代,日本海洋政策财团多次与挪威、俄罗斯等国开展有关北极航道的研究,并最终在2000年推出了《北极航道:连接欧洲与东亚的最短航道》这一研究报告[1]。

相对于日本来说,中国参与北极治理的时间要更晚一些。尽管中国在1925年就签署了《斯瓦尔巴德条约》,但直到20世纪80年代,随着全球气候变化研究的兴起,中国国内的学界才对北极有了更多关注[2]。1991年中国学者开始参与多国科学家组成的北极科学考察队。1999年,中国完成了第一次北极地区的独立科考,2003年7月,中国的黄河站建成并投入使用。

而韩国的北极事务参与则起步最晚,1993年韩国国内逐渐兴起了对北极问题的研究,1999年韩国研究人员参加了中国组织的"雪龙"号北极科考巡航。2002年韩国在北极建立科考基地茶山站。但直到李明博政府时期,韩国才真正提高了对北极地区的关注,将北极问题列为100项施政课题之一。而直到2012年韩国才最终加入了《斯瓦尔巴德条约》。

(二) 中日韩参与北极事务的历史行动

由于并非北极地区内国家,中日韩三国政府均未出台全面、系统的北极战略,但从国家利益的视角来看,三国对于北极利益的关切确是不言而喻的。而这些关切主要存在于以下三个方面:一是北极航道作为未来连接亚欧的运输水道对于本国经济结构的关键作用;二是北极地区丰富的自然资源对于本国经济发展的重要意义;三是研究在应对全球气候变暖问题的共同认识基础上的北极地区环境变化,尤其是对本国生态环境的影响[3]。

首先,在北极航道的利用问题上,中日韩三国的经济结构决定了一旦北极航线能够长期通航,则会给三国依赖出口拉动增长的经济模式带来新的动

---

[1] 陈鸿斌:"日本的北极参与战略",《日本问题研究》,2014年第3期,第1—7页。
[2] 孙凯:"参与实践、话语互动与身份承认——理解中国参与北极事务的进程",《世界经济与政治》,2014年第7期,第42—62,157页。
[3] Троякова, Т. Г. Сотрудничество России и Стран Северо-восточной Азии в Арктике: современное состояние и преспективы развития, Ойкумена, 2013 (2).

力。全面开启的北极航道能够实现每年价值 1200 亿美元的运输,将给中日韩等出口大国带来最为直接的巨大经济收益以及运输便利,日本也可以借此机会重新使日本海成为繁忙的运输水道,从而重振诸如神户等环日本海港口,提振国内经济。2013 年日本国际问题研究所提交给日本政府的北极研究报告中将重视北冰洋航线、保护航线航行自由作为日本参与北极事务最为重要的任务。在俄罗斯宣布重启北极航线之后,韩国已经开始向俄罗斯出口商用破冰船。2013 年 10 月,韩国船只也完成了穿越北极航线的首航[1]。朴槿惠总统任内第一次访问釜山时就指出,政府将积极应对北极航道开通的机遇,争取将釜山建成为"海洋首都"、东北亚的"航运中心",进一步带动韩国经济发展[2]。中国尽管进入了经济转型的周期,但未来很长一段时间出口仍将是中国经济发展的最主要动力。北极航线所具有的路程短、风险低等特点对中国充满吸引力。中国 21 世纪"走向远洋"的国家战略也使得对于北极航线的利用十分感兴趣。2013 年 9 月 10 日,中国的"永盛"轮货轮通过北极航线抵达荷兰鹿特丹港,成为第一支通过北极航线完成亚欧航行的中国商船。北极新航道的开辟被认为带来的运输成本下降将有助于中国企业保持现有出口竞争优势,有助于拓展外需市场的战略和投资"走出去"战略[3]。

其次,在能源问题上,中日韩三国均存在对于进口能源的高度依赖。北极地区丰富的自然资源对于支持东北亚国家,尤其是中国和日本的经济未来发展具有很强的吸引力。在未来十年之内,中国对于进口能源的依赖将不断加强。为此,中国将继续寻求能源进口途径的多样化。包括加强与中亚和俄罗斯的油气合作,避开马六甲海峡以及中国南海等运输风险地区是中国能源的重要目标。北极地区丰富的能源储量将给中国的能源进口战略提供更多选择。日本也面临着相似的问题。之前日本政府和商界都认为北极地区能源开采成本过高,运输不便,对北极能源开发并不积极。然而由于 2011 年福岛核电站因大地震出现泄漏,日本相继关闭了国内的其他核电站,导致日本国内对于进口能源的需求猛增。北极地区丰富的自然资源以及相对较近的地理位置使得日本对其更加看重。2012 年 12 月 5 日,装载着 13.5 万立方米液化天

---

[1] Young Kil Park, Arctic Prospects and Challenges from Korean Perspective. *East Asia-Arctic Relations: Boundary, Security and International Politics*, 2013.
[2] 青瓦官台网,2013-09-29,http://www.President.go.kr。
[3] 杨剑:"北极航运与中国北极政策定位",《国际观察》,2014 年第 1 期,第 123—137 页。

然气的俄罗斯"鄂毕河"号货轮,从挪威北部港口哈梅菲斯特经北极航线驶抵日本北九州,为九州电力公司提供了发电燃料,这是日本首次通过北极获得能源进口,大大刺激了日本政府和商界参与北极能源开采的信心。日本也希望通过参与北极地区能源开采与运输改变对于波斯湾石油进口的依赖,在日本看来,这条能源运输线正由于海盗问题频发变得越来越不安全,来自北极的能源恰恰可以提供替代性的解决方案。

第三,中日韩三国均希望积极参与北极地区科研考察、环境保护方面的国际合作。这主要由于三国认识到北极地区的环境变化对于国家的非传统安全有着重要的影响。北极的升温以及海冰融化对东北亚的生态系统、粮食安全、沿海地区安全等方面有潜在威胁。为此,中日韩都提出了增加北极科考能力建设的方案。日本是岛国,全球气候变暖对于日本生态的影响要更为明显。日本多年来一直在深入参与北极地区的自然生态考察与保护,其科研水平相对较高。在 2012 年 3 月推出的《日本北极海会议报告》中,日本明确指出由于日本在北极科研环保等方面相较于中、韩两国处于优势地位,将着力加强在这方面与中韩进行合作。而韩国国土海洋部已经表示,政府到 2020 年前将投资 3.6 万亿韩元(约 32 亿美元),用于研发海洋工程技术和北极航行技术,并扩大北极"茶山"科考基地规模[1]。此外,中国也在 2014 年 9 月完成了第六次北极科考,包括白令海盆、白令海陆架、楚科奇海、楚科奇海台和加拿大海盆等海域。考察了包括白令海盆、白令海陆架、楚科奇海、楚科奇海台和加拿大海盆等海域。中国认为科考可以"掌握极地环境状况、切实提高防范和应对气候变化能力,体现我国的大国责任,提高在北极事务中的话语权和地位[2]"。

三、当前东北亚国家间北极事务合作的路径

由于国家身份的不同,东北亚地区的中日韩俄四国在北极事务方面具有不同的政策排序选择。其比较可以如图 15.1 所示:

从图 15.1 可以看出,拥有"北极国家"身份的俄罗斯的北极政策以领土

---

[1] 桂静:"韩国北极综合政策及其实施评析",《当代韩国》,2014 年第 2 期,第 51—63 页。
[2] 孙凯:"参与实践、话语互动与身份承认——理解中国参与北极事务的进程",《世界经济与政治》,2014 年第 7 期,第 42—62,157 页。

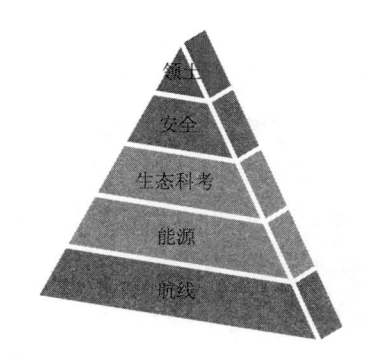

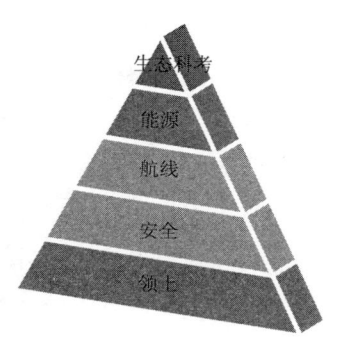

中日韩（近北极国家）的北极政策排序　　俄罗斯（北极国家）的北极政策排序

图 15.1　东北亚国家的北极政策排序比较

主张和军事安全为最重要基础，在领土和安全得以保障的前提下，俄罗斯希望就北极航线利用，能源开发以及生态科考等方面进行国际合作。而东北亚地区拥有"近北极国家"身份的中日韩三国的北极政策以航线以及能源开发为基本关注点，注重参与生态科考。领土和军事安全则并非三国北极政策的优先层级。实际上，正是这两种国家身份所造成"高级政治"与"低级政治"的排序差异为东北亚国家的北极事务合作创造了空间，也为东北亚国家间的北极事务合作开辟了路径。

（一）航道合作将是未来俄罗斯开展与中日韩三国北极合作的重点领域

北极航道主要包括两线，一是东北航道，也称为"北方海航道"，大部分航段位于俄罗斯北部沿海的北冰洋离岸海域；二是西北航道，大部分航段位于加拿大北极群岛水域，以白令海峡为起点，向东沿美国阿拉斯加北部离岸海域，穿过加拿大北极群岛，直到戴维斯海峡。东北亚国家的航道合作主要以东北航道为主，因东北航道部分航道途径俄罗斯境内，俄罗斯在东北航道的使用上具有先天的地理位置优势，俄罗斯的破冰船等技术领先世界，在航运等方面具有极大的发展优势。就地理位置而言，东北亚各国距离都相对较近，因此，东北亚其他国家的航运发展也以东北航道为主。

随着北极地区冰雪融化速度的不断加快，北极航线的商业价值越发凸显，然而开通北极航道，使北极航线正式投入使用仍面临着种种困难。俄罗斯作为传统的北极国家，对北极地理环境较为熟悉，且其重工业发达，对北极地区的开发与利用具有独特的优势。因北极地区气候严寒，在运输过程中需要破冰船辅助，俄罗斯共有44艘破冰船，是世界上拥有破冰船数量最多的国家，同时，俄罗斯拥有全世界最大的柴电动力破冰船"维克托·切尔诺梅尔金"号，于2020年11月在俄罗斯圣彼得堡服役，使得俄罗斯在航运方面具有极大的发展优势和利益空间。

日本也可以借此机会使日本海成为繁忙的运输水道，重振诸如神户等环日本海港口，提振国内经济。在2013年日本国际问题研究所提交给日本政府的北极研究报告中将重视北冰洋航线，保护航线航行自由作为日本参与北极事务最为重要的任务。北极航线广泛启用则必然对破冰船产生巨大需求，而韩国作为世界最大的船舶制造国，其发达的造船业则可以为北极航运提供价值不菲的破冰船和穿梭油轮。中国"冰上丝绸之路"倡议的提出为这方面的合作提供了新的动力和契机。

中俄作为东北亚地区的两大国，在北极地区的航道合作进展也相对较快。2017年7月，中俄提出开展北极航道合作，打造"冰上丝绸之路"。2018年1月，中国政府发表《中国的北极政策》，认为中国在地缘上是"近北极国家"，提出参与北极航道开发利用，参与油气和矿产等非生物资源的开发利用，积极推动共建"一带一路"倡议等涉北极合作的政策主张[①]。中俄两国在北极问题上的积极作为也取得了一定的成果。在中俄两国的积极推进下，2021年6月，俄罗斯著名天然气公司NOVATEK派出三艘10万吨级的巨轮在1月冰封季穿越北极海冰，顺利将能源转运到中国江苏。

中国民间企业在北极航道的合作上发挥了重要的作用。中远海运是中国最早开展极地商业航行的企业，2013年中远海运"永盛"轮首航北极东北航道，成为第一个通过北冰洋抵达欧洲的中国商船；2015年，"永盛"轮圆满完成"再航北极、双向通行"的任务；2017年底，中远海运共派出10艘船只，完成14个航次北极航线通行。中远海运在中俄北极航道合作中扮演着重要角色，2019年6月，中远海运集团与俄罗斯诺瓦泰克股份公司、俄罗斯现代商船公共股份公司以及丝路基金有限责任公司在俄罗斯圣彼得堡签署《关

---

① 中华人民共和国国务院新闻办公室，中国的北极政策，2018-01-26，http://www.gov.cn/zhengce/2018-01/26/content_5260891.htm。

于北极海运有限责任公司的协议》，四方将建立长期伙伴关系，为俄罗斯联邦北极区向亚太区运输提供联合开发、融资和实施的全年物流安排，组织亚洲和西欧之间通过北极航道的货物运输。

日韩两国与俄罗斯在北极航道上的合作较少，主要原因有二。一是北极航道的开辟对世界地缘政治格局的变化有一定的影响，日韩作为美国的盟友在参与以俄罗斯为中心的北极航道的合作时受到同盟内部"政策一致"性质的约束；二是日韩两国存在着历史问题以及领土争端，其合作相对较少。尽管两国都重视北极航道开发，但因合作对象不一，在北极问题上的互动也相对较少。韩国重视北极航道开发，近年来，韩国寻求与冰岛、挪威、芬兰等北约成员国进行合作，虽然韩国有意与俄罗斯进行航道上的合作，但并没有实际性的成果。

（二）能源合作成为中日韩俄在北极事务合作中的重要突破口

扩大北极能源开发，维护俄罗斯能源大国地位符合俄罗斯的国家利益。尤其是在乌克兰危机之后，随着俄罗斯与西方国家关系，尤其是与美国的关系长期处于下行通道，其能源企业在西方市场的融资受到明显限制，在这种情况下，俄罗斯希望拓展与亚太地区主要经济体的能源合作。未来很长时间之内中国都将继续寻求能源进口途径的多样化。中俄在北极地区的亚马尔能源合作项目正是在这一背景下取得的突出成果。日本和韩国由于高度依赖中东地区的能源进口，在寻求能源进口多样化方面也有着相似的需求。因此，中日韩三方在信息共享和经验交流等方面存在着广泛的合作对话空间。在能源资源的勘探方面，中日韩三国高度重视北极地区的资源开发，各国投入大量的人力物力支持北极地区的开发活动，同时中日韩三国还在北极地区开展科学考察活动，提高极地科考水平[①]。例如，2004年中国依据《斯瓦尔巴条约》建立了首个北极科考站——黄河站；2018年由中国和冰岛共同筹建了中—冰北极科学考察站。在北极能源资源的投资与开发方面，东北亚国家凭借资金优势也取得显著的成果。2011年1月，韩国天然气公司（KOGAS）董事会会议决定收购加拿大MGM能源公司在北极乌米艾克（Umiak）气田天

---

① 叶艳华：" 东亚国家参与北极事务的路径与国际合作研究"，《东北亚论坛》，2018年第6期，第92—104，126页。

然气储量的20％股份，韩国首次获得北极圈资源开发权。中俄作为东北亚地区的两大国在能源资源的合作上更是积极作为，中俄之间的能源合作项目主要是指亚马尔项目，该项目的第一条生产线在2017年12月投入使用；2018年7月19日，亚马尔液化天然气项目向中国供应的首船液化天然气通过北极东北航道运抵中石油旗下的江苏如东LNG接收站，交付给中石油。由此可见，东北亚国家在能源资源勘探方面不仅积极作为，且成果显著。

（三）俄罗斯欢迎中日韩等国家参与北极地区的科研考察以及环境保护

当前，虽然中日韩三国在北极科考方面各具优势，例如中国具有强大的资金投入和科研潜力，日本具有丰富的科考技术与经验，韩国则在造船和船舶利用方面优势明显，但三方之间的互通合作仍然相对较少，未来三方在这方面加强合作不仅有利于优势互补，也将有利于政策目标的对接与实现。

（四）增加北极治理领域的互信

在领土主张和军事安全方面，由于中日韩三国与俄罗斯没有直接的利益冲突，这为东北亚国家在北极事务方面的协调提供了充分的空间。中日韩三国无意介入到北极地区的领土声索以及安全竞赛当中。俄罗斯作为北极地区国家最为担心的是随着中日韩在北极地区利益的深入，导致北极域内出现过度国际化倾向，提高俄罗斯与其他北极国家进行地缘政治博弈的成本。因此，通过加强中日韩俄四国之间的北极事务合作，化解俄罗斯的地缘政治担忧，增加北极治理领域的互信也是东北亚国家开展北极事务合作的重要路径。

四、影响东北亚国家间北极事务合作前景的要素

中日韩三国作为"近北极国家"，与俄罗斯等"北极国家"开展合作是其参与北极地区事务的最有效方式。随着当前国际体系内权力转移的发生以及国际治理模式的转变，东北亚国家的北极事务合作将不可避免地受到来自以下三个方面的影响：

首先，俄罗斯与中日韩等东北亚国家在经济上的相互依存将是影响北极事务合作前景的基础性因素。随着俄罗斯与西方关系僵局的长期化，俄罗斯

在对外战略层面愈发重视亚太地区，尤其是东北亚地区在其经济社会发展中的重要作用。以普京为代表的大量俄罗斯政治精英将加快远东发展和推进"东转战略"作为重要的国家目标加以实施。其战略目标一是要应对来自西方的战略挤压，二是要打造俄罗斯未来经济发展的新"引擎"。而俄中，俄韩，俄日的经济联系在这一过程中具有十分重要的作用。当前俄罗斯与中国已经建立起面向新时期的全面战略协作伙伴关系。俄日关系也得到了很大程度的突破，俄韩关系保持相对稳定。随着俄罗斯与中日韩三国经济联系的加强，日趋深化的相互依存关系将为东北亚各国开展面向未来的北极事务合作奠定重要的制度与互信基础。

其次，国际地缘政治局势的变化是决定东北亚国家北极事务合作前景的关键外部因素。当前俄罗斯积极推进北极地区安全部署，加强与东北亚国家合作的重要原因，在于乌克兰危机导致的欧洲地缘政治变局和由此引发的俄罗斯与西方国家关系的系统性危机。随着美国不断推进印太战略，未来大国之间的地缘政治博弈也将长期持续下去。在这一过程中，地处东北亚地区的中日韩俄等国必将在其中扮演关键性的角色。随着全球气候变暖趋势的加剧，北极地区将成为大国博弈的新舞台。大国博弈所导致的地缘政治变局将对东北亚国家间的北极合作产生极为重要的外部影响。

第三，国际治理模式的变化是推动东北亚国家北极事务合作的重要制度性因素。随着国际体系内权力转移过程的发展，国际治理模式的中心正在由过去以大西洋为核心的"单核"走向以亚太—大西洋为核心的"双核"。中国所提出的"一带一路"倡议，俄罗斯所提出的"大欧亚伙伴关系"等一系列地区合作倡议就是国际治理模式转型的重要表现。北极地区的治理模式长期是以北极理事会为中心，以北极地区大国协调为基础的。随着更多的"近北极国家"关注北极事务，未来北极地区治理模式存在着变化和发展的可能。构建出具有平等性和包容性的北极地区国际治理模式是对于东北亚国家开展北极合作具有重要意义的制度保障。

综上，东北亚国家在北极事务上的合作正在日益成为东北亚区域合作的重要拓展领域。在这一问题上，中日韩俄四国在北极事务上所拥有的国家身份不同，在合作领域和合作方向上有着广泛的发展空间。从近期来看，东北亚国家北极合作的关键性路径仍然集中在航线治理、能源开发以及生态科考方面，随着国际体系内权力转移的发展以及地缘政治变局的出现，未来东北亚国家的北极合作存在着变化的可能。为实现东北亚国家在北极事务上的良性互动和合作，拥有"北极国家"身份的俄罗斯和拥有"近北极国家"身份的中日韩三国需要进一步探索具有平等性和包容性的北极地区治理模式。

第十六章　北极国际治理和区域多边合作组织框架

北极地区是一个特殊的地理单元，既包含一部分属于主权国家的领土、领海以及专属经济区，也包括大片的国际公域。美国、俄罗斯、加拿大、挪威和丹麦（格陵兰）五个国家环绕着北冰洋，芬兰、瑞典和冰岛也有部分岛屿和领海进入北极圈。在过去，由于长期的封冻和开发技术的限制，北极问题没有过多地引起关注。但随着气候变暖、冰融加速，北极正处于快速变化中，相关问题也随之升温，北极成为国际社会重点关注区域，相关的治理问题也愈发的引起重视。

一、北极国际治理的现状与困境

近年来，全球气候变暖极大改变了北极地区的生态环境、地缘政治与经济环境，相关国家围绕北极资源开发、航道使用、生态环境保护的博弈愈演愈烈，军事部署步伐加快，以至于北极被认为有可能"成为地球上争夺最激烈的地区之一"。然而，使北极成为和平、稳定与合作之地是相关各方的共同利益，生态环境保护、航道使用等问题也并非单一国家的问题，需要多方参与。因此，加强北极治理，提升北极治理制度的有效性，成为当前国际社会的一项重要任务。

（一）北极治理的历程与当前进展

1. 北极治理的三个发展阶段

北极治理由来已久。北极地区的原住民为管理他们的栖息地并适应不断变化的环境，一直进行着北极治理的实践，而环北极国家也很早就制定了一些有利于相互合作的"软法"规制。1920年,为解决北极地区的斯瓦尔巴德群岛的主权争端,由英国、美国、丹麦、挪威、瑞典、法国、意大利、荷兰及日本等18个国家签订了《斯瓦尔巴德条约》,该条约可以说是北极地区的第一个政府间国际条约,标志着全球性北极治理的开始。该条约虽然具有"硬法"特性,但针对的只是斯瓦尔巴德群岛这一个地区。

冷战时期,北极治理处于一个萌芽的阶段,在这一时期,北极地区实际上成为美苏超级大国军事对峙的前沿,北极治理问题主要附随于比较空泛的国际环境保护倡议运动之后,作为一项地区问题,北极事务属于国际地区争端中的一个盲区,是仅有美苏两大武装力量为之投入部署的战略侧翼地带[①]。所以这一阶段的北极治理内容仅限于安全方面。

冷战结束后,国际形势的变化推动了北极治理的大发展。一方面,东西方关系的缓和使北极地区从"对峙前沿"向"合作之地"转变,为北极地区的合作治理提供了历史性机遇。另一方面,"全球化、市场经济国际化、自然资源的全球性开发",北极地区被人们看成是"自然资源的宝库"。近年来全球气候变暖大幅提升了北极资源的可利用性,北极的经济和战略价值不但越来越受到北极国家的高度重视,也引来全世界范围内的关注。这一阶段最具里程碑意义的事件是1996年北极理事会的成立。这一机制性平台从酝酿到正式成立也经历了接近十年的时间,而截止到目前,北极理事会已经经历了20多年的实践运作历程,其框架下的治理机制也是日臻成熟和完善,逐步脱离了最初仅具有对话性而不具有法律约束力的国际论坛性质,日益发展成为一个具备国际法意义上完整的政府间国际组织特征,拥有一整套治理机制和治理规则的综合性机制平台。

与此同时,北极气候变化、生态环境保护等非传统安全问题日益突出,北极问题更加"全球化",这一阶段也伴随着不同国家间的利益博弈,以及以北极理事会观察员国为代表的北极域外国家前赴后继的努力参与,吸引着更多的域外参与者。

2. 当前北极治理的进展

目前,北极治理取得的进展主要体现在以下方面。第一,治理内容广泛。

[①] 章成:"全球化视野下的北极事务与中国角色",《当代世界与社会主义》,2019年第3期,第164—171页。

几乎涵盖了北极地区事务的各个方面，既有自然资源开发、生态环境保护、航行权利，也有科学考察、土著人权利保护等诸多领域。第二，参与主体多元。包括了超国家、国家和次国家层面的政府、企业和社会领域的多元行为体，既有北极域内也有北极域外的国家和非国家行为体。第三，治理制度多样。在管辖范围上，既有全球性普遍适用的制度，也有针对北极区域的特定制度，还有相关国家间的双边安排以及个别行为体的单方面规定；在性质上，既有如国际公约这样的硬法规制，也有宣言、指南等软法规制。在机制化程度上，既有论坛性的松散机制，也有组织化机制，特别是1996年成立的北极理事会，如今已经从最初的三级架构不完整、对其成员没有法律约束力的高级论坛，一步步向着正规的、有强制力的国际组织转变[①]。第四，治理模式多种。既有针对斯瓦尔巴德群岛的"主权归挪、共同开发"的斯瓦尔巴德模式，也有北极理事会的"外部排他、内部协商"的治理模式，还有北极圈论坛的"开放参与、官民结合"的治理模式等。同时，国际社会在北极治理模式的探讨中还提出了一些颇具代表性的方案，如"南极模式"、"北极制度综合体模式"和非正式协商机制、"海洋法公约模式"等。

（二）北极治理所面临的困境

虽然取得了如上的进展，但北极治理仍存在着一些现实的困境，面临着未决的问题和新的挑战。例如，在主权争端方面有美俄关于"北方海航道"和美加关于西北航道的法律地位争议，亦存在着《联合国海洋法公约》和《斯匹次卑尔根群岛条约》的适用和协调等问题以及气候变化、生态环境保护和管辖海域外的海洋生物多样性养护等跨区域问题。气候变暖导致北极地区经济和战略价值被"重新发现"，也使得北极争夺愈演愈烈。基于北极地区丰富的自然资源——石油、天然气、矿物等非再生资源和渔业资源以及丰富的水力、风力、森林等可再生资源，围绕着北极地区海域划界、资源开发、航道使用和军事安全等问题的国际争端不断出现。

首先，最为突出的是北极国家在北冰洋海域的主权争端和随之产生的自然资源开发争夺。根据《联合国海洋法公约》，除了无争议的属于北极八国的

[①] 郭培清、卢瑶："北极治理模式的国际探讨及北极治理实践的新发展"，《国际观察》2015年第5期，第64—67页。

主权或管辖范围之内的陆地、岛屿、领海、专属经济区和大陆架外，其余海域皆属于国际公域。而根据公约所确定的全人类共同继承遗产原则，北冰洋国际海域及其资源应属于全人类共同所有。近年来，随着北极地缘政治经济地位不断提高，北极相关国家在利益的驱动下迅速制定了相关的北极政策和北极战略，以本国利益为出发点，重新划分北极政治地貌，重新定位本国在北极地缘经济和政治版图中的地位，重新建构北极治理机制[①]。北冰洋沿岸国家则愈加强势地主张各自在北极的主权及其主权权利和管辖权，竞相扩大在北冰洋大陆架界限，不仅导致了各国相互之间的竞争，更在不断侵蚀北冰洋的公域范围和各国的相应权益，包括海洋资源开发和北极航道的通行权利等。随着全球气候变暖和北极海冰的消融，北极地区原本受制于冰冻环境而无法开通的两条重要航道——加拿大沿岸的西北航道与俄罗斯西伯利亚沿岸的东北航道有望全面开通。这两条航道一旦全面开通，不仅可大幅节约运输成本，还将形成一个涵盖俄罗斯、北美、欧洲、东亚的环北极经济圈，对世界经济、贸易和地缘政治格局产生深远影响。加拿大与俄罗斯两个航道沿岸国，根据历史性水域和直线基线原则，一直将北极航道相关水域视为其"内水"，不准外国船只未经许可通过，而美国、欧洲等国家和地区则认为航道属于用于国际航行的海峡，各国享有不受阻碍的过境通行权。由于对北极航道相关水域法律地位的认知存在差异，各方有关航道使用的争端不断。

其次，是北极各种治理机制之间的矛盾。由于独特的地理位置和自然环境，包括南极和北极在内的两极地区，在全球环境保护和可持续发展中发挥着重要的作用。与南极不同的是，北极到目前为止尚未形成一个统一的、具有法律约束力的、类似于《南极公约》性质的国际机制安排。由于各种全球、地区、国家和国内层次的规则体系之间缺乏协调统一，北极各种治理机制呈现出"碎片化"的特点，导致不少法律冲突，制约了各方合作。

作为北极地区最早的国际条约，《斯瓦尔巴德条约》确立了挪威对斯瓦尔巴德群岛的主权权利，并赋予其他缔约方在平等条件下可自由进入斯瓦尔巴德群岛以及从事捕鱼和其他经济活动的权利。由于当时并没有大陆架和专属经济区的概念，导致法律争议，比如俄罗斯和冰岛与挪威就斯瓦尔巴德群岛

[①] Lassi Heininen, Arctic Strategies and Policies: inventory and comparative study, *Northern Research Forum*, 2011 (8): 67-81.

资源开发产生了分歧。

再次,作为北极治理最主要的国际法依据,《联合国海洋法公约》没有根据北极的具体情况对其法律地位、科学考察和资源开发等方面做出专门规定,不足以全面有效地协调各国的权利主张和相关的法律冲突。这是因为《联合国海洋法公约》作为一个普遍适用于全球海洋事务的国际法,其对普遍适用性的要求使其个别条文和措辞必然存在弹性和模糊性,相关国家通常根据各自对条文和用语的理解,给出最符合自身利益的解释,不可避免地引发争端乃至冲突。这其中最突出的冲突便是海域划界问题。《联合国海洋法公约》规定,沿海国家对大陆架拥有一定的管辖权。近年来俄罗斯、挪威、丹麦和冰岛等国都提出了对《联合国海洋法公约》所规定的 200 海里外大陆架归属管辖权的要求,由于各自的主张存在差异且有较大区域的重合,导致大陆架划界争端不断发生。《联合国海洋法公约》在北极适用的局限性,使北极治理中"硬法"缺失的同时,也导致相关国家更多诉诸双边甚至是单边安排,进而带来纠纷甚至冲突。

最后,存在着参与主体及其诉求的多元化与北极治理机制滞后之间的矛盾。回顾 1920 年的《斯瓦尔巴德条约》,它的制定曾是为了解决挪威与周边国家对斯瓦尔巴德群岛的主权争议,维护地区稳定,界定缔约国的合法权益。第二次世界大战结束后,北极地区的资源逐渐被发现和开采。尤其是冷战结束以来,北极一度由美苏竞争的前沿变成了国际合作的"热土",各种国家和非国家行为主体日益参与到北极治理中来,全球气候变化及其在北极所引发的变化进一步加剧了这一进程。越来越多的主体参与北极事务,围绕北极领土主权和资源权属、资源和航道开发、原住民保护、生态环境保护等议题展开了复杂的竞争。这里除了北极国家之间以及北极国家与域外国家之间围绕治理资格的竞争外,还有非国家行为主体之间以及它们与国家行为主体之间围绕治理议题的优先秩序、治理规则和权力架构展开的竞争。与北极参与主体及其诉求多元化趋势相对的是,北极治理机制并没有进行相应的调整,严重滞后于时代的需要。

作为北极最大的治理机构,北极理事会虽然近年来不断地进行改革以提高其治理的效率,但是由于其存在明显的先天缺陷导致改革效果不佳。世界自然基金会早在 2009 年就指出北极理事会治理机制的滞后与不足,一是没有法律约束性的义务和规定;二是没有执行机构;三是参与方的有限性;四是尚未成立常设秘书处；五是财政资金长期匮乏。2013年北极理事会成立了一个常设秘书处，这是其在由国际论坛向国际组织转变进程中的重要一步，但距离作为一个权威性国际机制还有很大距离，更不用说涵盖北极治理所有议题。

（三）北极治理机制与模式的设想

北极治理面临的困境促使人们不断探求更有效的北极治理模式。为了满足北极日益迫切且多样化的治理需要，著名的全球治理和极地研究学者——奥兰·扬提出了创建一个"北极机制复合体"和作为其补充的"非正式的协商机制"。他认为，鉴于北极日益融入全球生态环境、政治和经济进程，北极治理改革是不可避免的。但鉴于北极地缘政治现实及其发展历史，要在可预见的未来建立一个像南极条约体系那样全面的、具有法律约束力的、统一的治理体系也是不现实的。鉴于北极地区事实上存在的各种治理安排，为避免新旧机制交替所带来的各种问题，现实的选择是根据各自治理领域整合现有的相关机制，促进相互合作，形成一个相互嵌入的多维立体治理网络。为此，需要将北极各利益攸关方组织起来，建立一种非正式的协商机制，就它们关切的议题和建议进行讨论。其目的就是在以不削弱北极国家主导地位的前提下倾听非北极国家的声音，改善现存的北极治理体系和机制[①]。从某种程度上来讲，这种"北极机制复合体"有助于利用现有的北极制度资源，协调北极治理主体各方复杂的利益诉求，不仅能够满足目前北极治理的需要，还不需要经过耗时费力的谈判来建立一个全面的、具有法律约束力的新的北极治理模式。

北极事务兼具地区性和全球性的双重特点，使得北极治理成为一个既关涉北极国家又影响众多非北极国家和非国家行为体的复杂问题。目前北极治理面临的有效性困境和北极争夺的加剧，迫切要求国际社会以强化有效性为基础的治理创新。应从系统思维出发探索北极治理路径，在尊重北极国家主

---

① Oran Young, Building An International Regime Complex for the Arctic: current status and next steps, *The Polar Journal*, Vol. 2, 2012（2）: 394-396; Oran Young, Sorting Out the Role of Non-Arctic States in Arctic Ocean Governance Presents a Puzzle, http://ewcbookstore.org/arctic/2012arctic-lowres.pdf; JD Kim, YH Kim, The Arctic in World Affairs: a North Pacific dialogue on Arctic marine issues, 2012: 296.

权及主权权利的基础上,通过多元行为体的共同参与,共商共建共享北极,实现北极事务中的合作共赢。

二、北极国际治理主体——从国家到多行为体

根据全球治理委员会对于"治理"的界定,治理是各种公共的或私人的个人和机构管理其共同事务的诸多方式的总和。它是使相互冲突的或不同的利益得以调和并且采取联合行动的持续的过程。这既包括有权迫使人们服从的正式制度和规则,也包括各种人们同意或以为符合其利益的非正式的制度安排[1]。据此可知,北极治理是一个进程,在这一进程中多种行为体的利益得以调和,并最终实现北极事务的善治。

(一) 北极治理主体的界定

从国际法角度来看,北极地区至今尚未形成一个覆盖面广且具有公信力的条约体系。因此,对于北极治理的机制问题,目前学界主要分为两大阵营:一是以领土和管辖权为基础,以北冰洋沿岸五国或北极理事会八国为核心主体的国家中心主义治理理念;另一个阵营则强调北极的全球性,主张域内外国家、国际组织以及非政府组织等多主体的全球共管。对于前者而言,北极治理的主体应该且只能是与北极有领土、领海关系的那些主权国家;而后者则模糊了"地域"的概念,强调北极问题的"全球性",可见,如何界定治理主体的范围和参与程度就成为当下北极治理的一个基础性的关键问题。

不可否认的是,主权国家作为国际社会最主要的行为体,在北极事务的治理进程中发挥主导作用。北极国家及其主导的北极理事会仍然是北极治理的核心力量,域外国家在参与北极事务方面的实质性权力微乎其微。传统意义上的北极国家是指在北极圈(北纬66°34′)内拥有领土、领海主权的八个国家,又称为"环北极八国",包括美国、俄罗斯、加拿大、挪威、丹麦、冰岛、瑞典和芬兰。北极国家特别是北冰洋沿岸五国是国家中心主义的主要拥护者,他们不承认高于主权的任何权威。对于这些国家的政策制定者来说,

---

[1] The Commission of Global Governance, *Our Global Neighborhood: The Report of the Commission on Global Governance*, Oxford University Press, 1995: 23.

"治理"一词包括两层含义：一是控制和巩固对北极的管辖权，二是维护国家主权。前者旨在排除非北极国家对北极事务的干涉，后者则意图稀释非国家行为体在北极治理中的作用①。简言之，国家主权以及维护国家主权的手段是北极治理中的关键问题，这一点在所有环北极国家的战略文件中都得到了强调。例如，2007 年俄罗斯北冰洋洋底插旗事件凸显了其作为北极地区唯一的非北约国家在争取利益和表达主张方面浓厚的国家主义倾向。

但是北极特殊的地缘关系决定了这一地区注定不会只存在单一的治理主体。从北极的法律地位上来说，在漫长的历史发展中，虽然环北冰洋国家陆续建立了各自在北极地区的主权和行政管辖权，但人们对北极地区法律地位却存在不同的认知。现行有一种观点认为北极是各国共有共享的"全球公域"。北极地区的主体为北冰洋海域，《联合国海洋法公约》作为全球"海洋宪章"，应是规定北极地区法律地位的重要依据。环北冰洋国家享有基于《联合国海洋法公约》的海洋权利，对岛屿和领海享有主权，对专属经济区和大陆架享有主权权利（斯瓦尔巴德群岛例外），除此之外的领域为自由航行的公海和属于"全人类的共同财产"的"国际海底区域"②。从政治地理学的角度看，北极地区呈现"甜甜圈"形态③，即一片不属于任何国家的、半封闭的海洋被五个北极国家的领土包围，其作为一个全球嵌入的空间，不能脱离可能来自世界其他地方的海洋和气候系统的社会生态力量，从合法性角度看，全球共管机制将北极视为与海底、月球同质的"人类共同遗产"，强调北极的全球性以及与南极类似的国际法地位④。

---

① Cecile Pelaudeix, What is "Arctic Governance"? A Critical Assessment of the Diverse Meanings of Arctic Governance, *The Yearbook of Polar Law* Ⅵ, Leiden: Koninklijke Brill NV, 2015: 410-411.

② 根据《联合国海洋法公约》第 136 条和第 137 条，"区域"（国家管辖范围以外的海床和洋底及其底土）及其资源是人类的共同继承财产；任何国家不应对"区域"的任何部分或其资源主张或行使主权或主权权利，任何国家或自然人或法人，也不应将"区域"或其资源的任何部分据为己有；任何这种主权和主权权利的主张或行使，或这种据为己有的行为，均应不予承认；对"区域"内资源的一切权利属于全人类，由管理局（国际海底管理局）代表全人类行使。

③ P. A. Berkman, Arctic Ocean State-Changes: Self Interests and Common Interests, in G. Alfredsson, T. Koivurova and D. Leary ed., *The Yearbook of Polar Law* Ⅰ, Leiden: Martinus Nijhoff, 2009: 514.

④ 柳思思："'近北极机制'的提出与中国参与北极"，《社会科学》，2012 第 10 期，第 29 页。

（二）新形势下北极治理主体的转变

1. 气候变化对治理提出了新挑战

进入 21 世纪以来，气候变化对北极地区的影响更加显现，受正在加速的全球气候变暖的影响，北极冰盖迅速融化，随之被曝光的还有长期"隐藏"在冰层之下的社会、环境、经济和政治相互依存关系以及全球化的深度发展与全球性影响，北极事务及其治理早已突破传统的地域界限，成为全球议程中的重要内容。在北极议题交叉互动、多行为体利益多元的时代，北极事务的治理也在逐渐呈现出多主体参与的态势。北极地区的边界越来越模糊且其治理机制也呈现出"扁平化"趋势，进而导致"北极地区事务的全球化以及对北极事务治理的国际化"，北极地区事务的治理早已超越了国家甚至是区域的边界，北极事务的治理越来越具有密切的关联性与广泛的全球性，以国家中心主义理念为核心的北极治理主张越来越难以为继，而以全球共治主义理念为支撑的环境、气候、资源、航道等治理主张正在得到越来越广泛的认同。

因此，在主权国家层面，北极域内国家和域外国家共同探寻北极事务的治理之策是实现北极地区有效治理的必由之路。这便需要协调好北极域内国家与域外行为体之间的利益关系以减少由于利益冲所导致的对北极有效治理的阻碍，因为在一定程度上，北极国家往往以自身的角度与立场为出发点去界定和追求利益，忽视非北极国家的利益诉求，从而导致利益难以一致，致使治理行动陷入僵局。北极治理是一个关系到北极国家与众多非北极国家的复杂问题，北极治理中的很多问题在涉及环境、生态、污染、生物多样性方面，需要非北极国家以及国际组织的协同参与。

2. 国家与多行为体协同治理的必要性

首先，北极事务的跨区域性体现在气候变化、环境污染、资源开发等诸多领域，仅依靠北极国家而排除域外国家的参与很难全面有效地应对这些挑战。为了应对具体如环境退化、可持续发展、污染控制、海上交通标准化、资源开采和贸易条例以及人的安全、国家安全和国际安全方面的挑战，"集体地区行动"的概念被重新提出。具体来说，一方面，没有任何一个国家能够阻止或减缓全球气候变化对北极地区的环境、社会和政治影响；另一方面，任何单一的国家都不能确保实现需要所有利益相关方协调立场的目标，如可持续渔业管理和资源开采、生态保护、社会福利、低污染航运和旅游业以及全方位的海事安全等①。比如，北极地区的气候变化及其温度上升必然会威胁众多非北极国家的生态环境安全及其经济社会的可持续发展，阻止这种变化也需要这些国家减少自身的碳排放。北极生态环境脆弱而复杂，需要大量的研发投入，仅靠北极国家是不够的。

其次，鉴于非国家行为体（如国际组织、原住民组织等）在维护秩序和经济社会规范中的作为，国家/政府已经不再能垄断合法的权威了。接纳域外国家和国际组织的参与不仅必要，还可以借此缓解北极治理在代表性和经济技术等治理资源方面的不足，在贡献人力、物力、财力和智力的同时，促进各方利益的协调和共同利益的培养。

在这一转变中，国际社会对北极事务的治理往往通过建立一系列的国际组织和国际制度，因此，在北极事务治理的图景中，还存着如北极理事会、巴伦支欧洲理事会等区域性国际组织，以及国际海事组织、大陆架划界委员会、联合国环境规划署等涉北极事务的全球性国际组织②。这些组织应对北极事务的不同议题，为国家之间的合作提供了有效的平台，并对各国的行为进行协调和规制。全球层次上的全球性组织机构，如联合国；区域层次上的北极地区区域性组织机构，如1996年成立的北极理事会，到目前为止是北极治理中最重要的非国家行为体。

非政府组织基于不同的利益和目的也积极活跃在北极治理进程中，其中包括世界自然基金会、绿色和平组织等活动遍及全球的环境非政府组织，也包括专注于区域事务的阿留申人国际协会、因纽特人北极圈理事会等原住民非政府组织，是北极治理中重要性不断增加的行为体；同时还有在个体层次上的，即国家内部有影响力的，如关注和研究北极的自然/社会科学家和活动家等，他们在北极治理中的作用也在日益凸显。这些组织和个体通过自己的知识与行动，表达对北极事务的意见和看法，直接参与和影响北极事务治理的进程。

再次，北极地区的经济开发离不开拥有强大实力和技术的跨国公司，北

---

① Sebastian Knecht. Arctic Regionalism in Theory and Practice：From Cooperation to Integration，*Arctic Yearbook 2013*，2013：2-7.
② 唐国强："北极问题与中国的政策"，《国际问题研究》，2013年第1期，第15—25页。

极变化所带来的经济机遇与开发前景，也吸引了大型跨国公司的目光，如壳牌石油公司在北极海域的勘探、中国远洋运输公司在北极海域的试航等。在北极地区治理机制建章立制的阶段，这些公司积极参与，力图在北极商机利用以及规则制定的进程中获得有利的地位。

目前，北极治理参与主体呈现出以下三个特点：

第一，北极治理主体正经历从北极国家到北极/非北极国家、从国家层次的国家行为体到国家之上/下层次的国家/非国家行为体同时参与北极治理的变化。

第二，非国家行为体因其自身身份原因，其北极政策更多体现了全球治理的理念。例如，欧洲委员会在2008年11月20日致欧洲议会和欧洲理事会的《欧盟与北极地区》中指出，鉴于环境变化正在改变北极地缘战略动力结构并构成对国际稳定和欧洲安全利益的潜在威胁，当务之急是要求"欧盟与北极国家、地区和其他相关利益者合作，以一种协调的、系统的方式来对待这一问题"。

第三，作为北极治理中最重要的国家行为体，其北极政策仍从根本上体现了国家主义理念，虽然在其北极政策表述中也不时含有全球主义理念的成分。这是当前涉及北极治理最重要行为体的基本特点，这一特点在北极地区最重要的非国家行为体治理机构——北极理事会的成员构成上也表现得十分突出：虽然其正式成员国、国际组织、原住民代表、永久观察员国/国际组织以及特别观察员国/国际组织的总数加起来多达32个，但其中最重要的是具有表决权的8个北极理事会成员国，而且根据第七届北极理事会部长会议《努克宣言》的规定，若要成为北极理事会的观察员国/组织，就必须"承认北极国家在北极的主权、主权权利和管辖权"。

我们可以看出，一方面，随着全球化的深入发展，北极治理主体呈现出多层次基础上的多元性特点，北极治理主体因而不再仅仅限于国家行为体，尽管国家依然是北极治理主体中最重要的行为体；另一方面，虽然以国家为中心的治理理念在与全球治理理念的糅合过程中国家主义仍然根深蒂固的居于主导地位，但国家行为体在参与北极治理的过程中，已经在逐渐超越传统的国家政治思维，进而从全球治理的视角推动北极治理的发展，毕竟北极治理这一议题紧密关乎着全球的安全利益与全人类的福祉。

三、北极国际治理领域——从传统安全到非传统安全

从冷战后期开始，狭义的国际政治（国家间政治）逐渐演进到广义的国际政治（全球政治），而全球政治成为国际政治的主流则是在冷战结束之后。全球政治时代的来临，使得安全维度发生了根本性变化。从纵向维度看，安全关注层次从国家向上扩展到国际体系和次国际体系、向下扩展到次国家和个体，由此导致安全指涉对象和安全化行为体不仅包括国家行为体，而且包括各种非国家行为体。从横向维度看，全球政治时代的安全关注已超越传统的政治和军事议题领域，拓宽到环境、经济和社会诸议题领域。

（一）北极国际治理领域演变的时间线

北极地区自然资源丰富，包括不可再生的矿产资源与化学能源和可再生生物资源（尤其是渔业资源以及水力、风力、森林等资源）；此外还有潜在的国际航路航运资源（东北航道和西北航道）和日益重要的国际航空航运资源，以及广义上的军事、科学、人文、旅游资源等。随着北极气候变化导致的北极地区环境变化，人类对以上各种资源的利用越来越有可能成为现实，从而带来诸多传统和非传统的安全挑战。虽然北极地区环境早在冷战结束数十年之前已经且一直在发生变化，但唯有在冷战后全球政治加速发展这一社会环境变化的背景下，北极环境变化下的北极地区安全领域变化——由重视传统安全议题到日益关注非传统安全议题——才有可能成为现实，北极地区的安全层次和安全领域变化也就是在这样的背景下出现的。

第二次世界大战至冷战期间，受制于狭义国际政治的时代背景，北极地区的安全指涉对象基本上限于国家，安全领域基本上限于传统的主权安全和军事及战略安全，北极地区被高度军事化，美苏在北极地区立体化地进行布控，使北极地区成为美苏地缘政治的敏感之地。这一时期北极地区发生了一些重大的传统安全事件：其一，在第二次世界大战期间，盟国与德日之间对两条秘密开辟的支援苏联战场的北冰洋航线进行了激烈的争夺；其二，冷战期间美苏两国为谋求各自的战略优势，利用北极地区作为北半球战略"制高点"这一地缘特点，分别在北冰洋部署了各种主战型战略核潜艇、大量陆基洲际弹道导弹发射场、攻击型潜艇、舰载反舰导弹，两国在北极地区进行了

长达数十年的海空力量优势争夺；其三，1972年的"埃斯克米拉杀人案"事件和1985年美国"极地"号破冰船事件，引发了美、加两国有关西北航线的主权争议；① 其四，20世纪60年代的"伯顿岛"号事件、1965年的"北风"号事件和1967年的维利基茨基海峡事件，引发了美、苏两国之间有关东北航线的主权争议②。从总体格局看，冷战时期的北极地区构成了以苏联为一方、美国统帅的北约为另一方的二元对峙格局。

至冷战结束前，在美苏缓和的大背景下，北极地区的国际政治也呈现出了合作、缓和的趋势，其中的标志性事件是1987年10月1日戈尔巴乔夫在摩尔曼斯克发表关于苏联北极政策的演讲。戈尔巴乔夫指出，北极不只有北冰洋，还是三个大陆的交合点，这是欧亚、北美和亚太地区各国人民彼此来往的最前线。戈尔巴乔夫呼吁东西方开展多边或双边合作，把北极变成和平之极。

冷战后，北极地区的气候变化导致环境问题加剧，尤其是全球政治进程的加速，合力推动着北极地区安全维度的变化，北极地区从"冷战前沿"变成了"合作之地"。苏联解体更为北极地区的合作打开了"机会之窗"。从纵向看，北极地区的安全指涉对象由国家扩大到全球甚至个人，安全议题的辐射范围大大超越了北极地区的国家层次。从横向看，北极地区的安全领域，也从传统安全的政治军事领域扩展到非传统安全的经济、环境和社会领域，随后针对北极地区合作在多个层面上迅速展开，所涉及的领域涵盖科学、环保、航运等，而非传统安全议题日益成为北极地区安全关注的重要组成部分。因而，目前北极治理的议题可以大致概括为，传统安全与非传统安全并重，非传统安全的重要性日益凸显。维护北极自然环境和人文生态的基础性安全，成为北极非传统安全治理的重要任务和内容之一。

（二）北极国际治理的主要领域

面对北极气候的显著变化和地区安全问题，域外国家对北极事务的关注

---

① 加拿大认为西北航道是其国内航线，美国则认为是国际航线。"埃斯克米拉杀人案"事件和1985年美国"极地"号破冰船事件都触及西北航线的法律地位。参见北极问题编写组：《北极问题研究》，北京：海洋出版社，2011年，第252—253页。

② 苏联认为东北航道是其国内航线，美国则认为是国际航线。"伯顿岛"号事件、"北风"号事件和维利基茨基海峡事件都触及东北航线的法律地位。参见北极问题编写组：《北极问题研究》，北京：海洋出版社，2011年，第256—258页。

度持续走高，密集地出台和更新各自的北极战略，以适应北极政治发展的新形势。自 2018 年以来，德国、英国、日本、瑞士、欧盟和中国等陆续发布北极新战略或政策。这些域外国家普遍将自身界定为北极利益相关方，认为国际北极治理中应对气候变化、环境保护、航道利用等属于全球问题，需要域外国家的共同参与才能有效解决。北极域外国家将科学考察和研究视为参与北极治理的重要手段和北极政策的核心，同时高度关注北极航道和油气等资源的可持续开发和利用。

1. 环境治理

北极地区作为全球生态环境系统的一个重要组成部分，对全球环境治理的作用不容小觑。环境治理也是北极治理的核心议题之一。2015 年 12 月 15 日，美国国家海洋与大气管理局发表报告称，当年北极的年度平均气温上升了 1.3 摄氏度，是自 1900 年以来的最高纪录，即创下 115 年以来的新纪录[1]。北极环境治理面临严峻的考验。这一地区自然生态系统的稳定性较低，可塑性不强，多样性单薄，系统惯性很小，这些特点导致其生态平衡的恢复和重建相当困难[2]。北极脆弱敏感的生态系统以及较低的自我修复能力使之难以承受重大的突发性环境事件，致生态污染一旦出现，势必会对当地的动植物、水源、空气以及原住民造成不可挽回的损害[3]。随着北极地区面临的开发形势日益严峻，为保护北极地区脆弱的生态环境，以北极周边国家为主，包括国际社会其他成员在内，通过多方协调，已经初步建立了北极环境治理体系。在全球层面上，先后通过了《联合国海洋法公约》《关于消耗臭氧层物质的蒙特利尔协定书》《联合国气候变化框架公约》等国际环保协定；在区域层面上，先后通过了包括 1973 年的《北极熊保护协定》以及 2004 年的《美国和俄罗斯关于防止北极地区环境污染的协议》等在内的区域多边或双边环保协定。

---

[1] Kal Raustilala, States NGOs and International Environmental Institutions, *International Studies quarterly*, 1997 (4): 719-740.

[2] 赵黎青：" 应对非政府组织参与的联合国改革"，《新远见》，2008 年第 7 期，第 26 页。

[3] Norbert Webera, Tim Christophersenb, The Influence of Non-governmental Organizations on the Creation of Natura 2000 during the European Policy Process, *Forest Policy and Economics*, 2002 (1): 2.

2. 资源开发

随着气候变化的加剧，北极生态环境面临严重的挑战，但与此同时，气候变化也增加了北极资源的可开发性。人们在共同应对气候变化的同时，对开发北极能源、航运、渔业以及旅游业的机会倍感兴趣。根据美国国家地质勘探局于 2008 年 7 月发布的报告，北极圈以北地区技术上可开采的天然气储量和石油储量，分别占世界剩余天然气储量的 30% 和世界未开发石油储量的 13%。北极是一个资源极为丰富的地区，随着北极气候升温的加剧及冰层变薄，北极蕴藏的丰富油气资源和其他矿产资源已吸引各国企业进入北极，为大规模开发做先期准备。如上所述，北极地区资源丰富，如何合理地开发利用这些资源已经日益成为世界各国普遍关注的议题，因为这将或直接或间接地关系到相关国家的经济安全。当然，经济领域的安全化议题显然不仅仅限于北极地区的自然资源。一方面，航运里程不同程度的大大缩短，将给有关国家带来巨大的经济效益；另一方面，北极冰盖融化所导致的各种极端气候现象，如洪水、干旱等，将造成粮食减产等经济问题。

3. 航道经济

北冰洋航线无冰期的不断延长，加上欧洲商船穿越北极航道的试航成功，都预示着北冰洋作为世界重要贸易运输线的前景[①]。欧洲的一项研究表明，从欧洲鹿特丹到上海的商船，如果取道北极北方海航道，会比走经过苏伊士运河的传统航线，在时间上从 30 天减为 14 天，距离上减少约 5000 千米。航运时间和距离的减少都意味着成本的下降，而且围绕航线建设，很可能在北极形成一个新的世界经济带。可见，北极资源和航道的开发将给世界经济带来巨大益处。然而，人类在北极商业活动的增加，开始导致脆弱的北极自然生态环境持续恶化，给该地区原住民的传统社会生态带来风险。北冰洋航道一旦发生油船泄漏等污染事件，对海洋生态环境将造成无以复加的破坏。海冰若被石油污染，将永远无法清除，污染会威胁以大块浮冰为依托的海象、海豹和北极熊的生存。

---

① USGS. Assessment of Undiscovered oil and Gas in the Arctic. http://www.usgs.gov/newsroom/article.asp? ID=1980&from=rss_home.

4. 社会领域

除此之外，在社会领域，由于土著居民人口只占北极地区大约 400 万人口中的 10%，在北极地区各个国家中都不同程度地存在土著居民的社会"认同"问题。北极人文生态是与其自然环境安全密切关联的，北极土著居民的生产生活及其创造的文明是人类文明不可或缺的一部分。尽管加拿大、挪威、丹麦等国家比较重视本国生活在北极地区的土著居民的生产生活状况，也开始注意对他们独具特色的冰原文化进行保护，但这些努力还远远不够。北极土著居民传统的生产生活方式正受到我们所谓的现代文明的影响，面临传统文明开始消解、新的文明还未建立的现状。一旦北极土著居民的生存安全遭到威胁，与人的安全相挂钩的共同安全将面临更多未知的风险，届时需要人类付出更大的安全成本。

北极土著居民还面临诸多其他社会安全问题，如加拿大土著居民的生活指标相对较低，面临失业、酗酒、自杀、家庭暴力、性虐待等社会问题。究其原因，北极环境的变化，尤其是外部社会带来的剧烈影响，导致"自然经济解体、生活方式改变，外来文化开始统治土著居民的文化教育，在语言、宗教、生活方式等方面均是如此"[1]。与此同时，在全球政治时代，随着过去 50 年间全球化和现代化步伐加快导致现代和传统社会组织、社会形式之间中断，一方面改变了土著居民自然环境和社会环境，另一方面则"可能使土著民族意识到社会变化的程度，从而意识到自己的身份"。

5. "再军事化"初现

虽然在苏联解体，冷战结束后的 20 年时间里美俄放松了在北极地区的对抗，加之国际社会推动北极"非军事化"，北极域内安全紧张态势逐渐缓解，建立起以北极理事会为核心的北极国际治理机制，和平成为了北极治理的主流。然而近年来，随着北极战略价值的日益提升，各国加速推进各自北极布局，在国际地缘政治回潮的大背景下，美俄对抗及北极"再军事化"加剧，冷战后曾缓和的美俄北极博弈再次回温，政治和军事安全成为新焦点。以美

---

[1] 刘惠荣、陈奕彤、董跃："北极环境治理的法律路径分析与展望"，《中国海洋大学学报（社会科学版）》，2011 年第 2 期，第 3—4 页。

俄为首的两大阵营开始强化各自在北极地区的军事存在，美国带领包括北约在内各路盟友不断加强在北极的军事部署，北极呈现出"再军事化"的对抗态势。

2018年10月，北约举行了自冷战以来最大规模的北极军事演习——"三叉戟接点"，参加者包括来自31个国家的5万多名军事人员。俄罗斯已将北极地区完全纳入其军事和海上战略，军事现代化的重点在北方舰队。俄罗斯在北约东扩的影响下，自身安全焦虑与日俱增，作为对美国的回应，冷战后一度被边缘化的北极地区军事布置日益受到俄罗斯的重视。2014年12月，俄罗斯在北方舰队基础上组建北极战略司令部，负责管辖俄在北极地区部署的所有部队[①]。俄罗斯还计划全部恢复苏联在北极地区遗留的13个航空基地。

与此同时，加拿大、挪威、丹麦已对执行国家或国土安全任务的冰上巡逻船展开战略性投资，以此提升作战能力。在新的地缘政治环境下，北极国家在北极事务上都在"变得越来越强硬，不断增加军事行动，甚至重启附近的冷战时期的军事基地"，严重恶化了北极地区的政治安全环境，北极国际治理的地缘政治和传统安全色彩再次严峻。

随着气候变暖、北极海冰融化加速，气候变化对北极地区自然环境、资源开发和地缘安全等影响不断加深，北极的自然环境、经济资源开发、地缘政治等安全风险，具有日趋增加的国际影响力和战略意义，气候变化所带来的北极安全问题并非单纯的生态环境问题，而是与经济、资源、能源等其他非传统问题紧紧联系在一起，相互影响、相互作用。由于安全维度的"深化"和"拓宽"，作为全球治理的重要一环，当今的北极治理是一个涉及多层次上的不同主体、不同机制和不同安全领域的重大议题，需要进行系统的分析和评估。

四、北极国际治理的"软法"机制

在冷战结束后的全球政治时代，北极治理也成为全球治理中日益重要的

---

① 俄罗斯宣布已完成北极地区大规模军事基础设施建设，新华网，2017-12-26，http://www.xinhuanet.com/world/2017-12/26/c_1122168531.htm。

一环。就现有的北极治理国际机制而言，一方面，某些全球普遍适用的国际机制也同样适用于北极治理；另一方面，近年来北极地区大量安全议题的出现和亟待解决，客观上要求制定有针对性的北极特别适用的国际机制。

（一）北极国际治理的国际机制

冷战结束以来，北极治理机制正在或已经发生着新的变化，由全球普遍适用的国际机制为主到全球普遍适用的国际机制与北极特定适用的国际机制相交织的变化[①]。目前，适用于北极地区治理的全球普遍适用国际机制主要包括：由国际海事组织制定的《国际防止船舶造成污染公约》、最重要的《联合国海洋法公约》、《联合国生物多样性公约》、《联合国气候变化框架公约的京都议定书》，以及为铭记联合国环境规划署理事会1997年2月7日通过的第19/13C号决定制定的《关于持久性有机污染物的斯德哥尔摩公约》（2001年签署，2004年生效）等。

特别针对北极治理而制定的北极地区区域性国际机制目前并不多，但重要性却在不断上升。在冷战结束之前，除了早期的《斯瓦尔巴德条约》之外，仅有《保护北极熊协定》。该协定是由加拿大、丹麦、挪威、美国和苏联等五国签署的。冷战结束前夕，苏联最高领导人戈尔巴乔夫与西方的妥协导致了东西方关系的"缓和"，这一点也在北极地区的国际机制建设中得到了反映。1991年6月，八个北极国家在芬兰罗瓦涅米召开了第一届保护北极环境部长会议，会议通过了《北极环境保护战略》。

在北极治理中，作为"硬法"的国际机制对北极治理的成败是至关重要的。因为"硬法"具有对成员国构成法律约束力的决策能力，使得国际机制在适用于北极治理过程中具有实质性的可操作性意义。目前，尽管适用北极治理的国际机制不少，但北极治理国际机制遇到的困境和挑战是不言而喻的。一方面，虽然适用于北极治理的全球普遍适用的国际机制以"硬法"为基础，如《联合国海洋法公约》，但由于北极地区的特殊性以及《联合国海洋法公约》自身存在的若干缺陷，其局限首先就表现在缺乏针对性，无助于解决北极治理中的特定问题。

[①] 王传兴："论北极地区区域性 国际制度的非传统安全特性——以北极理事会为例"，《中国海洋大学学报（社会科学版）》，2011年第3期，第1—6页。

（二）《联合国海洋法公约》作为"硬法"的局限性

《联合国海洋法公约》作为处理全球海洋事务的基本法律框架，也是治理北极的基本国际法。但是，《联合国海洋法公约》在具体实施上仍然存在诸多问题。

首先，最突出的是海域划界问题。《联合国海洋法公约》规定，沿海国家对大陆架拥有一定的管辖权。关于大陆架的范围，《联合国海洋法公约》第七十六条规定，"从测算领海宽度的基线量起到大陆边的外缘的距离不到200海里，则扩展到200海里的距离"，至于200海里以外的，若沿海国有足够资料证明这一范围也是一国陆上领土的自然延伸，其范围"不应超过从测算领海宽度的基线量起350海里，或不应超过连接2500千米深度各点的2500千米等深线100海里"①。然而，由于北极地区恶劣的自然环境、复杂的地理地质构成以及各国技术水平的差异，北冰洋沿岸国家难以提供足够证据来证明其200海里外大陆架范围。确定在北极地区的200海里外大陆架范围直接关系到这些国家是否享有进行北极资源开发等权益。2001年俄罗斯首次将《联合国海洋法公约》所赋予的外大陆架划界申请权利应用于现实划界需求并非急迫的北极海区，2007年8月俄罗斯的北冰洋"插旗行动"更使多年来未曾引人注目的北极"冰下暗战"趋于显性化，这一举动导致北极利益各方之间的矛盾与争端迅速激化。

其次，大陆架划界直接导致"国际海底区域"范围不明确。北冰洋"国际海底区域"与北极各国对大陆架主张和对北极海洋权益分割呈此消彼长态势。如果北极国家最终都能够按照已申请或正在计划中的方案取得各自主张的200海里外大陆架面积，那么未来北冰洋的"国际海底区域"将比现在大幅缩水90%，这不但使北极"国际海底区域"制度建构很可能面临"空心化"危险②，而且不可避免地会损害国际社会的共同利益。

最后，作为针对北极海域出台的《联合国海洋法公约》"冰封区域"条款看似明确，但在适用于北极地区时却显得模糊不清。根据《联合国海洋法公约》第二百三十四条，在"冰封区域"，"沿海国有权制定和执行非歧视性的

---

① 《联合国海洋法公约》，https://www.un.org/zh/documents/treaty/files/UNCLOS-1982.shtml。
② 黄德明、章成："北极海域200海里外大陆架划界与北极区域法律制度的构建"，《法学家》，2013年第6期，第168页。

法律和规章,以防止、减少和控制船只在专属经济区范围内冰封区域对海洋的污染,这种区域内的特别严寒气候和一年中大部分时候冰封的情形对航行造成障碍和危险,而且海洋环境污染可能对生态平衡造成重大的损害或无可挽救的扰乱。"该规定为北极沿海国实施单边环境管辖提供了法律依据,但却产生了法律解释的歧义和实践中的争议。首先,对其适用的地理范围的解释,仅限于专属经济区还是包含领海;其次,对"冰封区域"的界定,由于气候变暖使得"特别严寒气候"和"一年中大部分时候冰封"的界定变得模糊和难以操作;最后,实践中要区分沿海国是真正出于环保目的,还是借"环保之名"而行"控制航行之实",是十分困难的。"冰封区域"北极适用中的模糊性也使得北极航道的法律地位认定变得困难,航道争端难以解决。所以,《联合国海洋法公约》在北极适用的局限性,在使北极治理中"硬法"缺失的同时,也导致相关国家更多诉诸双边甚至是单边安排,进而带来纠纷甚至冲突。

(三) 现有北极国际治理机制的特征

1. "硬法"的缺失

在涉及北极治理的四个既有区域性国际机制中,1920年签署的《斯瓦尔巴德条约》虽然具有"硬法"特性,但针对的只是斯匹次卑尔根群岛这一个案。该条约承认挪威对这一群岛具有充分和完全的主权;规定该地区永远不得为战争的目的所利用;各缔约国公民可以自由进入该地区,在遵守挪威法律的范围内从事正当的生产和商业活动。与此相类似,1973年签署的《保护北极熊协定》也只是个案式的具有"硬法"特点的多边国际条约,其宗旨是拯救和保护北极熊的生存环境。真正涉及北极地区全面治理的首个北极区域性国际机制,是1991年签署的《北极环境保护战略》。根据《北极环境保护战略》,北极八国承诺合作进行科学研究以确定污染源、污染途径以及污染影响并共享数据;联合行动优先领域为治理持久性有机污染物、石油、重金属、放射性物质以及酸化引起的污染;北极国家同意对开发活动的潜在环境影响进行评价,采取措施控制污染物,降低污染物对北极环境造成的不利影响,并特别关照传统的和文化的需求、当地居民与土著居民的价值观和习惯。《北极环境保护战略》被认为是后冷战时代的一大政治成果,其特点是以"软法"

为基础，不具有对成员国构成法律约束力的决策能力，缺乏实质性的可操作性意义，导致相关国家之间的深层次合作难以实现。这显然不符合应对日益严峻的北极安全挑战的客观需要。

随着全球变暖使得更易于进入北冰洋及沿海地区的预期升高，北极地区在经济上的重要性也与日俱增；北极安全挑战的日益严峻也使得北极治理问题变得格外突出。这迫切要求制定涉及北极地区全面治理的区域性"硬法"国际机制。在这样的背景下，2011年5月12日，第七届北极理事会外长会议在丹麦格陵兰岛首府努克举行，与会国家外长签署了北极理事会成立15年以来的首个正式国际条约《北极搜救协定》，就各成员国承担的北极地区搜救区域和责任进行了规划，这可以说是推动北极区域性"硬法"国际机制发展迈出的重要一步。

2. 存在问题

目前北极治理机制存在着两点不足：一是在治理方式上的"软法性"。北极治理的大部分制度建构是基于成员国之间的宣言或无约束力的国际条约之上，因此具有明显的"软法"特征。北极环境保护战略是目前在北极环境治理中最具代表性、影响力最大的软法典范。"软法"的形式在全球治理中非常普遍，国家之间"软法"性质的协议比有约束力的"硬法"更容易实现，在汇聚成员国预期以及在成员国之间形成共识方面具有独到的优势。但是，"软法"性质的协议在执行方面通常由于其没有约束力，仅仅有赖于成员国的道德力量进行自我约束，通常难以实现更深层次的合作，在北极治理问题上，日益紧迫的北极治理局势，要求"软法"性质的协议逐渐向有约束力的协议过渡，以满足北极事务有效治理的需求。二是治理机制的"分散性"。北极治理发展至今，没有出现一个类似于《南极条约》的"宪法性"公约，这是因为北极地区的特殊性，"南极模式"在北极地区基本上是行不通的。目前北极地区事务的治理模式主要是"应对具体问题"的机制，大都是依据不同的议题领域"分而治之"。这种"分而治之"的治理模式虽然在应对具体问题方面更具有针对性，"分散"的治理模式无法采取整体性的视野，将北极地区视为一个整体，从系统的角度来对北极事务进行统筹规划，而这样的整体性视野和基于生态的角度对北极事务进行治理又是北极未来治理的必然要求。

3. 安全机制的缺失

在北极地区地缘政治日渐凸显的背景下，北极治理中的安全机制存在着一定程度上的缺失。随着北极事务的发展，无论在国际层面还是在北极国家的国内政治中，北极的地缘政治地位及其影响都在上升，围绕北极地区展开的地缘政治竞争也成为北极治理的重要内容[①]。新一轮的北极地缘政治竞争，不仅包括北极地区军事化等传统安全问题，还包括气候变化导致的环境安全问题、全球化对原住民社区的冲击等非传统安全问题[②]。作为北极治理主要平台的北极理事会，在成立之初明确将安全问题的讨论排除在职权范围之外，因此北极地区安全态势的维护并不能通过北极理事会这一平台进行。在北极地区安全问题日益凸显的背景下，北极安全合作机制的缺失将成为北极合作进程的重要威胁，北极安全事务的治理亟须尽快提上议程。气候变化也改变了北极地区的地缘政治重要性[③]。在北极地区地缘政治重要性日渐突出的背景下，俄罗斯的行动尤为明显。以2014年为例，俄罗斯在其北极地区部署军队，加速了北极地区的军事化，2016年9月，俄罗斯宣布在俄芬边界部署反航母导弹防御系统，作为对芬兰计划加入北约的回应[④]。尽管在美国的推动下，2015年10月北极八国签署协议，成立了北极海岸警卫队论坛，但该论坛并不是一个制度化的组织，加之北极八国的海岸警卫队的隶属部门、职权范围等不尽相同，其职能仅限于北极海域的搜救与应急，并不涉及军事安全、国家安全等传统安全合作方面的内容。

五、北极国际治理的多边合作框架机制

北极治理机制庞杂，包括北极理事会、北极经济理事会、北极圈论坛以及北极地区议员大会、国际北极科学委员会、国际海事组织等相关组织和机

---

① 陆俊元："北极地缘政治竞争的新特点"，《现代国际关系》，2010年第2期，第25—29页。
② 孙凯、吴昊："北极安全新态势与中国北极安全利益维护"，《南京政治学院学报》，2016年第5期，第71—77页。
③ Scott G. Bergson, Arctic Meltdown: The Economic and Security Implications of Global Warming, *Foreign Affairs*, 2009（2）：63-77.
④ Russia Moves Missiles to Finnish Border, YLENews, 2016-09-26, http://yle.fi/uuti-set/osasto/news/russia_moves_missiles_to_finnish_border/9186533.

构。其中在北极安全治理中最为引人注目也具有最高权力的是北极理事会。

(一) 北极理事会

1. 北极理事会的成立与组织架构

北极理事会作为北极地区重要的区域性国际机构,其前身是北极八国在1991年签署的《北极环境保护战略》,最初的目的是为推动北极八国在应对北极地区日益严峻的环境问题方面的合作。但随着北极地区事务的多样化与复杂化,需要进一步加强北极国家在更广泛意义上的合作。1996年北极八国聚首加拿大首都渥太华,签署了《关于成立北极理事会的宣言》(《渥太华宣言》)。

北极理事会成员为加拿大、丹麦、芬兰、冰岛、挪威、瑞典、俄罗斯和美国等八个北极国家,享有决策权,以协商一致的方式做出决定。理事会下设六个工作组,即检测与评估工作组,动植物保护工作组,可持续发展工作组,海洋环境保护工作组,污染物行动计划工作组,突发事件预防、准备和处理工作组。工作组外,北极理事会还会根据特别的任务设立特别任务组。理事会现有32个观察员,其中包括12个国家(中国是其中之一)和20个国际组织,观察员参与理事会活动,可以出席公开会议、参与理事会工作组的工作,经主席同意后可以发言和提交相关的文件,但是没有投票权,即在北极的开发与安全等方面没有决策权。较之以往,新成立的北极理事会所关注的议题除了环境保护之外,还特别注重可持续发展问题,且确认了六个原住民组织作为永久参与方在北极理事会中的地位,这六个原住民非政府组织分别是阿留申人国际协会、北极阿萨巴斯卡人理事会、哥威迅人国际理事会、因纽特环北极理事会、俄罗斯北方原住民协会和萨米人理事会,代表北极地区400万人口中大约50万的土著人口,在北极理事会谈判和表决中具有充分的协商权。北极理事会强调这是它独特的制度设计。

作为一个"高级别论坛",北极理事会自成立之后,通过下设的工作组、特别任务组以及专家工作组,在塑造北极地区议程设定、影响北极事务治理的相关政策、推动北极地区事务的国际合作等方面取得了显著的成就。近年来北极理事会进行了一系列的改革,包括增设新工作组和副部长级会议,在挪威的特罗姆瑟设立固定的秘书处,至此,北极理事会已初步具备最高权力机构（部长级会议）、执行机构（高官会），以及日常行政机构（常设秘书处）这样的"三级架构"，这一结构至少在外在功能形态上看起来与一般国际法所界定的国际组织并无二致。北极理事会的运作经费也有制度化的规定，明确界定了观察员的入门资格等，使北极理事会朝向具有"政策制定"功能的国际组织方向演化，分别在2011年和2013年签署了具有约束力的《北极海空搜救协定》和《北极海域油污应急与预防协定》，拟议中的《北极科学合作协定》也有望在美国担任轮值主席国期间签署。

2. 北极理事会的局限性

北极理事会有其内在的结构性局限，从它的权力分配来看，北极理事会本质上仍是一个区域性的治理机制，是一个"高级别论坛"性质的国际机构，其达成的决议文件具有明显的"软法性"特征。虽然北极理事会所涵盖的议题广泛，但在这些议题的具体政策制定方面，还有赖于该领域中的国际组织以及国内立法。例如在航运治理方面，北极理事会在2009年发布了《北极航运评估报告》，但是对北极航运规则和法律政策的具体制定，则属于国际海事组织职能；在应对北极地区气候变化等环境问题方面的政策制定，则需要将其置于《联合国气候变化框架公约》的架构之下，以及围绕该问题的其他多边和双边机构。

同时，北极理事会先天的组织结构及机制性缺陷，使得环北极国家确定了一种"外部排他、内部协商"北极事务治理模式，在一定程度上推动了北极理事会"域内自理化"趋势的发展。北极理事会由上述的八个北极国家组成，由于北极地区的陆地、岛屿和近海海域分属于这八个国家，因此它们在北极理事会的核心地位是基于地理位置的先天给定，可以根据国际法的相关规定在给定区域行使特定的权利并享有特定的利益。北极事务的处理，关乎这些国家最根本的利益，因而在强化自身北极国家身份的同时，北极八国逐渐建立起某种主权联盟，形成了合作内核，借助北极理事会的协商机制，共同建构北极的区域意识，营造共同价值形态的话语体系，这也让北极治理呈现出了"门罗主义"特征，并且北极八国通过机制安排将该理念确立在北极治理的多个领域。2011年北极理事会高官会议决议报告以文本的形式重申北极国家在北极事务中至高无上的主导权和决策权，永久参与方（六个北极原住民组织）在理事会的讨论和决议中享有咨商权，观察员（又分为正式观察员和临时观察员）自动获邀或申请出席北极理事会的所有会议，没有决策权。该报告标志着北极版"门罗主义"的出笼，北极国家在向世人宣布：北极是"北极国家"的北极，[①] 北极事务是北极国家的家务事。治理议题局限性表现在议题仅局限于北极区域问题的讨论，全球性议题如北极环境变化的全球影响、北冰洋公海治理则不在讨论之列。总之，北极国家希望通过"门罗主义"进行域内利益分割，削弱北极圈以外国家的北极事务参与权利。

应该承认，北极理事会在推动北极地区的国家间合作以及国际社会重视北极问题上功不可没，但随着北极气候的变暖和经济利益的驱使，它又在一定程度上变成了拓展北极国际合作空间的障碍，特别是其近些年来表现出的这些主导甚至垄断北极事务的倾向，这种趋势相当不利于广泛意义上北极国际合作的发展，随着北极问题性质的逐步变化，北极理事会应该顺应发展趋势和国际社会的普遍要求，以更开放包容的姿态来推动北极国际合作取得更多成果。

（二）北极经济理事会

1. 北极经济理事成立的背景与目标

2014年9月2—3日，来自北极八国及永久参与者的35名商业代表齐聚加拿大努纳武特地区伊魁特，宣布筹划已久的北极经济理事会正式成立，这是继北极理事会成立之后北极治理的又一重大事件。

随着气候变化及海冰消融，北极地区的特殊地理位置及战略价值受到国际社会的广泛关注。北极蕴藏的石油和天然气资源分别占世界剩余储量的13%和30%，[②] 北极航道的开发前景也因海冰消融大为提升，北极地区的经济价值日益凸显。在北极八国中，加拿大极其重视其北方地区发展，欲通过加强与北极国家的开发合作提升当地人民的生活水平；俄罗斯已将北极开发纳入国家战略中，期望通过与非北极国家在资源、航道方面的开发合作来提振经济；美国的北极政策虽偏重于气候变化，但阿拉斯加州在北极开发活动

[①] 郭培清："应对北极门罗主义的挑战"，《瞭望》，2011年第42期，第72页。

[②] P. Stauffer, U.S. Geological Survey, Circum-Arctic Resource Appraisal: Estimates of Undiscovered Oil and Gas North of the Arctic Circle, *Fact Sheet*, 2008-3049, http://pubs.usgs.gov/fs/2008/3049/fs2008-3049.pdf.

中向来持积极态度；北欧五国也纷纷表示支持北极经济开发。虽然主要国家北极战略侧重不尽相同，但都乐见北极经济开发。在加拿大等国的推动下，2013年5月15日第八届北极理事会部长会议发布的《基律纳宣言》将"改善（北极）经济和社会条件"中的北极开发置于首要位置，并指出北极开发居于北极各种商业活动的"核心地位"，应该提高北极地区商业团体的合作水平，推动地区可持续发展[①]。该宣言指出，北极经济活动是本地区人民和社会团体可持续发展不可分割的组成部分，应当建立特别工作组，创立"环北极商业论坛"，[②]以加强北极开发合作，促进北极经济开发。

北极经济理事会由北极理事会发起成立，旨在通过推动北极国家间的合作开发以强化北极理事会，"环北极商业论坛"是北极经济理事会的雏形。2013年12月，由加拿大、芬兰、冰岛和俄罗斯建立的"环北极商业论坛"工作小组提出将"环北极商业论坛"更名为"北极经济理事会"，这一提议于2014年1月得到北极理事会高官会的批准，并将北极经济理事会的目标定为："助益北极开发，加深北极地区合作，为北极理事会提供商业方面的建议与咨询[③]。"

2014年3月，在加拿大耶洛奈夫召开的北极理事会高官会议上，各国达成一致，表示将共同致力于推动北极经济理事会的成立，并发布题为《推动北极经济理事会成立》的报告，强调该组织的宗旨是"推动北极的可持续发展，包括经济增长、环境保护和社会发展"，指出北极经济理事会将通过提高地区经济合作水平，创造商业、贸易和投资机会以及最大限度开发北极经济潜力，以实现"强化北极理事会"的目标[④]。2014年9月2—3日，北极经济理事会成立大会通过了《北极经济理事会：信息》和《北极经济理事会：职权范围》，这两份文件指出，经济理事会将通过"分享优秀经验、技术方案和

[①] Meagan Wohlberg, Arctic Economic Council to Promote Business in North, *Northern Journal*, 2014 (4), http://norj.ca/2014/04/arctic-economic-council-to-promote-business-innorth/; Kevin McGwin, Editor's Briefing: Arctic Economic Council, *The Arctic Journal*, 2014 (9), http://arcticjournal.com/business/981/arctic-economic-council.

[②] P. Stauffer, U.S. Geological Survey, Circum-Arctic Resource Appraisal: Estimates of Undiscovered Oil and Gas North of the Arctic Circle, *Fact Sheet*, 2008-3049, http://pubs.usgs.gov/fs/2008/3049/fs2008-3049.pdf.

[③] 同上。

[④] U.S. State Department. Kiruna Declaration: On the Occasion of the Eighth Ministerial Meeting of the Arctic Council, 2013-05-13, http://www.state.gov/r/pa/prs/ps/2013/05/209405.htm.

开发标准及其他咨询"推动北极商业活动和负责任的经济活动①,明确把经济理事会定性为一个服务北极理事会和北极地区商业社会之间互动关系的基础性论坛,负责为北极地区具体领域的合作和北极理事会的活动建言献策②。北极经济理事会的成立成为了北极进入开发时代的标志性事件。

2. 北极经济理事会的局限性

与北极理事会成员国、永久参与方和观察员区分类似,北极经济理事会成员间也有明确的界限。在担任北极理事会轮值主席国之初,加拿大宣布将通过"北极对北极"(Arctic-to-Arctic)的方式开发北极,合作对象仅限于北极国家,北极开发的规则应该由北极理事会成员国和永久参与者制定,声称理事会未来有望吸纳新成员,但只对北极国家开放③。在北极经济理事会中,传统会员拥有表决权,各个北极国家和永久参与方均可派出三名商业代表,其他利益攸关方只能作为无投票权成员参加北极经济理事会。北极经济理事会决策体系的议题确定、议程设置和制度构建三大核心环节都被北极国家牢牢把持,其他国家仅能申请无表决权会员,难以深入参与北极经济事务④。北极经济理事会在实际运行过程中对参与方的价值主要体现在提供信息而非直接参与北极经济合作⑤,北极圈以外国家在北极经济理事会中仍处于边缘的地位。

因此,有学者对北极经济理事会的权力架构进行了如此的评价:正是由于北极国家清醒认识到北极经济开发必然引起北极地缘政治格局的演变,因此在北极经济理事会的权力设置问题上,预先嵌入了排他性逻辑。坦言之,

---

① Arctic Council, Arctic Economic Council, 2014-01-28, http://www.arctic-council.org/index.php/en/arctic-economic-council.

② Arctic Council, Agreement on Arctic Economic Council, 2014-03-27, http://www.arctic-council.org/index.php/en/resources/news-and-press/news-archive/860-agreement-on-arctic-economic-council.

③ Meagan Wohlberg, Arctic Economic Council to Promote Business in North, *Northern Journal*, 2014 (4), http://norj.ca/2014/04/arctic-economic-council-to-promote-business-innorth/; Kevin McGwin, Editor's Briefing: Arctic Economic Council, *The Arctic Journal*, 2014 (9), http://arcticjournal.com/business/981/arctic-economic-council.

④ 肖洋:"北极经济治理的政治化:权威生成与制度歧视——以北极经济理事会为例",《太平洋学报》,2020年第7期,第13页。

⑤ 郭培清、董利民:"北极经济理事会:不确定的未来",《国际问题研究》,2015年第1期,第113页。

北极经济利益是世界大国北极战略的核心组成部分，但北极气候的暖化助推北极营商生态环境大幅改善，迫使北极国家和非北极国家加速在北极地区的战略布局[1]。

（三）其他多边合作机制

北极地区现有的区域性国际合作机制，涉及的基本上都是非传统安全领域的议题，根据北极八国1996年在渥太华签署的《关于成立北极理事会的宣言》，在宣言文本的脚注中明确标注了"北极理事会不涉及军事安全问题"[2]。宣言规定将北极理事会建立成一个为促进北极国家之间进行合作、协调和互动的高级别政府间论坛，并将北极原住民社区和其他北极地区居民包括进来，以应对北极地区的共同问题，尤其是北极地区的可持续发展问题和环境保护问题。建立之初便明确将治理范围限制在环境保护和可持续发展领域，不涉及军事或政治等敏感问题的举措，通过不具有法律约束力的软法来推动环境治理，规范成员国的参与行为，这为北极理事会的成立减轻了阻力，也避免了北极理事会在日后的行动中因各国对军事、主权等政治问题的态度而发生分歧和冲突，有效保障了北极理事会运行。

此外，像巴伦支欧洲—北极理事会、巴伦支地区理事会、巴伦支欧洲—北极地区联合理事会、国际北极科学委员会、北冰洋科学委员会、泛太平洋北极工作组、北极国际社会科学学会这样的次区域性国际制度，其涉及的也主要是非传统安全议题。这些北极地区的区域性国际制度对非传统安全的关注，在其各自下属的工作组或委员会以及各自的主要目标宗旨中得到了充分的体现。例如，巴伦支欧洲—北极理事会下设的六个工作组或委员会，其工作重点是有关环境、旅游和运输这样的非传统安全议题。它们分别是经济合作工作组、海关合作工作组、环境工作组、青年政策工作组、巴伦支欧洲—北极运输区筹划指导委员会、营救合作临时联合委员会。巴伦支地区理事会下设的四个工作组：环境工作组、通讯工作组、青年问题工作组、投资和经济合作工作组。巴伦支欧洲—北极地区联合理事会下设的五个工作组：健康

---

[1] Elina Brutschin, Samuel R. Schubert, Icy Waters, Hot Tempers, and High Stakes: geopolitics and geoeconomics of the Arctic, *Energy Research and Social Science*, 2016(16): 147-159.

[2] Declaration on the Establishment of the Arctic Council, 1996-09-19, https://oaarchive.arcticcouncil.org/handle/11374/85.

和与社会问题相关的联合工作组、教育和研究联合工作组、能源联合工作组、文化联合工作组、旅游联合工作组。其情形与巴伦支欧洲—北极理事会下设的六个工作小组或委员会相仿，工作重点也都是非传统安全议题。

1. 科学与安全领域

国际北极科学委员会的主要宗旨之一，是向北极理事会和其他关注科学问题的组织提供影响北极地区管理的客观而独立的科学建议。北冰洋科学委员会的长期使命是通过支持多国多学科间的自然科学和工程计划来促进对北冰洋的研究。太平洋北极工作组的主题是气候、污染物、人类方面以及北极生态系统的结构和功能。北极国际社会科学学会的六个主要目标中的两个分别是促进社会科学家与北极地区人民之间的相互尊重、相互交流和相互合作，在北极地区从文化上、发展上和语言上促进适当的教育。

随着北极地区地缘政治与安全态势的发展，北极地区的安全合作与交流也提上日程，而这些问题只能依靠其他平台进行。在美国的发起下，北极八国在2015年10月30日正式签署协议，成立了"北极海岸警卫队合作论坛"，以确保在北极地区海上活动的安全和共同应对北极海域的突发事件[1]。

2. 北极多边论坛

近年来也成立了多个其他的高端论坛，吸引了国际社会的广泛参与，这些既是对北极治理机制的有益补充，在一定程度上也与北极理事会形成了竞争。

早在北极经济理事会成立之前，一些北极国家就开始主办北极治理多边会议，其中包括由俄罗斯主导的国际北极论坛成立于2010年，然而，随着乌克兰危机导致俄欧、俄美关系紧张，俄罗斯与北约国家在北极地区的冲突亦呈现加剧趋势，为了孤立俄罗斯，美国和加拿大等北极大国极少参加国际北极论坛，使之难以扩大在北极地区的影响力。冰岛总统格里姆松在2013年发起的"北极圈论坛"，由于其在开放性、平等性、灵活性等方面的特征，吸引了很多国家参与。2013年10月，首届北极圈大会在冰岛首都雷克雅未克召开，超过35个国家和国际组织的政要、学者、企业家以及原住民代表等

---

[1] Katie Braynard, Establishment of the Arctic Coast Guard Forum, 2015-10-30, http://coastguard.dodlive.mil/2015/10/establishment-of-the-arctic-coast-guard-forum/.

1200 余人围绕气候变化、北极安全、环境保护、资源开发、原住民权利等问题展开对话协商[①]。此后,北极圈大会于每年 10 月在雷克雅未克召开,规模越来越大,吸引了法国总统奥朗德、联合国秘书长潘基文等政要出席并发表演讲。中国对之也高度重视,在 2015 年第三届大会的开幕式上,王毅外长发表了视频致辞,张明副外长出席并在专题会议上发表了关于中国参与北极治理的主旨演讲。除年度大会外,北极圈论坛还在世界其他地方组织专业性论坛,如 2015 年在阿拉斯加和新加坡讨论航运和港口、亚洲国家的北极参与和海事问题,2016 年在格陵兰和魁北克聚焦北极地区的经济发展和可持续发展等。作为一个开放、民主的制度安排,北极圈论坛涉及议题广泛,参与主体多元,已成为关于北极未来发展最大的国际对话与合作网络。

除此之外,挪威发起的"北极前沿论坛"、美国华盛顿大学发起的"直面北极论坛"等制度化的论坛,将学界、政界和商界人士召集在一起,共同探讨北极事务及其治理,这些高端论坛也都在影响北极治理议程中发挥着重要的"第二轨道外交"的作用。

3. 北极科学部长级会议——北极科学领域合作新机制

始于 2016 年的北极科学部长级会议作为北极科学领域的新机制,该机制旨在为世界各国、国际组织与科学团体等相关行为体参与北极科学合作提供平等的交流平台,促进北极事务决策者和科学界的"直接沟通",具有超越北极治理中的"门罗主义"特征的潜力。2016 年 9 月 28 日,首届白宫北极科学部长级会议在美国华盛顿召开,包括北极八国和北极研究主要国家(英国、德国、法国、中国、印度、日本、韩国、西班牙、波兰等)在内的 25 个国家和地区派出高级别代表团出席会议。北极原住民组织也派代表出席了会议。为加强北极科学研究、观测和数据分享方面的国际合作,首次会议聚焦四个主题:北极面临的挑战及对当地和全球的影响;加强和集成北极观测网络与数据共享;应用新的科学发现增强北极适应能力,推动全球应对气候变化;以北极科学推动当地理工数学教育,提升公民素质。会议达成并签署了《部长联合声明》,凝聚了各国加强北极科学合作的政治共识,围绕各主题确定了

---

① Arctic Circle,http://www.arcticcircle.org/assemblies/2013.

15 项技术成果和倡议[①]。

到目前为止，且受到 2020 年全球新冠病毒感染疫情的影响，北极科学部长级会议只召开了两届，但从两届会议的报告中能清晰地看出其定位：为应对北极气候环境变化给北极地区和世界范围带来的影响，由各国政府、原住民组织以及国际组织等相关行为体代表参加的、为人类更好地了解北极、提高精确预测气候变化的能力、保护人类社会未来的安全而创建的政府决策者和科学界之间直接互动的多边合作和交流平台。

这个目标定位表明了北极科学部长级会议的四个特征，与北极理事会等政府间论坛不同，北极科学部长级会议强调北极环境变化对北极以外地区的影响，强调北极科学研究的多元性、平等性以及行为体之间的合作，强调北极圈以外的国家对北极科学研究所做的贡献，这与国际北极科学委员会等非政府北极科学研究组织也有不同，北极科学部长级会议旨在推动政府决策者与科学研究团体之间的对话，为北极科学研究的正确和准确决策做出贡献，北极科学部长会议具有重要的时代价值。

---

① 首届白宫北极科学部长级会议在华盛顿召开，中华人民共和国科学技术部网站，2016-10-19，http：//www.most.gov.cn/kjbgz/201610/t20161019_128269.htm。

第四篇　滨海国际运输走廊建设与东北振兴

第十七章 北极航线开发背景下滨海国际运输走廊建设

一、北极航线开发对东北地区经贸的影响

随着东北航线的通航,东北地区在中国的贸易格局地位将不断上升,产业布局逐渐向能源产业、装备制造业、基础设施建设等方面发展,这可能会为中国东北地区经贸的发展迎来新的机遇。

(一) 北极航线开发对东北地区贸易和产业的影响

1. 航线的开通将会改变中国东北区域贸易格局

(1) 东北航线的开通将会促进中国东北地区对外贸易的增加

相比中国其他地区,东北地区更靠近东北航线,经东北地区的港口途径东北航线到达欧洲的距离、时间、成本也相应降低更多,东北地区对外贸易增幅将更大。根据新经济地理理论,经济一体化带来的贸易成本的降低将改变一国原有的区域空间分布格局[1],大量的企业将改变原来集聚在中心区域的模式,向边境地区集中。因此东北航线的开通所带来的东北地区贸易成本降低和贸易规模的增加,可能会促使某些相关产业向东北地区转移。

(2) 东北航线的开通会提高东北地区的贸易自由度

内生的非对称性现象的发生是突发性的,当处于对称均衡且交易成本较

---

[1] Hanson (1996,1998) 的研究认为,北美贸易自由化促使墨西哥聚集中心由原有墨西哥城制造带向美墨边境转移,Krugman and Livas (1996)、Fujita (1999)、Venable (1999、2000) 等人在新贸易理论和新经济地理理论的基础上建立了两国三地区模型,这些模型表明对外贸易自由化削弱了国内中心地带的向心力,使得企业聚集在中心区域的成本大于关联效应带来的收益,而边境地区由于更接近外部市场,跨边界的前向和后向关联增加了企业聚集在边境地区的向心力,因而导致国内产业分布发生变化。

大时，贸易自由度达到某一临界值以前，贸易自由度的提高不会影响产业的区位。当贸易自由度超过这一临界值之后，贸易自由度的提高可能会导致突发性聚集。东北航线日益成熟之后，距离的缩短会促进交易成本的下降和贸易自由度的提高，东北地区贸易自由度的提高可导致经济地理的重新组织，促使某些产业在空间上向东北地区集聚。

(3) 东北航线的开通将会促进东北地区与东北亚国家的经济联系

在地理区位上，中国东北地区比内地更靠近日韩俄等周边国家，这种地理位置上的便利目前并没有得到很好的发挥，"边界效应"更多地体现为"屏蔽效应"。东北航线的开发、建设和运营能够促进东北地区与周边国家的经济联系，加强与周边东北亚国家的区域经济合作，边界的"屏蔽效应"也会向"中介效应"转化，从而促使东北地区获得比内地进入周边国家市场更好的便利条件，促进东北地区市场潜力提高，促进中国与日本、韩国、俄罗斯等国家的贸易往来，吸引更多的企业，尤其是参与国际产业间垂直联系的企业向东北地区集聚。

2. 东北航线的开通会对中国东北地区的产业布局产生深刻影响

(1) 能源产业

东北航线的开通使中国东北地区能源供应充足、运输效率提高、成本相对降低。同时上游能源资源的充足保障，也将推动能源产业相关联的中下游产业发展，炼油化工技术、石油化学产品制造水平将进一步提高。按照贝克斯（Bekkers）的预测，东北航线的开通将使我国石油化学品等能源产品的进出口贸易量大幅度提高。中国与欧洲东北部国家石油化学品出口将增加20%以上，特别是出口德国的石油化学产品增加百分比高达38%。

(2) 装备制造业

石油化学产品贸易量的提高会同时带动装备制造业的发展，装备制造业的发展包括石油、化工产品制造的大型机械化机器的建造，也包括东北沿线地区港口建设、船舶建造、金属冶炼的建设。东北航线的开通将带动航道沿岸东北亚地区港口装备制造业的整体发展。中国东北地区能够凭借地缘优势，利用在装备制造业上的集聚效应，提高装备制造业的竞争力。

(3) 基础设施建设

俄罗斯在东北航线建设的资金、技术、基础设施上都存在着很大的缺口。

中国东北地区紧邻俄罗斯，一方面国内航运取道东北航线可以途经中国东北地区进行停靠，这对东北地区本身的基础设施建设提出了更高要求。另一方面，东北地区紧邻俄罗斯，地缘优势明显，可以及时根据市场需求，向俄罗斯提供基础设施建设需要的资金、原材料、技术、设备、人才等。通过引入资金、技术、人才等，弥补俄罗斯在运输系统、物流系统、信息系统、通信设备、紧急援助设备等方面的缺口。

（二）东北航线开通对东北地区对外贸易影响的测算

1. 测算方法

运用贸易引力模型分析东北航道对东北地区的辽宁、吉林和黑龙江对欧贸易的影响，具体的回归模型如下所示：

$$\ln TT_{ijt} = \beta_0 + \beta_1 GDP_{it} + \beta_2 GDP_{jt} + \beta_3 \ln D_{ij} + \beta_4 \ln POP_{jt} + \beta_5 \ln ef_{jt} + \beta_6 euz_{jt} + \beta_7 location_j + \varepsilon_{ijt} \quad (17.1)$$

被解释变量 TT_{ijt} 表示东北 i 省对欧洲 j 国家（行业、区域）t 年的进出口贸易额；GDP_{it} 与 GDP_{jt} 分别表示东北 i 省与欧洲 j 国 t 年的国内生产总值[①]；D_{ij} 表示 i 地区代表性港口与 j 国最重要港口的苏伊士航道距离；POP_{jt} 表示 j 国 t 年的人口总量；ef_{jt} 代表 j 国 t 年的经济自由度；euz_{jt} 代表是否加入欧元区，欧洲国家加入欧元区以前的年份设定为 0，加入当年及之后年份设为 1；$location_j$ 代表 j 国的地理区位，欧洲国家的地理区位分为北欧、南欧、西欧、中欧以及东欧。

选取 2001—2016 年欧洲 19 个国家分别与东北三个区域的双边贸易数据进行实证分析。距离参考 Eddy Bekkers 的测距方法，并使用 AvisBtoC 提供的 port to port 软件估算出来[②]；东北三省与欧洲国家的双边贸易额和国内生

[①] 在分行业引力模型中，每个行业的 GDP 数据较难获得，因此借鉴 Chaney（2008）、Nordström（2006）的做法，分行业引力方程仍采用国家层面的 GDP 作为回归变量。

[②] 在测算辽宁省、吉林省、黑龙江省通过苏伊士运河航道到欧洲各国的距离时，测算的是三省通过陆运到大连港的直线距离，再通过大连港到欧洲国家的距离。在测算三省省会城市通过东北航道到欧洲各国的距离时，由于三省距离俄罗斯海参崴港口较近，为此先测算三省省会城市通过陆运到海参崴的直线距离，再通过海参崴到达欧洲各国。

产总值数据来源于各省统计年鉴①。

2. 测算结果及分析

初步测算了航运距离②对辽宁、吉林和黑龙江三省对欧贸易的区域异质性影响③。从表 17.1 可以看出，东北三省对欧贸易中，航运距离的系数均显著为负，其中辽宁利用 OLS、GLS、PPML 三种方法测量的距离系数分别为 -4.077、-4.130、-0.249，吉林为 -5.783、-3.423、-0.376，黑龙江为 -3.227、-3.693、-0.201，说明距离的缩短有利于东北三省贸易量的扩大。进一步观察东北三省的距离系数，可以发现不管是哪一个模型，三省的绝对值均明显大于中国总体层面的航运距离系数的绝对值，表明东北地区对欧洲进出口的距离效应要大于中国对欧洲进出口的距离效应，这可能是因为相比中国的其他地区，东北三省与欧洲地区的产业更具互补性。

表 17.2 列出了辽宁、吉林、黑龙江三省分别经大连港和海参崴港口的东北航线对欧洲贸易的增加幅度。从表中可以看出，总体来说，东北航线的开通促进了东北三省与欧洲国家的贸易增幅，其中辽宁的贸易增幅最大，平均增幅为 1004%（1516%），其次为黑龙江和吉林，平均增幅分别为 612%（1358%）和 144%（390%）④。东北三省的贸易增幅均远大于国家总体层面 31% 的平均增幅，说明相比其他地区，东北地区能从东北航线开通中获得更大的收益，这不仅有利于东北三省在国际贸易中战略地位的提高，也为东北地区新一轮经济振兴提供了新的经济增长点。东北三省经海参崴港口的贸易增幅均大于经大连港口的贸易增幅，说明"借港出海"的战略能促进东北地区对外贸易发展，提升东北地区对外开放水平。从贸易对象来看，东北三省

---

① 2005 年以前吉林省并未公布对各个国家的具体进出口总额，因此我们假设吉林省 2005 年以前对各个国家的进出口总额增长速度等于吉林省历年进出口总额的增长速度，并以此估算 2005 年以前吉林省对欧洲国家的进出口贸易量。东北三省的统计年鉴中 GDP 是以亿元为单位，世界银行所提供的欧洲 19 国 GDP 是以百万美元为单位，因此我们用当年的汇率换算了东北三省用百万美元衡量的 GDP。

② 在测算东北三省通过苏伊士运河航道到欧洲各国的距离时，测算的是三省省会城市通过陆运到大连港的直线距离，再通过大连港经苏伊士运河到欧洲国家的距离。在测算三省通过东北航道到欧洲各国的距离时，考虑到东北三省借港出海的可能，我们不仅测量了三省通过陆运到大连港，再经东北航道到欧洲各国的距离，也测量了三省通过陆运到海参崴，再经东北航道到达欧洲各国的距离。

③ 同①。

④ 括号内为东北三省经海参崴港口的东北航道距离所计算出的贸易增幅。

第十七章　北极航线开发背景下滨海国际运输走廊建设

表 17.1　东北地区对欧贸易回归结果

变量	辽宁 ols	辽宁 gls	辽宁 ppml	吉林 ols	吉林 gls	吉林 ppml	黑龙江 ols	黑龙江 gls	黑龙江 ppml
lngdpi	0.729***	0.702***	0.0464***	0.787***	0.586***	0.0530***	0.700***	0.738***	0.0908***
	(0.079)	(0.099)	(0.005)	(0.126)	(0.112)	(0.011)	(0.091)	(0.155)	(0.013)
lngdpj	0.317***	0.416***	0.0206***	0.230	1.170***	0.146***	0.420***	0.566***	0.0401**
	(0.064)	(0.093)	(0.003)	(0.353)	(0.039)	(0.014)	(0.115)	(0.192)	(0.017)
Lndij	−4.077***	−4.130***	−0.249***	−5.783**	−3.423***	−0.376***	−3.227***	−3.693***	−0.201**
	(0.177)	(0.250)	(0.010)	(2.324)	(0.505)	(0.100)	(0.564)	(0.970)	(0.090)
其他控制变量	是	是	是	是	是	是	是	是	是
常数项	2.500	5.823*	1.720***	43.520	43.00***	5.945***	−24.67***	−13.350	−4.030***
	(2.569)	(3.349)	(0.161)	(30.380)	(4.967)	(0.986)	(6.401)	(11.230)	(0.958)
伪对数似然			−321.877			−374.677			−607.073
R2	0.925	0.926		0.957	0.927		0.895	0.867	
N	139	139	139	176	176	176	300	300	300

注：*、** 和 *** 分别代表 10%、5% 和 1% 的显著性水平。

与欧洲国家的贸易增幅和国家、行业层面的趋势一致，与高纬度的北欧、西欧、波罗的海沿岸国家的贸易增幅较大，而与斯洛文尼亚、希腊等维度较低的南欧国家的贸易并没有因为东北航道的开通而有所增加。其中东北地区与瑞典、丹麦、挪威、冰岛等环北极国家的双边贸易量增幅最大，这些国家拥有石油、渔业、森林和矿产等丰富的自然资源，随着东北航线的开通，东北地区能获取更多的自然资源，从而促进东北地区能源产业、装备制造业的发展。

表17.2　东北航线开通对东北地区对欧贸易增幅的影响（单位：%）

国家	辽宁 经大连港	辽宁 经海参崴	吉林 经大连港	吉林 经海参崴	黑龙江 经大连港	黑龙江 经海参崴
芬兰	1076.98	2527.83	681.17	1795.37	758.66	2375.64
爱沙尼亚	1082.34	2544.42	684.11	1806.16	761.98	2390.92
拉脱维亚	1139.41	2710.42	715.13	1913.44	797.30	2543.48
立陶宛	1145.83	2746.69	718.57	1936.80	801.16	2576.81
波兰	1238.70	2787.54	768.92	1963.10	859.03	2614.39
挪威	1270.18	3146.11	785.12	2192.50	876.93	2943.67
丹麦	1273.69	3184.40	786.98	2215.99	879.06	2976.97
瑞典	1287.20	3206.34	794.14	2230.64	887.19	2998.58
冰岛	587.59	2882.39	398.82	2030.73	436.90	2715.50
德国	1361.46	2293.00	833.25	1673.75	931.79	2224.21
英国	1371.45	1584.00	837.81	1219.76	936.32	1603.37
荷兰	1703.10	1619.63	1010.20	1243.97	1135.60	1636.77
比利时	1298.91	1457.54	799.15	1135.27	891.73	1488.54
葡萄牙	92.89	132.36	72.79	148.14	77.07	193.30
斯洛文尼亚	−87.57	−85.51	−82.39	−76.27	−83.73	−75.32
西班牙	−52.62	−43.76	−46.31	−25.07	−47.79	−16.86
法国	−60.16	−52.85	−53.53	−35.51	−55.10	−29.08
意大利	−68.10	−62.34	−61.38	−46.67	−63.00	−41.95
希腊	−93.07	−91.89	−89.16	−85.30	−90.18	−84.99

二、滨海国际运输走廊及相关基础设施建设

（一）滨海国际运输走廊走向及功能

东北航线联结亚洲和欧洲两大贸易区域，对中国特别是东北地区来说，东北航线提供了一条距离更短更加安全的航线，"滨海1号"和"滨海2号"国际运输走廊可以将中国黑龙江和吉林这两个没有出海口的省份的货物，通过借港出海运送到欧洲地区，同时还能以过境运输的方式发往韩国、日本和中国南部。通过"滨海1号"和"滨海2号"建设经海参崴等远东港口的北极航线国际陆海物流通道，东北地区将成为"冰上丝绸之路"的重要枢纽之一，并将作为环东海经济圈中心地区。经滨海国际走廊运输充分发挥运距运价优势，为经俄罗斯远东港口的内贸外运南下方向提供基本保障。

1. 滨海国际运输走廊走向

（1）"滨海1号"国际运输走廊

"滨海1号"国际运输走廊是绥芬河—格罗德科沃—海参崴—纳霍德卡和东方港口的货物路线，为黑龙江提供了俄罗斯滨海边疆区和远东地区的出海口。黑龙江的牡丹江、佳木斯、大庆和其他城市的大部分大型工业中心都在纳霍德卡港口的辐射区内，哈尔滨在扎鲁比诺辐射范围内。目前"滨海1号"国际运输走廊有重大进展，一是中俄同江铁路大桥、中俄黑龙江公路大桥、中俄东宁—波尔塔夫卡界河桥等跨境基础设施建设和规划都已实现重大突破；二是对牡丹江至绥芬河铁路进行扩建，年过货能力由1100万吨提升到3300万吨；三是已经建立从绥芬河和俄罗斯远东港口至韩国釜山、日本横滨和我国南方的陆海联运运输模式，2015—2016年间，经"滨海1号"国际运输走廊的货运量增加了5倍。

（2）"滨海2号"国际运输走廊

"滨海2号"国际运输走廊是由长春—吉林—珲春/俄克拉斯基诺、珲春/俄马哈林诺（卡梅绍娃亚）—扎鲁比诺港—亚太地区港口及我国南方沿海港口的国际物流通道。境内段包括图们—珲春—长岭子（国境线）81千米铁路，境外段包括俄罗斯卡梅绍娃亚—马哈林诺—扎鲁比诺港72.5千米铁路及扎鲁比诺港，该线路从珲春地区长岭子边境接轨。境内段车站主要有珲春南站（口岸站）、城西站、英安站、珲春西站、密江站、凉水站、庆荣站。境外

段车站主要有卡梅绍娃亚站、马哈林诺站、格沃兹德堡站、苏哈诺夫卡站、扎鲁比诺港。2015年5月开辟了珲春—扎港—釜山跨境陆海联运定期航线，还实现了对韩国包括釜山、蔚山、光阳港，日本境港、直江津、新潟及富山新港等日韩港口的非定期停靠作业。2018年9月正式启动珲春—扎港—宁波内贸货物跨境运输航线，该航线的建设为中国南北方大宗商品运输提供了新通道。伴随铁路、港口、航线资源的有效整合，珲春经扎鲁比诺港至日、韩及中国南方的"滨海2号"运输走廊交通框架已基本搭建成型。"滨海2号"国际运输走廊成为连接吉林珲春和俄罗斯扎鲁比诺港进而到达亚太其他国家或中国南方的跨境物流运输通道。

"滨海2号"经过了较长时间的酝酿和开发过程。2015年9月在俄罗斯举办东方经济论坛期间，由俄罗斯远东发展部主持召开的中俄运输走廊圆桌会议上，俄方正式提出建设"滨海2号"的设想，希望吉林省积极参与和建设"滨海2号"国际运输走廊，并积极利用该通道开展物流运输，吉林省表示积极支持和参与"滨海2号"国际运输走廊建设。2015年12月在中俄总理定期会晤委员会第十九次会议，签署的会议纪要中提到中俄支持双方继续利用"滨海1号"、"滨海2号"等国际运输走廊扩大过境运输。2018年以来中俄双方积极推进"滨海2号"国际运输走廊工作。俄远东发展部委托俄罗斯麦肯锡咨询公司编制中俄跨境运输走廊"滨海2号"（扎港通道）的可行性研究报告。俄方提出的"滨海2号"国际运输走廊，与吉林省正在推动建设的对俄跨境交通基础设施项目不谋而合。加强和改善双边跨境交通基础设施，实现多式联运等领域的互联互通，对促进吉林和黑龙江对俄经贸合作，优化贸易结构和提升贸易水平，实现"借港出海"战略和加快构建东北亚区域交通运输大通道进程，都具有重要意义。

2. 滨海国际运输走廊功能

滨海国际运输走廊的建设将形成内接中国南北，外连俄、日、韩，远连东亚与欧洲、北美的交通网络格局。

（1）建设形成立体格局资源进口通道

滨海国际运输走廊建设能发挥东北地区原有的铁路口岸优势，形成煤炭、木材、矿产资源进口通道，发挥海洋资源经海参崴、扎鲁比诺港进入绥芬河和珲春的优势，形成海产资源通道。北冰洋地区具有丰富的天然气与远洋渔业（海产品）资源，以俄远东港口作为天然气、海产品远洋运输的中转纽带、绥芬河和珲春作为中方进口的北入口所建立的冰上丝绸之路，将形成联合海运、公路、铁路的多元化远洋资源进口通道的立体新格局。

（2）形成南北大宗物流转运通道

滨海国际运输走廊的建设能服务于南北大宗物资转移，通道的建设将为北方汽车、粮食、矿泉水及南方建材、化肥等大宗物资提供新的运输路径，为解决粮食旺季外运渠道不畅，优化大宗产品物流服务，促进产业升级发展，实现企业"降本增效"提供保障。

（3）形成中国南北方及日韩进出口欧洲北美的中转通道

通过"借港出海"实现滨海国际运输走廊辐射范围内物资的集中转移，物流品类、方向多元化，提高近、远洋船舶利用率。通过"借港出海"实现现代化转船航运通道，将加大中国南北方以及东北亚地区至欧美地区进出口航线密度，建立国际转船通道新格局。

（4）形成环日本海及北极游通道

滨海国际运输走廊在建设物流走廊的同时，具备发展环日本海四国联运旅游的条件，北极航道的开通，为未来发展北极旅游提供了契机和可能。未来通过旅游通道的稳定运营与其硬件设施不断发展建设，逐步使其成为互联互通特色项目，为东北亚环日本海旅游经济的发展注入活力。

（二）滨海国际运输走廊相关港口物流建设

1. 俄罗斯远东地区港口物流

据俄罗斯贸易海港联合会公布，2018年俄远东地区海港吞吐量为2亿吨，同比增长4.5%，其中固体货物1.255亿吨（增长6.8%），液体货物7500万吨（增长1%），其中东方港作为俄罗斯远东第一大港，吞吐量6370万吨，与上年持平。瓦尼诺港2950万吨，增长0.9%，纳霍德卡港2430万吨，增长0.1%，符拉迪沃斯托克2120万吨，增长24.7%。集装箱方面，整个俄远东地区集装箱量大约为150万TEU（20英尺标准箱），主要的集装箱码头是符拉迪沃斯托克和东方港，其中符拉迪沃斯托克约占31%，东方港约占30%。

滨海国际运输走廊线路涉及的俄罗斯远东港口主要有符拉迪沃斯托克港、东方港、纳霍德卡港、扎鲁比诺港、波谢特港等。

(1) 符拉迪沃斯托克港

符拉迪沃斯托克港是远东商港,位于日本海西北岸,是俄太平洋沿岸最大的港口之一,包括东博斯普鲁斯海峡及其沿岸港湾(金角、迪奥米德、乌利斯和诺维科湾)以及阿穆尔湾水域。泊位15个,总长度3.1千米,全年通航,西伯利亚大铁路延伸至符拉迪沃斯托克港,所有码头都有铁路线与之相连。与其他远东港口相比,符拉迪沃斯托克港是唯一有封闭深水码头的港口,可停泊大排量船只,常年通航。除金角湾外,大部分水域冬季结冰。拥有集装箱专用码头、汽车码头、综合码头、石油专用码头,主要装卸集装箱、汽车及设备、石油产品、其他散杂货物。货运量约700万吨,国内运输量400万吨,国外运输量300万吨,其中集装箱量为47.7万TEU,占远东地区(150万TEU)的31%。港区结冰期约4个月,借助破冰船可全年通航。港口拥有良好的设备和大型仓库,是东北航线终点,远东区近海运输的中心。

符拉迪沃斯托克港分商港和渔港两部分,商港由符拉迪沃斯托克海洋商港股份公司及其所属6个子公司运营。可停靠排水11米、长260米、宽40米的船只。港口共有16个7.3—11.6米的深水码头,其中9个码头用于装卸货物(金属、木材、冷冻货物等),另有粮食码头、集装箱码头、易腐烂货物码头、石油码头集装箱码头,年吞吐能力为10万标准箱。主要货运是向俄罗斯太平洋沿岸、北冰洋东部沿岸,以及萨哈林岛和千岛群岛运输石油及煤炭、粮食、日用品、建材和机械设备,并运回鱼及鱼产品、金属、矿石等。符拉迪沃斯托克港又是个渔港,是俄罗斯远东区的海洋渔业基地,拥有拖网渔船队、冷藏运输和鱼产品加工船队以及捕鲸船队,渔获量居俄罗斯远东区各渔港首位。渔港也可装卸木材、金属、纸浆、货物、集装箱、汽车等。渔港由符拉迪沃斯托克海洋渔港股份公司运营,共有10个码头,有专门储存渔产品的仓储设施。符拉迪沃斯托克港还是俄罗斯太平洋沿岸最大的军港,俄罗斯太平洋舰队和太平洋边防军司令部驻地。

(2) 东方港

东方港位于滨海边疆区,临日本海,在纳霍德卡以东约20千米,是俄远东地区最大的港口,水深9.7—15米,也是西伯利亚大铁路终点站。东方港是俄罗斯远东大陆唯一的终年不冻的天然良港,港口可停靠15万吨级船舶,每年货物吞吐能力达到2000万吨,约占俄罗斯太平洋港口总吞吐量21%。东方港按货运量居全俄第三位,仅次于新罗西斯克和圣彼得堡,主要用于俄出口货物及西欧至亚太地区过境货物运输。港口全年可通航，1—2 月冰冻期须由拖船牵引。港内有 19 个货运码头，泊位线全长 4.7 千米，可容纳长 280 米、宽 40 米的船舶，船只最大排水量为 15.5 米。得天独厚的地理位置使其成为俄罗斯面向中国和日本等亚太国家市场的重要门户。东方港距中国牡丹江绥芬河口岸 380 千米，距中国大连港 2000 千米，距韩国釜山港 900 多千米，距朝鲜清津港 100 多千米，距日本新潟港 80 多千米。绥芬河市距牡丹江公路运距 167 千米，距哈尔滨市 467 千米。大连港和俄罗斯东方港的分界点是长春，长春以北的地区适合在俄罗斯的东方港装船。在牡丹江生产、保管的货物，由牡丹江利用铁路运送到最终出货港——俄罗斯的东方港，在东方港建物流中心保管货物，以便可以随时向日本运输。

东方港也是全俄最大的专业化集装箱港口之一，共有四个码头，两个由东方港股份公司运营，另两个由东方国际集装箱服务公司运营。东方港主要经营煤、矿石、化肥、木材、集装箱等，主要出口货物为煤、木材、木板及杂货等，进口货物主要有粮谷，汽车及杂货等。主要码头包括化肥码头可容 2.5 万吨轮船停泊，年货运量可达 250 万吨，运营公司是东方—乌拉尔港有限责任公司；木材及散装货物码头由东方港股份公司运营，可装卸原木、加工板材及拖曳货物，如水泥、砖、煤等；甲醇装卸码头由东方石化港股份公司运营。

（3）扎鲁比诺港

扎鲁比诺港位于中国、俄罗斯、朝鲜三国交界的图们江口北侧的日本海岸，其东临近彼得大帝湾，是中国东北和俄罗斯远东连接亚太地区的重要枢纽，也是中俄"滨海 2 号"交通走廊与冰上丝绸之路的主要衔接港口，东北距海参崴约 60 海里，东距纳霍得卡港约 120 海里，西南距朝鲜的罗津港约 50 海里，至朝鲜的青津港约 65 海里，至韩国的釜山港约 450 海里，至日本新朗港 480 海里，距吉林省珲春口岸公路 63 千米，距珲春铁路换装站铁路 80 千米。港口自然条件优越，是天然的不冻港。港口铁路专用线与俄罗斯国铁哈桑支线相连，具备开展公路、铁路集疏港作业条件。经过中俄双方对基础设施改造建设和设备现代化升级工作，港口已能满足装卸、运输、储藏各尺寸集装箱的配套设施要求，可同时储存 500 标准集装箱，年换装能力达到 1.5 万标准集装箱，初步具备了实施珲春—扎港跨境运输通道的运输条件，扎港已作为珲春铁路口岸的自备港口开展了集装箱货物中转运输。

目前扎港 4 号码头基础设施改造升级服务能力仍然有限，港口无法开展大规模内贸货物跨境运输作业，因此相关公司计划对港口现有 1、2 号码头进行基础设施建设。建设后的 1、2 号码头将具备年 300 万吨吞吐能力。同时研究对港区内旧仓库场地的开发利用，建设港口 5 号新综合码头，开发建设后将具备 300 万吨，届时港口将具备 600 万—700 万吨货物中转能力，满足吉、黑两省未来 3—5 年物流运输发展需要。

（4）纳霍德卡港

主要经营煤炭矿石等散货和木材，位于日本海纳霍德卡湾，紧邻纳霍德卡市和东方港，水深 10—13 米，共有 22 个多功能码头，可装运各类货物，由纳霍德卡海运商港股份公司经营。

（5）波谢特港

位于滨海边疆区日本海岸符拉迪沃斯托克以南的波西埃特湾，有铁路与西伯利亚大铁路、中国东北、朝鲜相连。常年可通航，冰冻期须由破冰船或破冰拖船导航。港口有三个码头，年吞吐能力 150 万吨。由波西埃特商港股份公司负责运营。莫斯科尤尼维尔斯控股公司拥有该港 60% 的股份。该港用于运输铁合金、有色金属、煤炭、水泥、集装箱。主要面向亚太国家日本、韩国和中国等。

2. 中国东北地区港口物流

东北港口经过这几年的竞争，各港口结合自身的集疏运优势，强化自身的货源覆盖能力。

大连港由于距离东北腹地较远，主要利用自备 1500 台 K 车，充分发挥其火车运输优势，将货源腹地延伸吉林、黑龙江、内蒙古；北良港是华粮物流集团的东北走廊，配置了从粮食收购、集并中转到散储散运的一体化设施，华粮物流集团是集收储、物流、商贸、加工一体化的粮食供应链企业，其主要利用自备的 2400 台 K 车优势，将处于东北粮食主产区的所属中转库收储粮集并发运至港口仓储、中转；锦州港地处辽宁西部腹地，主要以汽运为主，辐射 400 千米范围，粮食货种汽运与铁运集港比例 4∶1。目前使用北方物流 650 台 K 车，将腹地延伸吉林、黑龙江、内蒙古东部；营口港 85% 为汽运，主要通过合作的 4000—5000 辆集装箱拖车，利用南方重集装箱（建材、轻纺、家电等）从本港卸箱，通过汽运到达目的地，返程时从沿线收储区装载粮食至营口港，20 英尺集装箱可直接装船，40 英尺集装箱在港口拆箱卸货集并装船散运，利用"重进重出"方式将汽运辐射范围扩大到 800 千米（哈尔滨地区），与中储粮合作使用 570 台 K 车，后期着手自备 1000 台。2018 年营口港吞吐量 2.93 亿吨，同比增长 13％，其中集装箱 604.19 万标准箱，占公司总吞吐量的 44.59％。散杂货 1.62 亿吨，占公司总吞吐量的 55.41％；丹东港由于地处辽宁东部，货源主要以辽宁东、吉林东和黑龙江东部货源为主。运输方式 90％以上为铁路运输，随着东部铁路和通化—丹东高速公路开通，比过去通化至沈阳运距减少 300 千米，综合铁路运费比以前至丹东港运费减少 20—30 元/吨，其在上述区域的货源覆盖能力进一步加强。目前自备 500 台 K 车，其中 150 台供北大荒粮食集团使用。

表 17.3　东北主要港口辐射区域范围

锦州港	营口港	丹东港	大连港	北良港
辽宁西、吉林、黑龙江、内蒙古东	覆盖东北三省和内蒙古东，主要以辽北、吉中、哈尔滨周边为主	吉林东、黑龙江东	黑龙江为主、部分吉林、内蒙古	黑龙江为主、部分吉林、内蒙古

表 17.4　东北地区各港口海运里程比较

装运港	目的港	里程（海里）	扎港增加里程（海里）
锦州	蛇口	1460	216
营口	蛇口	1463	213
丹东	蛇口	1349	327
大连	蛇口	1295	381
海参崴	蛇口	1688	−12
扎鲁比诺	蛇口	1676	—
罗津	蛇口	1626	50

3. 中俄陆路口岸物流

（1）绥芬河口岸

绥芬河口岸距俄罗斯对应口岸波格拉尼奇内 16 千米，距俄远东最大的港口城市海参崴 210 千米，距俄远东自由经济区纳霍德卡 270 千米。通过绥芬河口岸，经由俄罗斯符拉迪沃斯托克、纳霍德卡等海港，陆海联运货物可直达日本、韩国、美国、东南亚等国家和地区。绥芬河是中外陆海联运的重要节点,是中国东北地区参与国际分工与合作的重要"窗口"和"桥梁"。铁路方面,绥芬河是东北铁路主干线滨绥线和国家二级公路301国道、绥满高速的起点,有1条铁路、2条公路与俄罗斯相通,每天有多次列车和汽车来往于国内外。绥芬河经牡丹江、图们、珲春铁路距离分别为193千米、248千米和73千米,共514千米,再到扎港铁路运距为85千米,到扎港铁路运距共为599千米。绥芬河至珲春公路距离约300千米,再到扎港79千米,共379千米。2001年9月下旬开通了中国绥芬河至俄罗海参崴间的国际列车,绥芬河到符拉迪沃斯托克行程约230千米。本趟国际列车的开行,促进了黑龙江省边境贸易和旅游业的发展,更为黑龙江找到了一个最近的出海口,对于支持黑龙江省的南联北开发展战略,振兴黑龙江经济具有重要意义。

(2) 珲春口岸

珲春市主要有两个对俄口岸:中俄珲春—克拉斯基诺公路口岸(长岭子),为国家一类口岸,距市区14.7千米,是吉林省唯一对俄开放的公路口岸。该口岸为国际客货运输口岸,设计年过货能力为60万吨,过客能力为20万人次;中俄珲春—马哈林诺铁路口岸是中俄间三个铁路口岸之一,是吉林省内唯一的对俄铁路口岸,中俄不同标准轨距连接起珲春国际换装站与俄方换装站,通过俄1520毫米轨距铁路经珲春国际换装站可连接至俄远东港口及朝鲜罗津港,并通过西伯利亚大铁路连接至俄全境及欧洲。截至目前,口岸过货量超过1000万吨,国际货运量在中国11个对外铁路口岸中排名第5位。珲春口岸2018年全年进出口货物305.01万吨,比2017年增长20.6%,出入境车辆1978列,比2017年增长18.9%[①]。2020年前三季度中俄珲马铁路进出境货物187.4万吨,同比增长34.9%。其中,进境货物186.4万吨,出境货物1万吨[②]。

三、滨海国际运输走廊距离和成本比较——以"滨海2号"为例

(一) 吉林和黑龙江各地区到主要港口铁路运距和运费比较

以粮食运输为主要运输商品,对吉林省和黑龙江省各地区到北方四港,与到俄罗斯扎鲁比诺港等远东港口铁路运距和运费差异进行比较,可以看出

---

① 《珲春年鉴》(2019)。
② 中华人民共和国海关总署官网。

"滨海2号"国际运输走廊将有效的解决困扰吉、黑两省东部地区运输问题，跨境运输通道可以成为北方四港后备通道。

通过吉林省各地区到主要港口铁路运距和运费比较（表17.5）可以看出，延边州是利用俄罗斯港口最具优势的区域，第二优势区为吉林市，第三优势区位是长春市。

表17.5 吉林省铁路运距和运费

始发站	终点站	运输距离（千米）	运价（元/吨）	终点站	运输距离（千米）	运距差	集装箱运价（元/吨）	运费差	复合轨运价（元/吨）	运费差（元/吨）
通辽	营口（水）	493	119.04	扎港	1023.5	−530.50	212.51	−93.48	173.79	−54.75
	大连港口	711	142.90			−312.50		−69.61		−30.89
	锦州港	399	107.58			−624.50		−104.94		−66.22
	丹东（水）	593	127.15			−430.50		−85.36		−46.64
通化	营口（水）	537	122.56	扎港	902	−365	84.00	38.56	162.07	−39.51
	大连港口	751	146.43			−151		62.43		−15.64
	锦州港	588	133.11			−314		49.11		−28.96
	丹东（水）	635	99.57			−267		15.57		−62.50
白山	营口（水）	597	429.63	扎港	803	−206	555.50	−125.87	168.35	261.28
	大连港口	815	453.50			12		−102.00		285.15
	锦州港	648	379.87			−155		−175.63		211.52
	丹东（水）	695	437.75			−108		−117.75		269.39
白城	营口（水）	720	142.64	扎港	1015	−442.50	227.12	−84.49	188.76	−46.12
	大连港口	938	166.50			−224.50		−60.62		−22.26
	锦州港	632	134.05			−491.50		−93.07		−54.71
	丹东（水）	1062	150.75			−342.50		−76.37		−38.01
四平	营口（水）	371	108.03	扎港	813.5	−442.50	192.51	−84.49	151.81	−43.79
	大连港口	589	131.89			−224.50		−60.62		−19.92
	锦州港	473	118.13			−340.50		−74.38		−33.68
	丹东（水）	471	116.14			−342.50		−76.37		−35.67
辽源	营口（水）	453	116.07	扎港	854.5	−401.50	195.04	−78.98	156.10	−40.04
	大连港口	671	139.93			−183.50		−55.11		−16.17
	锦州港	555	126.17			−299.50		−68.87		−29.93
	丹东（水）	530	119.47			−324.50		−75.57		−36.63

续表

始发站	终点站	运输距离（千米）	运价（元/吨）	终点站	运输距离（千米）	运距差	集装箱运价（元/吨）	运费差	复合轨运价（元/吨）	运费差（元/吨）
梅河口	营口（水）	407	109.82	扎港	781.5	−374.50	187.89	−78.07	148.46	−38.65
	大连港口	625	133.68			−156.50		−54.21		−14.78
	锦州港	513	120.36			−268.50		−67.52		−28.10
	丹东（水）	457	112.32			−324.50		−75.57		−36.15
公主岭	营口（水）	424	113.86	扎港	760.5	−336.50	186.68	−72.82	146.27	−32.41
	大连港口	642	137.72			−118.50		−48.96		−8.54
	锦州港	526	123.97			−234.50		−62.71		−22.30
	丹东（水）	524	121.97			−236.50		−64.71		−24.30
长春	营口（水）	486	120.68	扎港	691.5	−205.50	179.06	−58.38	139.04	−18.36
	大连港口	704	144.55			12.50		−34.51		5.50
	锦州港	588	130.79			−103.50		−48.27		−8.25
	丹东（水）	586	128.80			−105.50		−50.27		−10.25
农安	营口（水）	553	127.36	扎港	747.5	−194.50	184.55	−57.19	144.91	−17.55
	大连港口	771	151.23			23.50		−33.33		6.32
	锦州港	665	137.47			−82.50		−47.08		−7.44
	丹东（水）	653	135.47			−94.50		−49.08		−9.43
德惠	营口（水）	567	129.60	扎港	761.5	−194.50	186.79	−57.19	146.37	−16.77
	大连港口	785	153.46			23.50		−33.33		7.09
	锦州港	669	139.71			−92.50		−47.08		−6.67
	丹东（水）	667	137.71			−94.50		−49.08		−8.66
松原	营口（水）	638	135.69	扎港	832.5	−194.50	192.89	−57.19	153.80	−18.11
	大连港口	856	159.56			23.50		−33.33		5.76
	锦州港	740	145.80			−92.50		−47.09		−8.00
	丹东（水）	738	143.81			−94.50		−49.08		−10.00
榆树	营口（水）	665	139.71	扎港	620.5	44.50	175.59	−35.87	131.61	8.10
	大连港口	883	163.58			262.50		−12.01		31.96
	锦州港	767	149.82			146.50		−25.77		18.21
	丹东（水）	765	147.82			144.50		−27.76		16.21

续表

始发站	终点站	运输距离（千米）	运价（元/吨）	终点站	运输距离（千米）	运距差	集装箱运价（元/吨）	运费差	复合轨运价（元/吨）	运费差（元/吨）
吉林	营口（水）	617	134.03	扎港	563.5	53.50	166.51	-32.48	125.65	8.38
	大连港口	853	157.89			289.50		-8.62		32.25
	锦州港	723	144.14			159.50		-22.38		18.49
	丹东（水）	669	133.69			105.50		-32.82		8.05
延吉	营口（水）	970	168.25	扎港	214.5	755.50	132.29	35.96	89.12	79.13
	大连港口	1188	192.11			973.50		59.82		102.99
	锦州港	1072	178.35			857.50		46.06		89.24
	丹东（水）	1024	167.91			809.50		35.62		78.79
图们	营口（水）	1022	173.35	扎港	162.5	859.50	127.19	46.15	83.68	89.67
	大连港口	1240	197.21			1077.50		70.02		113.54
	锦州港	1124	183.45			961.50		56.26		99.78
	丹东（水）	1076	173.01			913.50		45.82		89.34
敦化	营口（水）	853	154.62	扎港	293.5	559.50	145.92	8.70	97.39	57.23
	大连港口	977	178.48			683.50		32.56		81.10
	锦州港	871	164.73			577.50		18.80		67.34
	丹东（水）	805	154.28			511.50		8.36		56.90
蛟河	营口（水）	740	143.54	扎港	372.5	367.50	157.00	-13.46	134.60	8.94
	大连港口	925	167.40			552.50		10.40		32.80
	锦州港	758	153.65			385.50		-3.35		19.05
	丹东（水）	640	143.20			267.50		-13.80		8.60

注：1. 经北方四港的费用以粮食为主进行测算，其中包含了吉、黑两省主要粮食产区距离北方四港运距，铁路K车散粮自区铁路站至港口铁路运费及港口卸货、仓储及装船40元/吨港杂费用，统一直观展示货物铁路运输方式离港价格。

2. 经扎港运价基于中俄铁路轨距差异，货物运至珲春后需对货物进行换装作业包括卸货仓储，倒装入俄方车皮或车板，待运至俄方港口后需再次进行卸货仓储，多出的一次卸货仓储对于散粮运输将增大货损风险及换装成本，为此，中方暂设定两种模式进行对比，一是依托既有换装条件发展更高效、现代化集装箱粮食运输；二是推动珲春—扎港复合轨建设，满足仓库直达港口的运输条件，减少换装流程发挥区位优势。基于北方四港为散粮自仓库至港口离岸价格，为表达更加直观，对比表中的集装箱运价及标准轨运价均为货物扎港离岸价。集装箱运价包括粮食罐箱费10元/吨，仓库至珲春铁路运费，珲春换装费及至边境线运费22.4元/吨，俄境内跨境运输及扎港港杂费56元/吨。上述金额为固定金额，仅由于发货点不同造成仓库至珲春运费不同，表格中的数字为铁路运费+上述固定开支金额，形成统一的离港价。

通过黑龙江省各地区到主要港口铁路运距和运费比较（表 17.6）可以看出，牡丹江市、佳木斯市、鸡西市、鹤岗市、双鸭山市、七台河市是利用俄罗斯港口最具优势的区域，第二优势区为伊春市，第三优势区位有哈尔滨市、大庆市、齐齐哈尔市、绥化市。

表 17.6　黑龙江省铁路运距和运费

始发站	终点站	运输距离（千米）	运价（元/吨）	终点站	运输距离（千米）	运距差	集装箱运价（元/吨）	运费差	复合轨运价（元/吨）	运费差（元/吨）
伊春	营口（水）	1198	193.54	扎港	1505.5	−307.50	209.26	−15.72	224.24	−30.70
	大连港口	1416	217.41			−89.50		8.15		−6.83
	锦州港	1300	203.65			−205.50		−5.61		−20.59
	丹东（水）	1298	201.66			−207.50		−7.61		−22.59
齐齐哈尔	营口（水）	942	164.01	扎港	1061.5	−119.50	215.42	−51.41	177.77	−13.76
	大连港口	1160	187.88			98.50		−27.55		10.11
	锦州港	893	155.42			−168.50		−60.00		−22.35
	丹东（水）	1042	172.13			−19.50		−43.30		−5.65
大兴安岭（加格达奇）	营口（水）	1373	206.27	扎港	1492.5	−119.50	257.68	−51.41	222.88	−16.61
	大连港口	1591	230.14			98.50		−27.55		7.26
	锦州港	1324	200.68			−168.50		−57.00		−22.20
	丹东（水）	1473	214.38			−19.50		−43.30		−8.50
大庆	营口（水）	886	158.52	扎港	916.5	−30.50	201.21	−42.68	162.59	−4.07
	大连港口	1104	182.39			187.50		−18.82		19.79
	锦州港	837	149.93			−79.50		−51.27		−12.66
	丹东（水）	986	166.64			69.50		−34.57		4.04
绥化	营口（水）	865	160.89	扎港	873.5	−8.50	197.08	−36.18	158.09	2.80
	大连港口	1083	184.76			209.50		−12.32		26.66
	锦州港	967	171.00			93.50		−26.08		12.91
	丹东（水）	965	164.01			91.50		−33.07		5.91
哈尔滨	营口（水）	740	148.64	扎港	748.5	−8.50	184.82	−36.18	145.01	3.63
	大连港口	958	172.50			209.50		−12.32		27.49
	锦州港	842	158.74			93.50		−26.08		13.73
	丹东（水）	840	156.75			91.50		−28.07		11.74

续表

始发站	终点站	运输距离（千米）	运价（元/吨）	终点站	运输距离（千米）	运距差	集装箱运价（元/吨）	运费差	复合轨运价（元/吨）	运费差（元/吨）
黑河	营口（水）	1376	242.69	扎港	1384.5	−8.50	278.87	−36.18	211.58	31.11
	大连港口	1594	266.56			209.50		−12.32		54.98
	锦州港	1427	239.48			42.50		−39.40		27.90
	丹东（水）	1476	250.81			91.50		−28.07		39.23
鹤岗	营口（水）	1291	202.66	扎港	810.5	480.50	190.73	11.93	151.50	51.16
	大连港口	1509	226.53			698.50		35.80		75.03
	锦州港	1393	212.77			1393.00		22.04		61.27
	丹东（水）	1391	210.78			1391.00		20.05		59.28
佳木斯	营口（水）	1247	198.35	扎港	742.5	504.50	184.06	14.29	144.38	53.97
	大连港口	1465	222.21			722.50		38.15		77.83
	锦州港	1349	208.46			606.50		24.39		64.07
	丹东（水）	1347	206.46			604.50		22.40		62.08
双鸭山	营口（水）	1326	206.09	扎港	821.5	504.50	191.81	14.29	152.65	53.44
	大连港口	1544	229.96			722.50		38.15		77.31
	锦州港	1428	216.20			606.50		24.39		63.55
	丹东（水）	1426	214.21			604.50		22.40		61.56
牡丹江	营口（水）	1082	182.00	扎港	410.5	671.50	151.51	30.49	109.63	72.37
	大连港口	1300	205.87			889.50		54.36		96.23
	锦州港	1184	192.11			773.50		40.60		82.48
	丹东（水）	1182	190.12			771.50		38.61		80.48
七台河	营口（水）	1314	204.75	扎港	642.5	671.50	174.26	30.49	133.92	70.83
	大连港口	1532	228.61			889.50		54.36		94.70
	锦州港	1416	214.86			773.50		40.60		80.94
	丹东（水）	1414	212.86			771.50		38.60		78.95
鸡西	营口（水）	1276	200.74	扎港	604.5	671.50	170.25	30.49	129.94	70.80
	大连港口	1494	224.60			889.50		54.36		94.66
	锦州港	1378	210.84			773.50		40.60		80.91
	丹东（水）	1376	208.85			771.50		38.60		78.91

注：同上表。

中俄两国铁路轨距不同，货物无法实现直接的跨境运输，需要依据货物的发送方向分别在中方或俄方换装场站进行换装作业，由此增加了换装成本及货损成本，给开展如粮食散装大宗货物运输带来了瓶颈问题。港口的发展无法离开铁路的集疏港支持，推进接轨建设项目能从根本上解决物流外运的成本及效率方面存在的问题。

（二）吉林和黑龙江各地区到主要港口公路运距和运费比较

以粮食运输为主要运输商品，对吉林省和黑龙江省各地区到北方四港与到俄罗斯扎鲁比诺港公路运距和运费差异进行了比较（表 17.7，表 17.8），粮食市场上除大型粮企外，存在着众多中小型粮贸企业，由于资源有限，其主要通过公路散粮配货形式进行集港外运。

表 17.7　吉林省各地区到主要港口公路运距和运费

始发站	终点站	运输距离（千米）	汽运运价（元/吨）	终点站	运距（千米）	扎港运距差	汽铁联运集装箱运费（元/吨）	运价差（元/吨）
通辽	营口	473	134.60	扎港	859.2	-386.20	242.34	-107.74
	大连	627.1	165.42			-232.10		-76.92
	锦州	419	123.80			-440.20		-118.54
	丹东	554.7	150.94			-304.50		-91.40
通化	营口（水）	475	135.00	扎港	651.6	-176.60	200.82	-65.82
	大连港口	558	151.56			-93.80		-49.26
	锦州港	504	140.88			-147.20		-59.94
	丹东（水）	300	100.04			-351.40		-100.78
白山	营口	537.2	147.44	扎港	587.3	-50.10	187.96	-40.52
	大连	619.6	163.92			32.30		-24.04
	锦州	566.1	153.22			-21.20		-34.74
	丹东	362.2	112.44			-225.10		-75.52
白城	营口	810.7	202.14	扎港	925.9	-115.20	255.68	-53.54
	大连	904.4	220.88			-21.50		-34.80
	锦州	696.3	179.26			-229.60		-76.42
	丹东	874	214.80			-51.90		-40.88

续表

始发站	终点站	运输距离（千米）	汽运运价（元/吨）	终点站	运距（千米）	扎港运距差	汽铁联运集装箱运费（元/吨）	运价差（元/吨）
四平	营口（水）	416.2	123.24	扎港	705	-288.80	211.5	-88.26
	大连港口	582.2	156.44			-122.80		-55.06
	锦州港	436.3	127.26			-268.70		-84.24
	丹东（水）	468.6	133.72			-236.40		-77.78
辽源	营口	422.9	124.58	扎港	701.1	-278.20	210.72	-86.14
	大连	609	161.80			609.00		-48.92
	锦州	464.7	132.94			-236.40		-77.78
	丹东	462.5	132.50			-238.60		-78.22
梅河口	营口（水）	453	130.62	扎港	671.6	-218.50	204.82	-74.20
	大连港口	619	163.82			-52.50		-41.00
	锦州港	482	136.48			-189.20		-68.34
	丹东（水）	393	118.56			-278.80		-86.26
公主岭	营口（水）	459.3	131.86	扎港	647	-187.70	199.9	-68.04
	大连港口	625.3	165.06			-21.70		-34.84
	锦州港	481.9	136.38			-165.10		-63.52
	丹东（水）	511.7	142.34			-135.30		-57.56
长春	营口（水）	515.3	143.06	扎港	591.6	-76.30	188.82	-45.76
	大连港口	681.3	176.26			89.70		-12.56
	锦州港	538	147.60			-53.60		-41.22
	丹东（水）	567.7	153.54			-23.90		-35.28
农安	营口（水）	609.6	161.92	扎港	658.1	-48.50	202.12	-40.20
	大连港口	775.6	195.12			117.50		-7.00
	锦州港	632.3	166.46			-25.80		-35.66
	丹东（水）	662.1	172.42			4.00		-29.70
德惠	营口（水）	610.3	162.06	扎港	658.7	-48.40	202.24	-40.18
	大连港口	776.3	195.26			117.60		-6.98
	锦州港	632.9	166.58			-25.80		-35.66
	丹东（水）	662.7	172.54			4.00		-29.70

续表

始发站	终点站	运输距离（千米）	汽运运价（元/吨）	终点站	运距（千米）	扎港运距差	汽铁联运集装箱运费（元/吨）	运价差（元/吨）
松原	营口（水）	647.3	169.46	扎港	747.6	-100.30	220.02	-50.56
	大连港口	813.3	202.66			65.70		-17.36
	锦州港	651.6	170.32			-96.00		-49.70
	丹东（水）	710.6	182.12			-37.00		-37.90
榆树	营口（水）	698.1	179.62	扎港	550.9	147.20	180.68	-1.06
	大连港口	864.6	212.92			313.70		32.24
	锦州港	720.5	184.10			169.60		3.42
	丹东（水）	687.1	177.42			136.20		-3.26
吉林	营口	619.6	163.92	扎港	488.9	130.70	168.28	-4.36
	大连	786	197.20			297.10		28.92
	锦州	430.5	126.10			-58.40		-42.18
	丹东	563.4	152.68			74.50		-15.60
延吉	营口	927.6	225.52	扎港	193	734.60	109.1	116.42
	大连	1020.1	244.02			827.10		134.92
	锦州	950.7	230.14			757.70		121.04
	丹东	763	192.60			570.00		83.50
图们	营口	953.1	230.62	扎港	153.1	800.00	101.12	129.50
	大连	1045.6	249.12			892.50		148.00
	锦州	975.2	235.04			822.10		133.92
	丹东	788.5	197.70			635.40		96.58
敦化	营口	770	194.00	扎港	309.5	460.50	132.4	61.60
	大连	874	214.80			564.50		82.40
	锦州	810	202.00			500.50		69.60
	丹东	590	158.00			280.50		25.60
蛟河	营口	709.6	181.92	扎港	408	301.60	152.1	29.82
	大连	874.7	214.94			466.70		62.84
	锦州	725.5	185.10			317.50		33.00
	丹东	664.3	172.86			256.30		20.76

注：汽运价格同样随油价、市场物流量不断波动，市场价格在15—25元/吨百千米间波动，暂按20元（现行价格）/吨百千米进行运距和运价对比。北方四港方向价格构成为汽运费及港杂费40元/吨，扎港方向为发货地至珲春公路运费，及同铁路集装箱运费相一致，固定开支包括罐箱费10元、珲春换装及运费22.4元、俄跨境运费及港杂费56元。

表 17.8　黑龙江省各地区到主要港口公路运距和运费

始发站	终点站	运输距离（千米）	运费（元/吨）	终点站	运输距离（千米）	运距差（千米）	汽铁联运集装箱运费（元/吨）	差价（元/吨）
伊春	营口（水）	1104	260.80	扎港	1153.9	-49.90	301.28	-40.48
	大连港口	1270.5	294.10			116.60		-7.18
	锦州港	1121	264.20			-32.90		-37.08
	丹东（水）	1158	271.60			4.10		-29.68
齐齐哈尔	营口（水）	1022	244.40	扎港	1076.5	-54.50	285.80	-41.40
	大连港口	1188	277.60			111.50		-8.20
	锦州港	1340	308.00			263.50		22.20
	丹东（水）	1075	255.00			-1.50		-30.80
大兴安岭（加格达奇）	营口（水）	1425	325.00	扎港	1477.9	-52.90	366.08	-41.08
	大连港口	1553.7	350.74			75.80		-15.34
	锦州港	1376.3	315.26			-101.60		-50.82
	丹东（水）	1449.4	329.88			-28.50		-36.20
大庆	营口（水）	872	214.40	扎港	973.5	-101.50	221.00	-6.60
	大连港口	1150	270.00			176.50		49.00
	锦州港	890	218.00			-83.50		-3.00
	丹东（水）	926	225.20			-47.50		4.20
绥化	营口（水）	895	219.00	扎港	939.5	-44.50	215.90	3.10
	大连港口	1060.6	252.12			121.10		36.22
	锦州港	911.8	222.36			-27.70		6.46
	丹东（水）	950	230.00			10.50		14.10
哈尔滨	营口（水）	776.8	195.36	扎港	826.5	-49.70	198.95	-3.59
	大连港口	943	228.60			116.50		29.65
	锦州港	794	198.80			-32.50		-0.15
	丹东（水）	1029	245.80			202.50		46.85
黑河	营口（水）	1352	310.40	扎港	1401.5	-49.50	285.20	25.20
	大连港口	1518	343.60			116.50		58.40
	锦州港	1369.3	313.86			-32.20		28.66
	丹东（水）	1405.7	321.14			4.20		35.94

续表

始发站	终点站	运输距离（千米）	运费（元/吨）	终点站	运输距离（千米）	运距差（千米）	汽铁联运集装箱运费（元/吨）	差价（元/吨）
鹤岗	营口（水）	1369	313.80	扎港	1016.5	352.50	227.45	86.35
	大连港口	1534.7	346.94			518.20		119.49
	锦州港	1212	282.40			195.50		54.95
	丹东（水）	1248.7	289.74			232.20		62.29
佳木斯	营口（水）	1305	301.00	扎港	711.5	593.50	181.70	119.30
	大连港口	1470	334.00			1470.00		152.30
	锦州港	1150	270.00			438.50		88.30
	丹东（水）	1185	277.00			473.50		95.30
双鸭山	营口（水）	1380	316.00	扎港	785.5	594.50	192.80	123.20
	大连港口	1371	314.20			585.50		121.40
	锦州港	1222	284.40			436.50		91.60
	丹东（水）	1260	292.00			474.50		99.20
牡丹江	营口（水）	937	227.40	扎港	419.5	517.50	137.90	89.50
	大连港口	1130	266.00			710.50		128.10
	锦州港	980	236.00			560.50		98.10
	丹东（水）	800	200.00			380.50		62.10
七台河	营口（水）	1200	280.00	扎港	596.5	603.50	164.45	115.55
	大连港口	1343	308.60			746.50		144.15
	锦州港	1193.6	278.72			597.10		114.27
	丹东（水）	1230	286.00			633.50		121.55
鸡西	营口（水）	1140	268.00	扎港	515.2	624.80	152.26	115.75
	大连港口	1297	299.40			781.80		147.15
	锦州港	573	154.60			57.80		2.35
	丹东（水）	1185	277.00			669.80		124.75

营口港近年来成为吉林省内集装箱粮食重要下海通道，依托港口汽运优势成功将辐射半径扩大到近800千米，主要吸引吉、黑中部粮食集装箱下海，因此选择吉林市为代表经营口港与扎港进行对比。

根据吉林—营口—上海运费价格，吉林至营口离岸价格为163.92元/吨，包括汽运费123.92元/吨（每百千米汽运配货价20元/吨计），营口港港杂

40 元/吨，营口至上海海运费暂按 80 元/吨计算，吉林—营口—上海 243.92 元/吨。

经扎港集装箱运价测算结果显示，经扎港离港价格为 168.28 元/吨，包括的固定开支有吉林至珲春汽运费 89.6 元/吨，珲春罐箱费 10 元/吨，珲春至长岭子集装箱装卸及运费 22.4 元/吨，俄罗斯过境运费及港杂 56 元/吨，海运费以多 10 元计算，扎港—上海 90 元/吨，总计吉林—珲春—扎港—上海 258.28 元/吨，运价差别 14.36 元/吨，差距较小。

可见在粮食等商品集中入市外运紧张情况下，扎港等俄罗斯远东港口具备粮食等应急运输通道条件。

根据表 17.9 和表 17.10 可以看出，延边州、蛟河市、牡丹江市、佳木斯市、鸡西市、鹤岗市、双鸭山市、七台河市是利用俄罗斯港口最具优势的区域；第二优势区为吉林市、伊春市；第三优势区位为大庆市、齐齐哈尔市、绥化市。黑龙江佳木斯市、伊春市、七台河市、牡丹江市、鸡西市距扎港比海参崴多 3274 千米。

表 17.9　黑吉两省集装箱公路运距及运费

		至锦州公路运距（千米）	至大连公路运距（千米）	至丹东公路运距（千米）	至营口—鲅鱼圈公路运距（千米）	至珲春—扎港公路运距（千米）	至绥芬河—海参崴公路运距（千米）
吉林省	长春市	516	734	600	590	629	926
	吉林市	640	811	680	569	530	740
	四平市	413	680	431	451	747	1032
	辽源市	482	690	499	521	758	947
	通化市	488	740	316	517	660	1044
	白山市	546	779	374	580	602	856
	松原市	676	910	692	714	794	1041
	白城市	860	1100	881	899	977	1219
	延边州	1010	1250	976	996	188	676
	蛟河市	705	872	731	711	398	654

续表

		至锦州公路运距（千米）	至大连公路运距（千米）	至丹东公路运距（千米）	至营口—鲅鱼圈公路运距（千米）	至珲春—扎港公路运距（千米）	至绥芬河—海参崴公路运距（千米）
黑龙江省	哈尔滨市	769	1094	930	801	772	693
	大庆市	924	1019	943	962	768	853
	齐齐哈尔市	1073	1441	1277	1114	1109	1007
	牡丹江市	1124	1284	1048	1097	579	377
	佳木斯市	1116	1380	1134	1155	711	694
	鸡西市	1220	1570	1238	1259	638	378
	鹤岗市	1181	1450	1199	1220	729	751
	双鸭山市	1193	1475	1210	1231	699	764
	七台河市	1170	1550	1186	1298	611	478
	绥化市	880	1120	899	921	734	812
	伊春市	1098	1360	1117	1136	914	889

注：珲春—扎港按 79 千米计，俄罗斯海参崴—绥芬河口岸按 210 千米计，东方港距绥芬河口岸远于海参崴（380 千米）。

表 17.10　重点公路运输成本测算

	里程（千米）	单程总运费（元）	运费/吨千米
鲅鱼圈—哈尔滨	801	6000	0.25
牡丹江—海参崴	377	4000	0.35

（三）扎鲁比诺港优势区域

区位优势为物流提供了更便捷的出海通道，而优势的发挥将主要在运输时效性、经济性方面得以体现。鉴于新通道的建设物流发展呈逐步增长的态势，并进一步带动通道物流成本的降低。

图 17.1 中右侧浅色区域为运距有 300 千米的绝对优势区，该区域内有吉、黑东部的粮食、木材、海产品、矿泉水、服装、建材等产业集群。深色部分为运距有 100 千米的相对优势区，作为北方四港后备物流运输通道，区域内有化工、汽车及汽车零部件等产业集群。

第十七章　北极航线开发背景下滨海国际运输走廊建设　351

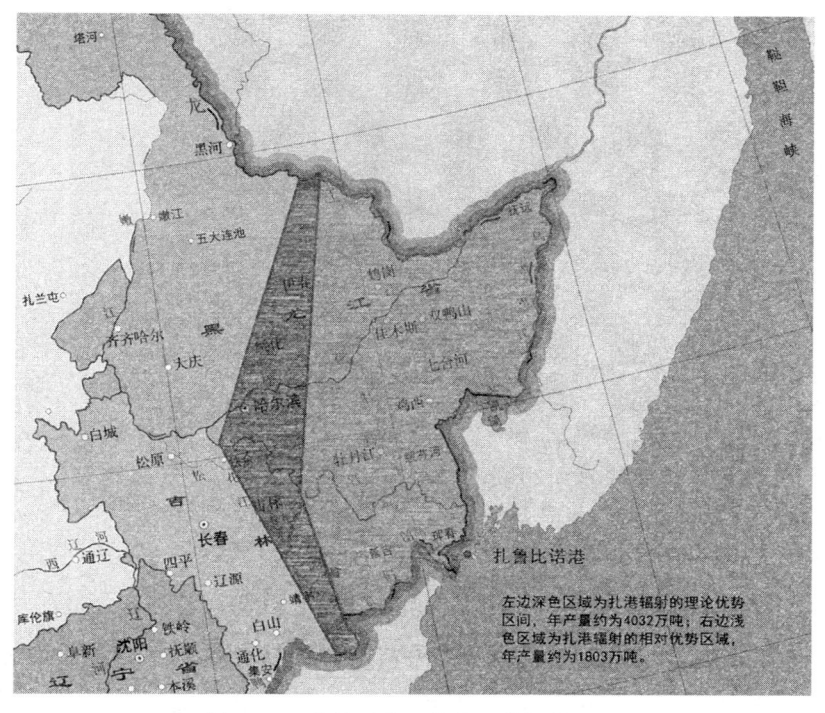

图 17.1　吉黑两省经扎港运输辐射区域

第十八章　北极航线开发下的东北主要产业及物流发展

北极航线开发对东北粮食及农副产品、煤炭、钢材与矿石品、矿泉水、木材、石墨、纸制品和原料等产业产生一定的影响，通过对相关企业生产、市场需求、货量物流等方面的调研，具体评估了东北相关产品物流。

一、东北粮食和农副产品发展及物流

吉林省、黑龙江省作为我国传统的农业大省，粮食产量丰富，2019年黑龙江全省粮食产量为7503万吨，吉林省为3877万吨。其中黑龙江主要粮食谷物产量和玉米产量在东北地区最高，占比分别为41%和33%。黑龙江当年主要粮食节余量也最高，玉米、稻谷、小麦总体与玉米单项占东北总节余量比分别约为62%和45%，其中玉米、稻谷、小麦总体节余量达到2670万—3070万吨，玉米节余量达到1300万—1500万吨。吉林粮食本地需求最大，主要粮食谷物和玉米分别占产量的约70%。其中玉米用于饲料消费基本与黑龙江接近（约330万—350万吨），但用于深加工等的消费达到了1100万—1200万吨，玉米节余量只有560万—800万吨。

北粮南运一直以来是两省粮食物资的重要物流走向。滨海跨境国际运输走廊能够为缺乏海洋资源的吉、黑两省粮食转运提供新出海通道，将直接影响东北大宗粮食物资流向，成为内贸货物跨境运输航线的保障性基础物流。

（一）中国东北地区主要粮食企业和相关单位

东北地区的产粮及相关经贸、物流、加工等企业，主要有黑龙江主产粮单位北大荒系——北大荒粮食集团、北大荒粮食物流公司、北大荒米业集团，北大荒拥有种植面积4300万亩，2019年，黑龙江垦区播种面积4351万亩，虽遭受洪水、台风等自然灾害，粮食产能仍稳定在400亿斤以上。

1. 北大荒系

北大荒集团。北大荒集团粮食总产量连续十年稳定在400亿斤以上，占黑龙江全年产量28.3%，北大荒集团大米加工能力年300万吨。黑龙江20个水稻加工园区，平均水稻加工能力为30万吨/年，北大荒集团占了7个。粮食运输主要依托铁路、专用K车和400千米范围内的汽运。

北大荒粮食集团。北大荒粮食集团是隶属于北大荒集团的全资子公司，主营玉米、水稻、大豆、杂粮四大类别。2020年北大荒集团粮食总产量达到426.8亿斤，比上年增加21.4亿斤，同比增长5.3%，占黑龙江省的28.3%，比上年提高1.3%，占全国的3.2%，提高0.1个百分点。其中水稻产量277.3亿斤，比上年增加10.5亿斤，增长3.9%；小麦产量0.3亿斤，比上年增加0.1亿斤，增长22.2%；玉米产量104.7亿斤，比上年增加3.7亿斤，增长3.7%；大豆产量41.3亿斤，比上年增加6.6亿斤，增长19.0%；薯类产量（折粮）1.5亿斤，比上年增加0.3亿斤，增长23.6%。集团2020年粮食播种面积达到4340.1万亩，比上年增加23.4万亩，增长0.5%，占全部农作物播种面积的99.4%。其中水稻播种面积2295.2万亩，比上年增加3.7万亩，增长0.2%；小麦播种面积5.5万亩，比上年减少0.03万亩，下降0.6%；玉米播种面积785.3万亩，比上年减少46.7万亩，下降5.6%；大豆播种面积1202.9万亩，比上年增加65.4万亩，增长5.7%；薯类播种面积18.3万亩，比上年减少0.1万亩，下降0.5%[1]。

北大荒粮食集团在北方四港，锦州、丹东、葫芦岛、秦皇岛等均有分公司，在深圳、海南均有销售公司，在大连成立了进出口公司，从事进出口贸易。2017年，集团进出口贸易量162万吨，实现进出口贸易额3.9亿美元。粮食种植有承包和土地流转两种方式，集团按市场价收购粮食。集团在黑河成立的企业在俄罗斯境内有种植粮食，在黑河从事小额进口贸易。从锦州到深圳蛇口为集团的黄金水道，现打造第二条黄金水道，从锦州到江苏靖江，辐射华东六省一市。集团有10个国家粮食收储库，享受国家收购价。国家粮食进口配额总量为720万吨，享有粮食进口配额的只有中粮、华粮（吉粮）、

---

[1] 数据来源于北大荒粮食集团。

北大荒集团等少数几家。集团在黑龙江省粮食主产区拥有 18 家政策性粮收储企业，共占地 460 万平方米，其中地坪 151 万平方米，有固定仓容 594.5 万吨、罩棚 57.5 万吨、千吨囤 59.6 万吨，烘干设施 40 套，日烘干能力 2.7 万吨，铁路专用线 7930 延长米，粮食收储能力 1000 余万吨。截止 2017 年末，集团库存政策性粮 618 万吨，其中最低收购价稻谷 557 万吨、中央储备稻谷 6 万吨、临储玉米 55 万吨[①]。为促进农民增收、企业增效和经济增长发挥了巨大的推动作用。因国储价高，市场价低，黑龙江东部地区真正下海的粮食量并不多。集团从俄罗斯进口的主要为大豆，量比较少，价格低。

受制于黑龙江区位的边缘性和资源的集中性所产生的粮食物流运输瓶颈，公司目前在黑龙江采购量有限，如"借港出海"顺畅（罗津港或海参崴），物流成本将大幅降低，距离缩短 1/2，费用将减少约 1/3。公司以黑龙江垦区基地粮源、规模仓储为依托和在本省收储优势，在黑龙江采购量将会大幅增加，预计自身货量可达到 400 万—500 万吨/年粮食。

北大荒粮食物流公司。北大荒粮食物流公司有 21 个分支机构，其中 16 个围绕垦区均有配套的专用线，一次性存储能力为 100 万吨，另在锦州港内有子公司，库容 2 万吨，在山东龙口港内库容 6 万吨。目前已订做 1000 个公路运输新集装箱，准备替代散粮 K 车。新集装箱比散粮 K 车有优势，运到港后重新倒出返回周转速度快。

北大荒米业（集团）。北大荒米业年加工大米 30 万吨，其中下海大米 15 万吨，主要发往广东、海南、上海等。合作的港口主要为大连、鲅鱼圈，丹东港量较小。以往物流操作为全程门到门的模式，由代理公司全程理货，如发生货损全部由代理公司负责。试行一年后，改为收储经销地——起运港内门到港的模式。铁路对集装箱车皮要征收铁路建设基金，标准为运费的 30%。

2. 其他粮食企业及管理单位

农垦牡丹江管理局。牡丹江管理局拥有粮食种植面积 700 万亩，其中水稻种植面积 400 万亩。国家对在俄罗斯境内开发土地十分重视，已经将此纳入了国家战略，牡丹江管理局在俄罗斯远东地区建有新友谊农场（土地使用

---

① 数据来源于北大荒粮食集团。

年限为49年），已投入2亿多元。2014年在境外生产粮食20多万吨（平均1100斤/亩的产量），主要销往中国南方地区，也有一小部分运到韩国、日本等。从长远看，在俄罗斯境内的粮食种植面积将达到1200万亩，产量达600万吨，主要为玉米（1800斤/亩）、水稻（1400斤/亩）、大豆（300斤/亩）。境外生产的粮食运到国内，还涉及关税和配额的问题，以大豆为例，关税和配额两方面的费用约为0.50元/吨，运到国内的价格约为2.10元/吨。2014年12月，牡丹江管理工作局与正大集团签订协议，与正大成立合作公司，将位于扎鲁比诺港口附近的3700公顷（5万亩）地转让给正大，正大产的粮食主要运到上海自贸区内，以解决粮食配额问题。玉米和大豆如果运往国内就需向国家申请配额，但如果运进上海自贸区内加工后再出口，可以在一定程度上解决配额问题。俄罗斯远东地区自产的粮食主要是玉米、大豆、小麦，如果雇佣中国劳动力需要通过当地劳务中介办理大卡，费用为12000元/人/年，而雇佣俄罗斯人在手续上则相对简单，保险、用餐和医疗方面无需支出，但要为其支付小车油费，总体看与雇佣中国国内的劳动力成本相比要低一些。

大连北方国际粮食物流公司。大连北方国际粮食物流公司是一家集收储、物流、商贸一体化的粮食供应链企业。该公司物流4000万吨/年，主要经营东北三省和内蒙古玉米外调，其中约一半以上来自黑龙江，预计每年海运量约2200万吨，其他通过铁路和汽运。海运玉米中，约600万吨通过集装箱运输，约1600万—1800万吨通过散运，其中1000万吨流向广东，统计的年度节余量为3000万—3500万吨。目前看东北三省铁路运输能力基本能够满足北方物流公司的粮食运输需求，随着哈大线开通，以及东部铁路开通，可以释放原有的3000万吨运力。该公司有450辆K车，全部对接锦州港，发往其他港口的货物使用港口K车。未来运输中散粮运输会逐渐减少，集装箱量将逐渐增加，北方物流未来集装箱运输量以每年50%速度增加，直接门到门服务于中小饲料厂。

吉林省酒精工业集团（吉粮集团重组企业）。吉林省酒精工业集团主要生产食用酒精，使用玉米加工，年产量为65万吨，耗用玉米200万吨/年，生产基地分布在吉林省的玉米主产区长春和松原地区。吉林省主要粮食三大产区是长春、松原和四平地区，玉米年产总量约为2300万吨，其中本省深加工约1100万吨，本地饲料用量约300万吨，外调量约为600万—900万吨/年。

中粮粮油玉米部。中粮粮油玉米部从东北采购经销玉米下海量约为240万—260万吨/年，其中从黑龙江采购120万—130万吨/年，占50%左右。目前中转港口按份额大小依次为大连港45%、营口港25%、锦州港15%、北良港10%、丹东港5%。从大连港与北良港中转玉米采购地主要为黑龙江、吉林、内蒙古；从营口港中转主要采购地为辽宁；从锦州港中转采购地涵盖东北四省。

延边州粮食产量。2019年延边州全州6市2县粮食总产量168.54万吨，其中玉米116.32万吨、大豆27.25万吨、水稻24.09万吨、其他杂粮0.88万吨[①]。玉米除了本地需求，剩余外销，主要销往福建地区，以编织袋包装铁路散运。水稻缺口主要从黑龙江、吉林其他地区调入。

蛟河黄松甸农副产品。蛟河黄松甸是我国最大的木耳农副产品交易地，每年春秋季全国各地交易商来此采购。黄松甸本地年产木耳6000吨，周边地区来此交易量约为3000吨/年，含其他"山货"总计约1万吨。产品大部分运往南方，目前主要通过公路和铁路运输，大多未采用集装箱运输。如全部"山货"采取集装箱运输，每年大约有2500个40英尺集装箱的货量（每40英尺集装箱约4吨货物），如"借港出海"下海量按70%计，约1750个40英尺集装箱的货量（7000吨）。

（二）中国东北地区粮食等农产品物流预测

1. 东北主要港口粮食物流发展

随着铁路发运的放开，粮食铁路发运入关的玉米目前达到1800多万吨/年，2012年北方5港散粮下海量就突破了1000万吨，集装箱下海量已经突破500万吨。粮食集装箱运下海量主要为大米、水稻、玉米等，其中玉米量约占70%。各港合计的粮食下海量超过3000万吨。

2. 外贸杂粮物流和运费分析

杂粮杂豆一直是吉林和黑龙江对日、韩重要出口品类货物，目前市场主要通过大连完成对日、韩输出，并在大连形成杂粮集散地和产业基地，而俄

---

① 数据来源于2019延边统计公报。

罗斯远东港口无论在陆路,还是海上方面均具备区位发展优势,以敦化小粒黄豆为例,进行运价对比(表18.1)。可以看出,经俄罗斯远东地区港口运输杂粮具备一定的价格优势和时间优势。

表 18.1 大连港和俄罗斯远东港口物流和运费对比

	敦化—大连—韩国	敦化—大连—日本	敦化—珲春—海参崴和扎港等—日韩
第一段	敦化至大连散货配货费为174.8元/吨,874千米,百公里20元配货价计,粮食类产品装载货物为25吨,汽运费总计4370元/TEU	敦化至大连散货配货费为174.8元/吨,874千米,百公里20元配货价计,粮食类产品装载货物为25吨,汽运费总计4370元/TEU	以杂粮为例,敦化至珲春集装箱运费2100元/TEU
第二段	大连港韩国货物港杂费1747元/TEU,码头处理费775元(含大连港费),港口费169元,以及其他费用	大连港日本货物港杂费(船公司收取)3396.5元/TEU	珲春—扎港费用1960元/TEU
第三段			以目前推动的扎港—釜山(运距476.8海里)及扎港—新潟运距462.2海里),经日本海连接至日韩运距差距不大,海运成本基本相同,扎港—日韩单船单向运输成本约1400元
总计	6417元/TEU	8291.5元/TEU	5460元/TEU

3. 俄罗斯远东港口粮食物流和成本

按具备停靠6万吨级和0.5万—2万吨级船舶条件考虑,吉林和黑龙江两省粮食下海总量(含集装箱)能达到约750万吨,其中玉米下海量450万吨。按具备停靠0.5万—2万吨级船舶条件考虑,吉林和黑龙江两省粮食下海总量(含集装箱)约630万吨,其中玉米下海量400万吨。通过对不同粮食企业和单位的调研,预测出借港出海后的物流量。

北大荒粮食集团预计如果"借港出海"顺畅,自身粮食经营货量将达到

400万—500万吨/年；北大荒商贸集团经销粮食200万吨/年；北大荒粮食物流公司贸易量180万—250万吨/年（主要为垦区和省内非垦区粮食）；北大荒米业（集团）加工大米30万吨/年，其中下海量15万吨。按50%计下海量借港发运，能达到约450万吨/年。中粮等粮贸客户预计从黑龙江省采购量占贸易量的50%左右，深圳两港2011年度北粮南运玉米货量为660万吨，扣除华粮物流51万吨（北良港），利用南北方系统内港口统一协调、运作优势，从黑龙江产地发往深圳两港的粮食货源能达到约300万吨。

二、东北地区煤炭、钢材与矿石品发展及物流

（一）煤炭产品

根据《中国能源报》消息，2019年东北三省煤炭产能合计为1.35亿吨/年，实际产量略低于产能，与近几年每年超过3.5亿吨的需求相比，东北地区对外调的依赖越来越强。东北三省煤炭消费已进入峰值平台期，尽管总体呈缓慢下降趋势，但直至2035年前需求变化不大。随着自身产量持续减少，本地很难再有增量挖潜空间，依赖外调的局面短期不会改变，对外依赖度将继续加大。东北地区主要煤炭企业包括：

珲春矿业集团（吉林）。珲春矿业集团已探明的地质储量7.8亿吨，工业储量5.91亿吨，可采储量3.89亿吨，平均发热量为3000—5000大卡，主要用于电厂发电。目前珲春矿业年开采量约为1000万吨，其中本地和周边需求500万—600万吨，400万—500万吨经清洗后约300万吨下海，全部通过铁路经营口运往上海、宁波。据珲春创力海运物流（属大连创力）介绍，珲春—营口—上海、宁波煤炭物流成本总计220元/吨，比"借港出海"多20元/吨左右。

龙煤集团（黑龙江）。龙煤集团是整个东北地区最大的煤炭生产和经销企业。年产原煤炭5000多万吨，占黑龙江煤炭总产量的50%多，主要用于东北三省，并部分通过北方港口销往东南沿海地区和少量出口。龙煤集团现有煤炭地质储量74亿吨，可采储量38亿吨，煤质低硫、低磷、中灰、高热值，在东北地区煤种最为齐全，焦煤、肥煤、瘦煤被国家列入稀缺保护煤种，冶金煤占东北市场40%左右。龙煤集团主产煤区分布在黑龙江东部的鸡西、鹤

岗、双鸭山、七台河等。目前公司在北方 5 港下海煤炭量每年约 500 万吨,其中陆路运输至秦皇岛装船约 200 万吨;另从俄罗斯、澳大利亚、印尼、朝鲜等进口部分煤炭补充黑龙江煤的品种搭配。公司下海煤基本为冶炼精煤(主用于炼焦、炼钢);而进口煤主要是动力煤。

与从东北其他港口相比,"借港出海"能够节省三分之一的运费,如果政策稳定,通关顺畅,环保问题能得到外方认可,龙煤集团将每年从俄远东港口中转 300 万—500 万吨,并且会逐年增加。

(二) 钢材产品

2019 年黑龙江省钢材产量为 781.99 万吨,同比增长 39.53%,吉林省钢材产量为 1544.24 万吨,同比增长 29.14%。估算对钢材的总需求均为 6000 万吨,即使区域钢厂按产能生产,也满足不了本地对钢材的需求,需要从外部调入。

表 18.2 吉林省和黑龙江省主要钢铁企业分布与里程　　(单位:千米)

	大连	营口	丹东	新丹东	远东港口
哈尔滨西林	946	728	826	1438	742
伊春西林	1404	1186	1302	1896	997
黑龙江建龙	1532	1314	1412	1494	710
四平现代	585	367	465	614	804
吉林建龙	843	593	691	677	561
鸡西北方特钢	1495	1277	1375	1277	602

目前上述钢厂实际发生外调货量,主要是产品的结构和冬季期间本地施工减少之故。以黑龙江的鸡西北方制钢为例,其主要产品为带钢,适合南方加工制造业企业用以替代热轧板,成本比大厂热轧板低,另外还外调部分钢坯(半成品),其外调量达到产量的 50% 以上。新建的吉林建龙也生产带钢,外调量也能达到 50%。以生产建筑钢材为主的西林钢厂和双鸭山建龙,基本供应当地,外调量很少,在冬季进行减量生产,且主要卖给当地贸易商冬储,因铁路运输成本处劣势只有少量下海外调南方。

表 18.3 吉林省和黑龙江省钢厂比较

	企业名称	厂址	具备产能	品种	产品使用方向	下海量	铁矿需求	铁矿来源
吉林省	吉林建龙	吉林市	新老厂450万吨，新厂2011年开始生产。	热卷板、带钢等	本地、华南、华东	约180万吨	640万吨	1/3进口，2/3本地；进口250万吨，其中中俄海运进口200万吨，其他海运进口（澳大利亚、巴西）经过管口港。
	四平现代	四平市	160万吨	螺纹钢	本地、华南、华东	40万吨	200万—250万吨	1/3进口，2/3本地，全部从俄罗斯进口
	吉林通钢	通化市	700万吨	板材为主、建材、型材	—	—	—	—
	哈尔滨西林钢铁、伊春西林钢铁	哈尔滨市、伊春市	600万吨	建筑螺纹、线材400万吨（伊春厂），型材200万吨（哈尔滨厂）。	本地、华北、华南、华东、西南	在冬季5个月内建筑钢材外调不到10万吨（海运），型材外调25万吨（多数铁路运输）	900万—1000万吨	进口65%，本地35%，全部从俄罗斯进口。
黑龙江省	黑龙江建龙	双鸭山市	螺纹钢190万吨，无缝管90万吨。	螺纹钢、无缝管	—	海运外调30万—40万吨/年（螺纹25万，无缝管10万）	450万吨	主要从俄罗斯、澳大利亚等地进口和本地采购，海运矿约30万吨/年

表 18.4　吉林省和黑龙江省对钢材的需求估算　（单位：万吨）

省份	固定资产投资（亿元）	钢材总需求量	螺纹钢需求量	主要钢厂产能	实际产量
吉林省	7442	3000	700	1310	1070
黑龙江	7524	3000	700	1060	600
合计	14966	6000	1400	2370	1670

据此对钢材货源预测，按具备停靠 5 万吨级和 0.5 万—2 万吨级船舶条件考虑能达到 50 万吨，按具备停靠 0.5 万—2 万吨级船舶条件考虑能达到 30 万吨。

（三）矿石产品

从各钢厂进口铁矿石需求看，吉林和黑龙江钢厂目前从俄罗斯进口的铁矿品达到 62.5%—67.5%，两省的钢厂大部分或部分从俄进口，全部铁路运输。另外一部分从澳大利亚、巴西、印度进口和本地采购。

1. 建龙集团等铁矿石物流分析

吉林建龙从澳大利亚、巴西、印度等进口矿约为 200 万吨/年，双鸭山建龙从澳大利亚、巴西等进口矿 30 万吨/年。借俄罗斯远东港口出海对黑龙江建龙而言是最佳物流选择，对吉林建龙来看其距营口港和扎港距离接近，基于矿对港口资源和备用通道的依赖性，可以分流 50%，约 50 万吨。西林钢厂进口矿目前全部从俄罗斯进口、双鸭山建龙钢厂主要从俄罗斯进口，如果能够借港出海，是否改由海运从其他区域进口，要视综合成本而定。另外建龙在东北有四家公司，总产约为 800 万吨，抚顺新抚钢产量 300 万吨，双鸭山建龙有 200 万吨俄罗斯铁矿进口，另外还在香港有公司，在韩国有办事处，韩国浦项有个东部钢铁，年需求钢材 10 万吨，出口到韩国的钢材从长远看将达到 15 万吨/年的水平，冷轧卷钢等高品位的钢材可以出口到日本和韩国。

2. 蛟河石材的物流分析

蛟河全力打造东北亚石都，力争成为世界石材交易集散地。蛟河位于吉林省东部（吉林市范围），长白山西麓，地处国家长吉图开发开放先导区中心节点位置，东北三省轴心位置，东北亚经济圈核心地带。其利用区位优势，建设吉林蛟河国际内陆港，形成无水内陆港与国际航运直接对接，打造承载长吉图腹地及周边区域现代国际物流的重要平台和配套出口加工基地。

蛟河天岗石材开发区于1999年成立，为吉林省内唯一的以石材为特色的开发区，下辖一个天岗镇，人口5万，从事石材产业的有2万人。已探明的花岗岩储量为47亿立方米，总储量约100亿立方米，现有矿山开采企业42家，石板材加工企业360家。一年开采量有80万立方米，生产板材2200万平方米。天岗石材在东北三省市场占有率约为20%。蛟河天岗石材与福建花岗岩极其相似，石材资源优势较大，多数销到东北地区，一部分销到京津唐，小部分出口到韩国、日本等，2014年有一批次通过丹东港出口到韩国。蛟河计划打造最大的石材生产集散地（福建水头也是南方的石材集散地），通过物流吸引销售，帮助客商实现一站式购齐。

蛟河现有矿山四座，占地16万平方米，入驻五到八家企业，90%是按订单生产，2015年相继建立石材展示大厅、石材交易中心等。到"十三五"末期，达到荒料开采量450万方/年，石板材达到6500万平方米，另有陆岩石600多万吨，石雕300万件，风景石（文化石）300件。吉林石材"吉林白"硬度较高，但因存在生产工艺（单拉锯）方面的问题，比南方（双拉锯）生产成本要高，福建石材具有资金、技术、市场方面的优势。2014年有一批石材通过陆运从蛟河发到福建，由吉林省天富物流有限公司承运，2015年有15万平方米板材通过集装箱运到海南。天岗地区50平方千米范围内石材储量100亿立方米。目前整个蛟河年石材荒料产量70万立方米，加工石板材约2000万平方米，以汽运方式辐射东北三省和京津唐，下海量20万吨，主要采取集装箱运输出口韩国。

前期天岗50座矿山机械化开采率低，只有约50%，受运输瓶颈制约，产品竞争力和规模化生产投入不足，后期陆续已有福建、山东大型石材企业入驻天岗工业园，再加上本地原有企业产能扩大，开采量和加工量将显著增加。目前矿山开采区投资3.5亿元，整合双岔河矿区矿山5座、开采作业面10个，通过打通隔离带等方式，实现了大规模、立体式开采作业，荒料产量提高30%以上，成荒率达到40%。目前落户矿山开采企业42户，年开采花岗岩荒料80万立方米。加工企业365家，年生产石板材1200多万平方米，规格石（路边石）1000万根，石雕工艺品、异型石200万件（套），形成了以302国道两侧和吉顺石材工业园区为主的两大石材加工基地。

如果只按当地资源达到的下海货量进行保守预测,荒料、石板材下海货量将达到 600 万吨/年,其中荒料 100 万—200 万立方米,计 500 万吨;板材 3000 万平方米,计 100 万吨,集装箱运输量 6.7 万 TEU;按远期"中性"预计,蛟河依托资源和市场规模形成东北亚石都和世界石材交易地,俄罗斯远东港口内贸外运和外贸进出口顺畅,荒料、石板材下海货量按 1000 万吨/年计,其中当地荒料 150 万立方米,进口荒料 100 万立方米,荒料货量合计 750 万吨;当地材加工下海货量 100 万吨,进口材加工下海货量 150 万吨,板材货量合计 250 万吨,均为集装箱运输,约 16.7 万 TEU;按远期"激进"预计,荒料、石板材下海货量按 2000 万吨/年计,集装箱运输量达到 40 万 TEU,约 600 万吨石板材下海。

现有石材多数为陆路运输,物流成本过大也制约了销售。蛟河至扎港公路和铁路运距与最短运距的营口相比,公路和铁路运距均约缩短 260 千米,其中公路运费按 0.6 元/(吨·千米),铁路运费按 0.13 元/(吨·千米)。

三、其他产业发展及物流

（一）矿泉水产业:安图县为例

安图县矿泉水产业园在安图县二道白河依红丰村区,规划有面积 10.5 平方千米的矿泉水产业园。目前,安图县境内已发现的矿泉水水源地 106 处,日涌量达 56.8 万吨。2014 年起,在该园区内台湾统一集团投资 6 亿元、年产 60 万吨矿泉水项目;广州恒大集团首期投资 41 亿元、年产 600 万吨矿泉水项目;韩国农心公司继续扩大生产规模;陕西步长集团投资年产 106 万吨矿泉水项目;福建雅客集团投资年产 90 万吨矿泉水项目;大连嘉竣粮汕贸易有限公司投资年产 30 万吨矿泉水项目等。2018 年 5 月,吉林省延边州安图县康乃尔天然矿泉水饮品有限公司年产 150 万吨矿泉水项目正式开工。该项目计划于 2024 年 12 月前全部建成投产,届时将实现年产值 30 亿元;2019 年内蒙古伊利集团投资长白山天然矿泉饮品项目,计划投资 7.4 亿元,一期全部完工后,预计整个工厂总生产能力为 4320 吨/日。此外,为提高矿泉水产业、产品的集聚度,该园区正在筹建投资 8.1 亿元、总长 7.37 千米的铁路专用线。一个集发展、商贸和研发物流于一体的千万吨现代矿泉水仓储物流基地初具雏形。

现有物流路线一是约 50% 的矿泉水从安图二道镇汽运到珲春 340 千米，铁路运到扎港 80 千米，再海运日本束草，共 3 天时间；二是 30% 的量走铁路到大连港 1100 千米，安图—梅河口—沈阳—大连，再海运中国南方，共 7 天时间，发定向班列，30 个小时可以到大连；三是从安图二道镇到釜山，通过大连港的全部费用为 3000 美元/2 标箱。一瓶 500ml 的矿泉水运到韩国釜山的运费成本为 0.6 元/瓶，再送到客户仓库的费用为 0.2 元/瓶。

（二）木材产业

东北地区木材主要用于当地加工、当地使用，部分成品、半成品通过汽运、铁运销往外部地区。

近十年，黑龙江通过绥芬河进口木材 5400 万立方米。2017 年进口 800 万立方米，是中国最大的俄罗斯木材进口集散地，主要通过陆路口岸、内河航运进省。一些木材经俄罗斯港口直接运往南方（如从俄罗斯海参崴发往广州南伟码头、彰州招商局码头等，装载 8000 立方米俄罗斯原木）。总体而言，通过国内港口运出木材量很少。

珲春木制品加工主要进口俄罗斯木材和本地木材生产复合地板，销往欧美。主要企业为金发木业、森林山木业和森林王木业，产量分别为 300 多万平方米、200 多万平方米和 70 多万平方米，合计约 600 万平方米。目前主要以集装箱方式陆路运输（约 1100 千米）至大连港出口到欧美，年约 2000 集装箱量（3000 平方米/40 英尺标准箱，共约 5 万吨）。以后珲春可以通过俄罗斯远东港口到达釜山（海运距 466 海里）并中转欧美。

（三）石墨产业

鸡西为中国石墨产业之都，有恒山区、麻山区两个石墨产业区，石墨主要用作电池负极。根据《鸡西市石墨产业"十三五"发展综述》显示，全市有石墨生产企业 56 户，深加工企业占比 78.6%。年处理石墨矿石能力 750 万吨，精矿粉产能 62 万吨，深加工制品产能 48 万吨。2020 年，全市石墨精矿粉和制品完成产量约 53 万吨，其中精矿粉产量约占全国总量 40%。现有深圳市贝特瑞新能源材料股份有限公司和香港浩市集团公司在此投资，石墨年产量 22 万吨左右，基本全是南运到深圳等地区，为俄罗斯远东港口优势辐射地区货源。

（四）纸制品和原料

牡丹江恒丰纸业是亚洲最大卷烟纸生产厂，占国内烟纸市场的三分之一。公司造纸用木浆98%为进口，俄罗斯占三分之一多，其余为从巴西、加拿大等国进口。2020年产能达到23万吨，估计一半可下海集装箱发运南方，进口纸浆达16万吨。出口量居同行业前列，行销亚、非、欧、南美、北美五大洲，全部从大连港装箱出口。

延边石岘白麓纸业年产纸制品25万吨，每年从美国进口造纸原料废报纸20万吨，潜在货量预测（海运进口、出口、跨境内贸）约为40万—50万吨。

（五）装备配件、机电产品

东北地区预估10万吨南下装备配件、机电产品，南方北上及进口货源输入黑龙江省、吉林省的电器产品、广东中山的灯具、佛山和肇庆的陶瓷、广州的服装等轻工产品、广东的汽车、机电设备等。

第十九章　北极航线开发背景下珲春海洋示范区建设

一、珲春海洋示范区建设基础

珲春市并不是传统意义的"沿海城市"，而是"近海城市"，但却可以利用其特殊的区位优势，着力探索海洋经济多边合作机制，在维护中国图们江出海权益、推动冰上丝绸之路建设，以及促进相关产业集聚等方面发挥重要作用。

以珲春市为载体建立海洋示范区和发展海洋经济，具有跨境的特殊性，主要体现在境内的陆域城市与境外沿海城市之间的互动融合和优势互补，涉及跨境陆海联运、共同开展港口建设、海洋产业国际合作等，因此以珲春市为载体发展海洋经济，具有明显的开放性特征，需要在跨境合作中探索开放包容的海洋经济多边合作模式。

图们江是我国前往北极最近的海域，也是中国挺进北冰洋的最佳基地，珲春市是距离图们江出海口最近的城市，在实现图们江航线与北冰洋航线对接中占据重要位置。以珲春为核心、以日本海沿岸的图们江为基地前往北极航道，一是有助于维护中国图们江出海权益，完善借港出海战略；二是能够推动冰上丝绸之路建设，缩短中国与欧洲间的海运距离、时间与成本，提高我国海洋运输效益，带动极地海洋经济活动和相关产业的发展；三是促进东北亚和图们江区域一体化，降低跨境基础设施建设等投资风险。东北亚国家在合作共同促进北极航道的可持续开发利用上具有共同利益，也是北极航道的主要受益者，东北亚国家有必要在北极资源与航运通道的共同开发上进行合作，通过广泛联合规避相关风险，并以此促进东北亚和图们江区域一体化进程；四是有助于实现产业集聚和东北振兴。珲春市海洋示范区的建立将会提高中国东北地区对外合作，促进东北产业布局逐渐向海洋产业、能源产业、装备制造业等方面发展，促进相关企业向东北地区集聚，提升东北地区在全国区域经济格局中的地位。

（一）基础设施基础

珲春推动陆海联运航线建设，拓展出海国际通道。主要以珲春为起点，形成多线航运网络，借助俄罗斯扎鲁比诺港、朝鲜罗津港和清津港，实现东出日本海，推进珲春经俄罗斯扎鲁比诺港至日、韩的陆海联运航线，以及中国南方港口的内贸货物跨境运输航线的开通。以建设"一带一路"向北开放重要窗口为重点，加快建设"滨海2号"国际运输走廊。促进陆路通道畅通，打通对俄、对朝陆路通道瓶颈，加快与其联通的铁路、公路、跨境桥、口岸等的升级改造，谋划建设国际运输通道。目前看相关基础设施建设有较大进展。

一是珲马铁路口岸恢复。珲马铁路口岸在中断了长达九年后实现了正式恢复运营。2017年珲马铁路完成了经珲马铁路至扎港出海的多品类集装箱运输。珲马铁路口岸的常态化运输满足了集装箱大宗货物运输的基本条件。

二是改造俄罗斯扎鲁比诺港。2010年8月，吉林省长吉图国际物流集团有限公司与特洛伊茨海港有限公司共同创立了扎鲁比诺港国际合资有限公司。到目前为止已经完成对4号码头的改造，已能满足装卸、运输、储藏各尺寸集装箱的配套设施要求，集装箱货场可同时储存500标准集装箱，年换装能力达到1.5万标准集装箱。扎鲁比诺港的升级改造保证了集装箱货物的中转能力。

三是实现了珲春—扎港—釜山航线常态化运输。2015年5月正式开通珲春—扎鲁比诺港—釜山跨境陆海联运航线（简称釜山航线），另外日本通过"滨海2号"运输走廊也开始向中国供货。

四是解决了珲马铁路口岸过境品类限制。珲马铁路口岸由于俄方基础设施不完善，查验能力不足，因此过境货物品类受限问题严重。2017年6月梅德韦杰夫总理签署了俄联邦732号法案，目前珲春—马哈林诺—扎港铁路能够进行集装箱多品类跨境运输工作，全程铁路运输4个小时，俄方的检验放行运输速度实现了前所未有的高效，充分验证了俄罗斯方面对跨境通道建设的高度重视和高效的执行力。

五是经珲马铁路口岸至扎鲁比诺港内贸外运航线获批。伴随俄罗斯732号法案和中国内贸外运政策的公布,发展更大规模物流跨境运输,启动珲春—扎港—宁波内贸货物跨境运输航线的基本条件已然成熟。跨境运输走廊满足货物外运需求,理顺了珲春—扎港内贸货物跨境运输业务流程,高效整合了跨境运输中铁路、港口、航线各个节点资源,为跨境通道的高效运输提供保障,同时促进东北地区外向型经济建设和产业集群的发展。另外经珲马铁路口岸至扎鲁比诺港内贸外运航线获批,珲春—扎港—宁波、珲春—扎港—青岛内贸货物跨境运输航线已经开通。

(二) 珲春产业和贸易基础

北极航道的建设从空间上具备缩短连接东亚与欧洲及北美海上运距条件,珲春位于中、俄、朝三国交界的优越区位优势,为发展开发周边国家资源如木材、水产产业建设提供了发展空间,通道的建设将推动相关产业和贸易发展。

1. 油气资源产业

日本海、鄂霍茨克海和北冰洋具有丰富的油气等资源,俄罗斯远东沿海丰富的油气资源,特别是滨海边疆区的沿海海洋油气为联合开采提供了有利条件。北极地区常规石油和天然气储藏量尤为巨大,已发现石油储量约 600 亿桶、凝析油储量 80 亿桶和天然气储量 32 万亿立方米、总油气当量 2570 亿桶。原油待发现资源量是 830 亿桶。珲春 150 万吨俄罗斯液化天然气省级应急储备项目已经启动,项目规划占地 263 万平方米,分为液化天然气储备基地、物流园区、海关监管区、消防及安全隔离区等部分。亚马尔气源是该项目发展的重要支撑,气源地与北极航道近乎重合,因此北极航道的开通将为项目发展提供运输保障,实现航道与产业深度融合发展,也将影响吉林省天然气资源能源发展格局。

2. 海产资源产业

珲春海产品及加工也已经具备一定的规模,影响力及知名度日益提高,扎实雄厚的产业基础对促进北极航道新产业开发具有巨大潜力。北极海产资源丰富,秋白鲑和大西洋鲑等鲑鱼、格陵兰大比目鱼、北极光鲽鱼、大西洋鳕、狭鳕、太平洋鲱、大西洋鲱等海产资源也是北极待开发重要商业资源。

与中国珲春毗邻的俄罗斯和朝鲜海产品资源丰富且天然无污染,俄罗斯远东海域年捕鱼量在 100 万吨左右,是俄罗斯最重要的捕捞区,朝鲜罗先东海 150 海里水域预计有海产品总量 2200 万吨,占世界海产养殖总量的 4%。渔业资源合作开发潜力巨大。近年来,珲春充分发挥周边海产资源,构建了水产加工区,珲春水产品加工业迅速实现从无到有的飞跃,建设了占地 2.64 平方千米的国际合作示范区水产工业园区,园区成功引进了 78 家水产品加工型企业、116 家水产品贸易型企业及 400 多家个体商户落户,在俄从事水产品贸易的企业达 86 家,冷库库容能力达 8 万多吨,加工水产品达 10 万吨,产值达 30 亿元,已形成集加工、贸易、物流、仓储和包装等各环于一体的完整产业链,珲春市欲将水产品加工业打造成百亿级产业。随着中俄关系的进一步发展,珲春市及其他县市海产品加工业将得到快速发展,出口欧美的产品也将进一步增加。

3. 海洋旅游产业

图们江地区有丰富的旅游资源,图们江、珲春河、五家山湖、日本海,以及草地森林、沙丘湿地等,长春、珲春等均开通了赴俄罗斯海滨城市海参崴的旅游线路。图们江区域正在谋划建设"中俄朝三角洲国际旅游合作区",进一步打造东北亚跨境海洋旅游项目,开辟东北亚近岸邮轮旅游线路,适时开辟环日本海邮轮旅游航线,拓宽沿线主要港口国际邮轮的旅游客源市场,建设大连邮轮母港,开辟大连—釜山—新潟—符拉迪沃斯托克—珲春、扎鲁比诺—青津的专题邮轮旅游项目。

4. 对外贸易

2018 年珲春外贸进出口完成 93.8 亿元,珲春与 71 个国家和地区发生对外贸易往来,其中对俄贸易额达 46.1 亿元,同比增长 90.1%,珲春对俄进口额达 44.6 亿元。珲春对俄贸易品种以煤炭、海产品为主。2019 年珲春外贸进出口总额突破 100 亿元,比上年增长 7.8%。其中出口总额 34.37 亿元,增长 41.7%,进口总额 66.48 亿元,下降 4.1%。贸易顺差 34.37 亿元[①]。

中国政府已赋予了珲春市四家企业出境加工复进境试点政策,珲春市正

---

① 《珲春市国民经济和社会发展统计公报》。

大力开展招商引资，积极吸引有实力的纺织服装企业入驻珲春，纺织服装类产品出口欧美数量也将进一步增加。

（三）相关优惠政策基础

1. 珲春相关优惠政策

在《中国图们江区域合作开发规划纲要——以长吉图为开发开放先导区》战略实施之后，2012年4月，国务院正式批准在吉林省珲春市设立"中国图们江区域（珲春）国际合作示范区"（简称珲春国际合作示范区），并印发了《关于支持中国图们江区域（珲春）国际合作示范区建设的若干意见》，该示范区的设立标志着图们江区域国际合作和珲春开发开放进入一个新阶段。

珲春综合保税区前身为珲春出口加工区，2018年4月，国务院批准同意珲春出口加工区升级为珲春综合保税区。珲春综合保税区将利用与东北亚国家接壤或相邻的地缘优势，与周边优良港口、境内外邻近空港等协调发展，打造集高端仓储、供应链管理、智慧物流分拨、交易结算于一体的东北亚区域物流枢纽。对于珲春打造改革开放新高地、建设沿边开放型中等城市，以及辐射带动吉林省加速融入国家战略和实现全面振兴有深远意义。

依托图们江区域多国合作资源及周边如扎鲁比诺港等优良港口资源，建设完善跨境通道是加快开放的重中之重。《关于支持珲春市建设海洋经济创新发展示范城市及海洋经济合作示范区的建议》作为2019年全国政协重点号提案文件上报国务院，2020年9月珲春海洋经济发展示范区揭牌。该海洋经济发展示范区成立后，将成为吉林省发展海洋经济的重要平台，同时进一步加深与浙江省宁波市海洋产业发展对接。

2. 俄罗斯远东地区相关政策

为推进远东开发战略的转型，俄罗斯自2014年相继出台了超前发展区、自由港等政策工具，优化资源配置，为俄罗斯远东和西伯利亚地区发展提供动能，充分挖掘远东地区融入高速发展的亚太经济区域的潜力。强调利用"超前发展区"和"自由港"等优惠政策换基础设施的方法，促进远东地区人口资源的增长、促进工业制造业和绿色环保产业的投资等。

2015年7月，俄罗斯总统普京签署法案，批准将俄远东地区的苏维埃港纳入符拉迪沃斯托克（海参崴）自由港区域，实行自由港制度。实行自由港制度将在一定程度上进一步有助于东北老工业基地实现振兴。在政策支持下，中国东北地区的工业产品及农产品可以利用自由港减免关税的优势增加贸易出口量。黑龙江、吉林、内蒙古等省区也可以借此更好地吸引投资，发展对俄、对蒙、对日、对韩的贸易往来。

2015年远东投资项目实施委员会小组会议确定了将在滨海边疆区建立"娜杰日金斯卡娅"开发区。远东超前发展区给中俄合作带来了新的机遇，主要表现在俄远东发展战略和中国"一带一路"倡议高度相容，中俄发展领域和需求完全互补，中俄深度合作的政治条件大大改善。利用"一带一路"和俄罗斯远东超前发展区建设机遇，可以提升我国农产品境外种植、初加工，木材、水产品境外加工等产业培育，提升东北地区产业深度化建设，谋求新的合作发展路径，为东北地区经济发展创造新的动力。

就目前来看，俄罗斯远东开发战略的转型取得了一定的成果。2015年至2018年的三年间，俄远东地区工业生产增长速度达到8.6%，远超过全俄4.2%的平均水平，远东地区的固定资产投资增长也比全俄平均水平高20%左右，近五年来俄罗斯远东地区的经济投资达到了93亿美元，中国是俄罗斯远东第一大投资国，中方投资占比超过70%。目前有数十家中资企业入驻远东超前发展区和自由港等区域，落实和积极筹备的投资项目将近80个。由投资带动的贸易额也出现增长，中国已经连续多年保持俄罗斯远东第一大贸易伙伴地位，2018年俄罗斯远东各地区和中国的贸易额增长28%，达到97亿美元，2019年上半年增长21%，达到49亿美元。目前中国对俄罗斯远东地区的投资领域主要集中在跨境基础设施、农林、能源资源等领域。

在矿产资源和油气领域的合作已经从单纯的原料供应，逐渐发展到融资运营、技术输出等多元化合作形式。如中国西南矿业有限责任公司和南方矿业有限责任公司对俄罗斯马加丹州的矿产资源的地质勘探、研究和采矿等领域进行投资；吉林昊融有色金属集团收购了俄罗斯地质技术公司25%的股份，积极参与该公司因之前资金不足而无法开采的堪察加半岛矿区[①]；中国黄金集团有限公司于2018年成功购买俄罗斯国家战略级金矿——克鲁奇金矿

---

① 据俄罗斯国家矿产储备委员会的统计，该矿区拥有7.1万吨镍、1900吨钴、30.1万吨金、254公斤铂金、621公斤钯，拥有丰富的矿产储量和巨大的经济潜力。

70%的股权。

在农林领域，黑龙江省东宁吉信工贸集团有限责任公司在滨海边疆区投资了6家林场，每年采伐约10万立方米原木，黑龙江省在滨海边疆区建立的华信集团"中俄现代农业经济合作区"，是集种植、养殖、加工、运输、销售于一体的中俄经营规模最大的农业合作项目，已被列入"一带一路"优先发展项目名单。作为中俄农业合作的重要省份，近几年黑龙江在俄合作种植累计面积达870万亩，在俄从事农业开发的中资企业达到204家，黑龙江对俄农业合作已形成从种植、养殖到加工、仓储物流、批发等全产业链的发展态势。另外辽宁省华丰家具、黑龙江省华鹤家具、光明家具等知名家具品牌与俄罗斯远东地区在木材深加工方面进行了合作。吉林省在俄罗斯滨海边疆区投资建设了5个农场，种植大豆、水稻和玉米，种植面积达到2.9万平方千米。

俄罗斯政府正进一步推动远东地区的土地私有化以及"远东一公顷"项目落地，计划在疫情缓解期间简化游客在远东地区旅游的签证手续，以促进更多的外国游客到远东地区旅游。

未来远东地区开发政策的重点领域将集中在四个领域：一是继续推进远东地区的经济发展，尤其在能源、农业、捕鱼业等俄罗斯传统优势领域；二是推动远东地区人均收入以及可劳动人口人均寿命的提高；三是扩大远东地区的基础设施建设，尤其是扩大居民住房建设以及2万人口以上地区的交通道路以及跨州公路建设；四是推动远东地区科技产业发展，尤其注重以滨海边疆区俄罗斯岛上科技创新中心为代表的大型工业园区的建设。

二、珲春海洋示范区建设存在的主要问题

（一）中俄交通基础设施连接问题

中俄跨境铁路轨距不同。俄罗斯铁路轨距为1520毫米，中国轨距为1435毫米，相互之间的铁路轨距不同，货物无法实现直接的跨境运输，需要依据货物的发送方向分别在中方或俄方换装场站进行换装作业，增加了换装成本及货损成本，给开展如粮食散装大宗货物运输带来了问题。根据铁路合作组织的协议，如果需要转运，由接收方负责，转运的当前成本是3—5美

元。中俄铁路运力不同,新技术引进过程缓慢。

俄扎鲁比诺港换装能力不足。扎鲁比诺港始建于 1972 年,现为俄罗斯三级港口。原设计能力年吞吐 120 万吨货物。通过中方对扎港投资已完成基础设施改造和设备升级,港口已能满足装卸、运输、储藏各尺寸集装箱的配套设施要求,年换装能力年 1.5 万 TEU,3 号码头可以装卸冷冻货,1、2 码头由于吊装能力有限可以装卸一些较轻的散杂货,1、2、3 号码头的年装卸能力约 80 万吨。鉴于港口目前集装箱服务能力只有年 1.5 万 TEU,对于服务中方大宗集装箱货物过境能力有限。

(二) 通关限制及成本问题

通关限制问题。铁海联运是目前最经济、最高效的多式联运模式,但是由于珲马铁路口岸品类限制,导致珲春—扎港跨境运输通道的优势完全没有体现出来。俄方对冷冻海产品、动物源加工制品等方面都存在限制运输,或者采用运输许可等方式。珲春和吉林省海产品产业发展已经初步形成,本可借助新通道建设实现高效、节约的物流服务进一步提升产业规模,由于俄方冷冻海产品过境运输政策限制,无法享受通道建设带来的产业发展机遇,降低了通道物流服务市场,进一步严重阻碍新通道建设。

通道过境运输成本高。过境运输是跨境走廊建设的重要组成部分,也是多年来跨境通道发展的瓶颈。珲春—扎港铁路跨境运输在原有公路运输的模式基础上虽有所优化,大幅提升了过境货物运能,一定程度上降低了过境成本,但距离中国高效、低廉的物流网络仍有较大差距。宽准轨轨距不同,货物需在国境站换装的操作模式,俄罗斯铁路运输、车板服务、通关手续服务都是铁路过境运输成本的组成部分,运输模式烦琐、多家参与经营等因素势必将提升整体货物过境价格。

通关时间过长。据调研可知,货物在海关停留时间平均不少于 100 小时,与经大连港的海上运输相比,滨海一号走廊在成本方面缺乏优势。例如从牡丹江经大连运往上海的集装箱运输时间为 85 小时,运输成本为 1185 美元,而从牡丹江到符拉迪沃斯托克的运输距离是经大连线路的 1/3,但由于海关手续烦琐,运输时间近 220 小时,运输成本增加 5%—15%。其主要原因是珲马铁路口岸目前实行 12 小时通关机制,每天铁路口岸最大通货能力为 4 列煤炭。伴随内贸货物跨境运输航线的启动,南北大宗内贸物资运量将大幅增加，外贸大客户如珲春紫金矿业每年 30 万吨原材料经扎港的外贸货物量，扎港至珲马铁路口岸区间的过境货物量将增长。扎港铁路专用线有效长度较短，每次仅能接收 10 个车板入港作业，每天具备 1 列过境集装箱的货物的发送能力，即便如此，过境运量的增长将直接压缩现有口岸的煤炭、矿粉、木材等运能，将现有的 4 列压缩至 3 列。如需改变这一状况，货物过境时间要缩短到 5 小时以内，将港口转运时间由目前的 25 小时缩短为 10 小时，货物过境铁路运输关税降低 50％。这样黑龙江—大连和黑龙江—滨海路线的货物运输时间相当，价格则降低 10％—15％。

总体看，需要通过进一步降低过境价格，以此服务通道建设，力争在通道建设进程中形成与成熟交通走廊较具竞争力的价格。而通道远期建设，需国家和政府层面抓紧推动珲春—扎港的准轨（复合轨）项目实施，优化运输模式，强化竞争优势，从根本上解决过境运输的成本及效率方面存在的问题。

(三) 基础设施投资及风险问题

首先是投资额较高。跨境通道基础设施项目多，规模大，资金需求量大，单凭企业投资推动项目实施难度较大。其次是回报周期长。铁路、港口、园区交通物流领域基础设施项目存在投资回报周期长的问题，加大项目投资企业前期投资后期运营资金流压力。第三是政策性风险高。涉外铁路、港口属于敏感的投资行业，东道国政府的政治稳定性、经济发展能力、国防战略等都是项目发展的不确定因素。第四是外币融资困难。目前中国"走出去"企业直接向境外银行申请贷款的难度比较大，境外银行核定授信的主体依据境内母公司在海外的公司，获得的授信额度相对较低，缩小了企业项目融资渠道。这需要针对通道建设的参与企业和建设企业给予国家扶持专项资金，充分利用国家开发银行、丝路基金及省内大型金融机构针对围绕通道建设项目的配套基础设施建设项目给予投融资支持，出台综合的资金政策加强企业对跨境通道的关注度和认知。

(四) 物流支撑问题

从对吉林省的调研分析看，珲春缺乏长吉腹地以及东北助力新通道发展机制，难以形成大通道格局。新通道建设需要产业物流作为发展保障，然而目前珲春—扎港跨境运输通道仅以延边地区既有外贸物流为支撑，物流市场体量小,虽然通道建设衍生出新外贸物流产业(煤矸石、石灰板等),但对于整体通道发展所需的支持较小,通道建设应有的积极示范作用无法有效传导到市场,缺乏长吉腹地甚至东北产业物流初期的龙头带动效应。这需要进一步促进粮食、木材、矿泉水、建材、陶瓷、汽车等产业集群的形成和发展,满足远期物流市场发展需要。在长吉图规划优化布局中明确强调了长吉地区要发挥支撑图们江区域合作开发的直接腹地作用,有选择地将相关配套产业向前沿和窗口地区转移,支持和鼓励企业利用对外通道,加强东北亚环日本海新海上丝绸之路和新亚欧大陆桥建设。政府应统筹包括粮贸、汽车、化工等龙头产业支持通道规模化发展,由此带动区域整体对外开放格局,促进贸易发展及新产业形成。

三、新形势下珲春对外开放和海洋示范区建设的思路

(一)新形势下珲春对外开放的思路

一是珲春对外开放要深度融入"一带一路"倡议、东北亚区域合作、东北振兴、长吉图开发开放等战略之中。珲春作为边境城市,要深度融入"一带一路"建设和长吉图开发开放,建设成为面向东北亚开放的重要枢纽。为了在国家"一带一路"倡议中发挥更大作用,形成全方位开放新格局,进一步优化营商环境,培育国际竞争新优势,珲春应通过充分区位优势、主导产业优势和平台优势等,结合吉林省争取建立自贸区、珲春建立海洋示范区的契机,进一步促进对外合作,打造联通亚欧、服务"一带一路"的东北亚国际合作新高地和窗口。

二是珲春要扩大对外对内合作范围。虽然珲春紧邻俄罗斯远东和朝鲜,但不能局限于此。对外充分利用韩国、日本、蒙古国等周边国家,以及加强与欧洲的连接,以改变吉林省和珲春对外贸易受到贸易流量限制、货物单位运输成本较高的现状,通过多边合作形成贸易流量增加与贸易成本降低的良性循环。对内加强与东部地区的连接,建立和深化与京津冀、长江经济带、粤港澳大湾区的协调互动机制,对口合作深入发展。对外对内合作范围扩大更有利于实现产业互补,延长产业合作链。

三是珲春城市发展以国际化为先导,突出城市物流、商贸、旅游和现代

服务业的功能定位，珲春市向商贸、物流、旅游中心城市发展具有巨大潜力和可行性。积极培育贸易新型业态和功能，推动贸易转型升级。深化国际贸易结算中心试点，鼓励企业统筹开展国际国内贸易，实现内外贸一体化发展。

四是要规避地区成本劣势，争取参与国家层面跨境大项目，提升带动作用。中国与俄罗斯等东北亚国家经贸合作呈现多层次化的特点，既有国家层面的大型项目，也有一般民间企业间开展的各种经贸合作。受地理、气候、运输成本、政策等各方面条件限制，吉林省和珲春企业难以形成大规模集聚，并不具备成本优势，在中国东部地区已经形成经济集聚趋势，并且部分产业向境外转移（并不会向东北地区转移）的情况下，处于边缘的珲春依靠市场力量吸引更多民营企业比较困难。在此背景下，吉林省和珲春要重视国家层面大项目争取和落实工作，争取关系到对外通道和出海口的大型基础设施建设项目、关系到国家安全战略的能源军工企业和项目、关系国计民生的粮食等重要战略商品长期供货项目、关系到生态文明建设的绿色产业和环境保护项目，吉林省和珲春具备一定的发展基础，可以以此带动对外合作的发展。

（二）珲春对外开放的重点领域

1. 在提升开放平台功能上谋求创新

以珲春国际合作示范区建设为抓手，创新和提升珲春开放窗口功能。积极推进大宗商品大进大出的物流大通道建设，引进域外资源，形成市场、资源、初级产业在外，精深加工、产业链高端在内的产业格局；将珲春打造成为"冰上丝绸之路"起点城市，初步形成以长春为开放引领，以珲春为开放窗口，陆海联动的开放空间格局；积极应对俄罗斯海参崴国际自由港建设，研究赋予珲春国际合作示范区更加灵活的政策举措，探索建设"珲春自由贸易区"，积极谋划建设中俄珲春—哈桑跨境经济合作区等跨境合作平台，深入开展跨境经济合作。

2. 在做大对外贸易规模上谋求突破

抓好服务贸易发展。重点发展跨境电子商务等新型贸易，加快电子商务产业园区和电子商务服务平台建设，加强与阿里巴巴、中国邮政公司、京东等大企业合作，引进更多有实力的电商落户。珲春政府一方面应利用电商平台，把以海产品、长白山人参、木耳、山野菜为重点的特色产品，以杂粮杂豆为重点的生态产品，以大米、特色玉米为重点的粮食产品等具有自身独特资源优势的商品广泛推广。另一方面需加快构建电商服务平台和网络体系，协助电商企业在边境建立商品储备仓，共同改进和优化跨境电子商务在通关服务、支付、物流、市场监管体系、结汇方式等方面的服务能力，提高珲春在全国对东北亚贸易中的地位；大力发展服务外包，承接国际、国内服务外包和业务转移，建设服务外包产业园区，提升服务外包发展规模和水平，加快服务外包人才培养和引进步伐；推进国际物流、国际旅游、对外工程承包、劳务合作发展；鼓励发展金融保险、教育文化、医疗健康等服务贸易新业态；探索海关监管、检验检疫、税收、外汇、工商等配套改革政策。

做活做大边境贸易。积极向国家争取限制贸易类商品指定口岸，推进边境大宗商品交易市场建设；推动企业开展对俄经贸合作，并为未来对朝贸易合作做好准备，引进企业来吉林省开展边境贸易、互市贸易和转口贸易；探索边境城市和重点口岸城市在促进经贸人员往来、加工贸易、跨境旅游等方面实行特殊政策和措施；利用好珲春中俄互市贸易区功能，采取多种贸易形式，促进边境贸易做大、做强、做活，支持其建设国际商品集散地、大型边境贸易市场和储运中心，形成辐射周边的区域性商品集散中心。

3. 在促进旅游、文化、科技等人文交流上谋求发展

进一步加强旅游合作。丰富跨境旅游新业态，培育边境旅游新增长极，珲春需要加强边境旅游合作，开发北极旅游项目、东北亚跨境海洋旅游项目；共同打造中、俄、朝三国风情游，以及中俄、中朝界江游等具有区域特色的国际知名旅游产品，建设三国旅游公园，开发三国观光、民族民俗文化体验等旅游产品，以及中、蒙、俄三国自驾游活动；举办东北亚文化旅游美食节和冬季冰雪嘉年华等边境民俗文化特色旅游节庆活动，促进东北亚各国之间的旅游交流与合作；加快推进珲春防川国际旅游区建设，争取在防川三角地带建立国际旅游岛和实施境内关外政策；建设以长吉图自然风光、地域文化、跨境旅游为主题的精品旅游带，突出历史文化、民俗风情、白山松水、冰雪温泉、休闲养生和边境风光，科学设计旅游线路，精心打造旅游精品；建立和完善与东北亚国家地方政府、旅游协会、企业等多层次的合作协调机制，在旅客人身财产安全、应急事故处理、旅游产品营销等方面加强合作，共同

搭建北极和东北亚区域旅游交流合作平台。

加强与东北亚国家在区域生态环保领域的交流合作。珲春要重点以建立跨界生态和自然保护区为切入点，依托中俄两国北极生态环境保护合作项目，打造中俄边境生态示范区，开展东北虎等珍稀野生动物的跨国界保护、林木保护、跨境水系生态系统保护；积极应对气候变化、风沙源治理、流域污染防治、生态保护、自然保护区建设、生物多样性保护和大气污染物长距离输送等重大生态问题；开展边界水质监测、流域生态环境保护、大气环境监测；加强生态环保、边境动植物疫情和外来物种监测、生物多样性保护和动植物检疫领域的学术、技术交流，推动区域环保技术领域合作；建立健全有效对话机制和联动机制，规划实施一批各方共同参与的重大项目，统筹推进东北亚区域内生态建设和环境保护。

积极开展教育科技文化合作。珲春作为边境城市，借助延边大学、吉林大学、东北师范大学、中科院长春光机所、中科院长春应化所等高校院所的科技创新领军作用，创新省内人才以及国内人才引进的方式；加强与俄、日、韩等国家的联合研发，开展双边、多边科技交流，利用科技合作园区、研发中心等各类合作平台作用，实现科技信息共享，推进科技成果转化；与东北亚国家及"一带一路"沿线国家通过互办文化年、巡回展、艺术节等活动，开展丰富多样的文化交流。

（三）珲春市依托"冰上丝绸之路"发展海洋经济

珲春应利用自身特殊区位，强化与周边国家的沟通和交流，为共同开发海洋资源创造有利的舆论环境，与相关国家合作共同促进海洋资源的可持续开发利用，在推进冰上丝绸之路建设过程中建立中国的话语权和主动地位。未来在海洋渔业、海洋旅游业、海洋物流和海洋油气及矿产等领域具有广阔的发展前景。

海洋渔业发展主要包括渔业资源合作开发和水产养殖技术合作。中国在渔业加工方面经验丰富，在水产养殖、加工和饲料供应产业体系，以及海洋牧场开发、海洋生物资源保护等具有先进的经验和技术，俄罗斯、朝鲜、日本和韩国有丰富的渔业资源，为海洋渔业合作奠定了坚实的基础。具体可以推进中国珲春水产品交易平台建设，建设中国东北亚（珲春）海鲜大市场，进一步开发海产深加工技术，在项目用地、政策扶持等方面对海产品企业给予倾斜。

海洋物流发展以中国珲春为龙头，建设海洋经济走廊物流出海通道，推进珲春至扎鲁比诺港的铁路、公路等配套基础设施建设，打通俄罗斯通道，形成陆海联运物流运输格局。提高珲春市海产品冷链储藏运输能力，构建集商流、物流和信息流为一体的冷链物流服务体系，推进中国珲春冷链物流规模化、专业化和现代化，整合海洋物流资源，着力培育一批管理先进、潜力大的国际化海洋物流运输企业，完善海洋物流信息网络体系建设。

建立海洋经济多边合作机制首先要充分利用图们江、东北亚、北极理事会等国际合作机制，以及其他多边和双边磋商机制，解决相关国家海洋合作方面存在的分歧，建立互信，促进相关海洋航道的可持续利用和共享，争取实现多边共赢；其次，争取在"冰上丝绸之路"沿线塑造区域共同市场，在政府间政治互信与国际法律框架下，探索区域范围内降低关税和非关税壁垒，建立统一的航运信息平台，降低沿线国家航运成本，提高贸易自由度，减少市场分割，促进区域一体化水平的提高；第三，构建区域海洋产业价值链，发挥区域内国家海洋产业间和产业内互补优势，以重大项目和制度平台建设为推动力，促进海洋产业在区域内合理布局，促进区域内贸易量的增加，优化区域内贸易和投资结构；第四，培育定位于海洋航运和服务中心、海洋产业中心与海洋物流贸易中心的城市群，开发海洋旅游线路，形成区域内城市联动发展的合力；第五，是在促进海洋资源开发利用的过程中，注重资源的可持续利用，积极推动环境保护和生态等领域的制度合作。

中日韩俄等东北亚国家是重要的经济体，也是海洋经济合作发展的主要受益者，东北亚国家在北极等航道的开发和利用上存在较多的共同利益，东北亚国家有必要在海洋资源与航运通道的共同开发上，构建各方战略对接、政策对接的平台，通过战略合作平台加强各国在相关事务的沟通与协调，实现海洋经济的共商、共建、共享，通过广泛联合规避跨境跨海联运基础设施建设中存在的投资和市场风险。

对中国来说，应利用珲春的特殊区位，积极探索海洋经济多边合作机制，强化与周边国家的沟通和交流，为共同开发海洋资源创造有利的舆论环境，消除国际社会对中国参与北极等相关海洋资源开发的猜疑和误解，与相关国家合作共同促进海洋资源的可持续开发利用，同时在推进"冰上丝绸之路"建设过程中建立中国的话语权和主动地位。

（四）吉林省和长吉图发挥的腹地支撑作用

由于北极地区较为敏感，俄罗斯一直将控制北极地区视为保障国家安全的重要战略，以强大军事力量巩固北方边境安全，控制北极航道，外国船只利用北极航线必须向俄方报备，并且必须用俄罗斯的破冰船引航，北极国家对于其他国家进入北极地区也比较警惕。但随着俄罗斯受制裁后"东进"战略的加强，俄罗斯对于在北极地区进行国际合作的态度变得更为开放，并加快在北极地区与亚太国家的国际合作。2015年以来，在经济危机和西方制裁的双重压力之下，俄罗斯的远东开发战略已经从资源主导逐渐转向综合开发，并利用超前发展区、自由港和"一公顷"土地计划等加以推进，目前这一战略已取得一定的进展。这为中国东北地区加强与俄罗斯的北极和远东地区的合作，适当扩大在北极事务中的存在提供了良好的机遇。

1. 从省级层面建立合作机制

吉林省在配合国家推动"滨海2号"和利用东北航线的过程中，应注意在北极资源利用、航运通道等方面，配合国家加强与北极理事会等国际相关组织的联系，在省级层面与国外和国内相关地区进行战略和政策对接，加强在东北航道相关事务的沟通与协调，实现与相关区域在东北航道利用的共商、共建、共享。

2. 加强对俄罗斯远东地区投资

为适应俄罗斯远东开发的战略转向，吉林省对俄投资和贸易也应主动升级转型，从原有的获取资源和初级产品、农产品为主，扩展到加工业和制造业，进而以远东开发为支点，为吉林省加强与俄罗斯远东合作进行长远布局。目前，吉林省对俄投资贸易规模较小，中俄合资企业多为小型企业，大多是贸易公司和小型加工企业，对俄罗斯的投资分布在餐饮服务、农机组装维修和零配件加工、家电组装、服装加工、食品加工、木材加工等领域，投资规模小，投资层次较低，不能起到有效的依托和带动作用。

针对俄罗斯远东开发战略的调整，吉林省的对俄投资也应有针对性地调整布局。根据俄方优惠政策的导向，根据吉林省的产业升级、过剩产能转移以及参与国家"一带一路"和"冰上丝绸之路"战略布局的需要，将对俄投资的重点从目前的农林渔业和转口贸易等领域扩展到制造业、基础设施建设和绿色产业等领域。

目前中国对俄罗斯远东地区制造业的投资明显不足，这可以通过中日两国在远东地区的投资差别看出。中国和日本分别主导超前发展区和符拉迪沃斯托克自由港的外资项目，两者均占到外资金额的90%以上。但中国对远东地区的投资主要以获取资源和初级产品、农产品为主，投资大多集中在超前发展区；而日本在俄远东的投资着眼于发展制造业，利用俄罗斯较低的制造成本发展面向国际市场的制造业，倾向于投资自由港。

吉林省的对俄投资也亟待向制造业转型升级。吉林省拥有良好的工业基础、在农产品深加工、林业及木材深加工、建材、能源及化工领域、汽车制造等领域都具备明显优势。吉林省可根据自身优势和俄罗斯远东超前发展区的需要，引导省内相关企业在远东地区的超前发展区和自由港投资设厂，以利用俄方对于制造业投资在土地、用工、增值税和关税减免等方面的优惠政策。也可以利用自由港的税收优惠，以及其与长吉图先导区毗邻的地理区位优势，将部分转口贸易、汽车零配件进口等产业转移到符拉迪沃斯克港口地区。另外也可以重点支持将吉林省内在化工、木材加工、建材制造等产业的过剩产能向俄远东地区转移，这也符合国家"一带一路"产能合作的倡议。

加强对基础设施建设的投资。俄罗斯远东地区的城市基础设施大都遗留自苏联时代，只能维持满足最基本的生活和生产要求，无法承载远东地区可持续发展的长期规划。但是，由于能源收入锐减和西方国家的经济制裁，俄罗斯的中央和地方政府都缺少足够的资金进行基础设施建设。因此，俄罗斯远东开发战略的一项重要政策导向就是，"以优惠政策换基础设施"。当前吉林省对远东地区基础设施的投资还主要局限在国有投资主导的"通道建设"方面，包括中俄跨境公路、口岸建设和港口建设等，中俄珲春—马哈林诺口岸铁路恢复国际联运，珲春—扎鲁比诺—釜山航线常态运营，合作建设扎鲁比诺万能海港项目有序推进，但总体看对远东地区的城市基础设施建设投资相对较少。这主要是由于基础设施投资的投资回收期长、盈利模式不确定，以及较高的社会和政治风险所导致的。因此，可以通过银团贷款和PPP投融资模式引导企业的投资向城市基础设施建设项目倾斜，积极参与远东地区城市道路建设、城市给排水、输配电网络和电信网络等项目的建设。

对可持续发展项目的投资。俄罗斯远东地区当前的能源结构还是以煤炭发电和供热为主,而且线路和管网大多年久失修,已经无法满足当前经济发展的需要,也不符合俄罗斯对远东绿色开发的长远规划。针对这一局面,可以引导省内企业重点对远东的风电和光伏发电、输配电设施进行投资。一方面,俄远东地区地广人稀,风电和光伏等形式的分布式发电具有技术优势;另一方面,吉林省作为风电大省,在风力发电、风电供电和供热、风电调度和输配电等方面有着丰富的建设和管理经验。可以鼓励省内的风力发电和供热企业积极参与俄远东地区的风电开发项目。

俄罗斯在远东开发最为担心的是远东地区的环境、自然保护区等遭到破坏。吉林省和俄罗斯远东可以建立跨界生态和自然保护区为切入点,打造中俄边境生态示范区。开展东北虎等珍稀野生动物的跨国界保护、林木保护、跨境水系生态系统保护,在加强生态建设基础上发展生态旅游、观光旅游和森林疗养保健、滑雪娱乐、休闲避暑等跨境旅游合作,以及促进环保技术、生态科技、空间和水质量监控技术等合作。

总体看吉林省可以发挥政府引领作用,明晰产业发展方向,促进吉林省重点区域产业集群和产业升级改造。从吉林省现实看,吉林省可以建成汽车、石化、农产品加工、光电子信息、冶金建材、装备制造、生物、新能源新材料等新兴工业产业集群,同时将 LED 照明、碳纤维材料等技术优势、市场前景广阔的新型产业尽快发展成支柱产业,注重产业层次分布上的平衡,大力发展工业、物流、文化旅游新型服务业。着力引进龙头和配套企业,延长产业链条,传统制造业方面加强与俄罗斯的产业关联,形成配套的完整加工制造链和产业体系,加强对俄罗斯远东地区的投资布局和跨国产业合作。

3. 投融资支持政策

从多层次的投融资渠道看,既要依靠银行信贷和授信等为代表的间接融资形式,还要引入债券和股票等直接融资渠道,以满足对融资的多样化需求。当前远东开发项目债券融资渠道应主要选择熊猫债和主题债券两类形式。股权融资渠道应鼓励远东开发项目的投资公司在中国境内的证券市场 IPO,包括深沪交易所和香港证券交易所,或者鼓励参与远东开发的吉林省公司在中欧国际交易所发行 D 股融资。

4. 完善服务保障

随着俄罗斯对于远东地区的关注和重视程度不断提升,俄罗斯在远东地区实施的各类法律法规、政策措施、商业信息等层出不穷，这些信息对于进行投资和参与经贸合作的企业来说至关重要。建议由政府组织和协助建立中俄企业服务机构，为双方企业及时提供政策、法律、资讯、联络、翻译等服务，帮助中俄企业开展合作，调动中小企业参与合作的积极性。政府也可以设立专项课题，组织高校和科研机构的研究力量，密切关注并深入研究俄罗斯在远东地区实施的各项法律法规、政策措施和贸易信息动态，并与中国东北地区进行对比，把握变化趋势，及时对合作参与者提供指导和帮助。